Schattauer

Kirsten Böök | Ulrich Sachsse

Trauma und Justiz

Juristische Grundlagen für Psychotherapeuten – psychotherapeutische Grundlagen für Juristen

3., überarbeitete und erweiterte Auflage

Schattauer

Kirsten Böök, geb. Stang
Kirsten.Boeoek@mj.niedersachsen.de

Prof. Dr. med. Ulrich Sachsse
Ulrich.Sachsse@t-online.de

Besonderer Hinweis:
Die Medizin unterliegt einem fortwährenden Entwicklungsprozess, sodass alle Angaben, insbesondere zu diagnostischen und therapeutischen Verfahren, immer nur dem Wissensstand zum Zeitpunkt der Drucklegung des Buches entsprechen können. Hinsichtlich der angegebenen Empfehlungen zur Therapie und der Auswahl sowie Dosierung von Medikamenten wurde die größtmögliche Sorgfalt beachtet. Gleichwohl werden die Benutzer aufgefordert, die Beipackzettel und Fachinformationen der Hersteller zur Kontrolle heranzuziehen und im Zweifelsfall einen Spezialisten zu konsultieren. Fragliche Unstimmigkeiten sollten bitte im allgemeinen Interesse dem Verlag mitgeteilt werden. Der Benutzer selbst bleibt verantwortlich für jede diagnostische oder therapeutische Applikation, Medikation und Dosierung.

Schattauer
www.schattauer.de

Gestaltungskonzept: Farnschläder & Mahlstedt, Hamburg
Cover: Bettina Herrmann, Stuttgart
unter Verwendung einer Abbildung von © Hendrik Faure, Göttingen
Gesetzt von Eberl & Koesel Studio, Kempten
Gedruckt und gebunden von CPI – Clausen & Bosse, Leck
Lektorat: Marion Drachsel, Berlin
Projektmanagement: Ulrike Albrecht
ISBN 978-3-608-40182-0
E-Book ISBN 978-3-608-12282-4
PDF-E-Book ISBN 978-3-608-20691-3

Dritte, überarbeitete und erweiterte Auflage

Bibliografische Information der Deutschen Nationalbibliothek
Die Deutsche Nationalbibliothek verzeichnet diese Publikation in der Deutschen Nationalbibliografie; detaillierte bibliografische Daten sind im Internet über http://dnb.d-nb.de abrufbar.

Vorwort zur 3. Auflage

Als die erste Auflage dieses Buches 2007 erschien, hätte der Titel auch lauten können: »Traumatherapie oder Justiz« bzw. »Traumatherapie gegen Justiz«. Das Buch war ein Diskussionsbeitrag in einem Spannungsfeld, bei dem es von beiden Seiten mehr Missverständnisse, Vorwürfe und Anschuldigungen gab als Kooperation und Austausch. Es hat sich seitdem viel getan, einiges davon konnten wir schon in der zweiten Auflage behandeln. Weitere Gesetze haben nun den Opferschutz vorangebracht; als Beispiel sei die psychosoziale Prozessbegleitung genannt, die mit vielen anderen Änderungen auf nationaler und europäischer Ebene nun in der dritten Auflage Berücksichtigung findet. In den letzten Jahrzehnten hat sich unsere Gesellschaft im Umgang mit Opfern von Straftaten enorm entwickelt.

Heute stehen wir dennoch erneut vor einer Situation, in der sich Justiz und Traumatherapie wegen ihrer grundlegend unterschiedlichen Ansätze und der vielfach unzulänglichen interdisziplinären Kommunikation als Gegensätze empfinden, scheinbar unvereinbar nebeneinander oder sogar gegeneinanderstehen. Während sich auf gesetzgeberischer Ebene mit den europäischen Richtlinien und Konventionen zunehmend ein umfassender Opferschutz etabliert, sieht die Realität von Opfern oftmals anders aus. Bei Befragungen durch Polizei und Justiz entsteht das Gefühl, es würde Opfern misstraut, manche Frage wird als Vorwurf bewertet. Das Setting der Justiz wird als opferfeindlich bezeichnet. Geschädigte vermissen vor Gericht die Empathie, die ihnen im Rahmen des therapeutischen Settings entgegengebracht wird und ohne die sie manchmal gar nicht in der Lage wären, eine Aussage im Strafverfahren durchzustehen. Aussagepsychologische Gutachten werden als Angriff auf die persönliche Integrität Betroffener, als Vorwurf und Unterstellung empfunden, die Opfer würden lügen. Die Justiz meint demgegenüber, sie tue, was sie könne, sie bemühe sich darum, opfersensibel zu agieren, und könne nicht die Menschenrechte von Angeschuldigten außer Kraft setzen, um hochsensiblen Opfern gerecht zu werden. Zudem steht sie oft fassungslos davor, dass auch Psychologinnen und Psychologen, Ärztinnen und Ärzte untereinander nicht mit einer Stimme sprechen.

Die Frage, ob überhaupt eine therapeutische Intervention vor einem oder während eines Strafverfahrens stattfinden darf, und warum Therapeutinnen neuerdings verstärkt damit rechnen müssen, als Zeuginnen von den Strafgerichten befragt zu werden, führt zu einer weiteren Verunsicherung und Polarisierung zwischen Therapie und Justiz.

Dieses Buch soll ein Beitrag zum interdisziplinären Austausch sein und Missverständnisse und Unsicherheiten beseitigen oder wenigstens abmildern. Wir wollen Sie informieren.

Wir betonen immer wieder, dass eine juristische Aufarbeitung eines Geschehens, insbesondere im Strafprozess, kein Mittel zur Bewältigung des Traumas ist. Die Verpflichtung der Gerichte, sich bei der Frage, ob jemand schuldig ist, nicht von Sympathie oder Antipathie leiten zu lassen, ist ein hohes Gut unseres Rechtsstaats. Dennoch besteht die Verpflichtung für die Gerichte, die Menschenwürde von Opfern nicht nur zu achten, sondern sie auch weitestgehend vor Angriffen anderer Verfahrensbeteiligter zu schützen. Richterinnen und Richter stehen damit in einem Spannungsfeld, in dem sie den richtigen Weg des Umgangs mit traumatisierten Menschen suchen und nicht immer finden. Die juristische Ausbildung bietet keine Kurse zu Zeugenbefragungen, Opferschutz oder gar psychologische Grundkenntnisse an. Aber es gibt zahlreiche Möglichkeiten, mit denen es Opfern gut gelingen kann, die Hauptverhandlung zu bewältigen und ausreichend Unterstützung in Anspruch zu nehmen. Die Darstellung dieser Rechte ist ein Kernstück auch dieser Auflage von »Trauma und Justiz«. Ziel unseres Buchs ist es, eine gewisse Basisinformation zu geben, sodass Psychotherapeutinnen ihren Patientinnen fundierter Empfehlungen geben können, ob eine Anzeige in ihrem Falle sinnvoll, richtig und Erfolg versprechend sein könnte oder eher gesundheitsschädigend.

Im Vergleich zu den Vorauflagen werden wir uns verstärkt mit den Fragen der vermeintlichen Konkurrenz von Therapie und Strafverfahren, Suggestion und Zeugenrolle von Therapeutinnen befassen. Was nützt der Satz: »Gesundheit geht immer vor!«, wenn die Patientin großen Wert auf eine Verurteilung des Täters legt? Gilt auch: »Gesundheit geht immer vor, selbst vor Menschenrechten!«? Wohl kaum. Es gibt hier keine einfachen Lösungen. Therapie und Justiz müssen sich aus den alten Denkmustern lösen und mehr über die Arbeit des anderen lernen. Juristische Aspekte werden zwangsläufig Thema in der Therapie werden und Juristen werden sich viel mehr als in der Vergangenheit mit Fragen von therapeutischen Methoden befassen müssen. Das Buch soll hier das notwendige Basiswissen vermitteln.

Damit steht das Thema Trauma und Justiz mehr im Fokus interdisziplinärer Diskussionen als jemals zuvor. Das ist eine Herausforderung, auch aber die Chance zum Einstieg in eine kontinuierliche Zusammenarbeit der Professionen und mehr Verständnis füreinander.

Wir, Ulrich Sachsse als Psychiater und Kirsten Böök als Juristin, setzen uns seit über 20 Jahren für den notwendigen interdisziplinären Austausch ein. Dabei mussten wir gleich zu Beginn der Zusammenarbeit feststellen, dass es sogar schwierig ist, einander zu verstehen. Juristen und Mediziner/Therapeutinnen sprechen im fachlichen Kontext völlig unterschiedliche Sprachen. Jede dieser Sprachen unterscheidet sich dann noch einmal von dem, was der Laie versteht und spricht. Da sind Missverständnisse vorprogrammiert – aber gerade in einem so sensiblen Feld wie dem Umgang mit traumatisierten Menschen können solche Missverständnisse schädlich bis retraumatisierend sein. Auf dieser Feststellung beruht der Beginn unserer Kooperation und die Idee, mit diesem Buch grundlegendes Wissen für Justiz zum Thema Trauma und für Therapeutinnen zum juristischen Verfahren in einer einfachen, verständlichen Sprache zu vermitteln, ohne dabei die Ebene der Sachlichkeit zu verlassen.

Die gesellschaftliche Diskussion ist also alles andere als abgeschlossen. Inzwischen ist nicht nur klar, dass Opfer von Straftaten durch die Justiz nicht immer gerecht behandelt werden konnten, weil es aus prozessualen Gründen nicht möglich war, die Täter zu verurteilen. Opfer hatten und haben auch vielfach darunter zu leiden, dass die Wahrheitsfindung von ihnen ein genaues Erinnern verlangt und sie so vor Gericht die Tat wiedererleben müssen. Es ist jedoch auch klar, dass es Urteile auf der Basis von Falschaussagen gegeben hat, sodass Unschuldige jahrelang im Gefängnis saßen und ihre soziale Existenz völlig unbegründet vernichtet wurde. Die Justiz hat hier einen ähnlichen Grundsatz wie die Medizin und die Therapie mit ihrer Maxime *nil nocere*. In Medizin und Therapie bedeutet dies, dass therapeutisches Handeln primär zumindest nicht schädigen oder die Symptomatik verstärken darf. Wenn in Medizin und Therapie geschadet wird, etwa durch die Gabe von Zellgiften bei der Chemotherapie oder durch vorsätzliche gefährliche Körperverletzung bei einem chirurgischen Eingriff, dann muss der zu erwartende Effekt den Schaden sehr deutlich überwiegen. Die Justiz hatte und hat in unserem Rechtsstaat die Maxime, dass sie im Zweifel eher riskiert, einen Täter nicht verurteilt zu haben, als einen Unschuldigen zu verurteilen und sozial zu ruinieren.

Fast alle haben inzwischen verstanden, dass eine juristische Aufarbeitung von Straftaten keine Fortsetzung der Psychotherapie mit anderen Mitteln ist. Juristen denken und arbeiten anders als Psychotherapeuten, und Psychotherapeuten schaden ihren Patienten, wenn sie ihnen das nicht informiert und fundiert vermitteln. Andererseits hat die Justiz weitgehend begriffen, dass eine Psychotherapie nicht das ideale Mittel der Wahrheitsfindung ist. Eine Psychotherapie verfolgt nicht primär das Ziel, historische und juristische Wahrheit herzustellen, sondern unterstützt Patienten dabei, mit ihren Erfahrungen, inneren Bildern und Bewertungen eine bessere Lebensqualität zu erreichen als am Anfang der Therapie.

Insofern ist auch dieses Buch eine Momentaufnahme, die Vermittlung einer aktuellen Situation. Weitere Gesetzesänderungen sind in Diskussion und die Auseinandersetzung mit den Möglichkeiten und Grenzen des Rechtsstaates kann in einer sich entwickelnden rechtsstaatlichen Demokratie nie abgeschlossen sein.

Für uns beide, die wir seit Jahrzehnten in unterschiedlichen Feldern der Gesellschaft mit Traumatisierungen und Straftaten befasst sind, ist es sehr bewegend, mitzuerleben, wie diese Gesellschaft sich entwickelt hat und weiter in Entwicklung ist. Das Konzept »Trauma« hat sich nicht als vorübergehende Mode erwiesen, sondern ist mitten in der Gesellschaft angekommen und wird gesellschaftlich wirksam. In diesem Kontext ist unser Buch auch ein gesellschaftspolitischer Diskussionsbeitrag.

Kirsten Böök, Juristin, Hannover
Ulrich Sachsse, Psychotherapeut, Göttingen
im Frühjahr 2024

Inhalt

Einleitung

Der Artikel vom 1. März 2005, den Bettina Thoenes in der »Braunschweiger Zeitung« schrieb, ist immer noch aktuell: Unter der Überschrift »Jungen 300-mal sexuell missbraucht« konnte man lesen:

> *»Vor dem Saal 125 im Landgericht wartet still ein junger Mann. Er wirkt angespannt, beteiligt sich kaum am Gespräch seiner Familie. Drinnen, vor der Jugendschutzkammer, wird unter Ausschluss der Öffentlichkeit gerade der Mann vernommen, der ihn über sechs Jahre hinweg immer wieder sexuell missbraucht haben soll. 300 Fälle sind aufgelistet. Sie reichen lange zurück – in die Kindheit des 21-Jährigen. 1988, er war knapp sechs Jahre alt, soll ihn der Fremde am Inselwall zu einer Paddeltour eingeladen und sich fortan ›das Vertrauen der Familie erschlichen‹ haben, wie es in der Anklage der Staatsanwaltschaft heißt. Der heute 42 Jahre alte Alleinstehende galt den Ermittlern zufolge als kinderfreundlicher ›Patenonkel‹, der dem Jungen Nachhilfestunden gab und ihn großzügig beschenkte. An Wochenenden soll es in der Wohnung des Angeklagten und auch während einer gemeinsamen Urlaubsreise nach Gran Canaria zu den sexuellen Übergriffen gekommen sein. Die Eltern waren arglos. Bis ihr Sohn 16 Jahre später sein Schweigen brach: Er offenbarte sich der Polizei erst, als er hörte, dass sich der Täter einem anderen Kind genähert haben soll. Die Polizei war dem Mann zu diesem Zeitpunkt bereits auf der Spur: Die Kripo München hatte den Hinweis gegeben, dass der Angeklagte möglicherweise kinderpornografische Bilder über das Internet verbreitet habe. Während einer Durchsuchung der Wohnung entdeckten Ermittler private Videoaufnahmen. Ein gefilmter Junge hatte ›frappierende Ähnlichkeit‹ mit dem Kind auf den pornografischen Abbildungen, wie Polizeibeamte feststellten. Sie machten den Namen (...) ausfindig. Der schwieg zunächst. Monate später aber erstattete er Anzeige. Auf seine Aussage stützt sich wesentlich die Anklage gegen den 42-Jährigen, der seit vergangenem September in Untersuchungshaft sitzt. Vor Gericht äußerte sich der Beschuldigte gestern in nichtöffentlicher Verhandlung erstmals zu den Vorwürfen. Der Prozess wurde daraufhin unterbrochen. Eine Sachverständige soll nach seiner Aussage ein ergänzendes psychiatrisches Gutachten erstellen.«*

Dieser Artikel führt mitten hinein in Fragen, Meinungen, Vorurteile und Missverständnisse der Justiz gegenüber. An fast jeden Satz dieses Artikels könnte im Rahmen eines Gesprächs unter Nicht-Juristen eine Frage angeschlossen werden:

»Wieso wird das Verfahren gegen einen 42 Jahre alten Mann vor der Jugendschutzkammer geführt? Der Angeklagte ist ja nun wohl sicher kein Jugendlicher. Und auch das Opfer ist jetzt 21 Jahre alt. Jugendkammern verhängen bekanntlich ja immer besonders milde Urteile und schonen kriminelle Jugendliche. Was hat dieses Verfahren vor dieser Kammer zu suchen? Welche Kammer, welches Gericht ist eigentlich wofür zuständig? Das ist völlig undurchschaubar, finde ich.«

»Wieso wird unter Ausschluss der Öffentlichkeit verhandelt? Wieso darf der Täter unter Ausschluss der Öffentlichkeit aussagen? Warum wird ihm dieser Schutz gegeben? Andererseits: Eigentlich gehen diese Sachen im Einzelnen die Öffentlichkeit ja auch alle gar nichts an. Das sind sehr intime Ereignisse und Geschehnisse. Warum wird da die Öffentlichkeit nicht generell immer ausgeschlossen? Warum finden solche Verfahren überhaupt vor Zuhörern und Zuschauern statt?«

»Der junge Mann hat 16 Jahre nach der Tat sein Schweigen gebrochen. Dann ist so was aber doch eigentlich schon längst verjährt. Wie sind eigentlich die Verjährungsfristen? Warum verjähren Straftaten überhaupt? Manche Sachen verjähren doch angeblich gar nicht. Warum dann so was?«

»Die Anklage stützt sich auf die Aussage des jetzt 21-Jährigen. In diesem Fall gibt es ja wohl auch Videoaufnahmen. Was wäre aber, wenn die Aussage des Opfers einfach nur gegen die Aussage des mutmaßlichen Täters stehen würde? Gilt dann nicht grundsätzlich: Im Zweifel für den Angeklagten, *in dubio pro reo*? Hat man dann überhaupt eine Chance mit einer Anzeige? Wird dann nicht jeder Täter, der frech weg alles leugnet, grundsätzlich freigesprochen, weil einfach nur Aussage gegen Aussage steht? Ist so was denn gerecht? Da werden doch die Täter krass bevorzugt!«

Heute kommen die Fragen hinzu:

»Das Opfer hat doch sicher schon eine Therapie gemacht, bei den Vorwürfen. Dann glaubt ihm doch kein Gericht mehr. Wird nicht generell Therapeuten vorgeworfen, sie würden suggestiv arbeiten?«

»Deutschland hat ja offenkundig ein krass täterbezogenes und täterzentriertes Strafrecht. Als Täter kommt man immer besser weg, als wenn man Opfer gewesen ist.«

»Und was kommt am Ende als Urteil dabei raus? Wie immer wahrscheinlich viel zu wenig.«

»Das weiß man doch: Opfer werden von der Justiz erneut traumatisiert. Andererseits: Einige vertreten vehement, ein Strafprozess helfe bei der Bewältigung des Traumas. Was stimmt denn nun?«

So oder ähnlich könnte ein Gespräch über den oben ausführlich zitierten Zeitungsartikel in jeder Kantine, an jedem Stammtisch oder bei Social Media ablaufen. Dies könnte aber durchaus auch der Gesprächsverlauf einer Diskussion im Kreise von Psychotherapeutinnen und Psychotherapeuten sein.

Immer dann, wenn Vermutungen, Unterstellungen, Vorurteile und Halbwissen dominieren, können Information und Wissen nicht schaden. An den meisten Unterstellungen und an vielen lockeren Sprüchen ist was dran. Aber was genau? Was stimmt, was ist falsch?

Was für alle Menschen gilt, stimmt natürlich auch für die Juristen: dass sie weder allwissend noch Hellseher sind. Da Juristen Menschen sind, können sie sich irren. Wo Menschen entscheiden, hat es auch immer wieder Fehlentscheidungen gegeben. Unser Rechtssystem macht es den Juristen aber schwer, Fehler einzugestehen. Und die Gesellschaft hätte auch gerne unfehlbare Juristen. Keine Fehlurteile, keine Justizirrtümer, kein schlechtes Gewissen der Gesellschaft! Die Gesellschaft hätte natürlich auch gerne unfehlbare Ärzte und unfehlbare Fußballschiedsrichter und unfehlbare Politiker. Und wir alle regen uns immer wieder darüber auf, dass dieser unser Wunsch nach Unfehlbarkeit unter Menschen unerfüllbar ist.

Juristen haben so ihre eigene Sprache. Das wird in unserem Buch immer wieder deutlich werden. Ein Wort heißt im juristischen Kontext oft etwas anderes als im umgangssprachlichen Kontext oder im Psycho-Kontext. Es hat eine andere Bedeutung. Dies gilt allerdings umgekehrt auch für Psychiater und Psychotherapeuten. Wenn die ihr Gutachten erstatten, tun Juristen auch immer wieder gut daran, ganz genau nachzufragen: Wie verwenden Sie diesen Begriff eigentlich? Verstehen wir darunter das Gleiche?

Psychotherapeutinnen lernen und trainieren in ihrer Aus-, Weiter- und Fortbildung eine gewisse soziale Empathie. Sie werden geschult, ihren eigenen Kontext zu verlassen und denjenigen anderer Menschen empathisch aufzusuchen. Psychotherapeutinnen nähern sich ihren Patientinnen immer wieder wie Ethnomedizinerinnen einer ihnen fremden Ethnie: Sie begegnen einer fremden Kultur, müssen zumindest partiell innerlich an dieser teilnehmen und teilhaben und können sich dann über Rückfragen und Einfühlung wenigstens teilweise in diese Welt hineindenken, hineinfühlen, hineinfantasieren.

Das gilt ausdrücklich nicht für juristisches Denken. Psychotherapeutinnen werden nirgends darin geschult, juristisch zu denken. Bei Psychiaterinnen ist das etwas anders, weil diese häufiger juristisch relevante Gutachten schreiben müssen und die Schulung in den Grundlagen juristischen Denkens mit zur Weiterbildungsordnung gehört. Psychiaterinnen müssen eine gewisse Anzahl von Gutachten erstatten, zumindest im Bereich des Sozialrechts.

Psychotherapeutinnen haben genau wie Juristinnen ihre eigene Sprache. Was das Ganze noch erschwert: Unterschiedliche Schulen, unterschiedliche Richtungen haben unterschiedliche Sprachen. Bekanntlich gehört es zum Phänomen der Gruppenbildung und der Institutionalisierung dazu, erst mal eine eigene Sprache zu entwickeln. Das lernt jeder, der die erste Unterrichtsstunde im Tennis nimmt: Im Tennis gilt ein ganz anderes System des Zählens als sonst auf der Welt. Wo sonst gilt die Reihenfolge: 0 – 15 – 30 – 40?

Auch Juristen haben unterschiedliche Sprachen und unterschiedliche Denkweisen, zumindest dann, wenn sie aus verschiedenen Staaten und damit aus unterschiedlichen Rechtstraditionen kommen. Unser Rechtssystem ist nicht das einzige auf der Welt. Und Dinge, die in unserem Rechtssystem richtig sind, sind in anderen Rechtssystemen falsch. Während wir zum Beispiel den Faktor Alkohol strafmildernd werten, werten ihn Richter in Großbritannien stets als strafverschärfend. Das nur mal als Beispiel. Wichtig ist dieser Gesichtspunkt dann, wenn sich Menschen an Kinofilmen orientieren. Unser Strafprozess und unser juristisches Denken sind völlig anders als dasjenige in den Vereinigten Staaten. Sehr viele Kinofilme kommen aber aus den USA und Opfer oder Zeugen gehen dann in einen deutschen Prozess mit der Erwartung hinein, dort auf ein ähnliches Verhalten zu treffen wie in amerikanischen Filmen. So sind unser Prozess und unser Rechtssystem nicht aufgebaut. Wir werden darauf noch zu sprechen kommen.

Warum sollten sich Psychotherapeutinnen dann, wenn sie selbst nicht gutachterlich tätig werden, überhaupt groß mit juristischem Denken befassen? Weil alle diejenigen, die traumatisierte Patientinnen behandeln, über kurz oder lang mit der Frage konfrontiert werden: »Anzeigen oder nicht anzeigen? Das ist hier die Frage.«

Aus dem Bauch heraus möchten fast alle Psychotherapeutinnen fast jeder Patientin nach der ersten Trauma-Exposition zubrüllen: »Zeigen Sie das Schwein gefälligst an!« Da werden basal-plebejische Schichten in den Untiefen der Seele erreicht. Wenn nur zehn Prozent von dem, was in einer Trauma-Exposition zur Sprache kommt, auf Tatsachen beruht, dann gehört der Täter für einige Jahre ins Gefängnis. Fast alle Menschen empfinden es als ein schreiendes Unrecht, wie viele Täter völlig unbehelligt herumlaufen und wie selten von einer Patientin zu hören ist: »Der hat dann übrigens fünf Jahre bekommen und die auch fast ganz abbrummen müssen.« Von den Patientinnen auf der Trauma-Behandlungsstation in Göttingen ist es schätzungsweise nicht einmal ein Drittel, deren Täter strafrechtlich verfolgt oder verurteilt worden sind.

Aber wir haben in Göttingen inzwischen schon sehr viel erfahren über Anzeigen, Ermittlungen, Strafverfolgungen, Anklagen und Prozessverläufe. Dabei haben wir uns allerdings manchmal gefragt: Waren diese Opfer so naiv? Oder waren ihre Therapeutinnen so naiv? Wieso ist diesen Patientinnen nicht frühzeitig geraten worden, von einer Anzeige abzusehen? Dieser Ermittlungsverlauf und dieser Prozessverlauf waren doch eigentlich absehbar. Wer nicht völlig blauäugig an so eine Sache herangeht, der hätte nur warnen können.

Oder haben hier politisch engagierte Psychotherapeutinnen ihre Patientinnen ein zweites Mal missbraucht, dieses Mal für gesellschaftspolitische Zwecke? Sollte über die Justiz das Patriarchat vorgeführt und unterminiert werden? Solche Abläufe hat es in den 1990er-Jahren sicherlich gegeben. Mittlerweile sind das sehr seltene Ausnahmen. Im Allgemeinen basieren Empfehlungen, die sich dann ungünstig oder gar retraumatisierend auf Opfer ausgewirkt haben, auf Informationsmangel und Unkenntnis. Dem ist durch Information abzuhelfen.

Ziel unseres Buchs ist es, eine gewisse Basisinformation zu geben, sodass Psychotherapeutinnen ihren Patientinnen fundierter Empfehlungen geben können, ob eine Anzeige in ihrem Falle sinnvoll, richtig und Erfolg versprechend sein könnte. Die Patientin wird auch an ihre Psychotherapeutin die Frage richten: »Darf ich vor dem Verfahren überhaupt eine Therapie machen? Ich habe gehört, dass man mir dann nicht mehr glauben wird. Und wie wird mit mir denn bei der Polizei, bei der Staatsanwaltschaft und im Hauptverfahren umgegangen? Was kommt auf mich als Opfer zu? Wie lange dauert es? Wo kann und soll ich mir welche Hilfe holen?« Gerade darauf, dass möglicherweise die Psychotherapeutin im Rahmen eines Prozesses nur begrenzt hilfreich sein kann und dass für andere Aspekte als die therapeutischen andere Fachleute hilfreicher sein mögen, wird immer wieder eingegangen werden.

Ein solches Buch kann kein Studium ersetzen. Es ist zu hoffen, dass Studenten der Jurisprudenz bei allen juristischen Ausführungen empört einwerfen: »Das ist aber nun wirklich zu einfach gesehen! So schlicht kann man das nicht darstellen; hier kommen die wesentlichen Feinheiten gar nicht zur Sprache.« Die einfache Antwort hierauf: Das stimmt. Wer vermitteln und zwischen den Fachdisziplinen Verständnis schaffen will, muss auf Feinheiten und Einzelheiten manchmal verzichten. Umgekehrt ist zu hoffen, dass alle Psychotherapeutinnen und Psychiaterinnen immer wieder einwenden: »Das ist viel zu schablonenhaft! Das ist viel zu undifferenziert, das ist viel zu populärwissenschaftlich! So vereinfachen kann man das nun auch wiederum nicht.« Die Antwort auch hierauf: Das stimmt. Medizinisches, psychiatrisches und psychotherapeutisches Wissen wollen gründlich studiert und erarbeitet sein. Schließlich dauern das Jurastudium und das Medizinstudium mehrere Jahre und die Qualifikationen zur Fachärztin oder zum Staatsanwalt in einem Sonderdezernat sind auch nicht mit einer Kurzlektüre zu erlangen.

Psychotherapeuten sind übrigens meistens Therapeutinnen, und deshalb sind jetzt einige Entscheidungen und Festlegungen zum Gendern in diesem Buch erforderlich. Die Verwendung von Sprache ist alles andere als beliebig. Sprache beeinflusst, bildet geradezu Bewusstsein. Das wissen jede Werbefachfrau und jeder Werbefachmann, jede Politikerin und jeder Politiker auch. Das wissen auch Juristinnen und Juristen, erst recht natürlich Therapeutinnen und Therapeuten. Da ist der korrekte Sprachgebrauch geradezu eine Frage von Political Correctness, aber auch der Rechtschreiberegeln. Leider kennt die deutsche Sprache für dieses Problem keine elegante sprachliche Lösung. Mitgliederinnen und Mitglieder klingt immer schon recht merkwürdig und ein ganzes Buch in dieser Sprache wäre eine Zumutung. Und »das Jurist« und »das Therapeut« können wir auch nicht schreiben. Was tun?

Opfer sexualisierter Gewalt sind meistens Frauen und da wäre eine maskuline Sprachwahl verfälschend. Deshalb verwenden wir hier die weibliche Form, das gilt auch für Therapeutinnen. Demgegenüber werden wir von Tätern und Juristen schreiben. Uns ist bewusst, dass wir uns damit innerhalb der typischen Rollenklischees bewegen. Es gibt auch männliche Opfer und weibliche Täter, Juristinnen und Therapeuten. Ausnahmen bilden dann ohnehin Zitate von Gesetzen, die immer die männliche Form verwenden. Also: Präzision geht vor Political Correctness. Oft wird der Sprachgebrauch ein wenig unkorrekt durcheinandergehen. Wie das Leben ja auch meistens.

Etwas zu uns persönlich:

Ich heiße **Kirsten Böök, vor meiner Heirat Kirsten Stang**. Ich habe Rechtswissenschaften studiert und war lange Jahre als Staatsanwältin in Braunschweig tätig. Während meiner Zeit als Proberichterin war ich erstmalig mit einem Vergewaltigungsverfahren befasst und habe das Leid eines Opfers vor Gericht erlebt. Dieses Verfahren hat mich bewogen, mich um das Dezernat »Sexuelle Gewalt« bei der Staatsanwaltschaft zu bemühen, das ich von 1993 bis zum Jahr 2000 auch innehatte. Dabei habe ich ganz andere Facetten meines Berufs kennengelernt. Zwar gehören die rechtlichen Probleme einer konfliktbehafteten Hauptverhandlung zur Ausbildung, nicht aber der Umgang mit traumatisierten Menschen und deren Betreuern, Therapeuten und Angehörigen. *Sine ira et studio:* Das fiel mir manchmal recht schwer. Und dennoch muss ein Staatsanwalt gerade bei diesen emotional geprägten Verfahren die Gratwanderung zwischen Rechtsstaat und Opferschutz beherrschen, damit ein gerechtes Urteil zustande kommen kann. Das Land Niedersachsen hat im Jahr 2001 die Stiftung Opferhilfe ins Leben gerufen und als deren Vorsitzende für die Region Braunschweig in den Jahren 2001 bis 2006 habe ich weitere Facetten der Arbeit mit Opfern kennengelernt. Als Leitung einer Abteilung für Tötungsdelikte konnte ich dann in den Jahren 2007 bis 2016 das Wissen, das ich aus der gemeinsamen interdisziplinären Arbeit mit Ulrich Sachsse erworben habe, bei schwer traumatisierten Menschen und Angehörigen umsetzen. Mittlerweile leite ich eine Referatsgruppe im Niedersächsischen Justizministerium, die sich mit Opferschutz und Prävention befasst, und habe so die Möglichkeit, selbst Impulse bei der Umsetzung des Opferschutzes in Niedersachsen zu setzen.

Ich heiße **Ulrich Sachsse**, habe in Göttingen Medizin studiert und mich schon in den ersten Semestern für Psychologie und Psychotherapie interessiert. Vorlesungen von Heigl-Evers und Heigl in Psychoanalyse, von Leuner in Psychotherapie und von Sperling in Familientherapie haben mich fasziniert. Meine erste Assistenzarztstelle hatte ich in der psychoanalytisch orientierten Fachklinik Tiefenbrunn bei Göttingen. Am Göttinger Institut habe ich die Weiterbildung in Psychoanalyse abgeschlossen. – Seit 1982 arbeite ich am Niedersächsischen Landeskrankenhaus Göttingen, heute Asklepios Fachklinikum Göttingen, einer Fachklinik für Psychiatrie und Psychotherapie. Ich bin Facharzt für Psychiatrie und Psychotherapie, Facharzt für Psychosomatik und Psychotherapie und war bis 2009 Funktionsbereichsleiter der Akutpsychiatrie III: Psychotherapie und Allgemeine Tagesklinik. Meine therapeutischen und wissenschaftlichen Arbeitsschwerpunkte sind Selbstverletzendes Verhalten, Borderline-Persönlichkeitsstörung und Komplexe Traumafolge-Störungen. – Mein wichtigster psychiatrischer Lehrer war Ulrich Venzlaff, der mich frühzeitig in psychiatrische Schuldfähigkeitsgutachten einarbeitete. Er hat ein Standardwerk zur Forensischen Begutachtung herausgegeben, das inzwischen in der 7. Auflage vorliegt. Ich war 15 Jahre Gutachter und Zweitgutachter der Kassenärztlichen Bundesvereinigung (KBV) für tiefenpsychologisch fundierte Psychotherapie und analytische Psychotherapie und arbeite heute als Dozent für Traumazentrierte Psychotherapie an mehreren Instituten (www.ulrich-sachsse.de).

Gemeinsam geben wir Seminare zur Information im Spannungsfeld Trauma und Justiz.

Eine Frage werden wir in diesem Buch nicht befriedigend beantworten können: Was bringt ein Prozess? Denn an dieser Stelle kann das berechtigte Interesse des Rechtsstaates nach Rechtsfrieden und Rechtssicherheit in einen Zielkonflikt mit dem berechtigten Interesse des Opfers nach Genugtuung geraten. Unser Strafrecht ist in erster Linie ein Recht, das der Aufrechterhaltung des Rechtsstaates, der Rechtssicherheit und des Rechtsfriedens dient. Die Bundesrepublik Deutschland ist ein demokratischer Rechtsstaat.

Der Staat verfolgt bestimmte Straftaten generell, weil er vertritt, dass diese Straftaten in einem Rechtsstaat nicht vorkommen dürfen. Das sind die sogenannten Offizialdelikte. Auch darauf werden wir noch eingehen. Das, was das Gesetz als Verletzung der sexuellen Selbstbestimmung bewertet, ist ein Offizialdelikt. In Grenzfällen kann es aber auch sein, dass lediglich ein Privatklagedelikt vorliegt, das nur bei besonderem öffentlichem Interesse verfolgt wird.

Das Verfahren und das Strafmaß sollen nach rechtsstaatlichen Kriterien gerecht, fair und angemessen sein. Wenige Täter erwarten übrigens, von der Justiz freigesprochen zu werden: Auch wenn das durch ihr Prozessverhalten nicht deutlich wird, so haben sie am Ende letztlich nur die Erwartung, fair und gerecht behandelt zu werden und eine angemessene Strafe zu bekommen.

Bis heute ist unser Rechtssystem so aufgebaut, dass nach den Perspektiven »Rechtsstaat« und »Gerechtigkeit für den mutmaßlichen Täter« erst an dritter Stelle die Perspektive des Opfers kommt. Hier ist es wichtig, zunächst einmal deutlich zu machen, was ein Prozess nicht leisten kann. Ein Strafverfahren und ein Urteil sind keine Wiedergutmachung. Eine schwere Straftat, möglicherweise ein schweres Trauma, sind nicht wiedergutzumachen. Sie sind geschehen, sie sind künftig Bestandteil des persönlichen Lebens und es gibt im Grunde keine Vorgehensweise, die dieses Ereignis völlig kompensieren kann. Zuweilen gleicht ein Prozess mit seinen genauen, detaillierten Fragen und seiner gelegentlich konfrontativen Atmosphäre sogar innerseelisch einer Wiederholung des Tatablaufs. Dann wird der Prozess zur Retraumatisierung. Jede Trauma-Therapeutin kennt solche Verläufe.

Manchmal sind ein Prozess und eine Verurteilung des Täters aber zumindest eine gewisse Genugtuung. Dem Leid des Opfers wird in begrenztem Umfang Genüge getan. Die psychoanalytische Theorie zur optimalen Kindererziehung spricht von der »genügend guten Mutter«, nicht von der »optimalen« oder gar »perfekten Mutter«. Die gibt es nicht. Mehr als »genügend gut« ist oft nicht erreichbar, und das gilt eben auch für Prozesse. Der Prozess kann aber auch eine sehr positive Wirkung entfalten. Viele Opfer haben hinterher das berechtigte Empfinden: Der Staat hat dafür gesorgt, dass mein Recht auch mein Recht bleibt. Mein Recht ist mir genommen worden und das hat der Staat anerkannt und darauf reagiert (Freudenberg 2002). Meine Rechte sind damit wieder in Kraft getreten und der Rechtsstaat war stärker als der Täter, der mir meine Rechte genommen hat oder nehmen wollte. Jan Philipp Reemtsma hat diesen Aspekt differenziert erarbeitet (Reemtsma 1998).

Für ein Opfer kann ein Prozess auch die Bestätigung der eigenen Wahrnehmung sein. Die eigene Wahrnehmung war: »Das ist Unrecht. So etwas darf der nicht, hier geschieht ein Verbrechen.« Diese berechtigte, richtige Wahrnehmung kann aber überlagert sein durch Äußerungen des Täters wie: »Du willst das doch, das macht dir Spaß, das ist in Ordnung, das ist mein Recht, ich bin im Recht.« Diese Täterperspektive kann als pathologisches Täter-Introjekt innerseelisch zu schweren Verwirrungen, Konfusionen, Selbstzweifeln und Selbstwertzweifeln führen. Ein guter Prozessverlauf kann hier zu dem Resümee führen: »Die eigene Wahrnehmung war richtig. Dieses Geschehen war eine Straftat, dazu hatte der Täter kein Recht. Mein Rechtsempfinden, meine Wahrnehmung waren richtig. Mir wurde Unrecht getan.« Eine solche quasioffizielle Bestätigung der eigenen Wahrnehmung kann eine Therapie sehr erleichtern. Auch dafür wird jede Trauma-Therapeutin Beispiele aus der Praxis haben, dass also ein Prozess für die weitere Entwicklung eines Opfers hilfreich und für seine Therapie sehr erleichternd gewesen ist.

Literatur

Freudenberg D (2002). Opferschutz durch Strafverfahren. Widerspruch oder realistische Alternative zur Aufarbeitung strafrechtlich relevanter Traumata? In: Özkan I, Streeck-Fischer A, Sachsse U (Hrsg). Trauma und Gesellschaft. Vergangenheit in der Gegenwart. I. Göttingen: Vandenhoeck & Ruprecht; 165–195.

Kirchhoff S (1994). Sexueller Mißbrauch vor Gericht. Bd. 1: Beobachtung und Analyse. Opladen: Leske + Budrich.

Meyer-Mews H (2000). Die »in dubio contra reo«-Rechtsprechungspraxis bei Aussage-gegen-Aussagen-Delikten. NJW; 916–919.

Mörth G (1994). Schrei nach innen. Vergewaltigung und das Leben danach. Wien: Picus Verlag.

Reemtsma JP (1998). Das Recht des Opfers auf die Bestrafung des Täters – als Problem. Vortrag auf dem Kongress »Trauma und kreative Lösungen«, Köln, 06. 03. 1998. Erlangen: TLC AudioService Thomas Lindenberg.

1 Grundlagen

1.1 Wichtige Begrifflichkeiten

Justiz und Rechtsprechung haben wie jedes Denkgebäude ihre eigene Sprache. Das gilt ja für die unterschiedlichen Schulen der Psychotherapie genauso. Wir wollen diese Begrifflichkeiten an den Anfang der Ausführungen stellen und im Folgenden immer wieder darauf zurückkommen. Wir hätten auch ein Glossar an den Schluss stellen können, aber bei der Erläuterung der Begrifflichkeiten wird ein gewisser Rahmen, wird unser Prozedere in Umrissen schon deutlich werden.

Zunächst ist es wichtig, sich klar zu machen, dass zwischen Anzeige und Urteil verschiedene, klar gegeneinander abgegrenzte Verfahren liegen.

Mit der **Anzeige** wird das **Ermittlungsverfahren** eröffnet. Im Ermittlungsverfahren wird ein Verdächtiger als **Beschuldigter** bezeichnet.

Hat die Staatsanwaltschaft das Ermittlungsverfahren abgeschlossen, dann stellt sie das Verfahren ein oder erhebt **Anklage** bei dem zuständigen Gericht. Die Staatsanwaltschaft gibt die Ermittlungsakte dem zuständigen Gericht und das Gericht prüft im **Zwischenverfahren**, ob es die Anklage vor Gericht zulässt. Im Zwischenverfahren ist aus dem Beschuldigten ein **Angeschuldigter** geworden.

Lässt das Gericht die Anklage zu, dann wird das Verfahren eröffnet. Damit wird aus dem Angeschuldigten der **Angeklagte**. Sofern der Angeklagte am Ende des Prozesses verurteilt und das Urteil rechtskräftig wird, wird der Angeklagte zum **rechtskräftig verurteilten Täter**. So viel zur Karriere vom Verdächtigen zum rechtskräftig verurteilten Täter.

Ein Beschuldigter tut gut daran, sich im Dschungel der Paragrafen einen kompetenten Rechtsbeistand zu suchen. Der Rechtsanwalt für den Beschuldigten, später den Angeschuldigten und schließlich den Angeklagten ist der **Verteidiger**. Bei vielen schweren Straftaten, bei Untersuchungshaft oder wenn dem Opfer ein Anwalt beigeordnet würde, ist ein Verteidiger zwingend erforderlich. Dieser **Pflichtverteidiger** wird von Amts wegen dem Beschuldigten beigeordnet, damit er im Prozess die Rechte des Beschuldigten, Angeschuldigten oder Angeklagten wahrnimmt. Er kann sich dabei durchaus »seinen Anwalt« aussuchen, der seine Rechte wahrnehmen kann. Kennt er aber keinen, so sucht der Richter einen Anwalt für ihn aus.

Das **Opfer** hat seit Mitte der 1990er-Jahre immer mehr Rechte bekommen. Es kann aus der Position des bloßen Zeugen heraustreten und einen eigenständigen Rechtsstatus im Prozess wahrnehmen. Das Opfer kann **Nebenklage** erheben, sein Rechtsanwalt wäre dann der **Nebenklagevertreter**. Wir werden im Laufe unserer Ausführungen immer wieder darauf hinweisen, wie wichtig es für ein Opfer ist, so früh wie möglich einen Rechtsbeistand im Sinne eines Nebenklagevertreters zu bekommen.

Das Strafrecht differenziert weiter zwischen **Verbrechen** und **Vergehen**. Unterschieden wird zwischen diesen beiden Straftatbeständen je nach der Höhe der Strafandrohung. Sofern eine Straftat mit einer Mindeststrafe von mehr als einem Jahr bedroht ist, wird sie als Verbrechen bezeichnet. Beträgt die Mindeststrafe weniger als ein Jahr, wird die Straftat als Vergehen eingestuft. Verbrechen sind die meisten Tötungsdelikte wie Mord und Totschlag, Delikte wie Brandstiftung, Raub, schwere Körperverletzung und auch Vergewaltigung, sexuelle Nötigung und der schwere sexuelle Missbrauch von Kindern (z.B. der Geschlechtsverkehr mit einem Kind). Verbrechen und auch manche Vergehen wie beispielsweise Trunkenheit im Verkehr sind **Offizialdelikte**. Das bedeutet, dass sie von Staats wegen verfolgt werden, sofern Polizei oder Staatsanwaltschaft von solchen Delikten Kenntnis erlangen. Dann ist nicht einmal eine Anzeige erforderlich. Polizei und Staatsanwaltschaft müssen von sich aus aktiv ein Ermittlungsverfahren einleiten und die Sache verfolgen. Wenn ein Staatsanwalt von einem Offizialdelikt erfährt, muss er ein Ermittlungsverfahren einleiten. Er darf von Amts wegen nicht untätig bleiben.

> Ein Opfer darf also nicht der Polizei schreiben: »Ich möchte gerne wissen, was ich für Rechte habe, und will Ihnen deshalb schildern, was mir passiert ist. Aber das müssen Sie auf jeden Fall für sich behalten, ich will keine Anzeige erstatten und will auch nicht, dass Sie irgendwas machen [es folgt die glaubhafte Schilderung einer schweren Straftat] ...« Wenn die Polizei dann nichts unternimmt, könnten die Beamten sich selbst sogar strafbar machen oder ein Disziplinarverfahren riskieren.

Herrin des Ermittlungsverfahrens ist übrigens die Staatsanwaltschaft. In einigen Folgen der TV-Serie »Tatort« oder anderen Serien wird das inzwischen auch deutlich. Die Polizeibeamten unterstützen die Staatsanwaltschaft. Polizisten sind Spezialisten, die für die Aufgaben der Ermittlung im tatsächlichen Bereich über Speziallehrgänge eine besondere Ausbildung erhalten. Dazu gehören auch Vernehmungen, Ermittlungstaktik und natürlich alle anderen Formen der Beweisaufnahme und der Beweissicherung.

Bei Bagatelldelikten ermittelt die Polizei zunächst allein. Hier sind nur Routineaufgaben zu erfüllen, die der vorherigen Einschaltung des Staatsanwalts und dessen rechtlicher Unterstützung nicht bedürfen. Es stimmt auch nicht mehr, dass die Polizei »immer erst aktiv werden darf, wenn was passiert ist«. Im Rahmen des Polizeirechts handelt die Polizei nicht nur repressiv, sondern auch präventiv. In bestimmten, engen Grenzen dürfen also Polizeibeamte durchaus schützend, vorsorglich aktiv werden, damit es gar nicht erst zu Straftaten kommt. Wie weit die präventive Arbeit der Polizei gehen kann, wird vor allem durch Landesgesetze geregelt. So kann sie zum Beispiel bei häuslicher Gewalt oder vielmehr bereits im Vorstadium einen Platzverweis aussprechen oder sogar jemanden kurzfristig in Verhütungsgewahrsam nehmen. Die Staatsanwaltschaft wird allerdings wirklich immer erst aktiv, wenn schon was passiert ist.

Nur in seltenen Fällen kann sie dann auch zur Vermeidung neuer Straftaten einen Haftbefehl erwirken. Mit dem »gesunden Rechtsempfinden« ist es manchmal nicht vereinbar, dass bestimmte Menschen gar nicht erst in Untersuchungshaft genommen oder sehr schnell aus dieser entlassen werden. Darauf werden wir bei der Diskussion der Untersuchungshaft (→Kap. 5.5) noch ausführlicher zu sprechen kommen.

Delikte, die keine Offizialdelikte sind, also nicht von Amts wegen verfolgt werden müssen, sind sogenannte **Antragsdelikte**. Ihre Verfolgung geschieht nur mit einem ausdrücklichen Antrag des Geschädigten. Manche dieser Antragsdelikte sind dann auch noch sogenannte Privatklagedelikte. Das sind Straftaten, bei denen sich der Staat – in Gestalt der Staatsanwaltschaft – nur dann einmischt, wenn ein Strafantrag vorliegt und zudem an der Strafverfolgung ein öffentliches Interesse besteht. Wenn ein Fußballfan von Borussia Dortmund auf dem Heimweg dem Fußballfan von Schalke 04 etwas Unfreundliches sagt – sicherlich eine absolute Rarität –, so mag das durchaus den Straftatbestand der Beleidigung erfüllen. Aber die Strafverfolgung dieser Beleidigung liegt nicht unbedingt im öffentlichen Interesse. Wenn ein Vater zu seiner heranwachsenden Tochter »Du blöde Kuh« sagt, dann erfüllt auch das die Kriterien der Beleidigung. Auch hier liegt eine Strafverfolgung aber nicht im öffentlichen Interesse. Insofern würde die Strafverfolgungsbehörde, also die Staatsanwaltschaft mit der Polizei, wahrscheinlich auf den Weg der Privatklage verweisen. Anders ist es dann schon, wenn jemand nicht seine Tochter, sondern eine Polizeibeamtin als »blöde Kuh« bezeichnet. Die Strafverfolgung dieser Beleidigung könnte durchaus im öffentlichen Interesse liegen, weil Polizeibeamte letztlich die Interessen der Allgemeinheit vertreten. Viele Polizisten zeigen aber nicht gleich jede Beleidigung an, der sie im Laufe ihres Arbeitstags ausgesetzt sind.

Täter wie Opfer können Kinder, Jugendliche, Heranwachsende oder Erwachsene sein. Als Kind im juristischen Sinne gilt ein Mensch »bis zur Vollendung des 14. Lebensjahres«. Ein Kind ist nicht strafmündig, kann also nicht von einem Gericht zu einer Strafe oder Erziehungsmaßnahme verurteilt werden. Begeht ein Zwölfjähriger einen Mord, kann er nicht bestraft werden. Das Vormundschaftsgericht kann allerdings Maßnahmen ergreifen, um zukünftig solche Taten zu verhindern. Zivilrechtlich ist ein Kind ab acht Jahren aber bereits für Schäden, die es verursacht, verantwortlich. Etwas anderes gilt nur für Schäden, die aus den typischen Gefahren des Straßenverkehrs resultieren (§ 828 BGB). Nach Vollendung des 14. Lebensjahres bis zur Vollendung des 18. Lebensjahres ist ein Mensch strafrechtlich ein **Jugendlicher**. Für ihn gilt das **Jugendrecht**. Zuständig sind besondere Gerichte und Kammern. Bei der Strafverfolgung des Jugendlichen steht der Gedanke der Strafe nicht an erster Stelle. Vielmehr geht es um Erziehung, Entwicklung, pädagogische Maßnahmen und Prävention.

Nach Vollendung des 18. Lebensjahres bis zur Vollendung des 21. Lebensjahres gilt ein Mensch im juristischen Sinne als **Heranwachsender**. Auf Heranwachsende wird in der Bundesrepublik das Jugendrecht angewendet, wenn nicht ausgeschlossen werden kann, dass Reifeverzögerungen vorliegen.

Noch ein Wort zur Sprache: Nicht jedes Wort der Alltagssprache hat bei Juristen die gleiche Bedeutung. Dies gilt zum Beispiel für das Wort »grundsätzlich« – bei Juristen heißt das, es gibt immer noch eine Ausnahme. Und dann das leidige Wort des »Vorhalts« – in der Alltagssprache liegt ein Vorwurf darin, wenn man jemandem etwas vorhält, ihm Vorhaltungen macht: nicht aber zum Beispiel bei Zeugenvernehmungen. Da bedeutet ein Vorhalt lediglich den Abgleich dessen, was der Zeuge schon mal bei der Polizei gesagt hat, mit dem, was er in der Hauptverhandlung angibt – und zwar ohne jede Wertung. Das muss ein Zeuge wissen, damit er den Vorhalt nicht als Angriff versteht, in die Defensive geht oder sich missverstanden, vorgeführt fühlt.

1.2 Auf welche Bücher und Gesetzeswerke greifen wir zurück?

Grundlage unseres Rechtsstaates ist unser Grundgesetz (GG). Aber auch die Europäische Menschenrechtskonvention (EMRK), die im Jahr 1950 vom Europarat und den ihm angehörenden Ländern verabschiedet wurde, wirkt sich immer öfter unmittelbar auf unsere Rechtsanwendung aus. So gibt es immer häufiger Entscheidungen des Europäischen Gerichtshofs für Menschenrechte, mit denen unser nationales Rechts als nicht mit der EMRK vereinbar gerügt wird. Als Beispiel sei hier nur die Entscheidung zur nachträglichen Sicherungsverwahrung genannt. Sehr viele Täterrechte sind generelle Menschenrechte und in der EMRK geregelt. So haben sich die europäischen Staaten zum Beispiel darauf geeinigt, dass Folter verboten ist, dass immer ein Richter über freiheitsentziehende Maßnahmen entscheiden muss und dass jeder das Recht hat, sich vor Gericht in einer ihm geläufigen Sprache zu verständigen. Einige der Regelungen sind auch opferfreundlich: So ist beiden Seiten damit gedient, wenn so schnell wie möglich verhandelt wird und ein Urteil ergeht.

> Ein Grundsatz der Europäischen Menschenrechtskonvention ist für das Strafverfahren nicht nur in ganz Europa, sondern in allen rechtsstaatlichen Ländern ganz besonders prägend (Guantanamo ausgenommen) – die Unschuldsvermutung aus **Artikel 6** der **EMRK**:
>
> > *»Jede Person, die einer Straftat beschuldigt wird, gilt bis zum Beweis ihrer Schuld als unschuldig.«*

Das bedeutet, dass bis zum Urteilsspruch die Unschuldsvermutung zu gelten hat. Den Beweis der Schuld muss ein Gericht aussprechen, weder die Medien noch die Teilnehmenden von Stammtischen sind hierzu berufen. Ein Aspekt, bei dem sich die Unschuldsvermutung nachhaltig auswirkt, ist die bereits bei den Aufgaben von Polizei und Staatsanwaltschaft angesprochene Untersuchungshaft. Mangels Schuldnachweises sitzen nach grundgesetzlicher und allgemeinjuristischer Definition ausschließlich Unschuldige in Untersuchungshaft. So etwas ist natürlich nur in sehr engen Grenzen statthaft, die gesetzlich geregelt sein müssen. Man darf einen Unschuldigen nur dann in Untersuchungshaft nehmen, wenn er dringend der Tat verdächtig ist und die Gefahr besteht, dass das Verfahren ohne die Haft nicht durchgeführt werden kann, weil der Beschuldigte entweder flüchten oder Beweismittel unterdrücken wird. In der allgemeinen Wahrnehmung ist das selbstverständlich anders: Viele Menschen können nicht nachvollziehen, warum Menschen nicht in Untersuchungshaft genommen werden, obwohl sie eine Straftat schon eingestanden haben. Haben Menschen etwas bereits gestanden, dann besteht häufig keine Verdunkelungsgefahr mehr, weil der Tatbestand ja offenkundig und eingestanden ist. Wenn dann auch keine Fluchtgefahr als Untersuchungshaftgrund besteht, gibt es keine Rechtsgrundlage, einen Menschen in Untersuchungshaft zu nehmen. Allerdings kann es sein, dass bei einer besonderen Höhe der zu erwartenden Strafe die Anforderungen an das Vorliegen der Fluchtgefahr nicht so hochgestellt werden (§ 112 Abs. 3 StPO). Eine weitere Ausnahme stellt die Wiederholungsgefahr bei besonders schweren Straftaten, insbesondere beim dringenden Verdacht einer Sexualstraftat, dar (§ 112a StPO). Aber auch hier reicht es nicht, zu sagen, wer einmal (möglicherweise) so etwas getan hat, wird es wieder tun. Vielmehr müssen konkrete Anhaltspunkte für eine Wiederholungsgefahr bestehen.

Seitdem die Europäische Union einen eigenen Rechtscharakter hat, befassen sich die zuständigen Gremien aber nicht nur mit den Rechten des Beschuldigten, sondern auch mit denen des Opfers. Allerdings ergeben sich diese nur mittelbar aus der Menschenrechtskonvention, durch Auslegung der allgemeinen Rechte, wie Artikel 1 EMRK (Achtung der Menschenwürde) und Artikel 3 EMRK (dem Verbot unmenschlicher oder entwürdigender Behandlung) sowie Artikel 8 EMRK (Schutz der Privatsphäre). Im Jahr 2001 hat die Europäische Union einen Rahmenbeschluss zum Schutz der Rechte von Opfern erlassen und in der Folgezeit, auch aufgrund der Erweiterung der Befugnisse der EU bei der Regelung des nationalen Rechts, umfangreiche Konventionen und Richtlinien zum Schutz von Opfern verabschiedet. Hierzu gehören die *Istanbul-Konvention zum Schutz von Frauen vor Gewalt*, die *Lanzarote-Konvention zum Schutz von Kindern* und die *Opferrechtsrichtlinie* (2012), in der umfassend die Rechte von Opfern im Verfahren für alle Mitgliedsstaaten geregelt werden.[1] Diese Regelungen werden im Kapitel 9 Opferrechte auch immer wieder Erwähnung finden.

Im **Grundgesetz (GG)** der Bundesrepublik Deutschland sind die Menschenrechte erneut aufgeführt, Bürgerrechte werden festgelegt und neben vielen anderen staatstragenden Vorschriften werden auch Regeln für die Justiz aufgestellt. So sind Richter nach § 93 GG unabhängig – das bedeutet, sie sind in ihrer Entscheidungsfindung frei von jedem staatlichen Einfluss und entscheiden nur nach Recht und Gewissen.

Artikel 1 GG stellt fest:

> *»Die Würde des Menschen ist unantastbar.«*

---

1 Siehe hierzu ausführlich Böök in Gysi/Rüegger, S. 375 ff.

Zunächst einmal gelten die Grundrechte für alle, für das Opfer und für den Täter. Dass die Menschenwürde nicht angetastet werden darf, beinhaltet beispielsweise, dass niemand gefoltert werden darf, denn dadurch würde der Mensch zum reinen Objekt der Strafverfolgung und seine Würde verletzt. Da kann man auch nicht sagen: »Was soll's? Der hat die Würde des Opfers verletzt und damit sein Recht auf Menschenwürde verwirkt.« Über das Rechtsprinzip »Auge um Auge, Zahn um Zahn« sind wir seit Christi Bergpredigt ohnehin lange hinaus. Der Staat darf sich in keinem Fall mit Straftätern gemein machen und auf eine Stufe begeben. Im Übrigen darf nicht vergessen werden, dass der Beschuldigte bis zu seiner Verurteilung als unschuldig zu gelten hat.

Die Verpflichtung zur Achtung der Menschenwürde beinhaltet auch, dass eine Sicherungsverwahrung nicht unbegrenzt ausgesprochen oder verfügt werden darf. Jeder Mensch ist ein Element der Menschengemeinschaft, unabhängig davon, welche Taten er begangen hat. Die Menschengemeinschaft darf nur unter ganz strengen Voraussetzungen sagen: »Aus dir wird nichts mehr, du hast keine Perspektive, keine Chance. Du wirst für den Rest deines Lebens sicherheitshalber verwahrt.« Um die Aussichtslosigkeit jeglicher Resozialisierungsmaßnahme und dadurch eine bleibende Gefährdung für die Allgemeinheit annehmen zu können, bedarf es einer gründlichen psychiatrischen Untersuchung. Auch darf die Sicherungsverwahrung nicht wie eine Strafhaft ausgestaltet werden. Vielmehr soll der Vollzug der Sicherungsverwahrung therapeutisch ausgestaltet werden und sich an einer Perspektive der Wiedererlangung der Freiheit orientieren.[2] Da aber das Sicherheitsinteresse der Allgemeinheit die tragende Rolle für die Sicherungsverwahrung spielt, ist diese Maßregel selbst weiterhin zulässig.

Artikel 2 GG besagt:

> *»Die Freiheit der Person ist unverletzlich. In diese darf nur aufgrund eines Gesetzes eingegriffen werden.«*

Einem solchen Eingriff in das Grundrecht der Person auf Freiheit sind enge Grenzen gesetzt. Der Entzug der Freiheit darf nur im Rahmen eines Gesetzes und aufgrund richterlicher Anordnung (Art. 104 GG; siehe unten) erfolgen. Das wissen ja auch Psychiater und Psychotherapeuten. Der Freiheitsentzug im Rahmen einer zwangsweisen Behandlung in der Psychiatrie unterliegt stets gesetzlichen Bestimmungen.

Artikel 103 Abs. 1 GG beinhaltet:

> *»Jedermann hat Anspruch auf rechtliches Gehör.«*

---

2 BVerfG, Urteil vom 04. Mai 2011; Aktenzeichen 2 BvR 2333/08, 2 BvR 2365/09, 2 BvR 571/10, 2 BvR 740/10, 2 BvR 1152/10.

Dieser Artikel entspricht der Europäischen Menschenrechtskonvention. Bei uns darf niemand bestraft werden, ohne dass er vorher Gelegenheit hatte, zu dem Vorwurf Stellung zu nehmen und auch Entlastungsbeweise geltend zu machen.

Artikel 103 Abs. 2 GG besagt:

> *»Eine Tat kann nur bestraft werden, wenn die Strafbarkeit gesetzlich bestimmt war, bevor die Tat begangen wurde.«*

Der Staat kann also nicht im Nachhinein festlegen, dass etwas strafbar gewesen ist. Ein Tatbestand muss zu der Zeit, als die Tat begangen wurde, gesetzlich als strafbar definiert gewesen sein, damit die Handlung strafrechtlich verfolgt werden kann.

Artikel 104 Abs. 2 GG besagt:

> *»Über die Zulässigkeit und Fortdauer einer Freiheitsentziehung hat nur der Richter zu entscheiden.«*

Das gilt für alle freiheitsentziehenden Maßnahmen, so zum Beispiel die Untersuchungshaft, die Strafhaft oder die Unterbringung auf einer geschlossenen psychiatrischen Station. Hier liegt die Entscheidungsgewalt nicht bei der Staatsanwaltschaft, Staatsanwälten oder der Polizei. Diese dürfen nur die vorläufige Festnahme aussprechen und müssen bis zum Ablauf des nächsten Tages den Beschuldigten entweder freilassen oder dem Haftrichter vorführen.

Welches Verhalten strafbar ist, steht vor allem im **Strafgesetzbuch (StGB)**. Das Strafrecht dient dem Rechtsgüterschutz. Etwas, das den Kriterien des Strafgesetzbuchs nicht entspricht, ist im Allgemeinen auch nicht strafbar. Wie man herausfindet, was unter welche Vorschrift fällt, werden wir im Kapitel 3 Subsumtion klären. Zahlreiche weitere strafrechtliche Vorschriften sind allerdings noch in vielen Nebengesetzen geregelt, etwa dem Straßenverkehrsgesetz, dem Zuwanderungsgesetz oder dem GmbH-Gesetz.

Der Ablauf eines Strafprozesses ist in der **Strafprozessordnung (StPO)** strikt festgelegt. Der Strafprozess kann also nicht beliebig gestaltet werden und Verstöße gegen das Recht der Strafprozessordnung können dazu führen, dass ein Prozess wiederholt werden muss.

Die Frage der Zuständigkeiten, welches Gericht und welche Kammer für welchen Prozess zuständig ist, wird durch das **Gerichtsverfassungsgesetz (GVG)** geregelt. Dessen Bestimmungen können zur Konsequenz haben, dass ein Prozess, in dem ein 32-jähriger Mann Angeklagter ist und sein Opfer ein inzwischen über 21 Jahre alter Mann, vor der Jugendkammer verhandelt wird, weil die Straftat in einer Zeit geschah, als der Angeklagte noch ein Jugendlicher oder Heranwachsender war.

In allen Rechtssystemen ist die **Anwendung von Gesetzen Auslegungssache**. Das liegt einfach daran, dass der Gesetzgeber nicht jeden Sachverhalt exakt beschreiben kann. Er kann nur generelle Begriffe wie zum Beispiel Gewalt oder Drohung verwenden und nicht ganz genau festlegen, was denn nun unter Gewalt fällt und was nicht. Die Methode der Auslegung hat Tradition. Im religiösen Bereich geht beispielsweise die jüdische Religion mit dem Bibeltext ganz anders um als viele christliche Religionen. Im Talmud, einem jüdischen Buch der Bibelauslegung, sind zentrale Bibelstellen des Alten Testaments umrahmt von Kommentaren bedeutender Rabbiner aus unterschiedlichen Zeiten. Diese Kommentare zu ein und demselben Text können durchaus unterschiedlich sein, oft widersprechen sie sogar einander. Wir haben anders als in den angloamerikanischen Rechtssystemen kein *Case Law* (also Fallrecht). In den USA gilt eine Gerichtsentscheidung als Gesetz, bei uns stellt ein Gerichtsurteil erst einmal nur die Auslegung des Gesetzes und eine Einzelfallentscheidung dar, die für andere Gerichte nicht zwingend bindend ist, auch wenn sie vom Bundesgerichtshof stammt.

Im therapeutischen Bereich kann diese Problematik auf jeder Psychotherapie-Station beobachtet werden (Sachsse 1989). Da haben die Mitarbeiterinnen des therapeutischen Teams eine wunderschöne Stationsordnung erarbeitet – in der Hoffnung, dass sie dann nicht mehr diskutieren und entscheiden müssen. Mit der Stationsordnung müsste eigentlich alles klar geregelt sein. Schon zwei Wochen später wird deutlich, dass auch diese Stationsordnung möglicherweise auslegungsbedürftig ist. Einige fordern dann, die Stationsordnung präziser zu gestalten, um so viele Eventualitäten wie möglich von vornherein fest zu regeln. Die Stationsordnung wird so immer umfangreicher, aber die Diskussionen im Team werden trotzdem nicht weniger.

Ordnungen und Gesetzestexte bleiben interpretationsbedürftig. Insofern ist an dem Spruch »Zwei Juristen, drei Rechtsmeinungen« etwas Wahres dran. Selbstverständlich wird ein Strafverteidiger juristisch fundiert eine Straftat etwas anders bewerten als ein Vertreter der Nebenklage.

Um den Juristen bei der Auslegung des Gesetzes zu helfen, gibt es zu allen Gesetzeswerken **Kommentare**. Auf diese Kommentare können sich die Juristen beziehen und sie halten die gegenwärtige Rechtsauslegung, die aktuelle Rechtswirklichkeit fest. Juristische Kommentare sind also quasi eine Gesetzestext-Exegese. Kommentare sind aber selbst keine Gesetzestexte. Sie unterliegen dem gesellschaftlichen Wandel und ein Kommentar zum Straftatbestand der Vergewaltigung aus dem Jahre 1954 war völlig anders als es ein heutiger Kommentar, etwa aus dem Jahre 2024, wäre.

Das **Bürgerliche Gesetzbuch (BGB)** regelt Ansprüche von Bürgern untereinander, so zum Beispiel im Mietrecht oder im Kaufvertragsrecht. Das BGB hat mit dem Strafrecht zumindest dann zu tun, wenn es um Schadensersatz- und Schmerzensgeldansprüche eines Opfers gegen den Täter geht. So regelt § 823 BGB Schadensersatzansprüche nach einer rechtswidrigen Tat und § 253 Abs. 2 BGB legt fest, dass dann auch ein Anspruch auf Schmerzensgeld besteht. Grundsätzlich müssen diese Ansprüche in einem Zivilverfahren gesondert geltend gemacht werden – und da ist dann das Opfer und nicht der Staat beweispflichtig. Im Strafverfahren gibt es aber auch die Möglichkeit, dass ein Opfer die Ansprüche gleich mit geltend macht. Das ist das sogenannte Adhäsionsverfahren, auf das wir in Kapitel 9.2.7 noch einmal gesondert eingehen werden. Dann muss der Strafrichter auch Zivilrecht anwenden und das BGB kennen.

Etwas ausführlicher müssen wir uns noch einem Element des Verfahrens widmen, das einen ausgesprochen hohen Stellenwert hat: der **Akte der Justiz**. Justizakten sind etwas anderes als Krankenakten. Juristen geraten nicht selten in einen Hyperarousal, wenn sie eine Krankenakte zu Gesicht bekommen, denn im Vergleich zu Justizakten sind Krankenakten lückenhaft, unstrukturiert und luschig zusammengeschrieben. Die Verfahrensakte der Justiz ist demgegenüber die Grundlage des gesamten Verfahrens. Bereits im Ermittlungsverfahren prüft der Staatsanwalt auf der Basis dieser Akte, ob er Anklage erheben kann oder nicht. Selten kennt er die Zeugen bereits zu diesem Zeitpunkt persönlich. Auch der Verteidiger erfährt nur über diese Akte, welches Beweismaterial die Staatsanwaltschaft gegen seinen Mandanten in der Hand hat. Daher muss sie alle Zeugenaussagen, Vermerke von Polizeibeamten, Urkunden, Gutachten, Vollmachten für Anwälte, Fotos, Vermerke und Gutachten zu Ermittlungsergebnissen sowie sonstige Papiere mit Beweiswert enthalten. Wenn ein Opfer also etwas ausgesagt hat, dann kommt es in die Justizakte und ist dort dokumentiert. Auch medizinische Befunde zu Verletzungen, Fotos oder Mitschriften von Videovernehmungen gehören in die Verfahrensakte (→Kap. 5).

Es darf keine Erkenntnisse außerhalb der Akte geben bzw. diese dürfen nicht im Prozess verwertet werden. Zu etwas, was nicht in der Akte steht, kann sich der Beschuldigte oder Angeklagte nicht äußern, und das würde sein Grundrecht auf Gehör (Art. 103 GG) verletzen. Was nicht in der Akte steht, das gibt es für das Verfahren nicht.

In die Justizakte hat natürlich nicht jeder ein Einsichtsrecht, aber doch sehr viele Menschen. Ein absolut umfassendes **Akteneinsichtsrecht** besteht spätestens zum Zeitpunkt der Anklageerhebung für den Verteidiger und den Nebenklageanwalt. Über den Verteidiger können Akteninhalte dann ebenfalls dem Beschuldigten oder Angeklagten zur Kenntnis kommen. Auch der Verteidiger ist in unserem Rechtssystem Organ der Rechtspflege. Er ist nicht uneingeschränkt Partei für den Angeklagten, sondern eingebunden in Rechtsnormen. So ist ein Verteidiger verpflichtet, dem Angeklagten oder Beschuldigten alles das zu verheimlichen, was er missbrauchen könnte. Hier gibt es aber natürlich eine sehr große Grauzone.

Problematisch ist es zum Beispiel, wenn die Adresse des Opfers in der Akte steht. Auch wenn der Täter die Akte über seinen Verteidiger lesen kann, so bedeutet dies allerdings nicht zwangsläufig eine Gefahr für das Opfer. Der Gesetzgeber hat aber mit dem 2. Opferrechtsreformgesetz der Erkenntnis Rechnung getragen, dass in einigen Konstellationen Vertrauen gut, Vorsorge aber besser ist. So kann bei Zeugen, nicht nur bei Opfern, von Anfang an auf die Angabe der Anschrift in der Akte verzichtet werden (§ 68 Abs. 3 StPO). In Extremfällen, zum Beispiel der organisierten Kriminalität, kann sogar auf die Angabe der kompletten Identität eines Zeugen verzichtet werden. Voraussetzung ist immer eine konkrete, also nicht nur theoretische Gefahr für den Zeugen. Dessen wahre Daten werden in solchen Fällen von der Staatsanwaltschaft in gesonderten Akten aufbewahrt. Es ist deshalb wichtig, dass Zeugen bei der Polizei offen mit ihren Ängsten umgehen und auch schildern, wenn sie von dem Täter im Vorfeld bereits bedroht oder gestalkt wurden.

Akteneinsicht haben auch sehr viele Behörden. Hier gibt es zwar Datenschutzbestimmungen, aber im Rahmen eines Opferentschädigungsverfahrens hat das Versorgungsamt als Behörde ebenfalls das Recht auf Akteneinsicht. Akteneinsicht kann beispielsweise auch eine Krankenkasse fordern, um Rechtsansprüche gegen einen Täter prüfen zu können. Für all diese Fälle gibt es Regelungen in der StPO, sodass die personenbezogenen Daten aus der Strafakte trotz Datenschutzrecht weitergegeben werden dürfen. Die Justizakte erfährt also nicht den gleichen Schutz wie eine Krankenakte.

Literatur

Böök K (2018). Europäische Opferrechtsstandards. In: Gysi J, Rüegger P (Hrsg). Handbuch sexualisierte Gewalt. Das optimale Vorgehen nach sexualisierter Gewalt. Bern: Hogrefe; 375–390.

Sachsse U (1989). Psychotherapie mit dem Sheriff-Stern. Zum Umgang des Therapeuten mit der Hausordnung in der stationären Psychotherapie und zu möglichen Auswirkungen auf seine Sozialisation zum Psychoanalytiker. Gruppenpsychother Gruppendyn 25(2): 141–158.

1.3 Die Aufgaben des Strafverfahrens

Was ist das Ziel des Strafprozesses?

Man kann diese Frage von mehreren Seiten angehen, der Seite des Opfers, des Angeklagten, des Rechtsstaates und seiner Bürger. Am Ende wollen aber alle Genannten, dass ein Strafprozess zu einem Ausgleich, zu Gerechtigkeit führt.

In der juristischen Literatur heißt es hierzu: **Es soll Rechtsfrieden geschaffen werden auf dem Weg des gewissenhaften Strebens nach Gerechtigkeit.**[3] Diese Formulierung ist realistisch und bescheiden: Es soll nicht Gerechtigkeit erreicht oder geschaffen, sondern es soll nach Gerechtigkeit gestrebt werden. Im Gegensatz zum Inquisitionsprozess und so mancher Stammtischmeinung hat der Strafprozess nicht das Ziel, die Schuld des Angeklagten nachzuweisen.[4] Dies ergibt sich aus der bereits erwähnten Unschuldsvermutung der Menschenrechtskonvention. Opfern kommt es zumeist gar nicht auf die konkrete Höhe der Strafe an, ihnen ist vielmehr wichtig, dass überhaupt eine gerechte Strafe verhängt wird. Ein berühmtes Opfer hat hierzu einmal ausgeführt: »Gleichwohl ist für das Opfer die Strafe von hoher Bedeutung. Nicht weil sie Rachebedürfnisse erfüllt, denn das tut sie meistens nicht. Sondern weil die Strafe die Solidarität des Sozialverbandes mit dem Opfer demonstriert. Die Strafe grenzt den

---

3 Meyer-Goßner/Schmitt, StPO, Einleitung, Rn. 4.
4 Meyer-Goßner/Schmitt, a. a. O., Rn. 1.

Täter aus und nimmt damit das Opfer herein.«[5] Es geht für Verletzte oftmals um die Bestätigung, dass die Gesellschaft ihren Wahrnehmungen und ihnen selbst Glauben schenkt und das Unrecht anerkennt.

Jemand, der einer Straftat beschuldigt und gegen den ermittelt wird, hat genau die gleichen Grundrechte wie jeder andere. Auch für Sie, die Leserinnen und Leser dieses Buchs, gilt: Wir alle sind unschuldig – bis wir durch ein Urteil schuldig gesprochen worden sind. Das bedeutet für die Justiz natürlich: Es gibt einen fortwährenden Balanceakt zwischen den Rechten des Angeklagten und den Schutzbedürfnissen des Opfers.

Blicken wir in die Geschichte der Entwicklung dieses Konflikts, so ist diese Balance nach unserem heutigen Rechtsverständnis früher überhaupt nicht gelungen. Einst war das Opfer ausschließlich Objekt des Strafverfahrens. Es war eine Zeugin oder ein Zeuge, nichts anderes. Über die zahlreichen Opferschutzgesetze seit 1986 und die Opferrechtsrichtlinie der Europäischen Kommission hat sich das grundlegend gewandelt. Inzwischen kann das Opfer eine eigenständige und starke Stellung im Verfahren einnehmen. Der Gesetzgeber betont zugleich, dass es Aufgabe des Staates ist, Opfer weitestgehend zu schützen, insbesondere auch davor, im Verfahren erneut zu Opfern des Täters oder aber einer Reviktimisierung durch das Verfahren selbst ausgesetzt zu werden. Dafür wurden in die deutsche Rechtsordnung zahlreiche Opferrechte aufgenommen und der Staat hat die Verpflichtung, Verletzte auch über alle Rechte umfassend und in einer ihnen verständlichen Sprache zu informieren.

Diese Schutzrechte dürfen allerdings nie zulasten der Rechte des möglichen Täters gehen. Ein reines Opferstrafrecht wäre auch problematisch, denn jeder Therapeut kann sich leicht vorstellen, was es für seine Arbeit bedeuten würde, wenn jeder einfach sagen könnte: »Der Sachsse hat mich 1993 vergewaltigt. Damals habe ich nichts gesagt, heute zeige ich ihn aber an.« – Und dann würde Herr Sachsse die volle Beweislast für seine Unschuld tragen. Hier zwischen den unterschiedlichen Rechten die richtige Balance zu finden, ist nicht immer einfach und unproblematisch.

Die Mitwirkungsbefugnisse des Opfers zwingen dieses aber nicht, die Rechte auch wahrzunehmen. Zu den allgemeinen Pflichten kommen wir noch. Das Opfer darf mitwirken, beispielsweise über die Nebenklage, muss dies aber nicht. Allerdings stärken diese Rechte die Opferposition. Sie geben einem Opfer die Chance, sich aus dem Gefühl der Hilflosigkeit herauszulösen und aktiv für sich selbst einzutreten. Sie können sich daher auch positiv auf den Belastungsfaktor des Verfahrens für **die Geschädigte/den Geschädigten** auswirken. Als Nebenkläger darf das Opfer zum Beispiel in der Hauptverhandlung von Anfang bis Ende anwesend sein. Als Zeuge hätte es den Verhandlungssaal erst betreten dürfen, wenn es zu seiner Vernehmung aufgerufen wird. Die Aussage des Täters hätte das Opfer dann gar nicht mitbekommen. Wenn ein Nebenkläger bei der Aussage des Angeklagten dennoch nicht zugegen sein will, so kann er auch heute noch den Gerichtssaal verlassen, um dann vom Nebenklage-Rechtsanwalt zu seiner Zeugenaussage hereingeholt zu werden.

---

5 Reemtsma JP (1998). Im Keller. Reinbek bei Hamburg: Rowohlt Taschenbuch; 216.

Gerechtigkeit kann aber nur dann hergestellt werden, wenn die Wahrheitsfindung, der Nachweis der Schuld, weiterhin im Vordergrund steht. Deshalb kann kein Opferschutzgesetz dazu führen, dass ein Opfer gar nicht oder nur vage, unkonkret zu dem, was passiert ist, aussagen muss. Gerade im Bereich der Sexualdelikte ist die Aussage des Opfers das wichtigste Beweismittel und muss genau gewürdigt werden können. Hierzu braucht man dann eine exakte Aussage des Opfers, die auch einer Überprüfung standhalten kann. Dennoch sollen die Strafverfolgungsbehörden Mehrfachvernehmungen weitestgehend vermeiden. Bei kindlichen Opferzeugen soll deshalb auch die Videovernehmung dem Kind sogar eine Aussage in der Hauptverhandlung ersparen. Die praktische Umsetzung dieser Regelungen ist allerdings oft schwierig, darauf kommen wir an anderer Stelle noch zurück (→ Kap. 5.2).

Oftmals wird von Betroffenen die lange Dauer von Strafverfahren beklagt. Dazu muss man erst einmal sagen, dass die Mehrzahl der Strafverfahren im Durchschnitt insgesamt kein Jahr dauert und die Zeit von der Tat bis zur Hauptverhandlung bei den meisten Straftaten nicht viel mehr als ein halbes Jahr beträgt. Wenn man sich die einzelnen Schritte der Ermittlungen und der Prüfung des Sachverhalts ansieht, ist dies nicht sehr lang, aber bereits diese Zeit ist für Opfer manchmal eine Belastung. Dies gilt vor allem, wenn das Opfer nicht weiß, warum es insgesamt so lange dauert und was in der Zwischenzeit passiert. Sieht man sich die Statistiken[6] für Sexualdelikte an, muss man ohnehin mit einer längeren Verfahrensdauer rechnen. Hier dauert das Ermittlungsverfahren bereits im Schnitt doppelt so lange wie zum Beispiel bei Körperverletzungsdelikten (1,5 Monate dort, 3,3 Monate bei Sexualdelikten). Verfahren bei den Landgerichten dauern dann im Schnitt 8,2 Monate, wobei 10,5 Prozent der Verfahren allein bei Gericht länger als ein Jahr anhängig sind, bis ein Urteil gesprochen wird. Dies beruht zum einen darauf, dass die Staatsanwaltschaften und Gerichte immer wieder überlastet werden, zum Beispiel durch unvorhersehbare Massenverfahren wie die im Rahmen der Dieselaffäre. Die Zahlen zeigen aber auch auf, dass bei diesen schweren Delikten sehr viel mehr Sorgfalt bei der Feststellung des Sachverhalts angewendet werden muss und auch wird. Eine Kneipenschlägerei ist zwar manchmal auch nicht leicht aufzuklären, bei Sexualdelikten kommen aber oftmals Gutachten zur Schuld des Angeklagten oder auch aussagepsychologische Gutachten (→ Kap. 6.1) über das Opfer hinzu. Aber auch wenn man das weiß, belastet das Warten auf die Hauptverhandlung das Opfer und sein Umfeld erheblich. Die Frage, ob Therapie vor einem Strafverfahren möglich und sinnvoll ist, ist ebenso drängend wie der Wunsch des Opfers, mit allem abschließen, vergessen zu dürfen. Auch hiermit befassen wir uns an anderer Stelle näher (Kap. 10 und Kap. 13). Zudem kann Gerechtigkeit am besten hergestellt werden, wenn Verfahren in absehbarer Zeit verhandelt und über Schuld oder nicht Schuld (bzw. deren Nachweisbarkeit) entschieden wird. Deshalb wird die beschleunigte Durchfüh-

---

6 Zu beziehen unter: Justiz & Rechtspflege, Statistisches Bundesamt, www.destatis.de/DE/Themen/Staat/Justiz-Rechtspflege/_inhalt.html#_zy7x00vxp (letzter Zugriff: 18.04.2024).

rung von Verfahren auch einer der Säulen unseres Staates, dem Rechtsstaatsprinzip, zugeordnet.[7]

Zudem ist es für Opfer sehr unbefriedigend, wenn bei einer Verurteilung ausdrücklich erklärt wird, dass wegen der überlangen Verfahrensdauer ein Teil der eigentlich als angemessen beurteilten Strafe bereits als verbüßt gilt.[8]

Das seit 2010 geltende Gesetz über den Rechtsschutz bei überlangen Gerichtsverfahren und strafrechtlichen Ermittlungsverfahren hilft hier nur wenig. Danach hat ein Verfahrensbeteiligter Anspruch auf Schadensersatz und gegebenenfalls auch Schmerzensgeld, wenn ein Verfahren rechtsstaatswidrig verzögert wird (§ 198 GVG). Zu den Anspruchsberechtigten gehören nicht nur aktiv am Verfahren beteiligte Nebenkläger, sondern grundsätzlich die Verletzten der angeklagten Tat.[9]

> Nur: Opfern ist mit einem Schmerzensgeld nicht geholfen. Es würde viel mehr Sinn machen, das Geld, das die Staatskasse als Entschädigung zu leisten hätte, dafür zu verwenden, dass die Gerichte und Staatsanwaltschaften so ausgestattet werden, dass sie auch schwierige Verfahren in kürzerer Zeit erledigen können.

7 BVerfG StV 2009, 673.
8 →BGHSt 52, 124–148.
9 OLG Rostock, Urteil vom 21. September 2022 – 23 EK 1/22 –, juris.

2 Die Stationen des Strafverfahrens

Das Strafverfahren gliedert sich in
- das Ermittlungsverfahren,
- das Zwischenverfahren,
- das Hauptverfahren und
- die Strafvollstreckung.

2.1 Das Ermittlungsverfahren

Ein Ermittlungsverfahren wird eingeleitet, wenn eine Straftat bei der Polizei oder der Staatsanwaltschaft angezeigt wird oder wenn die Polizei oder die Staatsanwaltschaft auf andere Weise von einer Straftat erfährt. Die Staatsanwaltschaft ist bei Offizialdelikten, von denen sie Kenntnis erhält, von Amts wegen verpflichtet, ein Ermittlungsverfahren einzuleiten.

Es ist übrigens selten, dass die Staatsanwaltschaft das Ermittlungsverfahren inhaltlich selbst durchführt. Fast immer werden Opfer und Zeugen zur Polizei geschickt, weil die Polizisten in Zeugenvernehmungen, Aussagen und Beweissicherungen einfach besser geschult und ausgebildet sind.

Herrin des Ermittlungsverfahrens ist und bleibt aber die Staatsanwaltschaft. Nach deutschem Recht ist die Staatsanwaltschaft »die objektivste Behörde der Welt«. Die Staatsanwaltschaft muss alles ermitteln, was für und was gegen den Angeklagten spricht. Sie ist also ausdrücklich gehalten, auch Hinweisen zu folgen, die zur Entlastung des Angeklagten beitragen oder führen könnten.

Das ist anders als zum Beispiel in den USA. Dort ist die Staatsanwaltschaft reine Partei. Sie ermittelt ausschließlich gegen den Angeklagten. Die Verteidigung muss alles das sammeln, was den Angeklagten entlasten könnte. Deutsche Kino- und Fernseh-Fans verwirrt das manchmal, weil sie das Bild haben, die Staatsanwaltschaft arbeite in Deutschland genauso wie in den USA. Das tut sie definitiv nicht.

Die Staatsanwaltschaft schließt das Ermittlungsverfahren dadurch ab, dass sie das Verfahren entweder einstellt und dies in einem Einstellungsbescheid dem oder der Betroffenen mitteilt oder dass sie bei dem zuständigen Gericht Anklage erhebt.

2.2 Das Zwischenverfahren

Im Zwischenverfahren überprüft das Gericht nach Aktenlage, ob es die Anklage zulässt. Zu Beginn des Zwischenverfahrens stellt das Gericht dem Angeschuldigten die Anklage zu. Nachdem dieser Gelegenheit zur Stellungnahme hatte, wird die Anklage vom Gericht überprüft und das Hauptverfahren durch Beschluss eröffnet. Es kann aber auch sein, dass das Gericht die Beweis- oder Rechtslage für nicht ausreichend hält. Dann lehnt es die Eröffnung des Hauptverfahrens ab oder vernimmt im Zwischenverfahren schon Zeugen. Letzteres ist aber sehr selten. Mit der Eröffnung des Hauptverfahrens ist das Zwischenverfahren abgeschlossen.

2.3 Das Hauptverfahren

Auf den Ablauf der Hauptverhandlung gehen wir in Kapitel 7 noch genau ein. Im Urteil erfolgt ein Freispruch oder eine Verurteilung. Wird ein Täter verurteilt, so folgt die Strafvollstreckung.

2.4 Die Strafvollstreckung

Für die Strafvollstreckung ist wiederum die Staatsanwaltschaft zuständig. Bei Jugendlichen wird die Strafe durch den Jugendrichter vollstreckt.

Ein Opfer bekommt, wenn es dies ausdrücklich bei der Staatsanwaltschaft beantragt, Auskunft über Vollzugslockerungen, Hafturlaub und die Entlassung (auf Bewährung oder nach Vollverbüßung). Das kann natürlich sehr wesentlich sein, um das eigene Verhalten darauf abzustimmen. Ein Opfer ist dann vor Überraschungen sicherer. Früher konnte es passieren, dass ein Opfer plötzlich dem Täter in der Fußgängerzone gegenüberstand, weil der geständige Täter oder Jugendliche bereits aus der Strafhaft entlassen worden war. Auch wenn der Inhaftierte geflüchtet ist, muss die Polizei das Opfer informieren und dafür sorgen, dass es geschützt wird.

3 Juristische Subsumtionen

Jetzt wird es etwas komprimiert, etwas vereinfachend und trotzdem noch kompliziert. Die Subsumtion ist der juristische Alltag, das Handwerkszeug.

> **DEFINITION Subsumtion**
> Subsumtion bedeutet in allen Rechtsgebieten die Überprüfung, ob ein Lebenssachverhalt unter eine bestimmte Vorschrift passt: Haben die Parteien einen Kaufvertrag über ein Auto oder einen Werkvertrag über eine Reparatur abgeschlossen? War das, was der Beschuldigte gemacht haben soll, Mord oder fahrlässige Tötung? Grundlage der Subsumtion ist **Artikel 103 GG**, der Bestimmtheitsgrundsatz, wonach eine Bestrafung nur erfolgen kann, wenn dies gesetzlich bestimmt ist. Was nicht zum Zeitpunkt der Tat per Gesetz verboten und mit Strafe bedroht wird, kann nicht abgeurteilt und bestraft werden. Außerdem richtet sich die Verjährung danach, welcher konkrete Straftatbestand verwirklicht wurde.

Weil der Gesetzgeber nicht jede Kleinigkeit regeln kann, muss er auf allgemeine Begriffe zurückgreifen. Es gibt also zum Beispiel kein Gesetz, das besagt: »Die Verantwortlichen für die Wirecard-Insolvenz haben die Anleger geschädigt und müssen deshalb in Haft.« Vielmehr beschreibt der Gesetzgeber abstrakt Verhaltensweisen, die gefährlich sind oder einen Schaden hervorgerufen haben, die sogenannten Straftatbestände. Im **Aktienrecht** heißt es deshalb: Wer als Mitglied des Vorstands einer Aktiengesellschaft falsche Angaben macht, ist strafbar. Die Rechtsanwender, vor allem die Gerichte, müssen dann prüfen, ob zum Beispiel der Wirecard-Konzern eine Aktiengesellschaft in diesem Sinne war. Sie ziehen hierzu die notwendigen Unterlagen heran und überprüfen die Tatsachen sowie die Rechtsauslegung des Begriffs der Aktiengesellschaft. Dabei kann es durchaus vorkommen, dass die Gerichte bei der Auslegung der Straftatbestände unterschiedlicher Meinung sind. Es kann in der Folge dazu kommen, dass in der einen Region etwas für strafbar erklärt wird, was in der anderen Region für nicht strafbar gehalten wird. Um dies zu verhindern, sind die Gerichte gehalten, das nächsthöhere Gericht um seine Meinung zu fragen. Dies gilt aber nur für identische Fälle; oftmals weichen die Sachverhalte aber doch ein wenig voneinander ab, sodass es in der Folge keine solche Vorlage beim nächsthöheren Gericht gibt und Sie im Folgenden manchmal auch lesen werden, dass es unterschiedliche Auffassungen zur Auslegung eines Straftatbestandes gibt.

Es ist wichtig, dass wir uns klarmachen, dass es sehr viele Verhaltensweisen gibt, die eine absolute zwischenmenschliche Schweinerei sind, aber eben nicht strafbar, weil sie keinen Straftatbestand erfüllen. So ist es eine zwischenmenschliche Schweinerei, einen Lebenspartner nach dreißig Jahren Beziehung plötzlich und unerwartet zu verlassen, weil man sich in jemand anderes verliebt hat. Das kann für den Verlassenen eine solche Härte bedeuten, dass er suizidal wird oder sich sogar tatsächlich das Leben nimmt. Nach unserem Strafrecht ist diese Schweinerei aber nicht strafbar. Sie erfüllt keinen Straftatbestand. Das ist uns erlaubt, das dürfen wir, so dürfen wir miteinander umgehen. Anderenfalls würde die Freiheit des einen die Freiheit des anderen über Gebühr einschränken.

Das bedeutet: Ich darf einen anderen Menschen durch mein Verhalten in akute Lebensgefahr bringen, ohne dass dies einen Straftatbestand erfüllen muss.

Sehr viele zwischenmenschliche Verhaltensweisen unterliegen in ihrer strafrechtlichen Bewertung zudem ganz erheblichen gesellschaftlichen Prozessen. Ehebruch und Ehescheidung sind in verschiedenen Kulturen zu unterschiedlichen Zeiten völlig entgegengesetzt gewertet und behandelt worden. In der Bundesrepublik Deutschland ist manch jüngeren Menschen gar nicht mehr bekannt, dass vor fünfzig Jahren auch in Deutschland Homosexualität und auch die eheliche Untreue noch strafbar waren. Homosexualität ist heute kein Straftatbestand mehr und viele andere Verhaltensweisen im zwischenmenschlichen Nahbereich sind es ebenfalls nicht mehr.

Das Strafrecht hat heute nicht mehr das Ziel, die Moral zu verteidigen, sondern es soll Rechtsgüter schützen.

Ein Beispiel hierfür sind die Sexualdelikte, die immer wieder einen grundlegenden Wandel erfahren haben. Der Gesetzgeber ist hier mehrfach der gesamtgesellschaftlichen Entwicklung gefolgt. So wurde zum Beispiel erst in den 1990er-Jahren die Vergewaltigung in der Ehe zur Straftat.

Es ist wichtig zu wissen, dass solche Änderungen immer nur für Taten gelten, die nach dem Inkrafttreten des Gesetzes begangen wurden. Das in der Verfassung festgelegte **Rückwirkungsverbot** verbietet es, jemanden für etwas zu bestrafen, was zur Tatzeit noch gar keine Straftat darstellte. Durch die zahlreichen Änderungen des Sexualstrafrechts ist es aktuell für Nichtjuristen schwierig, genau herauszufinden, ob eine länger zurückliegende Handlung strafbar war oder nicht. Deshalb ist es gut, ebenso wie zu Fragen der Verjährung, anwaltliche Unterstützung, die zum Beispiel der Weiße Ring auch finanzieren kann, in Anspruch zu nehmen.

3.1 Was ist ein sexueller Übergriff (§ 177 Abs. 1 StGB)?

Die neu geschaffenen Tatbestände, also gesetzliche Formulierungen, welches Verhalten konkret strafbar ist und welche Strafe droht, im Rahmen der Sexualdelikte sind eine gute Grundlage, um die Vorgehensweise bei der Subsumtion zu erläutern. Auch Juristen müssen sich bei neuen Tatbeständen ganz genau ansehen, welche Begriffe dort verwendet werden und wie sie zu definieren sind. Dazu ziehen Juristen Methoden der Begriffsauslegung, die Rechtsprechung, aber auch die Entwürfe des Gesetzes im Bundestag heran. Sie subsumieren ein tatsächliches Geschehen unter das Gesetz.

Wir schildern jetzt einmal im Einzelnen, wie das Denken in Subsumtion geschieht oder erfolgt, und nehmen uns hier als Beispiel den § 177 Abs. 1 StGB, also den sexuellen Übergriff, vor. Die Vorschrift wurde 2016 eingeführt. Danach sind jetzt alle sexuellen Handlungen gegen den Willen des Opfers unter Strafe gestellt. Bei der Feststellung, ob ein sexueller Übergriff im Sinne des Gesetzes stattgefunden hat, kommt es aber darauf an, ob die genauen im Gesetz beschriebenen Umstände, sogenannte **Tatbestandsmerkmale**, erfüllt sind.

FALLBEISPIEL

Nachdem sie sich in einer Kneipe kennengelernt haben, gehen Anna und Sören noch in die Wohnung des Sören. Beide sind übereingekommen, dass sie Sex haben wollen. Anna erklärt Sören dann beim Betreten der Wohnung, dass es ihr sehr wichtig ist, dass der Geschlechtsverkehr mit einem Kondom ausgeführt wird. Sören geht im Schlafzimmer deshalb an eine Kommode, holt sichtbar ein Kondom heraus und öffnet die Verpackung. Er hält dieses demonstrativ hoch, Anna sieht dies und ist beruhigt. Tatsächlich aber legt Sören das Kondom nur auf das Bett, was Anna nicht erkennen konnte. Sie geht davon aus, dass Sören bei dem nun stattfindenden Geschlechtsverkehr ein Kondom benutzt. Erst danach bemerkt sie, dass Sören kein Kondom trug, sie verlässt sofort die Wohnung und geht zur Polizei.[10]

Vor 2016 wäre Anna bei der Polizei auf Unverständnis für die Anzeige gestoßen, sie wäre gefragt worden, ob Sören sie zum Verkehr gezwungen hat, und dann hätte man ihr erklärt, dass durch Täuschung erschlichene sexuelle Handlungen keine Straftat sind – was bis 2015 auch zutraf. Heute dürften alle mit Sexualdelikten vertrauten Beamten wissen, dass sich die Bandbreite dessen, was strafbar ist, erheblich vergrößert hat und deshalb zum Beispiel auch ein Fall des sogenannten Stealthings, also das, was Sören mit Anna gemacht hat, eine Straftat darstellen kann. Warum?

§ 177 Abs. 1 StGB regelt Folgendes:

> *»Wer gegen den erkennbaren Willen einer anderen Person sexuelle Handlungen an dieser Person vornimmt oder von ihr vornehmen lässt oder diese Person zur Vornahme oder Duldung sexueller Handlungen an oder von einem Dritten bestimmt, wird mit Freiheitsstrafe von sechs Monaten bis zu fünf Jahren bestraft.«*

10 Fall nach BGH, Beschluss vom 13. Dezember 2022 – 3 StR 372/22 –, juris.

Der Jurist nimmt sich nun jedes Tatbestandsmerkmal, also jedes Wort bzw. jede Formulierung, einzeln vor und prüft, ob der Sachverhalt dazu passt.

Geschlechtsverkehr stellt eindeutig eine sexuelle Handlung dar, diese hat Sören auch »an Anna« vorgenommen. Nicht immer ist die Frage, ob eine sexuelle Handlung vorliegt, allerdings so eindeutig zu beantworten. § 184 h StGB bestimmt für alle Sexualdelikte, dass als sexuelle Handlungen nur die Verhaltensweisen einzuordnen sind, die im Hinblick auf die sexuelle Selbstbestimmung des Opfers von einiger Erheblichkeit sind. Die Frage, was *»von einiger Erheblichkeit«* ist, muss durch die Auslegung ermittelt werden. Hierzu gibt es immer wieder unterschiedliche Wertungen durch einzelne Gerichte, die zumeist auf persönlichen Erfahrungen oder aber geänderten gesellschaftlichen Wertungen beruhen. Was eine sexuelle Handlung ist, muss dabei rein objektiv bestimmt werden, sie muss also nach der Perspektive eines durchschnittlichen Betrachters einen Sexualbezug aufweisen. Das kann bei neutralen Handlungen problematisch sein, der viel diskutierte Zungenkuss ist aber eindeutig eine sexuelle Handlung. Nicht als sexuelle Handlung einzustufen sind zum Beispiel das flüchtige, »zufällige« Berühren über der Bekleidung am Gesäß oder an der Brust im Fahrstuhl oder in der U-Bahn. Erfolgt dieses aber mit einiger Intensität, kann das schon wieder anders zu werten sein. Dass Fetisch-Handlungen, die nach außen erkennbar erst einmal nicht sexualbezogen sind (z. B. Fußfetischismus[11]), keine sexuellen Handlungen im Sinne des Gesetzes sind, wird von betroffenen Opfern wohl als ungerecht bewertet, beruht aber darauf, dass der Sexualbezug für jeden erkennbar sein muss.[12] Schwierig wird es auch zum Beispiel bei medizinischen Untersuchungen, die im Intimbereich erfolgen. Hier wird danach differenziert, ob die Handlung lege arte und mit dem Einverständnis der umfassend aufgeklärten Patientin vorgenommen wurde.

Mit der Reform des Sexualstrafrechts wurde aber auch der Tatbestand des § 184i StGB geschaffen. Dieser stellt nun auch die **sexuelle Belästigung** unter Strafe. Darunter versteht man Handlungen, die nicht erheblich genug sind, um unter die eben beschriebenen sexuellen Handlungen zu fallen. Strafbar ist es, eine Person in sexueller Weise am Körper zu berühren, sodass sich die Person belästigt fühlt. Es handelt sich hierbei um ein Antragsdelikt, das heißt die Tat wird nur verfolgt, wenn das Opfer dies selbst beantragt. Hier dürften sich zukünftig erhebliche Abgrenzungsprobleme zwischen Straftat und bloßen Taktlosigkeiten ergeben, aktuell gibt es noch keine erkennbare Tendenz in der Rechtsprechung zu § 184i StGB.[13]

Die komplizierten Merkmale *»an dieser Person vornimmt oder von ihr vornehmen lässt …«* offenbaren erst auf den zweiten Blick, dass es hier eine wesentliche Neuerung gegeben hat. Im vorher geltenden Recht waren nur sexuelle Handlungen, die mit einem Körperkontakt mit dem Opfer verbunden waren, nach § 177 StGB strafbar. Wer also einen Menschen unter Vorhalt einer Waffe dazu gezwungen hat, vor einer Kamera

---

11 Bereits das Berühren des Fußes einer anderen Person ist eine sexualbezogene Handlung.

12 Zur Kritik → z. B. Franz/Hoheisel-Gruler, Kriminalistik 2019, S. 55, S. 57.

13 Lederer in: Leipold/Tsambikakis/Zöller, AnwaltKommentar StGB, 3. Aufl., 2020, § 184i Sexuelle Belästigung, Rn. 3.

zu masturbieren, war nur wegen schwerer Nötigung nach § 240 StGB (Strafmaß sechs Monate bis fünf Jahre) strafbar, nicht aber wegen eines Sexualdelikts (Strafmaß bei Verwendung einer Waffe fünf bis 15 Jahre). Mit der neuen der Formulierung *»von ihr vornehmen lässt …«* fallen nunmehr auch sexuelle Handlungen ohne Körperkontakt unter § 177 StGB, sofern das Opfer diese auf Anweisung des Täters vornimmt, etwa sexualisierte Posen oder Manipulationen am eigenen Körper. Derartige Sachverhalte sind keineswegs stets trivial, sondern können erheblich demütigende Vorfälle sein.[14] Keine notwendige Voraussetzung ist, dass die Handlung vor dem Täter oder vor einem Dritten erfolgt. Erfasst sind auch Handlungen, die das Opfer in Abwesenheit des Täters vornimmt und diesem dann auf dessen Aufforderung Fotos hiervon übersendet.[15]

> In unserem Fall hat Anna ja in den Geschlechtsverkehr eingewilligt, deshalb stellt sich als Nächstes die Frage, ob die sexuelle Handlung gegen ihren Willen vorgenommen wurde. Für die Frage, ob eine sexuelle Handlung dem maßgeblichen Willen zuwiderläuft, kommt es auf die konkret vorgenommene Handlung an. Ist ersichtlich, dass die betroffene Person diese konkrete Handlung ablehnt, ist grundsätzlich nicht entscheidend, ob ein Einverständnis mit anderen sexuellen Handlungen besteht. Dabei gilt ein Geschlechtsverkehr unter Nutzung eines Kondoms als eine, ein Geschlechtsverkehr ohne Kondom als eine andere sexuelle Handlung, sodass das fehlende Einverständnis in Letzterem eine Handlung gegen den Willen von Anna ist.

Gleiches gilt im Übrigen auch für eine Konstellation, die früher niemals als Straftat gewertet worden wäre: Es kommt zu einem einvernehmlichen Geschlechtsverkehr, die Partnerin hat aber Angst vor einer Schwangerschaft und verlangt deshalb, dass der Geschlechtsverkehr vor dem Samenerguss beendet wird. Setzt sich der Täter darüber hinweg, so liegt nach neuerem Recht ein sexueller Übergriff und damit eine Straftat vor.[16]

Wichtig ist aber auch, dass der Wille des Opfers nach außen erkennbar sein muss. Dieses Merkmal wird, wie der Vorsatz des Täters, auch zukünftig zu Fragen an die Opferzeugin führen, die von dieser als »Vorwurf« verstanden werden können. Es kommt nämlich darauf an, ob ein neutraler Betrachter erkannt hätte, dass die Geschädigte die konkrete sexuelle Handlung nicht will. Der Gesetzgeber betont, dass es dem erwachsenen Menschen zuzumuten ist, seinem entgegenstehenden Willen zur Tatzeit eindeutig Ausdruck zu verleihen. Einfach ist der entgegenstehende Wille bei einer eindeutigen verbalen Erklärung zu beurteilen. Fehlt jedoch ein klares »Nein«, kann sich das fehlende Einverständnis auch aus Gesten oder Handlungen ergeben. Die Gerichte werden dann auch genau nachfragen, ob die Opferzeugin durch Weinen, körperliche Abwehr

---

14 Hörnle in: Leipziger Kommentar zum StGB, § 177, Rn. 27, mit weiteren Beispielen.
15 Zum Beispiel in Fällen von Cyber-Grooming über Chats; →BGH NStZ-RR 2020, 276, 277.
16 OLG Hamm, NStZ-RR 2022, 276.

oder Ähnliches zum Ausdruck gebracht hat, dass sie die sexuelle Handlung nicht will. Vom Grundsatz, dass beim Fehlen jeglicher Kommunikation des Opfers §177 Abs. 1 nicht anwendbar ist, wird eine eng begrenzte Ausnahme gemacht werden, nämlich dann, wenn der Täter zuvor Gewalt angewendet oder eine schutzlose Lage ausgenutzt hat. Dann ist das Verstummen des Opfers allein dem Täter zuzurechnen und es ist überflüssig, klarzustellen, dass ein Sexualkontakt nicht gewünscht ist.[17] Deshalb ist auch weiterhin die Frage: »Haben Sie sich denn gewehrt?« möglich.

MERKE

Aber es muss deutlich unterstrichen werden: Die sexuelle Selbstbestimmung muss nicht (mehr) physisch-aktiv verteidigt werden; es geht nicht um potenziellen Widerstand, sondern um die Frage der Zustimmung.

Die innerliche Ablehnung muss nach Außen transportiert werden, der entgegenstehende Wille muss erkennbar sein. Körperliche Abwehr ist neben der eindeutigen verbalen Äußerung die eindeutigste Art, zu zeigen, dass kein Einverständnis besteht. Manchmal reicht aber auch ein Weinen oder Wegdrehen. Dies wird aber immer dann schwierig, wenn das Opfer sich ambivalent verhalten hat oder es unterschiedliche Gründe für zum Beispiel das Weinen oder auch das Nein geben kann. In der Rechtsprechung wird hier das Beispiel zitiert, dass das Opfer zwar die sexuellen Handlungen will, aber mit dem Filmen derselben nicht einverstanden ist. Ob ein solches Geschehen lebensnah ist, mag jeder für sich beurteilen, wir müssen aber als Juristen solche Fallkonstellationen mit im Blick behalten.

Bei ambivalentem und neutralem Verhalten des Opfers, das auch ein objektiver Dritter nicht aufzulösen vermag, fehlt es schon an der Erkennbarkeit. Hier gerät das Recht natürlich in ein Dilemma: Welcher Dritte ist schon objektiv? Was ist der Maßstab? Dürfen kulturelle Aspekte berücksichtigt werden oder nicht? Die Justiz, die sich letztlich an der Perspektive des objektiven Dritten orientieren muss, führt keine Abstimmungen durch oder evaluiert ein bestimmtes Geschehen. Richter sind vielmehr gehalten, sich an die Position des Dritten zu setzen und sie tun gut daran, sich ihres eigenen sozialen Kontextes und ihrer Prägung bewusst zu werden. Formulierungen wie »das macht man nicht« oder »so verhält sich keine Frau« sind Ausdruck einer persönlichen soziokulturell-moralischen Orientierung. Die Istanbul-Konvention stellt klar, dass bei der Beurteilung des Sachverhalts, insbesondere der Frage, ob ein Einverständnis in die sexuellen Handlungen vorlag, die »gesamte Bandbreite von Verhaltensreaktionen, die Opfer zeigen können«, zu berücksichtigen ist. Die Gerichte sollen sich nicht auf Vermutungen zu typischem Verhalten in einer solchen Situation stützen dürfen.

Darüber hinaus muss sichergestellt werden, dass die Auslegung der Straftatbestände nicht von Geschlechterstereotypen und Mythen zu männlicher bzw. weiblicher

---

17 Hörnle, a. a. O., Rn. 43.

Sexualität beeinflusst wird.[18] Der Einfluss sogenannter Vergewaltigungsmythen auf die Strafverfolgung und auch Beratung von Opfern von Sexualdelikten, die nicht selten mit einem Anzweifeln der Glaubhaftigkeit der Angaben des Opfers einhergehen, wirken retraumatisierend.[19] Es sollte deshalb zur Ausbildung aller Beteiligten gehören, sich Vorurteile bewusst zu machen und deren Einfluss auf die Entscheidungsfindung zu verhindern. Aber auch dann ist die Beurteilung eines dynamischen, sexuell möglicherweise aufgeladenen Geschehens nicht immer leicht zu treffen. Die Gefahr, dass Opfer, Täter oder auch Außenstehende wie die Justiz das Geschehen nachträglich aus diesem oder jenem Grunde uminterpretieren, ist hoch. Auch müssen die Gerichte prüfen, ob ein »Nein« sich überhaupt auf die sexuelle Handlung oder auf andere Umstände bezieht.

FALLBEISPIEL

Durch die Gazetten ging in der Vergangenheit ein Fall, in dem eine Geschädigte angezeigt hat, sie sei vergewaltigt worden. Bei der Auswertung einer vom Täter gefertigten Videoaufzeichnung ließ sich letztlich nicht klären, ob sich das »Hör auf« der Geschädigten auf die Vornahme sexueller Handlungen oder auf die Aufnahme des Geschehens auf Video bezog. Hier musste das Gericht bei der Beurteilung des Sachverhalts mit würdigen, dass das Opfer selbst zunächst ausgesagt hatte, der Geschlechtsverkehr sei freiwillig gewesen, sie fühle sich aber vergewaltigt, weil sie beim Sex nicht habe gefilmt werden wollen.[20]

Dann aber handelt es sich nicht um eine sexuelle Handlung, die gegen den Willen des Opfers erfolgt, weil Verkehr mit oder ohne Kamera dieselbe sexuelle Handlung bleibt. Das ist beim Stealthing anders: Geschlechtsverkehr mit und ohne Kondom werden als unterschiedliche sexuelle Handlungen bewertet.

In unserem Fall lässt sich deshalb feststellen, dass Sören Annas Aussage zufolge gegen ihren erkennbaren Willen mit ihr den Geschlechtsverkehr vollzogen und damit den objektiven Tatbestand des sexuellen Übergriffs (§ 177 Abs. 1 StGB) erfüllt hat.
Allerdings muss ihm dies auch nachgewiesen werden können – dieser Punkt ist sehr viel komplizierter als die rechtliche Einordnung.

Hier betreten wir das schwierige Feld der Glaubhaftigkeit der Aussage des Opfers. Auch da wandelt sich die Rechtsprechung erheblich. Aufreizende Kleidung, aufreizendes Tanzen und intensive sexuelle Signale sind heute kein Freibrief mehr dafür, als Mann tun und lassen zu dürfen, was immer man will. Nein bedeutet Nein.

Das heißt allerdings nicht, dass diese Faktoren in der Hauptverhandlung nicht zur Sprache kommen. Ambivalentes Verhalten der Geschädigten dem Angeklagten gegen-

---

18 Zitiert nach Steinl, ZStW 2021, S. 819 f.
19 Krahé, Vergewaltigungsmyten, S. 49.
20 Sogenannter Fall Lohfink; → z. B. Lamping, JR 2017, 347 f.

über und seine möglicherweise dadurch herabgesetzte Hemmschwelle zur Begehung der Tat werden bei der **Strafzumessung** berücksichtigt werden müssen (zur Strafzumessung →Kap. 7.4). Das Gericht wird in der mündlichen und schriftlichen Urteilsbegründung die strafmildernden Faktoren auch auflisten. Es ist verpflichtet, alle Umstände der Tat zu würdigen. Damit ist aber nicht gemeint, dass dem Opfer wegen seines ambivalenten Verhaltens ein Vorwurf gemacht wird. Die »Schuld« des Opfers ist im Strafverfahren für das Gericht nicht relevant, es befasst sich nur mit der Schuld des Täters. Und diese wiegt schwerer, wenn der Täter sich eiskalt über den Willen des Opfers hinwegsetzt, als bei jemandem, der in einem aufgeheizten Geschehen, eventuell auch noch alkoholisiert, handelt.

3.2 Vorsatz und Fahrlässigkeit

Damit sind wir auch bei einer wesentlichen Voraussetzung der Strafbarkeit menschlichen Verhaltens: Es muss vorsätzlich begangen worden sein. Es geht um das Unrechtsbewusstsein des Täters.

> MERKE
> Ein Täter handelt dann **nicht vorsätzlich**, wenn er beispielsweise um die fehlende Freiwilligkeit der sexuellen Handlung nicht weiß. Er muss die Ablehnung des Opfers nicht »ahnen« oder gar voraussetzen.

In unserem Fall muss Sören also wissen, dass Anna einen Geschlechtsverkehr ohne Kondom nicht will.

Diese Frage führt dazu, dass Opfer vor Gericht trotz der neuen Gesetzgebung weiterhin gefragt werden, ob sie sich nicht gewehrt haben, ob ihr »Nein« eindeutig war und der Täter sie hören konnte. Auch hier geht es nicht um einen Vorwurf an das Opfer (»Sie sind ja selbst schuld, wenn Sie nur leise geweint haben«). Es geht vielmehr darum, festzustellen, ob dem Täter bewusst war, dass er gegen den Willen des Opfers handelt.

Manchmal, wenn das Gesetz dies vorsieht, reicht es aus, wenn der Täter die Tat **fahrlässig** begeht. Das ist zum Beispiel bei der fahrlässigen Tötung, der fahrlässigen Körperverletzung oder Brandstiftung der Fall. Das sind also immer Taten, bei denen der Täter *versehentlich* einen Erfolg erzielt hat. So will im Straßenverkehr im Normalfall niemand einen Unfall bauen und dennoch passiert es ständig – weil die Fahrer nicht aufpassen, durch ihr Handy abgelenkt sind etc. Dann handelt es sich um eine fahrlässige Körperverletzung, wenn bei einem so verursachten Unfall eine Person zu Schaden kommt. Wer allerdings ein Autorennen in einer belebten Innenstadt veranstaltet, maximal beschleunigt über mehrere rote Ampeln fährt und letztlich so einen Unfall mit einem sich verkehrsgerecht verhaltenden Unbeteiligten verursacht, bei dem dieser ums Leben kommt, ist eines Mordes schuldig. Er hat wissentlich alle Regeln zum Schutz anderer missachtet und dabei billigend in Kauf genommen, dass es zu einem Unfall kommt.[21]

Fahrlässig begangene Sexualstraftaten gibt es im deutschen Recht allerdings nicht. Deshalb reicht es für eine strafrechtliche Verfolgung nicht aus, wenn eine Geschädigte sagt: »Ich habe ja gesagt, obwohl ich nein gemeint habe. Das hätte er doch merken müssen.« Wenn der Täter etwas nicht weiß, nur hätte erkennen können und müssen, handelt er nur fahrlässig und wäre im Bereich der Sexualdelikte straflos. Deshalb muss der Täter alle Merkmale, die das Gesetz nennt, kennen und wollen. Andererseits ist es aber nicht erforderlich, dass der Täter sicher weiß, dass das Opfer nicht einverstanden ist oder Zweifel hat. Das bedeutet, ein Täter kann sich nicht mehr damit herausreden, er habe ein Nein für ein Ja gehalten, weil die Frau ihn schließlich mit in ihre Wohnung genommen und sich dann auch nicht explizit gewehrt, sondern nur »ich will das nicht« gesagt habe, als er sich zu ihr ins Bett und mit sexuellen Handlungen begonnen habe.[22] Allerdings muss man auch berücksichtigen, dass es nach wie vor dynamische Geschehen gibt, in denen der eine Sexualpartner zunächst nicht einverstanden ist, dann aber nachgibt. Gerade wenn es sich dann um eine aktive Handlung[23] des »überredeten Partners« handelt, wird es schwierig, dem Täter nachzuweisen, dass ihm bewusst war, dass das Geschehen gegen den Willen des Opfers erfolgte.[24] Es reicht also nicht, wenn das Opfer nach einem Nein nur deswegen die sexuelle Handlung ausführt, weil es will, dass der andere dann endlich geht. Das Gesetz erwartet nach wie vor ein eindeutiges Verhalten von Menschen, damit für den Täter auch klar ist, dass er sich bewusst über den Willen des Opfers hinwegsetzt.

Die Frage des **Vorsatzes** ist in der Praxis vielfach eine sehr problematische Hürde, das darf man an dieser Stelle nicht verschweigen. Erfahrungen von Rechtsanwältinnen, Fachberatungsstellen und psychosozialen Prozessbegleitungen zufolge werden Verfahren oft eingestellt, weil der Vorsatz der sexuellen Handlung gegen den eigenen Willen häufig nicht angenommen wird – selbst wenn Betroffene angeben, geweint oder den Beschuldigten deutlich und wiederholt gebeten haben, aufzuhören. So werde durch alle Instanzen hindurch immer wieder entschieden, dass ein deutlich verbal ausgedrücktes »Nein« für einen Beschuldigten nicht zwingend als entgegenstehender Wille angesehen werden könne, wenn etwa die betroffene Person vorher sexuelle Handlungen mitgemacht oder initiiert habe.[25] Da es hier viele verschiedene Einzelfacetten denkbaren menschlichen Verhaltens gibt, ist es sehr schwierig, allgemeingültige Aussage dazu zu treffen, was nun von einem Gericht als Straftat angesehen wird und was nicht. Auch hier kann letztlich nur eine gute juristische Beratung durch einen Opferanwalt helfen.

---

21 Ku-Damm-Raser-Fall, LG Berlin, Urteil vom 27. Februar 2017 – (535 Ks) 251 Js 52/16 (8/16) –, juris.
22 →BGH, Urteil vom 30. März 2022 – 2 StR 292/21 –, juris.
23 Zum Beispiel Oralverkehr.
24 →BGH, Beschluss vom 21. November 2018 – 1 StR 290/18 –, juris.
25 Hecht/Harms, Das Nein ernster nehmen, taz, 05.11.2021.

3.3 Das Ausnutzen eines Überraschungsmoments (§ 177 Abs. 2 StGB)

Nach alter Rechtslage war ein schnelles, überraschendes Ausnutzen einer Situation zur Vornahme sexueller Handlungen gegen den Willen des Opfers mangels Gewalt oder Drohung meistens keine Straftat.[26] Seit der Neuregelung des Sexualstrafrechts werden mit Absatz 2 und Absatz 4 des § 177 StGB jetzt auch sexuelle Handlungen unter Strafe gestellt werden, in denen das Opfer den Übergriff gar nicht vorhersieht oder ihn zwar im letzten Moment noch bemerkt, aber wegen der Schnelligkeit der Abläufe das »Nein« nicht mehr nach außen erkennbar vermitteln kann.[27] § 177 Abs. 2 Nr. 3 erfasst dabei auch Fälle, in denen der Körperkontakt zunächst mit Einverständnis des Opfers hergestellt wird (z. B. bei einer Massage), die Situation dann aber zu einer sexualisierten Handlung ausgenutzt wird.[28]

3.4 Sexuelle Handlungen, die von Gewalt oder Drohung begleitet werden (sexuelle Nötigung nach § 177 Abs. 5 StGB)

Mit der Neuregelung des Sexualstrafrechts, also mit Wirkung zum 10. 11. 2016, hat sich auch der Tatbestand der sexuellen Nötigung verändert. Hier zeigt sich, dass Juristen sehr genau im Blick haben müssen, welches Gesetz zur Tatzeit galt und wie dieses ausgelegt werden muss.

Bis zur Reform des Sexualstrafrechts im Jahr 2016 war eine sexuelle Nötigung dann gegeben, wenn Gewalt oder Drohungen mit körperlicher Gewalt gezielt eingesetzt wurden, um eine sexuelle Handlung zu erzwingen oder eine hilflose Lage des Opfers ausgenutzt wurde.

Mit dem neuen Recht ist ein sexueller Übergriff, der mit Gewalt oder Drohung einhergeht, bereits eine schwere Straftat, die mit einer erhöhten Strafe bedroht wird.

Der Unterschied liegt darin, dass ein zielgerichteter Einsatz von Drohung und Gewalt nicht mehr erforderlich ist, sondern es ausreicht, wenn während eines sexuellen Übergriffs Gewalt oder eine erhebliche Drohung eingesetzt werden[29], zum Beispiel wenn der Täter die Überraschung des Opfers ausnutzt und dann bei der sexuellen Handlung aus sadistischen Motiven Gewalt anwendet. Während dies früher in einigen Konstellationen nur als Körperverletzung einzustufen war, liegt bei Taten, die seit November 2016 begangen wurden, eine sexuelle Nötigung mit einem Strafrahmen bis zu 15 Jahren vor.

---

26 So z. B. im Fall NStZ 2012, 268, bei dem sogar der Geschlechtsverkehr mit einer 14-Jährigen vollzogen wurde.

27 BGH NStZ 2022, 39.

28 OLG Frankfurt, NStZ 2021, 173.

29 BGH, Beschluss vom 10. Oktober 2018 – 4 StR 311/18 –, BGHSt 63, 220–228, Rn. 20 f.

Die Frage, was als **Gewalt** einzustufen ist, wurde aus Opfersicht einerseits und aus der Sicht des Gesetzes andererseits immer unterschiedlich beurteilt, daran dürfte sich im Kern, zumindest in grenzwertigen Fallkonstellationen, auch zukünftig nichts ändern.

Die Begriffe sexualisierte Gewalt und Gewalt im Rechtssinn haben zwar eine Schnittmenge, der Begriff der sexualisierten Gewalt geht aber weiter als der Gewaltbegriff im Gesetz.

Eigentlich ist es aber so, dass beide Begriffe quasi ohne Kontakt nebeneinander stehen, der Gesetzgeber hat auch bei der Begründung des Gesetzesentwurfs zur Verbesserung des Schutzes der sexuellen Selbstbestimmung[30] auf fünfunddreißig Seiten den Begriff der sexualisierten Gewalt nur einmal verwendet, obwohl sich der gesamte Gesetzesentwurf um dieses Thema dreht.[31] Das zeigt, dass wir von zwei unterschiedlichen Welten sprechen – der Welt der Sozialen Arbeit, der Therapie und der Welt der formalen Gesetzgebung. Das ist per se nicht problematisch, es wird aber immer dann schwierig, wenn beide Welten meinen, die andere verwende die gleiche Begrifflichkeit. So entstehen Missverständnisse, die Opfern dann das Gefühl der Ohnmacht vermitteln. Deshalb ist es so wichtig, dass ein Austausch der Professionen untereinander stattfindet, dass interdisziplinär gearbeitet wird.

Das in der Vergangenheit mit dem juristischen Gewaltbegriff hervorgerufene Gefühl der Ungerechtigkeit dürfte aber durch die Neuregelungen im Gesetz weitestgehend beseitigt worden sein. So ist heute der sexuelle Übergriff auch ohne Gewaltanwendung eine Sexualstraftat (§ 177 Abs. 1 bis 3 StGB). Die Gewalt qualifiziert den Übergriff nur durch die Androhung einer höheren Strafe, sie ist nicht mehr Grundvoraussetzung dafür, dass einem Täter explizit ein Sexualdelikt vorgeworfen werden kann.

Gewalt ist erst einmal nach klassischem juristischem Verständnis eine gegen den Körper des Opfers gerichtete Kraftentfaltung durch den Täter. Aus der Formulierung »gegen den Körper des Opfers« ergibt sich, dass nach dem neuen Recht die Strafschärfung nur eingreift, wenn die Gewalt gegen das Opfer selbst ausgeübt wird, das Schlagen des Opfers zum Beispiel reicht nicht.[32] In diesem Fall läge dann wiederum ein Übergriff nach § 177 Abs. 1 StGB (neben der strafbaren Misshandlung der Kinder) vor.

Gewalt liegt vor, wenn der Täter das Opfer schlägt, tritt oder würgt, es schubst oder

---

30 »Nein-heißt-Nein«, z. B. BT-Drucks. 18/9097.

31 In dem »Gesetz zur Bekämpfung sexualisierter Gewalt gegen Kinder« (BT-Drucks. 634/20) wird zwar der Begriff der sexualisierten Gewalt in der Überschrift des Gesetzes gebraucht. § 176 StGB sollte aber zunächst ebenfalls die Überschrift »sexualisierte Gewalt gegen Kinder« tragen (BT-Drucks. 634/20), im Laufe der Beratungen des Gesetzes wurde dann aber doch wieder der Begriff des sexuellen Missbrauchs eingeführt, um einerseits keinen Konflikt mit dem juristischen Gewaltbegriff hervorzurufen und andererseits das Missverständnis insbes. bei potenziellen Tätern zu vermeiden, strafbar seien in Zusammenhang mit Kindern nur gewaltsame Übergriffe (→ BR-Drucks. 634/1/20, S. 15). Zur Kritik an der vorherigen Formulierung → Lederer, StV 2021, 322 f.

32 Hörnle, a. a. O., Rn. 167, m. w. N.

ihm den Mund zuhält. Gewalt kann aber auch angenommen werden, wenn der Täter eine körperlich wirkende Zwangslage schafft. Dies ist etwa der Fall, wenn er unter einem Vorwand das Opfer mit einem Gurt fixiert.[33] Gewalt gegen Sachen, zum Beispiel das Zerschlagen von Mobiliar, genügt nach wie vor nicht, es sei denn, diese Art von Gewalt wirkt unmittelbar auf das Opfer ein (z. B. Zerren an der Jacke, sodass das Opfer hinfällt). Wenn ein Täter einem Opfer zwangsweise oder heimlich Drogen verabreicht, um es widerstandsunfähig zu machen, dann ist das auch als Gewalt einzuordnen.[34]

Nicht nur die Anwendung von Gewalt, sondern auch **Drohungen** mit gegenwärtiger Gefahr für Leib oder Leben anlässlich sexueller Handlungen, die gegen den Willen des Opfers vorgenommen werden, stellen eine sexuelle Nötigung mit dem hohen Strafrahmen des § 177 Abs. 5 StGB dar. Auch hier muss aber genau untersucht werden, welche Drohungen der Gesetzgeber gemeint hat. Die Drohung muss die Gefahr einer Verletzung oder des Todes ankündigen, sonstige Androhungen reichen nicht. Anders als in der Vorauflage festgestellt, ist aber nunmehr die Drohung mit dem Entzug von Taschengeld oder die konkrete Androhung »sonst darfst Du die nächsten vier Wochen nicht aus dem Haus« zumindest im Sinne von § 177 Abs. 2 StGB strafbar.[35] Die Ausnutzung eines vom Täter durch vorangehende Tätlichkeiten oder Drohungen geschaffenen »Klimas der Gewalt« kann für die Annahme des Tatbestandsmerkmals der Drohung im Sinne der sexuellen Nötigung ausreichen. Es genügt, wenn das Opfer aus vorangegangenen Situationen weiß, dass Gewalt angewendet werden wird, wenn es nicht dem Willen des Täters folgt. und aus Furcht vor weiterer Gewaltanwendung keinen weiteren Widerstand leistet. Es bleibt aber dabei, dass der entgegenstehende Wille eindeutig erklärt werden muss.[36]

Die Drohung kann verbal, aber auch durch Gesten erfolgen, etwa durch das Vorzeigen einer Waffe oder eine drohende Körperhaltung.[37] Die Androhung des Täters, sich selbst etwas anzutun, soll ebenso wenig ausreichen wie die Androhung von Gefahren für eine dritte Person.[38] Dies gilt, anders als nach der alten Rechtslage, auch dann, wenn sich die Drohung gegen nahestehende Personen, also zum Beispiel die eigenen Kinder, richtet.

Hier kann man sich durchaus fragen kann, ob dies nicht ein Versehen des Gesetzgebers ist.[39] Das Unrecht, das verwirklicht ist, wenn die eigenen Kinder mit der Gefahr der Misshandlung bedroht werden, sollte die Kindsmutter die sexuellen Handlungen nicht zulassen, dürfte in nichts hinter dem Unrecht, das in der Bedrohung der Mutter selbst steckt, zurückstehen. Die Gefahr muss auch gegenwärtig sein. Das ist unproble-

33 Beispiele nach Hörnle, a. a. O., Rn. 161, 162.
34 BGH NStZ-RR 1999, 323.
35 So wurde in dem Cyber-Grooming-Fall (s. Abschn. 3.1, Fußnote 15; BGH NStZ-RR 2020, 276, 277) der Geschädigten damit gedroht, eine andere Person müsse der Prostitution nachgehen, wenn sie nicht Bilder von eigenen sexuellen Handlungen übersendet.
36 Zu den Fällen, in denen auch dies aus Angst vor dem Täter nicht möglich ist, siehe unten.
37 Hörnle, a. a. O., Rn. 178.
38 Hörnle, a. a. O. mit weiteren Literaturnachweisen.
39 BGH, Beschluss vom 22. März 2017 – 3 StR 475/16 –, juris.

matisch der Fall, wenn der Täter ankündigt, seine Drohung sofort umzusetzen. Bei Drohungen, die der Täter erst in der Zukunft verwirklichen will, dürfte es auf den Einzelfall ankommen, insbesondere die Möglichkeiten des Opfers, sich zwischenzeitlich um Hilfe zu bemühen.

Mit der Änderung des § 177 StGB muss auch die Drohung (wie bei der Gewalt) nicht mehr eingesetzt worden sein, um die sexuelle Handlung zu erzwingen. Aus der Neuformulierung ergibt sich vielmehr, dass auch Drohungen während der sexuellen Handlung erfasst sind, ebenso Drohungen nach Abschluss der sexuellen Handlungen, wenn ein enger räumlicher und zeitlicher Zusammenhang besteht.[40]

Letztlich gibt es einen weiteren Umstand, der eine sexuelle Belästigung zur sexuellen Nötigung qualifiziert: die *Ausnutzung einer hilflosen Lage* des Opfers. Diese liegt dann vor, wenn die Schutz- und Verteidigungsmöglichkeiten des Tatopfers in einem solchen Maße verringert sind, dass es dem »ungehemmten Einfluss des Täters preisgegeben ist«. Diese Voraussetzungen hat die Rechtsprechung regelmäßig als gegeben angesehen, wenn sich das Opfer dem – aus körperlicher Sicht – überlegenen Täter allein gegenübersieht und auch nicht mit fremder Hilfe rechnen kann.[41] Dabei muss diese Lage dem Opfer nicht bewusst sein und der Täter muss diese Lage auch nicht selbst herbeigeführt haben. Es reicht aus, wenn er die Gelegenheit nutzt (z. B. ein Kind hat sich im Wald verlaufen; eine erwachsene Person befindet sich mit dem Täter in einer einsamen Hütte auf einem Berg und die Hütte kann nicht verlassen werden, weil nachts die Wege sehr gefährlich sind oder es bei Tage einer Seilschaft bedarf; es reicht auch das Ausnutzen der Enge eines Taxis, insbesondere wenn das Opfer noch angeschnallt ist).[42] Die grundsätzlich bestehende körperliche Unterlegenheit eines Kindes gegenüber einem erwachsenen Täter genügt für sich genommen aber noch nicht für die Annahme einer schutzlosen Lage.[43] Wenn das Opfer seinen Willen nicht äußern kann, weil es unter dem Eindruck vorangegangener Gewalt steht, dann handelt es sich um eine Situation, in der sich das Opfer den Einwirkungen des Täters nicht entziehen kann und um einen schweren Fall nach § 177 Abs. 5 Nr. 3. Es muss dem Täter aber auch hier nachgewiesen werden können, dass er die Angst des Opfers kannte und sich zunutze gemacht hat.

Der Täter muss dem Gesetz zufolge die Situation ausgenutzt haben. Dieses Merkmal kennzeichnet wieder das Verhalten des Täters, dass letztlich aber nur anhand der Aussage des Opfers festgestellt werden kann. Eine schutzlose Lage wird ausgenutzt, wenn der Täter diese erkennt und sich zur Begehung des sexuellen Übergriffs zunutze macht.[44] Ihm muss bewusst sein, dass die schutzlose Lage den sexuellen Übergriff ermöglicht oder jedenfalls erleichtert. In Standardsituationen, zum Beispiel einem Fas-

---

40 Hörnle, a. a. O., Rn. 185.

41 BGHSt 65, 62–75.

42 →BGHSt 64, 55–64.

43 BGHSt 65, 62–75, mit weiteren Nachweisen; hier greifen dann aber die Tatbestände des sexuellen Missbrauchs von Kindern, siehe unten.

44 BGHSt 64, 55–64.

sen ins sommerliche Dekolleté während einer Fahrstuhlfahrt, kann das Gericht mit einer Kontrollfrage das Ausnutzen feststellen. Wenn die Antwort auf die Frage »Hätte der Täter das auch in anderen, nicht so beengten Räumlichkeiten getan?« »Nein« lautet, liegt ein Ausnutzen vor.

3.5 Die Vergewaltigung und weitere Strafschärfungen (§ 177 Abs. 6 bis 8 StGB)

Der juristische Begriff der Vergewaltigung hat sich seit 1996 mindestens dreimal vollständig gewandelt und mittlerweile dem gesellschaftlichen Blick weitestgehend angepasst.[45]

Vor 2016 war eine Vergewaltigung eine mit Gewalt oder Drohung erzwungene sexuelle Handlung, die mit Geschlechtsverkehr (»Beischlaf«) oder sonstigem Eindringen in den Körper verbunden war.

MERKE

Seit der umfassenden Reform des § 177 StGB ist jede sexuelle Handlung gegen den Willen des Opfers, auch wenn keine Gewalt oder Drohung angewendet wird, eine *Vergewaltigung, wenn sie mit einem Eindringen in den Körper* verbunden ist.

Liegen diese Voraussetzungen vor, so sieht das Gesetz eine Strafe von zwei bis zu 15 Jahren vor. Diese Strafen können dann nicht mehr zur Bewährung ausgesetzt werden.

Der Tatbestand der Vergewaltigung ist durch ein Eindringen in den Körper erfüllt. Anders als früher geht es hier nicht mehr (nur) um die Gefahr einer Schwangerschaft, sondern bestraft werden sollen alle Vorgehensweisen, bei denen der Eingriff in das Recht auf sexuelle Selbstbestimmung besonders gravierend ist und die Verletzung der Menschenwürde des Opfers besonders deutlich wird. Das Einführen des Fingers in die Scheide oder den Anus[46] reicht aus, es muss nicht der Penis sein. Auch das Einführen von Gegenständen erfüllt dieses Merkmal, selbst wenn der Täter verlangt, dass das Opfer den Gegenstand selbst einführt.[47]

In unserem Fallbeispiel hat Sören mit Anna den Geschlechtsverkehr vollzogen – den diese allerdings wollte, nur eben mit Kondom. Ob in diesen Fällen eine Freiheitsstrafe ab zwei Jahren angemessen ist, ist umstritten. Dem Wortlaut des Gesetzes zufolge liegt ein Fall des § 177 Abs. 6 StGB vor, aller-

45 →Drucksache 18/9097, S. 28.
46 BGH NStZ-RR 2021, 105.
47 Anders als nach der alten Gesetzeslage; →nunmehr Hörnle, a. a. O., Rn. 229.

dings wird vertreten, dass der eigenmächtige Verzicht auf das Kondom nicht als besondere Erniedrigung der anderen Person zu werten sei.[48] Danach wäre Sören nur nach § 177 Abs. 1 StGB zu bestrafen.

Es wird aber auch weiterhin Grenzfälle geben, in denen ein Opfer die Tat als Vergewaltigung einstuft, das Gesetz aber nicht.

So stellt der Rechtsprechung zufolge ein Berühren der Klitoris kein Eindringen in den Körper dar.[49] Begründet wird dies damit, dass die Klitoris bis an die Körpervorderseite reicht und deshalb bei der Tat die Körpergrenze nicht verletzt werde.[50] Hier zeigt sich, wie präzise Subsumtion ist: Der Begriff des Eindringens wird ganz wörtlich ausgelegt. An dieser Stelle greift dann aber eine zweite Alternative des Tatbestandes der Vergewaltigung: Das Eindringen wird nämlich nur als Beispiel für alle besonders erniedrigenden Handlungen[51] genannt. Da aber gerade das Berühren der Klitoris aus weiblicher Sicht ganz besonders entwürdigend ist, liegt aus unserer Sicht eine *andere besondere Erniedrigung* und damit auf diesem Wege ein besonders schwerer Fall im Sinne von § 177 Abs. 6 StGB vor.

Ein besonderes Problem ist auch nach der Änderung des Gesetzes die *Abgrenzung des Versuchs von der Vollendung der Vergewaltigung*. Durch Fragen wie »Wie weit ist er denn eingedrungen?« oder »Wie weit war er denn schon drin?« wird deutlich, dass solch peinliche und bloßstellende Fragen ihren juristischen Hintergrund und eine gewisse Notwendigkeit haben, um genau festzulegen, welcher Straftatbestand erfüllt ist. Das Eindringen in den Körper und damit die Vergewaltigung ist erst dann vollendet, wenn der Penis des Täters bzw. der eingeführte Gegenstand in den Scheidenvorhof eingedrungen ist.[52] Diese Unterscheidung hat weitreichende Konsequenzen für die Strafe: Ein Versuch ist laut Gesetz im Normalfall milder zu bestrafen. Das kann bedeuten, dass hier dann doch noch einmal Bewährung in Betracht kommen kann. Deshalb muss das Gericht in Grenzfällen genau nachfragen.

Sie werden als Therapeutin jetzt vielleicht einwenden: »Das ist doch eine Zumutung! Das kann man doch von einem Opfer in der Gewaltsituation nicht auch noch verlangen, dass es genau hinspürt, wie weit der Täter vorgedrungen ist.« Da haben Sie recht. Aber es darf nicht vergessen werden, dass der Täter nach dem Maß seiner Schuld zu bestrafen ist. Dabei geht es um die individuelle Schuld, die das Gesetz erst einmal an gewissen Kriterien misst: der Art der Rechtsgutsverletzung (hier: Recht auf sexuelle Selbstbestimmung) und der Intensität derselben (Vollendung oder Versuch). Danach bemisst sich dann der Strafrahmen und das Gericht ist auch verpflichtet, diesen Rah-

48 Vom BGH noch nicht entschieden; Nachweise zu den Meinungen bei Hörnle, a. a. O., Rn. 233, Fußnote 504.

49 Anders noch LG Essen, Urteil vom 28. April 2020 – 21 KLs – 12 Js 1876/18 – 1/20 –, juris.

50 BGH NStZ-RR 2021, 105 f.

51 Weitere Beispiele für besonders erniedrigende Handlungen bei Hörnle, a. a. O., Rn. 249.

52 Zum Beispiel BGH, Urteil vom 14. August 1990, AZ 1 StR 62/90; zur gynäkologisch fundierten und berechtigten Kritik → Hörnle.

men im Urteil genau zu begründen. Zweifel gehen dabei immer zugunsten des Täters. Wenn Sie jetzt einwenden, dass ein Opfer doch auch bereits durch den Versuch schwerwiegend traumatisiert sein kann, so haben Sie wiederum recht. *Traumatisierung und Schuld des Täters sind nicht immer kongruent.* Die genannten Kriterien bestimmen nur einen Strafrahmen. Bei der Ausfüllung dieses Rahmens sind weitere Kriterien heranzuziehen; dabei spielen die Folgen der Tat – insbesondere jene für das Opfer – dann allerdings eine wesentliche Rolle.

Es gibt weitere, gesetzlich normierte, strafverschärfende Merkmale. So wirkt es sich strafverschärfend aus, wenn mehrere Täter gemeinschaftlich gehandelt haben. Die Amerikaner sprechen von Gang Rape. Ein Täter hält fest, ein anderer Täter fasst an oder dringt in das Opfer ein.

Mit Freiheitsstrafe von mindestens drei Jahren wird ein sexueller Übergriff oder eine sexuelle Nötigung bestraft, bei der der Täter bewaffnet war, auch wenn er die Waffe oder ein gefährliches Werkzeug nicht eingesetzt hat (§177 Abs.7 StGB). Strafschärfend wirkt sich immer aus, wenn der Täter das Opfer in die konkrete Gefahr einer schweren Gesundheitsschädigung gebracht hat. Hierzu zählt auch die Gefahr einer schweren Schädigung der psychischen Gesundheit.[53]

3.6 Der »minder schwere Fall«

Gerichte, die in unserem Fall meinen, dass Sören auch eine Vergewaltigung begangen hat, würden angesichts des grundsätzlichen Einverständnisses von Anna vielleicht einen minder schweren Fall prüfen.[54] Damit sind wir schon bei der Frage: Wie wird so eine Tat eigentlich bestraft und was ist ein minder schwerer Fall?

So wie es besonders schwerwiegende Taten gibt, gibt es auch das Gegenteil, nämlich minder schwere Fälle. Genauso wie es Umstände gibt, die eine Tat als besonders schwerwiegend erscheinen lassen, gibt es Umstände, die eine Tat als erheblich weniger schwerwiegend erscheinen lassen als der Durchschnitt aller Taten. Für diese Fälle sieht §177 Abs.9 StGB einen verringerten Strafrahmen vor. Mittlerweise weiß jeder Richter, dass in dem öffentlich verkündeten Urteilsspruch die Formulierung »Vergewaltigung in einem minder schweren Fall« nicht verwendet werden darf.[55] Gleichwohl werden Opfer über die mündliche oder schriftliche Urteilsbegründung erfahren, dass das Gericht den Strafrahmen eines minder schweren Falles angewendet hat. Das Gericht muss die

53 BGH StV 2019, 544.

54 Zum Beispiel BayObLG, NStZ-RR 2022, 43f.

55 Zwar ist die Vergewaltigung als solche zu bezeichnen, →Stuckenberg in: Löwe-Rosenberg, StPO, §260 Urteil, Rn.78, jedoch gehört die Bezeichnung als minder schwerer Fall nicht in die Urteilsformel, →Julius/Beckemper in: Gercke/Julius/Temming/Zöller, Strafprozessordnung, 6.Aufl. 2019, §260 StPO, Rn.14.

einzelnen Abwägungskriterien genau darlegen und ist verpflichtet, alle für den Angeklagten sprechenden Aspekte genau zu würdigen. Macht es dies nicht, wird das Urteil möglicherweise aufgehoben und die ganze Verhandlung muss wiederholt werden. Deshalb sollte man darauf vorbereitet sein, dass sich in der Urteilsbegründung viele zugunsten des Angeklagten sprechende Faktoren befinden werden. Dies ist, ebenso wie die Feststellung eines minder schweren Falles, für Opfer möglicherweise besonders kränkend und verletzend (»Bin ich minder schwer vergewaltigt worden? Ist diese Vergewaltigung für mich gar nicht so schlimm gewesen wie für andere?«). Erst einmal ist hierzu zu sagen, dass die gesetzliche Formulierung, die bei vielen Straftatbeständen zu finden ist, gesetzestechnisch korrekt, menschlich aber missglückt ist. Besser wäre eine Formulierung wie »besonders schwerwiegende Schuld« oder aber eben »minder schwere Schuld« des Täters. Aber auch dann würde doch das Opfer denken: »Ist das nicht so schlimm, wenn man mich vergewaltigt, wie wenn man andere vergewaltigt?«

> An dieser Stelle wird wieder deutlich, dass wir ein **Täter-Strafrecht** haben. Die Gewichtung als minder schwerer Fall bezieht sich ausschließlich auf den Täter, auf die Schuld des Täters. Die Folgen der Tat für das Opfer müssen zwar auch bei der Einstufung als minder schwerer Fall berücksichtigt werden.[56] Bei der Entscheidung, ob ein minder schwerer Fall vorliegt, sind aber alle Umstände der Tat und auch besondere Umstände beim Täter zu würdigen. Dabei sind alle wesentlichen entlastenden und belastenden Umstände gegeneinander abzuwägen.[57]

Dass Täter und Opfer in einer engen partnerschaftlichen Beziehung standen, darf im Gegensatz zu früheren Zeiten nicht mehr als Argument für einen minder schweren Fall herangezogen werden. Vielmehr verlangt die von Deutschland ratifizierte Istanbul-Konvention richtigerweise, dass sich die Verletzungen eines sich aus einer Beziehung ergebenen Vertrauensverhältnisses allenfalls strafschärfend, nicht aber schuldmindernd auswirken dürfen.[58] Einfache Beispiele für einen minder schweren Fall nach der Änderung des § 177 StGB lassen sich kaum noch in der aktuellen Rechtsprechung finden. Die unterschiedlichen Strafrahmen, die das Recht nunmehr anbietet, scheinen mittlerweile ausreichend differenziert zu sein.

---

56 Jedenfalls wenn der Täter diese Folgen zum Zeitpunkt der Tat hätte voraussehen können (BGH, Beschluss vom 13. März 1997 – 1 StR 72/97 –, Rn. 18 –, juris).

57 BGH StV 2021, 302 f.

58 Art. 46a) Strafverschärfungsgründe; Istanbul-Konvention.

3.7 Sexueller Missbrauch von Kindern und bei besonderen Abhängigkeitsverhältnissen

> »Die ungestörte Entwicklung und ein gewaltfreies Aufwachsen von Kindern sind ein besonders hohes Gut. Sexualisierte Gewalt in der Kindheit kann Betroffene für ihr gesamtes Leben traumatisieren. Die Bekämpfung sexualisierter Gewalt gegen Kinder ist deshalb eine der wichtigsten gesellschaftspolitischen Herausforderungen unserer Zeit und zentrale Aufgabe des Staates.«[59]

Dieses Zitat belegt, dass es mittlerweile allgemeiner Konsens ist, dass sexualisierte Gewalt Kinder nachhaltig schädigt[60] und deshalb auch strafbar sein muss. Für das gesamtgesellschaftliche Bewusstsein haben insbesondere die Aufdeckung der Missbrauchsvorfälle in den Kirchen mit dem daraufhin eingerichteten Runden Tisch, die Installation der Unabhängigen Beauftragten für Fragen des sexuellen Kindesmissbrauchs (UBSKM) und der dort angesiedelte Betroffenenrat[61] gesorgt.

Die gesetzliche Definition sexualisierter Gewalt bzw. des sexuellen Missbrauchs hat sich der wissenschaftlichen Definition in den Sozialwissenschaften, der Pädagogik oder Psychologie stark angenähert.[62]

DEFINITION
Jede sexuelle Handlung, die an, mit oder vor Kindern gegen deren Willen vorgenommen wird oder der sie aufgrund körperlicher, seelischer, geistiger oder sprachlicher Unterlegenheit nicht wissentlich zustimmen können, wird als sexueller Missbrauch oder sexuelle Gewalt definiert. Der Täter oder die Täterin nutzt dabei seine/ihre Macht- und Autoritätsposition aus, um eigene Bedürfnisse auf Kosten von Kindern zu befriedigen.[63]

Ein Kind ist im Sinne des Gesetzes ein Mensch, der zur Tatzeit noch keine 14 Jahre alt ist. Beim sexuellen Missbrauch von Kindern kommt es nicht darauf an, ob das Opfer die Tat wollte. Der Gesetzgeber und die höchstrichterliche Rechtsprechung gehen grundsätzlich davon aus, dass ein Kind die Tragweite sexueller Handlungen nicht einschätzen und daher sein Einverständnis den Täter nicht schützen kann. Es kommt für

---

59 Zitat aus dem Gesetz zur Bekämpfung sexualisierter Gewalt gegen Kinder, BT-Drucks. 19/23707.

60 Zur Diskussion, die bis in die 1990er-Jahre reichte, → die Vorauflage.

61 Betroffenenrat bei der Missbrauchsbeauftragten: https://beauftragte-missbrauch.de/ (letzter Zugriff: 18.04.2024).

62 → zur Entwicklung aus feministischer Perspektive: Steinhage, Sexual Abuse – No Excuse, S. 150.

63 Hirtenlehner, Differenzielle Abschreckbarkeit als Evidenzgrundlage negativer Generalprävention: eine Bestandsaufnahme der kriminologischen Wissensbasis, MSchrKrim 2020, S. 221 f.

die Rechtsprechung nicht auf irgendwelche angeblichen unbewussten oder vorbewussten Fantasien oder archetypischen Schemata an, sondern auf die biologische Realität, das manifeste Bewusstsein und das manifeste Verhalten.

In 2021 hat der Gesetzgeber die Straftatbestände des sexuellen Missbrauchs von Kindern grundlegend geändert und systematisiert. Neue Erscheinungsformen des Kindesmissbrauchs und der pornografischen Darstellung des Kindesmissbrauchs wurden im Gesetz aufgenommen, die Strafen angehoben. Gesetzgeber, Wissenschaft und Justiz sind sich weitestgehend einig, dass damit die Möglichkeiten des Strafgesetzbuches zum Schutz von Kindern vor sexualisierter Gewalt ausgeschöpft sind. Hohe Strafen schützen Opfer nicht, weil Täter zumeist davon ausgehen, nicht entdeckt zu werden oder sie zumindest vor der Tat das Entdeckungsrisiko nicht rational abwägen. Weit effektiver, als die Strafen immer weiter zu erhöhen, ist eine Verstärkung der Verfolgungsintensität durch die Strafverfolgungsbehörden und damit auch des Entdeckungsrisikos.[64]

Jede sexuelle Handlung mit oder vor Kindern ist strafbar, auch ohne die Anwendung von Gewalt, auch ohne Körperkontakt, bis hin zum Vorzeigen pornografischer Abbildungen. Wird Gewalt oder Drohung angewendet, so ist neben den Tatbeständen des Kindesmissbrauchs auch der Tatbestand der sexuellen Nötigung erfüllt. § 176 StGB definiert verschiedene Begehungsalternativen des sexuellen Missbrauchs von Kindern und diverse Strafverschärfungen. Auch daran wird wieder deutlich, dass ein genaues Erforschen und Erfragen des Tathergangs unverzichtbar ist, um die Kriterien dieses Paragrafen präzise zur Anwendung kommen zu lassen und gerecht Recht zu sprechen. Hier gibt es sehr viele Begehungsalternativen mit den unterschiedlichsten Strafrahmen, diese werden durch die weiteren Strafschärfungen in den §§ 176a und 176b StGB ergänzt.

Eine besondere Strafbarkeitslücke ist allerdings noch nicht geschlossen. Für das Kind verantwortliche Personen, die den Missbrauch unterstützen oder danebenstehen und ihn nicht verhindern, machen sich strafbar. Es gibt aber keinen Straftatbestand, der eingreift, wenn Verantwortliche »nur weggesehen« haben. Ihnen kann oft nicht nachgewiesen werden, dass sie die Taten selbst wollten, sie also Vorsatz hatten. Solche Fälle wurden und werden immer wieder mit den Missbrauchstaten im kirchlichen Kontext bekannt. Die Konferenz der deutschen Justizminister der Bundesländer hält es deshalb für geboten, zur Verbesserung des Schutzes vor Kindesmissbrauch eine Ausweitung des Strafrechts für die Fälle zu prüfen, in denen schutz- und aufsichtspflichtige Personen eine fremde Missbrauchstat durch grobes Fehlverhalten fördern, und im Jahr 2022 den Bundesminister der Justiz gebeten, gegebenenfalls einen entsprechenden Gesetzentwurf vorzulegen. Für die vielen Fälle der Vergangenheit wird ein neues Gesetz nichts mehr verändern können, weil ein Strafgesetz nur angewendet werden kann, wenn es zur Tatzeit bereits Gültigkeit hatte (sog. Rückwirkungsverbot).

---

64 Zum Beispiel Abschlussbericht der Enquete-Kommission Kinderschutz des Niedersächsischen Landtags, 18-11600.pdf, S. 82 (www.landtag-niedersachsen.de).

Weitere Vorschriften bei den Sexualdelikten bestrafen den Missbrauch von Menschen, die in einem besonderen Abhängigkeitsverhältnis stehen, auch wenn diese nicht mehr als Kinder anzusehen sind und unabhängig davon, ob der oder die Geschädigte mit den sexuellen Handlungen einverstanden war. Es bedarf hier aber einer besonderen Beziehung zwischen Täter und Opfer, wie zum Beispiel bei Schutzbefohlenen (durch Vater, Stiefvater, Ausbilder etc.), bei Gefangenen oder behördlich Verwahrten, beim Missbrauch unter Ausnutzung einer Amtsstellung.

Seit 1998 ist auch der Missbrauch von Patienten und Patientinnen im Rahmen der Psychotherapie unter Strafe gestellt (§ 174c Abs. 2 StGB). Im Jahr 2003 hat der Gesetzgeber dann diese Vorschrift so ergänzt, dass nunmehr auch Ärzte bei Ausnutzung des Behandlungsverhältnisses wegen einer körperlichen Krankheit oder Behinderung unter diesen Straftatbestand fallen.

Das Gesetz verlangt, dass das Opfer dem Täter zur Beratung, Behandlung oder Betreuung anvertraut wurde. Der Gesetzgeber hat auf eine Aufzählung bestimmter Berufsgruppen verzichtet, weil von einer Vielzahl der in Betracht kommenden Beratungs-, Behandlungs- und Betreuungsformen sowie von unterschiedlichsten Qualifikationen ausgegangen wurde. So kann Täter zum Beispiel auch sein, wer ohne die nach § 1 HeilprG erforderliche Erlaubnis als Heilkundiger auftritt oder wer behauptet, Diagnosen aufgrund übersinnlicher Fähigkeiten zu stellen. Auch beim Missbrauch im Rahmen einer Psychotherapie ist jede Person geschützt, die sich in psychotherapeutische Behandlung begibt. Psychotherapie ist dabei der Oberbegriff für alle Formen der Behandlung von psychischen und psychosomatischen Störungen. Der Behandelnde muss weder über die gem. § 1 PsychThG erforderliche Approbation verfügen noch eine Erlaubnis nach § 1 HeilprG haben.[65]

Was bedeutet nun konkret »Ausnutzen«? Solange das Behandlungsverhältnis besteht, wird vom Gesetz unterstellt, dass die sexuellen Handlungen unter Missbrauch desselben ausgeführt wurden. Das gilt ausdrücklich auch für den Fall, dass der Patient mit den sexuellen Handlungen einverstanden ist. Bei seelischen oder geistigen Erkrankungen des Opfers wird ein Missbrauch im Regelfall bejaht. Ausnahmen müssen vom Gericht sehr sorgfältig begründet werden. Solche Ausnahmefälle müssen von Gericht sehr sorgfältig geprüft werden. Die Patientin muss sich deshalb darauf einstellen, dass sie sehr genau gefragt wird, wie sich die Kommunikation und die Beziehung der Beteiligten innerhalb und außerhalb von Behandlungsvorgängen, die Initiative zu sexuellen Handlungen und die Hintergründe der Fortsetzung der Behandlung gestaltet haben, nachdem es zu ersten sexuellen Handlungen[66] gekommen ist.

Bei einer Verurteilung wegen des Missbrauchs von Patientinnen müssen Ärzte oder Therapeutinnen mit dem Widerruf der Zulassung rechnen.[67]

---

65 Zitiert nach Hörnle in: Leipziger Kommentar zum StGB, § 174c, Rn. 32.
66 Zu den einzelnen Kriterien → OLG Hamm, StRR 2023, 28 ff.
67 Zum Beispiel VG Gelsenkirchen, Urteil vom 30. Juni 2022 – 18 K 4251/20 –, juris.

Literatur

Fegert J (2020). Sexueller Missbrauch. Strafverschärfung allein bringt nichts – 10 Thesen, die betroffene Kinder und Jugendliche in den Blick nehmen. Ulm: Deutsche Traumastiftung/ Universitätsklinikum Ulm (Hrsg).

Franz F, Hoheisel-Gruler R (2019). Neuerungen des Sexualstrafrechts in Bezug auf die Silvesternacht 2015/16 in Köln. Kriminalistik 73(1): 55, 57.

Hecht P, Harms H (2021). Das Nein ernster nehmen. taz, 5. 11. 2021.

Krahé, B (2018). Vergewaltigungsmythen & Stigmatisierungen in Justiz, Polizei, Beratung und Therapie. In: Gysi J, Rüegger P (Hrsg). Handbuch sexualisierte Gewalt. Bern: Hogrefe; 45 ff.

Lamping F (2017). Die Rationalisierung und Überregulierung der Sexualität. Zur aktuellen Reform des Sexualstrafrechts. Jur Rundsch 7: 347–358.

Lederer J (2021). Nein heißt nein ... zu populistischer Kriminalpolitik und punitiven Tendenzen im Gesetz »zur Bekämpfung sexualisierter Gewalt«. StV 5: 322–329.

Rutschky K (1992). Erregte Aufklärung. Kindesmißbrauch: Fakten & Fiktionen. Hamburg: Klein.

Stadler L, Bieneck S, Pfeiffer C (2012). Repräsentativbefragung Sexueller Missbrauch 2011. KFN-Forschungsberichte No. 118. Hannover: KFN.

Steinhage R (2002). Sexual Abuse – No Excuse. Bilanz einer parteilichen Arbeit gegen sexualisierte Gewalt. In: Özkan I, Streeck-Fischer A, Sachsse U (Hrsg).Trauma und Gesellschaft. Vergangenheit in der Gegenwart. Göttingen: Vandenhoeck & Ruprecht.

Steinl L (2021). Der Einfluss der Istanbul-Konvention auf das deutsche Strafrecht – Völkerrechtliche Vorgaben für den Umgang mit Gewalt gegen Frauen und häuslicher Gewalt. ZSTW 133(3): 819–839.

Trube-Becker E (1982). Gewalt gegen das Kind. Vernachlässigung, Mißhandlung, sexueller Mißbrauch und Tötung von Kindern. Heidelberg: Kriminalistik-Verlag.

Wetzels P (1997). Zur Epidemiologie physischer und sexueller Gewalterfahrungen in der Kindheit. Hannover: Kriminologisches Forschungsinstitut Niedersachsen.

3.8 Rechtswidrigkeit und Irrtum

Noch einmal Grundsätzliches zum Abschluss dieses Kapitels: Generell gilt, dass die *Rechtswidrigkeit einer Tat nachweisbar sein muss*. Eine Tat muss gegen die Rechtsordnung verstoßen, um bestraft werden zu können. Es darf also keine Notwehr vorliegen oder ein Notstand, der diese Tat rechtfertigt. Notwehr liegt immer dann vor, wenn ein anderes Rechtsgut nur deshalb nicht verletzt wird, weil der Täter seine eigenen Rechtsgüter (berechtigt) vor einem gerade ablaufenden Angriff schützen will.

Rechtswidrigkeit ist bei Sexualstraftaten eigentlich immer gegeben. Es gibt keine sexuelle Handlung, die zur Verteidigung eines anerkannten Rechtsguts erforderlich ist.

Schwierig sind Situationen, in denen das Opfer zum Täter wird, weil es Notwehr annimmt, die *»putative Notwehr«*. Dazu ein Fallbeispiel:

FALLBEISPIEL

Ein Mann tritt auf eine Frau zu und will sie nach der Uhrzeit fragen. Die Frau glaubt, von dem Mann tätlich angegriffen zu werden, weil der ihre Handtasche rauben oder sie zu sexuellen Handlungen zwingen will. Sie wähnt sich in Not, greift zur Notwehr, konkret zum Pfefferspray, und sprüht dem Mann ins Gesicht. Dabei verletzt sie ihn an den Augen.

Auch hier wären eine sehr genaue Ermittlung, Befragung und Abwägung erforderlich, um zu entscheiden, ob diese Körperverletzung straffrei bleibt, ob schuldmindernde Umstände anzunehmen sind oder ob die Frau sich hier nicht auf Notwehr bzw. eine sogenannte Putativnotwehr berufen kann, die zumindest eine Strafmilderung zur Folge hätte.

Wie ist es nun, wenn zum Beispiel in unserem Fall Sören behauptet: »Ich wusste gar nicht, dass so was strafbar ist. Ich ging immer davon aus, dass eine Vergewaltigung nur dann vorliegt, wenn man Gewalt anwendet. Wenn ich kein Kondom benutze, habe ich Anna doch nur betrogen, ich habe ihr doch keine Gewalt angetan.«

Für diese Situation haben die Juristen das schöne Wort vom »unbeachtlichen Subsumtionsirrtum« geschaffen. Umgangssprachlich ist diese Tatsache in den Spruch gefasst: »Unkenntnis schützt vor Strafe nicht.« Zum Beispiel wissen viele Menschen nicht, dass die Vernichtung eines Bierdeckels, auf dem die Anzahl der Biere eingetragen ist, die man in letzter Zeit zu sich genommen hat, den Straftatbestand der Urkundenunterdrückung erfüllt. Die Striche auf dem Bierdeckel, welche die Anzahl der genossenen Getränke markieren, und die Zeichen für die verspeisten Soleier machen den Bierdeckel zu einer Urkunde. Wird diese zerrissen, so ist das Urkundenunterdrückung und als solche strafbar. Jetzt haben Sie ganz nebenbei für Ihren nächsten Kneipenbesuch wieder etwas dazugelernt.

MERKE

Also: Der Täter, der so unwissend tat oder wirklich war, kommt nicht um eine Bestrafung wegen Vergewaltigung herum, weil er das, was sein Handeln zu einer Straftat macht, sehr wohl erkannt, nur falsch bewertet hat.

Alles, was wir bisher erläutert haben, wird Ihnen verdeutlicht haben, dass Gesetze niemals so präzise sein können, dass sie gar keiner Auslegung mehr bedürfen. Der Spruch »Zwei Juristen, drei Rechtsmeinungen« verdeutlicht, dass Gesetze immer der Rechtsauslegung bedürfen. Das gilt in der Medizin und in der Psychotherapie ja genauso.

Alle Kulturen, die sich im Laufe der Geschichte durchgesetzt haben, haben Gesetzeswerke erschaffen, die festlegen, was geboten und was verboten ist. Diese Gesetzeswerke waren gleichzeitig religiös fundiert und begründet, um deutlich zu machen, dass die Rechtsordnung über den einzelnen Menschen und den einzelnen Lebenszeitraum hinaus überindividuelle Bedeutung und Gültigkeit hatte. In allen Religionen und Kulturen gibt es aber eine lange Tradition der Rechtsauslegung und der Rechtsprechung. Das Leben ist so vielfältig und die Sichtweise auf einen Lebenstatbestand kann so gegensätzlich sein, dass wir um die Frage, welchen Tatbestand diese Tat denn eigentlich erfüllt, nicht umhinkommen.

3.9 Schuld

Bestraft werden kann letztlich nur ein Täter, der sich schuldig gemacht hat. Ein Täter muss schuldfähig sein, um verurteilt werden zu können. *Im juristischen Sinne ist die Schuldfähigkeit also ein menschliches Qualitätsmerkmal.* Menschen, die schuldunfähig oder auch nur vermindert schuldfähig sind, werden von ihren Mitmenschen deshalb oft auch abwertend oder abfällig betrachtet.

MERKE

Schuldfähig ist ein Täter, der die Fähigkeit besitzt, das Unrecht seines Verhaltens zu erkennen und nach dieser Erkenntnis zu handeln. Diese Fähigkeit kann vorübergehend oder auf Dauer eingeschränkt oder aufgehoben sein. Geregelt ist dies in den §§ 20 und 21 StGB.

Von diesen Paragrafen leben die Psychiatrischen und Psychologischen Gerichtsgutachter. Sie sind Fachleute dafür, ob ein Täter bei Begehung der Tat schuldfähig, vermindert schuldfähig oder schuldunfähig war, und sie beraten das Gericht diesbezüglich bei der Urteilsfindung. Zur Forensischen Begutachtung gibt es mehrere dicke, gute Lehrbücher. Die Begutachtung der Schuldfähigkeit hat in Deutschland eine lange Rechtstradition. Wie immer, wenn es um Rechtsprechung geht, genügt nicht eine vage Vermutung oder eine täterfreundliche, therapeutische Grundhaltung der Gutachter. Vielmehr müssen Gutachter prüfen, ob bestimmte Kriterien, die im Gesetz festgelegt wurden, erfüllt sind oder nicht.

MERKE

Die Schuldfähigkeit kann vermindert oder aufgehoben sein durch eine krankhafte seelische Störung, aufgrund einer tiefgreifenden Bewusstseinsstörung, wegen einer Intelligenzminderung oder wegen einer »schweren anderen seelischen Störung«, so formulieren es die genannten Paragrafen.

Mit dem Kriterium der krankhaften seelischen Störung sind *Psychosen* gemeint, aber auch organische Veränderungen wie veränderte Bewusstseinszustände aufgrund einer Zuckererkrankung oder einer hirnorganischen Veränderung im Alter. Eine krankhafte seelische Störung ist auch eine *Alkoholintoxikation*, welche die Steuerungsfähigkeit herabsetzt. Früher wurde ab einer Blutalkoholkonzentration (BAK) von 2,1 ‰ von einer verminderten Steuerungsfähigkeit ausgegangen. Heute muss es schon sehr konkrete Belege dafür geben, dass die Steuerungsfähigkeit wirklich herabgesetzt war, damit dieses Merkmal zur Anwendung kommt. Es gibt Menschen, die bei 2,1 ‰ BAK nur sehr wenig eingeschränkt sind.

Mit der tiefgreifenden Bewusstseinsstörung ist die *Affekttat* gemeint. Eine hochgradige affektive Erregung führt nur extrem selten zur Schuldunfähigkeit, kann aber die Steuerungsfähigkeit herabsetzen. In den letzten Jahren wird die *hochgradige sexuelle Erregung* jedoch praktisch gar nicht mehr als tiefgreifende Bewusstseinsstörung gelten gelassen. In unserer Gesellschaft sind sexuelle Reize so allgemein verbreitet, dass von jedem Menschen erwartet werden kann, dass er mit sexueller Erregung umzugehen gelernt hat. Es wird ja auch nicht gelten gelassen, wenn ich nach einem Kaufhausdiebstahl sage: »Ich hatte kein Geld. Aber die Werbung hat mich so habgierig auf diesen CD-Spieler gemacht – da konnte ich gar nicht anders, da musste ich einfach zugreifen. Ich konnte mich einfach nicht mehr steuern.«

Ein weiteres Merkmal, das zu verminderter oder aufgehobener Schuldfähigkeit führen kann, ist *Intelligenzminderung*. Psychologen behaupten ja gerne: »Ein IQ von 100 ist eine milde Form der Intelligenzminderung.« Das gilt aber nicht, das ist hier nicht gemeint. Und auch ein Mensch mit sehr niedriger Intelligenz weiß, dass er nicht stehlen oder sexuelle Handlungen mit Gewalt erzwingen darf. Trotzdem sind Taten zwischen Bewohnern eines psychiatrischen Wohnheims oft sehr schwierig zu bewerten und bei einer erheblichen Intelligenzminderung wird auch eine verminderte Steuerungsfähigkeit oft nicht ausgeschlossen werden können. In so einem Fall kann beispielsweise eine an sich sehr schwere, sehr gewalttätige und brutale Form einer Vergewaltigung juristisch als minder schwerer Fall eingestuft werden, weil der Täter vermindert schuldfähig gewesen ist, da er das Unrecht seines Verhaltens zwar noch erkennen, aber nur noch vermindert nach dieser Erkenntnis handeln konnte.

Die »schweren anderen seelischen Störungen« sind ein Sammelbegriff für *Persönlichkeitsstörungen, Perversionen, sehr schwere neurotische Erkrankungen*, früher bewusst als »schwere andere seelische Abartigkeit« bezeichnet, um die Anwendung unattraktiv zu machen. Es ist selten, dass eine Schuldunfähigkeit wegen einer »schweren anderen seelischen Störung« festgestellt wird. Meist wird aufgrund dieses Kriteriums höchstens eine verminderte Steuerungsfähigkeit festgestellt.

Wir gehen auf die Begutachtung zur Schuldfähigkeit später noch ausführlicher ein (→Kap. 6.3).

Das deutsche Rechtssystem bestraft nicht die Tat, sondern den Täter. War der Täter aufgrund bestimmter Kriterien zum Tatzeitpunkt nicht schuldfähig, kann er nicht bestraft werden. War er vermindert schuldfähig, dann sinkt das Strafmaß. Auch das hat in Deutschland eine sehr lange Tradition. Schon im Sächsischen Landrecht ist festgehalten: »Die Tollen sollt Ihr nicht bei dem Leben bestrafen.« Da war man im Mittelalter in einigen Gegenden Europas schon weiter als in den USA heute, wo manchmal noch nach dem Grundsatz verurteilt wird: »Wer töten konnte, kann auch getötet werden.« Das ist nach unseren Kriterien nicht mal mehr als mittelalterliche Rechtsprechung einzuordnen. In den USA bahnt sich ein langsamer Wandel an. So wurde vom Obersten Gerichtshof der USA entschieden: Menschen mit einer Intelligenzminderung dürfen nicht mehr mit der Todesstrafe belegt werden.

Wird festgestellt, dass ein Täter zum Zeitpunkt der Tat erheblich vermindert schuldfähig war oder gar schuldunfähig, so ist zu prüfen, ob mit bestimmbarer Wahrscheinlichkeit festzustellen ist, dass von ihm auch in Zukunft erhebliche rechtswidrige Taten zu erwarten sein werden. Wenn die Tat ein Kapitaldelikt ist und wenn die Tat nicht sehr stark situativ oder beziehungsbedingt war, dann wird heute meist von der *Unterbringung nach § 63 StGB zur Besserung und Sicherung in einem Psychiatrischen Krankenhaus* Gebrauch gemacht. Ein Fahrraddiebstahl oder ein Diebstahl von Damenunterwäsche von der Wäscheleine ist keine erhebliche rechtswidrige Tat. Andererseits hat es auch schon Unterbringungen von Menschen nach § 63 StGB gegeben, die im Zustand verminderter Schuldfähigkeit oder Schuldunfähigkeit fortgesetzt immer wieder Ladendiebstähle begangen haben oder aufgrund kleiner, aber stetig wiederholter Straftaten schon mehrfach im Gefängnis waren, ohne dass dies irgendetwas bewirkt hätte.[68]

Die landläufige Meinung, Psychiater würden praktisch jedem einen Freibrief ausstellen, ist übrigens falsch. Eine psychiatrische Begutachtung wird heute von der Staatsanwaltschaft oder dem Gericht nur dann in Auftrag gegeben, wenn die Juristen bereits erhebliche Hinweise darauf haben, dass mit diesem Straftäter wahrscheinlich irgendetwas nicht so ganz stimmt. In den Jahren nach 1968 gab es eine Zeitspanne von etwa 20 Jahren, in der die §§ 20 und 21 StGB sehr weitgehend angewendet wurden. Justiz und Psychiatrie bemühten sich um ein umfangreiches Verständnis für die Täter, weil die Hoffnung bestand, nach und nach Strafe durch Therapie ersetzen zu können. Man versprach sich davon eine deutliche Verminderung der Rückfallgefahr. Nun ist in Bezug auf die Möglichkeiten, Menschen mit einer Antisozialen Persönlichkeitsstörung oder einer schweren Perversion psychiatrisch-psychotherapeutisch behandeln zu können, in den letzten Jahren eine deutliche Ernüchterung eingetreten. Das hat sich wiederum darauf ausgewirkt, dass die Kriterien für die Anwendung der §§ 20 und 21 StGB restriktiver gehandhabt werden. Gesellschaftlich erfahren wir gegenwärtig eine spürbare Verstärkung der Opferorientierung. Und wir erleben ein sinkendes Verständnis für schwere Straftäter. Diese gesellschaftlich bedingte Tendenz wird wahrscheinlich erst dann wieder einen Wandel erfahren, wenn Psychiatrie und Psychotherapie sehr viel bessere und abgesichert erfolgreiche Behandlungsstrategien – insbesondere für Sexualstraftäter – vorweisen können.

Ähnliche Fragestellungen gibt es auch bei der später noch näher zu beleuchtenden Sicherungsverwahrung, also dem Verbleiben des Straftäters im Justizvollzug, auch wenn er die eigentliche Strafe verbüßt hat (→ Kap. 7.5).

Gegenwärtig gibt es in der Gesellschaft sehr wenig Verständnis dafür, wenn Sexual-

68 Der Fall »Mollath« hat die Diskussion über Grundlagen und Sinn der Unterbringung neu angestoßen, sodass zu erwarten steht, dass zukünftig erst einmal Bestrebungen zur Einschränkung der Unterbringung sowohl in der Öffentlichkeit als auch beim Gesetzgeber festzustellen sein werden.

straftäter wieder in Freiheit gekommen sind und dann erneut Sexualdelikte begehen. Was wiegt höher? Das Grundrecht auch eines Sexualstraftäters, dass die Strafe irgendwann verbüßt ist und er wieder das Recht hat, in Freiheit zu kommen und beweisen zu können, dass er nicht erneut Straftaten begehen wird? Oder das Recht von Kindern und Frauen auf körperliche Unversehrtheit, auf Sicherheit vor neuen Straftaten, auf Sicherheit von Leib und Leben? Diese Diskussion ist gewiss noch längere Zeit nicht abgeschlossen.

4 Verjährung

Was ist Verjährung? Juristisch formuliert geht das Recht davon aus, dass das Interesse der Gesellschaft am Rechtsfrieden nach einiger Zeit das Strafverfolgungsinteresse überwiegt. Umgangssprachlich formuliert: »Irgendwann muss auch mal wieder Ruhe sein, irgendwann müssen Dinge erledigt sein, irgendwann muss die Sache auch als abgeschlossen gelten.« Ist eine Straftat erst einmal verjährt, so besteht ein absolutes Strafverfolgungshindernis. Daran gibt es dann auch nichts mehr zu deuten und zu rütteln.

Selbstverständlich richtet sich die Verjährung nach der Schwere des Delikts. Die Zeit, nach der eine Tat als verjährt gilt, ist festgelegt in § 78 StGB. Je schwerer das Delikt, umso länger ist die Verjährungsfrist. Die Schwere eines Delikts wird anhand der vom Gesetz angeordneten Höchststrafe bestimmt. Ein Fahren ohne Fahrerlaubnis verjährt bereits nach drei Jahren, sexueller Missbrauch von Kindern und Vergewaltigung verjähren nach zwanzig Jahren, Mord verjährt nie.

Die Verjährungsfrist beginnt grundsätzlich, wenn der Taterfolg eingetreten ist. Beim Betrug ist das der Gewinn, den der Täter einstreicht, bei sexuellem Missbrauch von Kindern beginnt die Verjährung mit dem Abschluss der sexuellen Handlung. Das gilt für jede einzelne Tat, also auch, wenn weitete Missbrauchstaten folgen, richtet sich die Verjährung immer nach der einzelnen Tat. Letztlich wird auch jede Tat gesondert als Straftat erfasst und im Fall einer Verurteilung einzeln mit einer Strafe belegt.

Bei den Sexualdelikten, insbesondere dem sexuellen Missbrauch von Kindern in familiärem oder institutionellem Kontext, weiß man, dass die Opfer entwicklungsbedingt, infolge des persönlichen Abhängigkeitsverhältnisses oder wegen der tatbedingten Traumatisierung[69] nicht unbeeinflusst entscheiden können, ob sie die Taten anzeigen wollen oder nicht. Deshalb hat der Gesetzgeber in § 78b StGB festgelegt, dass die Verjährung bis zum 30. Lebensjahr des Opfers ruht. Das gilt mittlerweile auch für erwachsene Opfer, also zum Beispiel eine Frau, die mit 21 vergewaltigt wurde. Auch dann ruht die Verjährung bis zu ihrem 30. Lebensjahr. Das Ruhen der Verjährung bedeutet Stillstand der Frist. Solange das 30. Lebensjahr nicht erreicht ist, beginnt eine Verjährungsfrist nicht zu laufen.[70]

Allerdings muss man beachten, dass die Vorschrift in der Vergangenheit mehrfach geändert wurde: erst auf 18, dann auf 21 Jahre und erst zum 01. 07. 2021 auf 30 Jahre.

---

69 BT-Drucks. 12/7414, 17/8117, S. 17, 17/6261, S. 23 f.

70 → Greger/Weingarten in: Laufhütte u. a., LK § 78b StGB, Rn. 1.

Zwar gilt die Regelung auch rückwirkend für vor Inkrafttreten dieses Gesetzes begangene Taten, allerdings nur dann, wenn zum Zeitpunkt des Inkrafttretens des Änderungsgesetzes nicht bereits Verjährung eingetreten war.[71]

Um das zu berechnen, müssen die unterschiedliche Fassungen des Gesetzes sowie weitere Faktoren, wie beispielsweise die Anhebung des Strafmaßes, berücksichtigt werden. Kompliziert wird die Verjährung noch dadurch, dass eine Verjährung durch gewisse Strafverfolgungsmaßnahmen unterbrochen werden kann. So kann eine erste Vernehmung stattfinden, es kann einen Hausdurchsuchungsbeschluss geben oder es kann eine Anklage erhoben worden sein. Dann beginnt die Verjährungszeit mit dieser Strafverfolgungsmaßnahme neu zu laufen. Der Beschuldigte weiß dann, dass er verfolgt wird, und kann nicht auf den Rechtsfrieden hoffen. Aber auch hier gibt es eine Grenze. Die absolute Grenze liegt beim Doppelten der Verjährungszeit. Wenn eine Straftat also bereits nach drei Jahren verjährt ist, weil sie vom Gesetzgeber eben als nicht so schwere Straftat eingestuft wird, dann wäre sie maximal nach sechs Jahren verjährt, unabhängig davon, welche Strafverfolgungsmaßnahmen inzwischen eingeleitet worden sind.

Die Verjährung von Sexualstraftaten ist nach der Aufdeckung des sexuellen Missbrauchs in Heimeinrichtungen wieder in die Diskussion gekommen. Viele empfinden es als ungerecht, dass die Taten wegen des Zeitablaufs von zwanzig Jahren oder mehr nicht mehr verfolgt werden können, obwohl die Täter sogar vielfach geständig sind. Opfer beklagen auch oft, dass sie erst nach langer Therapie in der Lage waren, über das Geschehene zu berichten und dann erfahren mussten, dass die Tat nunmehr verjährt sei.[72] Durch die deutliche Anhebung der Frist, innerhalb derer die Verjährung ruht, kommt der Gesetzgeber dem etwas entgegen.[73] Man darf aber auch nicht vergessen, dass mit jedem Jahr Abstand zwischen Tat und Prozess die Nachweisbarkeit eines Missbrauchs abnimmt. Das menschliche Erinnerungsvermögen verblasst, Zeugen sterben, Unterlagen gehen immer mehr verloren. Einem Opfer ist durch die Verlängerung der Verjährungsfristen nicht geholfen, wenn es dann erleben muss, dass der Täter dann doch mangels Beweises freigesprochen wird.

Es wird immer Verjährungsfristen geben – und diese werden immer auch einmal einen Grenzfall betreffen, bei dem der Eintritt dieses Strafverfolgungshindernisses unbefriedigend ist. Es ist jedoch unter diesem Aspekt umso wichtiger, gesellschaftlich auf Aufklärung zu setzen und junge Menschen, aber auch erwachsene Frauen zu stärken. Dann haben diese Opfer viel früher die Kraft, eine Anzeige zu erstatten, wenn sie es denn wollen.

Die Schadensersatzansprüche des Opfers im Zivilrecht verjähren allerdings bei einer vorsätzlichen Verletzung des Lebens, des Körpers, der Gesundheit, der Freiheit und der sexuellen Selbstbestimmung nach dreißig Jahren (§197 Abs.1 Nr.1 BGB). Die Frist beginnt erst mit dem 21. Lebensjahr zu laufen (§208 BGB).

71 Festhaltung BGH, NStZ 2019, 141, BGH NStZ-RR 2022, 241.
72 →Zusammenstellung bei Bergmann (2011, S.164).
73 →BT-Drucks. 17/12735.

Verjährungsfristen können im Einzelfall kompliziert und schwer verständlich sein. Vieles ist in den vergangenen Jahren vereinfacht und vereinheitlicht worden, dadurch wurde es aber auch in Teilbereichen noch komplizierter. Deshalb gilt: Bei Verjährung fragen Sie nicht Ihren Arzt oder Therapeuten, sondern einen kompetenten Juristen!

Literatur

Bergmann C (2011). Abschlussbericht der Unabhängigen Beauftragten zur Aufarbeitung des sexuellen Kindesmissbrauchs. 24. 05. 2011. https://beauftragte-missbrauch.de/fileadmin/user_upload/Publikation_-_Abschlussberichte/Abschlussbericht-der-Unabhaengigen-Beauftragten-zur-Aufarbeitung-des-sexuellen-Kindesmissbrauchs.pdf.

5 Das Ermittlungsverfahren

Das Ermittlungsverfahren bereitet die Anklageerhebung durch die Staatsanwaltschaft und damit auch das Hauptverfahren vor Gericht vor. In ihm werden die Beweise, die für und gegen den Beschuldigten sprechen, gesammelt und dann vorläufig bewertet: Reicht es für eine Anklage oder nicht?

Mithilfe der Polizei ermittelt die Staatsanwaltschaft die Tatsachen, den »tatsächlichen Sachverhalt«. Die Staatsanwaltschaft hat der Polizei gegenüber Weisungsbefugnisse. Bei schweren Straftaten kooperieren Staatsanwaltschaft und Polizei im Ermittlungsalltag eng, leichte Straftaten ermittelt die Polizei nahezu vollkommen eigenständig. Die Polizei ist spezialisiert auf Vernehmungen, auf Spurensicherung, auf Durchsuchungen. Der Staatsanwalt betreut die Ermittlungen unter rechtlichen Gesichtspunkten und hat die Funktion, die Polizei zu überwachen. Hinzu kommt, dass er das Bindeglied zum Gericht bei Durchsuchungen, Haftbefehlen und richterlichen Vernehmungen ist.

5.1 Anzeige und Vernehmung

Das Ermittlungsverfahren beginnt entweder mit einer Anzeige, aus der ausreichende Anhaltspunkte für eine Straftat hervorgehen, oder von Amts wegen. Von Amts wegen bedeutet, dass bei schweren Delikten keine Strafanzeige erforderlich ist, um polizeiliche Ermittlungen aufzunehmen. Wenn eine solche Straftat der Polizei oder Staatsanwaltschaft bekannt wird, dann wird das Ermittlungsverfahren eingeleitet. Ein Toter zum Beispiel, der unter einer Brücke gefunden wird, kann nicht mehr selbst Anzeige erstatten. Wenn sich aber der Verdacht auf ein Tötungsdelikt ergibt, handelt es sich um ein Offizialdelikt, das von Staats wegen zwingend verfolgt wird.

Zur Erinnerung: Alle Sexualstraftaten sind Offizialdelikte. Nur bei Delikten wie Hausfriedensbruch oder Beleidigung sind eine Strafanzeige und ein Strafantrag zwingend Voraussetzung für Strafverfolgungsmaßnahmen. Ein Strafantrag ist noch etwas mehr als eine Strafanzeige. Nur der Geschädigte kann einen Strafantrag stellen. In ihm muss erkennbar sein, dass das Opfer die strafrechtliche Verfolgung ausdrücklich wünscht. Bei Straftaten, deren Verfolgung nur auf Antrag eintritt, muss ein Strafantrag schriftlich erfolgen; die Polizei hat hier entsprechende Formulare, die den Betreffenden dann vorgelegt werden.

Die Strafanzeige verpflichtet die Strafverfolgungsbehörden zur Prüfung des mitgeteilten Sachverhalts.[74] Anzeigen können bei jeder Polizeidienststelle und auch bei der Staatsanwaltschaft erstattet werden. Auch Online-Anzeigen sind möglich. Wir raten aber, für eine Anzeige immer zur Polizei zu gehen. Dort werden von Anfang an die richtigen Fragen zur Einordnung des Geschehens gestellt. Bei schwierigen Sachverhalten muss man damit rechnen, dass man nach einer kurzen Sachverhaltsaufnahme an die zuständigen Spezialisten der Polizei weiterverwiesen wird. Spezialisierte Polizeibeamte sind gerade im Bereich der Sexualdelikte intensiv im Umgang mit Opfern geschult. In diesem Bereich hat sich in den letzten Jahren viel getan und die meisten Opferschutzeinrichtungen und Therapeuten sind mit den Fortschritten beim Umgang der Polizei mit Traumatisierten sehr zufrieden. Diesbezüglich spezialisierte Beamte trifft man allerdings nicht auf jeder Polizeiwache. Diese werden je nach örtlichen Gegebenheiten von der Wache dann gegebenenfalls informiert.

MERKE

Wichtig ist es, von Anfang an sehr genau darauf zu achten, was man sagt.

Der Polizeibeamte, der als Erster den Sachverhalt aufnimmt, um alles Weitere in die Wege zu leiten, fertigt einen Vermerk, der dem Opfer nicht mehr vorgelegt wird. Aber der Vermerk gelangt in die Akte und kann so später immer wieder verwendet werden. Wenn dann in diesem Vermerk steht: »Frau L. war sehr unsicher, ob sie dem Täter laut genug gesagt hat, dass sie die sexuelle Handlung nicht wollte, weil der Fernseher im Hintergrund sehr laut war«, prägt dies das gesamte Verfahren. Sagt Frau L. nun später aus: »Ich weiß genau, dass ich ihn angeschrien habe, das hat er sicher gehört …«, so kann das als Widerspruch gewertet werden und sogar zu einem Freispruch des Täters führen. Deshalb sollte die Anzeigende sehr klarmachen, was sie sicher weiß und wo sie unsicher ist.

War die Tat frisch, so ist die Sicherung von Tatspuren vorrangig, das Opfer wird zunächst nur kurz befragt. Die eigentliche Vernehmung erfolgt dann oft erst am Tag danach und zwar durch die Fachleute des zuständigen Kommissariats. Nach der kurzen Anzeige kann es sein, dass man sofort zur Spurensicherung mitgenommen wird, entweder am Tatort oder aber auch zu einer medizinischen Untersuchung.[75] All diese Maßnahmen sind zumeist freiwillig. Wer jedoch eine Anzeige erstattet und will, dass der Staat aktiv wird, sollte dann auch bereit sein, seinen Anteil zu den Ermittlungen beizutragen.

Die eigentliche Vernehmung kann recht langwierig sein. Die Polizei versucht nun, jedes Detail des Geschehens in Erfahrung zu bringen. Die Vernehmung wird schriftlich fixiert. Die Detailfragen sind wichtig, um den Sachverhalt unter den Tatbestand subsumieren zu können (→ Kap. 3). Nachfragen und Hinterfragen durch den Verneh-

---

74 Zöller in: Gercke/Julius/Temming/Zöller, Strafprozessordnung, 6. Aufl. 2019, § 158 StPO, Rn. 2.

75 Zur Möglichkeit, sich erst nach der Sicherung der Spuren für oder gegen die Anzeige zu entscheiden, → unter Abschnitt 5.4.

mungsbeamten sind dabei nicht immer Ausdruck von Misstrauen: Nur eine fundierte Anzeige reicht später auch aus, den hinreichenden Tatverdacht für die Anklage zu begründen. Nur eine fundierte, detailreiche Aussage hat das Potenzial, den Beschuldigten und seinen Verteidiger davon zu überzeugen, dass ein frühzeitiges Geständnis und damit eine Entlastung des Opfers von der Frage »Wird man mir glauben?« sinnvoll ist. Das gilt erst recht für die Hauptverhandlung: Hat das Opfer bereits bei der Polizei ausführlich und detailreich ausgesagt, bleiben ihm viele Nachfragen in der Hauptverhandlung erspart. Ganz wichtig ist eine detailreiche und ausführliche Vernehmung zudem dann, wenn die Anzeigeerstatterin so massiv unter den Folgen der Tat leidet, dass eine sofortige therapeutische Intervention sinnvoll erscheint (→ hierzu Kap. 10 und Kap. 13). Ist die Aussage sorgfältig und umfassend dokumentiert, wird der Vorwurf, die Erinnerung sei erst im Rahmen der Therapie entstanden, kaum erhoben werden können.

Ein Opfer muss übrigens nicht alleine zur Polizei gehen; sowohl bei der Anzeige als auch bei einer späteren Vernehmung kann immer eine Vertrauensperson dabei sein (§ 406 f. Abs. 2 StPO). Diese darf allerdings die Vernehmung nicht stören, sich also beispielweise nicht ständig einmischen, dem Anzeigenden Ratschläge erteilen oder eigene Angaben machen. Die Vertrauensperson sollte außerdem jemand sein, der selbst kein Zeuge ist. Sonst kann es passieren, dass bei einer Aussage dieser Person vor Gericht die Verteidigung einwendet: »Die kann die Angaben ihrer Freundin ja deshalb gut bestätigen, weil sie bei der Anzeige mit dabei war.«

Geschädigte sollen von der Polizei bei der ersten Vernehmung bereits auf ihre Rechte als Opfer hingewiesen werden. Dazu erhalten sie das bundesweit einheitliche Opfermerkblatt, das sehr viele Informationen enthält. Auch wenn es in verschiedenen Sprachen verfügbar ist, so ist dieses Merkblatt für Opfer vielfach eine Überforderung. Deshalb ist es immer auch hilfreich, wenn Opfer auf jemanden zurückgreifen können, der sie auf die eine oder andere Möglichkeit, Hilfe zu erhalten, hinweist. Betroffene sollten das Merkblatt am besten nicht wegwerfen, sondern für einen Zeitpunkt aufbewahren, zu dem sie aufnahmefähiger als unmittelbar nach der Anzeige sind. In diesem Merkblatt stehen alle Rechte, die ein Opfer nach deutschem Recht hat, und wo es Hilfe und Unterstützung gibt.

Weil die Anzeige ein Strafverfahren in Gang setzt, das auch zu Eingriffen in die Rechte des Beschuldigten führen kann, sind bei der Anzeigenaufnahme Formalitäten einzuhalten. Manchmal entsteht dabei der Eindruck, dass diese wichtiger sind als der Sachverhalt: So ist es nicht, aber ohne zum Beispiel die eigenen Personalien anzugeben, kann man niemanden anzeigen. Es gibt zwar die Möglichkeit, die Personalien des Anzeigenden zu schützen, indem diese zum Beispiel nicht in die Akten aufgenommen werden. Anonyme Anzeigen sind demgegenüber aber so gut wie wertlos. Sie enthalten nicht die für die Strafverfolgung notwendigen Angaben, insbesondere gibt es dann keinen Zeugen, den man in der Hauptverhandlung zu dem Sachverhalt befragen könnte. Dann kann die Polizei aber auch keine weiteren Ermittlungsmaßnahmen einleiten, die zur Sicherung von Beweisen notwendig wären. Anonyme Anzeigen werden deshalb allenfalls als Hinweis gewertet. Im Rahmen der Anzeige muss man also seine Personalien angeben.

Ist man selbst nicht das Opfer, sollte man zumindest wissen, wer das Opfer der Tat ist und den wesentlichen Sachverhalt, möglichst auch mit Angaben zum Täter, schildern können. Nicht notwendig ist eine juristische Einordnung dessen, was passiert ist – das übernehmen die Ermittlungsbehörden.

MERKE

Anzeigen müssen wahr sein, andernfalls macht sich der Anzeigende strafbar.

Und ist erst einmal eine Anzeige erstattet und damit im Normalfall auch ein Ermittlungsverfahren eingeleitet worden, gibt es – jedenfalls bei Offizialdelikten – nicht mehr die Möglichkeit, die Anzeige »zurückzunehmen«. Wenn der Staat von einer schweren Straftat erfahren hat, muss er auch ohne den Wunsch des Opfers ermitteln und darf dabei auf die Aussage desjenigen zurückgreifen, die seine Anzeige am liebsten vergessen machen würde. Eine Ausnahme gilt hier nur für den Fall, dass die anzeigende Person mit dem Beschuldigten verwandt oder verschwägert ist (§52 StPO). Dann kann man erklären, dass man der Verwertung der Anzeige widerspricht.

Sollte die Anzeige aber nachweislich unwahr gewesen sein, schützt diese Rücknahme nicht vor der eigenen strafrechtlichen Verfolgung wegen falscher Verdächtigung.

Eine Pflicht zur Anzeige von Straftaten, die bereits stattgefunden haben, gibt es für den Menschen, der nicht die Strafverfolgung als beruflichen Auftrag hat, nicht. Anders als in Filmen dargestellt, ist das bloße Unterlassen einer Strafanzeige auch keine »Vertuschung einer Straftat«. Man darf es zwar, muss es aber nicht. Etwas anderes ist es jedoch, wenn schwerwiegende weitere Taten bevorstehen. Terroristische Anschläge, Mord und andere schwere Verbrechen wie Menschenhandel und Raub muss jedermann anzeigen, um sie zu verhindern (§138 StGB). Der sexuelle Missbrauch von Kindern gehört nicht dazu, was aus unserer Sicht ein grundlegender Wertungswiderspruch zur Anhebung der Strafen für diese Taten ist. Wenn Sie jedoch mitbekommen, dass in Ihrer Nachbarwohnung regelmäßig Kinder geschlagen, ja verprügelt oder missbraucht werden, sollten Sie das beim Jugendamt oder der Polizei anzeigen. Hier stehen dann auch schwerwiegende Entscheidungen für Behandelnde an: Was tun Sie, wenn Ihr Patient Ihnen eine Straftat ankündigt oder Sie als Arzt mitbekommen, dass Kinder in Gefahr sind? Hier hat sich in der jüngsten Vergangenheit die Gesetzeslage grundlegend geändert; wir werden auf diese Fragen später noch einmal zurückkommen (→Kap. 10.3).

In Ausnahmefällen kann im Ermittlungsverfahren auf Antrag der Staatsanwaltschaft auch ein Richter das Opfer vernehmen. Dies geschieht etwa dann, wenn die Staatsanwaltschaft die Befürchtung haben muss, dass die Aussage verloren geht (durch Tod des Opfers oder durch die spätere Wahrnehmung eines Zeugnisverweigerungsrechts), und insbesondere bei kindlichen Zeugen. Eine richterliche Vernehmung hat den Vorteil, dass sie später in der Hauptverhandlung leichter verwertet werden kann.

Prinzipiell gilt in der Bundesrepublik das sogenannte Unmittelbarkeitsprinzip. Dieses besagt, dass alles, was für die Urteilsfindung relevant sein könnte, in der Hauptverhandlung selbst ausgesagt, angesehen oder vorgetragen werden muss.

Das bedeutet normalerweise, dass jeder Zeuge in der Hauptverhandlung erscheinen und seine Angaben machen muss (§ 250 StPO). Vorherige Vernehmungen können nicht als Ersatz für die Vernehmung verlesen werden. Das ist oft ein Problem in der Hauptverhandlung. Zeugen erwidern auf die Aufforderung des Gerichts, ihr Erleben zu schildern: »Wieso? Ich habe doch schon alles bei der Polizei gesagt. Dem habe ich nichts hinzuzufügen.« Es ist aber so, dass die polizeiliche Aussage nur der Vorbereitung der Hauptverhandlung dienen kann. Das Urteil kann demgegenüber nur auf Aussagen fußen, die direkt in der Verhandlung getätigt wurden. Jeder, der einmal bei einem Prozess mitgewirkt hat, weiß, dass eine persönliche Aussage sehr viel mehr für die Wahrheitsfindung vermittelt als die Verlesung eines Protokolls, das von geschulten Vernehmungsbeamten juristisch fundiert aufgeschrieben worden ist. Die Verfasser der deutschen Strafprozessordnung gingen davon aus, dass ein Gericht die Zuverlässigkeit eines Beweismittels am besten beurteilen kann, wenn es die Beweise selbst »erlebt« hat.

Richterliche Vernehmungsprotokolle sind demgegenüber in den meisten Fällen bereits verlesbar, zum Beispiel wenn der Zeuge wegen Krankheit auf absehbare Zeit nicht erscheinen kann (§ 251 Abs. 2 StPO). Eine solche Krankheit kann auch eine Posttraumatische Belastungsstörung, verbunden vielleicht mit Suizidalität, darstellen. Dennoch sind die Gerichte nach höchstrichterlicher Rechtsprechung gehalten, in Fällen, in denen die erkrankte Person der einzige unmittelbare Tatzeuge ist, abzuwarten und zu versuchen, den Zeugen zu einem späteren Zeitpunkt zu vernehmen.[76] Bei Verfahren, in denen Aussage gegen Aussage steht, dürfte es kaum möglich sein, die Aussage durch die Verlesung eines Vernehmungsprotokolls zu ersetzen. Das Gericht wird sich immer einen Eindruck von der Hauptbelastungszeugin machen wollen.

5.2 Die Videovernehmung (audiovisuelle Vernehmung) und deren Verwendung im Hauptverfahren

Gerade bei kindlichen Opferzeugen ist die richterliche Videovernehmung im Ermittlungsverfahren vom Gesetzgeber gewollt und gewünscht, um Mehrfachvernehmungen, soweit es geht, zu vermeiden. Die entsprechende Vorschrift nach § 58a StPO wurde in der Vergangenheit mehrfach geändert und verlangt nunmehr bei allen Sexualdelikten eine richterliche Videovernehmung der Opferzeugin. Auch bei anderen schweren Delikten, die zum Nachteil von Kindern begangen wurden, soll das Opfer audiovisuell vernommen werden.

76 Nach BGH NStZ 2003, 562, kann eine psychische Erkrankung für etwa drei Monate bereits ausreichen, dies ist aber immer eine Frage des Einzelfalls.

> Die Videovernehmung sichert nicht nur die Aussage des Zeugen besser als jede von einem Polizisten aufgeschriebene und damit mit seinen Worten formulierte Vernehmung. Sie gibt insbesondere auch den Opferzeugen die Gewissheit, schon einmal authentisch alles gesagt zu haben. Außerdem werden die Emotionen nach der Tat auf so einem Video deutlich – die Erschütterung durch die Tat (ein wichtiges Strafzumessungskriterium) kann dokumentiert werden, ohne dass das Opfer seine Erschütterung bis zur Hauptverhandlung aufrechterhalten muss.

Auch eine polizeiliche Videovernehmung kann als Vorhalt in die Verhandlung eingeführt werden und hat schon in vielen Fällen die Geständnisbereitschaft eines Angeklagten gefördert. Der Hauptvorteil liegt aber darin, dass eine richterlich durchgeführte Videovernehmung die Aussage der Opferzeugin im Hauptverfahren ersetzen kann (§ 255a StPO). Genau darin besteht jedoch auch das Problem der Videovernehmung: Das Gericht muss nach deutschem Strafprozessrecht Beweise unmittelbar, also aus erster Hand, hören/sehen und nicht quasi aus einer Konserve.

Die Menschenrechte (Art. 6 MRK) sehen vor, dass der Angeklagte jedes Beweismittel selbst zur Kenntnis nehmen können muss und auch Fragen stellen darf. Dies wäre ihm verwehrt, wenn eine Videovernehmung im Ermittlungsverfahren ohne seine Anwesenheit erfolgen und diese dann nur als Aufzeichnung in den Prozess eingeführt werden würde.

Um die Menschenrechte des Angeklagten zu wahren, ist die richterliche Videovernehmung an enge Rahmenbedingungen geknüpft. Das Gesetz verlangt, dass der Beschuldigte und sein Verteidiger zu laden sind. Von der Ladung des Beschuldigten kann nur in Ausnahmefällen abgesehen werden, die Teilnahme des Verteidigers ist zwingend. Hat der Beschuldigte noch keinen Verteidiger, muss ihm erst einmal einer beigeordnet werden. Der Beschuldigte erfährt so sehr frühzeitig im Ermittlungsverfahren, dass das Opfer eine Anzeige erstattet hat. Manchmal kann es allerdings für das Ermittlungsverfahren sehr hilfreich sein, wenn eine Zeit lang ermittelt wird, ohne dass Beschuldigter und Verteidigung bereits in alle Einzelheiten des Verfahrens eingeweiht sind. Dies ist natürlich die Sicht des Staatsanwalts. Verteidiger werden das sicherlich anders beurteilen. Der Beschuldigte hat mit seinem Verteidiger zwar ein Recht, der Videovernehmung beizuwohnen, aber selbstverständlich sind beide nicht in dem Raum, in dem das Opfer sitzt. Dieses ist dort vielmehr alleine mit dem Richter; manchmal ist auch bereits ein aussagepsychologischer Gutachter dabei. Das Opfer hat zudem das Recht, dass eine Vertrauensperson teilnimmt.

Rechtlich wäre es zulässig, dass auch die psychosoziale Prozessbegleitung mit dabei ist. Wir raten allerdings aus verschiedenen Gründen davon ab. Ist die psychosoziale Prozessbegleitung bei der Videovernehmung mit im Raum, erfährt sie von der Tat. Das kann die Beziehung zur Geschädigten belasten, weil diese zukünftig damit umgehen muss, dass die Prozessbegleitung sämtliche (auch intime) Details der Tat kennt. Zum anderen besteht die Gefahr, dass Verteidiger die Prozessbegleitung als Zeugin benennen, zum Beispiel zu der Frage suggestiver Gesten des befragenden Richters. Dann darf die Prozessbegleitung an der Hauptverhandlung bis zu ihrer Vernehmung (die meistens erst nach der des Opfers erfolgt) nicht teilnehmen. Da solche Anträge oft auch erst zu Beginn der Hauptverhandlung gestellt werden, kann man dann auch nicht mehr für eine Vertretung sorgen und das Opfer sitzt plötzlich alleine in der gerichtlichen Befragung.

Beschuldigter, Verteidiger und Staatsanwalt sitzen bei der Videovernehmung in einem Nebenraum und können die Vernehmung sehen und hören, das Opfer sieht diese Personen aber nicht. Fragen dürfen zwar gestellt werden, aber nur über den Richter, der diese dann an das Opfer in einem angemessenen Ton weitergibt. Die Videovernehmung muss trotz der Aufzeichnung zusätzlich protokolliert werden. Das bedeutet, dass die gesamte Vernehmung vom Band noch einmal von einer Schreibkraft abgeschrieben wird.

Die Räume, in denen die Videovernehmung stattfindet, sind oftmals kindgerecht gestaltet, die Aufzeichnung erfolgt über kleine Kameras, die auch kleine Kindern nicht irritieren. In Deutschland sind in mehreren Städten sogenannte Childhood-Häuser[77] eingerichtet worden, in denen Kinder neben der Vernehmung auch medizinisch untersucht werden können und in denen die Gespräche mit Polizei, Jugendamt und der psychosozialen Prozessbegleitung stattfinden können. Dies hat den Vorteil, dass das Kind immer nur in einer kindgerecht gestalteten, nach und nach auch gewohnten Umgebung mit der Tat konfrontiert wird. Allerdings bietet sich solch eine Einrichtung nur dann an, wenn speziell ausgebildete, erfahrene Kinderärzte vor Ort verfügbar sind, um die Spuren von Sexualdelikten bei Kindern festzustellen. Deshalb ist die Einrichtung eines Childhood-Hauses für eher ländliche Gegenden schwierig.

Eine richterliche Videovernehmung ist für alle Beteiligten sehr zeitaufwendig. Hinzu kommt, dass die technische Ausstattung auch heute noch nicht in jedem Gericht vorhanden ist. Letztlich müssen die vernehmenden Richter auch gut geschult sein, um die Videovernehmung so durchzuführen, dass sie ihrerseits nicht suggestiv fragen, mit dem Kind gut umgehen können und dennoch alle offenen Fragen beantwortet werden. Diese Aspekte führen dazu, dass die Staatsanwaltschaften vielfach gar nicht erst einen Antrag auf Durchführung einer audiovisuellen Vernehmung stellen.

In diesem Kontext müssen wir klarstellen, dass ausschließlich die Staatsanwaltschaft als Herrin des Ermittlungsverfahrens einen solchen Antrag stellen kann. Unsere Strafprozessordnung basiert darauf, dass die Entscheidung über das Ob und Wie von Ermittlungsmaßnahmen durch eine eigenständige und neutrale Behörde, nämlich die Staatsanwaltschaft, durchgeführt wird. Antragsrechte von Zeugen oder auch Beschuldigten über Ermittlungsmaßnahmen würden das Ermittlungsverfahren stark verzögern und wären deshalb systemwidrig. Geschädigte oder Nebenklageanwälte können die audiovisuelle Vernehmung allerdings zumindest anregen.

Die Datei mit der Aufnahme der Aussage wird anschließend Bestandteil der Akte.

---

77 Zum Beispiel in Düsseldorf, München, Kassel, Frankfurt/Main, Berlin, Ortenau, Flensburg, Heidelberg, Hamburg.

Anders als sonstige Aktenbestandteile kann sie jedoch nur mit ausdrücklicher Zustimmung des Opfers an andere Behörden (z. B.in Verfahren zur Opferentschädigung) weitergegeben werden. Hingegen wäre sie prinzipiell der Verteidigung auszuhändigen.

Ungeklärt ist aktuell, wie die Akteneinsicht in die entsprechenden Videodateien geregelt werden soll, wenn die Akten der Gerichte nur noch digital geführt und versandt werden.

> Wir empfehlen ohnehin, einer Weitergabe der Aufnahmen zu widersprechen. Opfer haben nach § 58a Abs. 3 StPO ausdrücklich das Recht zum Widerspruch gegen die Einsichtnahme in die Aufnahme.

Dann wird dem Verteidiger keine Kopie ausgehändigt, er erhält nur eine Abschrift der Vernehmung und kann das Originalband bei der Staatsanwaltschaft einsehen. Das Gesetz verpflichtet die Ermittlungsbehörden, vernommene Personen ausdrücklich auf die Möglichkeit des Widerspruchs hinzuweisen. Wenn ein Kind vernommen wurde, kann der Widerspruch durch die Eltern oder eine Ergänzungspflegschaft des Jugendamts eingelegt werden. Eltern oder das Jugendamt können als Nebenkläger auftreten.

Jede Videovernehmung, auch die polizeiliche, kann in der Hauptverhandlung vorgeführt werden (§ 255a Abs. 1 StPO), allerdings kann sie nur in bestimmten Fällen die persönliche Vernehmung des Opfers ersetzen.[78] An die geringsten Voraussetzungen geknüpft ist die Verwendung der Aufnahme, um die Erinnerung der Zeugin zu unterstützen.[79]

Als Ersatz für die persönliche Vernehmung der Opferzeugin kann die Aufzeichnung nur in drei Fällen dienen: Die ersten beiden Fälle gelten für alle Zeugen. Sie liegen entweder vor, wenn alle Beteiligten zustimmen oder das Opfer aus verschiedenen Gründen, die gesondert geregelt sind[80], nicht in der Hauptverhandlung aussagen kann. Der dritte Fall betrifft Kinder unter 18 Jahren oder Opfer, die zur Tatzeit noch nicht 18 waren.

Das Verfahren muss Sexualstraftaten, Straftaten gegen das Leben oder die Misshandlung von Schutzbefohlenen zum Gegenstand haben. Dann kann das Band die Aussage der Opferzeugin ersetzen und diese muss nicht in der Hauptverhandlung erscheinen und aussagen. Ziel der Regelung ist es, die Belastungen durch Mehrfachvernehmungen für junge Zeuginnen zu vermeiden oder zumindest einzuschränken. Das Gericht muss bei Vorliegen einer Videovernehmung von Amts wegen, das heißt auch ohne Antrag der Verfahrensbeteiligten, entscheiden, ob dieses Band vernehmungsersetzend in die Hauptverhandlung eingeführt wird. Theoretisch sollen, wenn keine besonderen Umstände vorliegen, die Belange des Zeugenschutzes vorrangig sein[81]; in der Praxis sieht dies aber oft anders aus.

In der heutigen Rechtspraxis wird von dieser Möglichkeit noch sehr zurückhaltend

78 →Ausführungen bei Mosbacher in: Löwe-Rosenberg, StPO, 27. Aufl. 2019, § 255a, Rn. 12.
79 § 253 StPO.
80 § 251 StPO.
81 →Mosbacher, a. a. O.

Gebrauch gemacht. Die Gründe dafür sind vielfältig: Zum einen liegen oftmals ohnehin keine Videoaufzeichnungen aus dem Ermittlungsverfahren vor. Es gibt Gerichte, die sich nicht auf eine künstliche Aufzeichnung der Vernehmung verlassen und die Opferzeugin lieber selbst hören und sehen wollen, um deren Glaubwürdigkeit beurteilen zu können. Ein weiterer Grund dürfte die Gefahr der Revision bei Anwendung der Möglichkeiten zum Vorspielen einer Videovernehmung sein. So kann es sein, dass bei einem unzureichend begründeten Beschluss die ganze Hauptverhandlung mit Zeugenvernehmung wiederholt werden muss, oder die Revision des Angeklagten ist erfolgreich, weil der Ermittlungsrichter bei der Videovernehmung einen Fehler gemacht hat.[82] Demgegenüber dürfte die Revision des Opfers mit dem Vorbringen, es hätte nicht persönlich gehört werden dürfen, aus revisionsrechtlichen Gründen kaum erfolgreich sein.

5.3 Spurensicherung

Neben der Vernehmung ist die Spurensicherung ein zentraler Bestandteil des Ermittlungsverfahrens. Die Spurensicherung wird von Spezialisten der Polizei durchgeführt, und zwar genau so, wie es in Fernseh-Krimis dargestellt wird.

Es gibt Spuren in Wohnungen, an Gegenständen und am Körper – sowohl des Opfers als auch des Beschuldigten. Zur Sicherung der Spuren ist oftmals ein richterlicher Beschluss erforderlich, vor allem wenn der Spurenträger oder Wohnungsinhaber nicht mit der Spurensicherung einverstanden ist. Das gilt grundsätzlich erst einmal für den Täter und das Opfer. Wenn eine Anzeige erstattet oder der Polizei eine Straftat bekannt wurde, so ist diese verpflichtet, Spuren zu sichern. Sie muss feststellen, ob es Beweismittel für das Vorliegen der angezeigten Tat gibt oder ob es keine Beweismittel gibt, wo eigentlich welche sein müssten.

Einen besonderen Eingriff stellt die Spurensicherung am Körper dar. Eine körperliche Untersuchung muss auch der Beschuldigte dulden. Eigentlich muss sich im deutschen Strafrecht niemand selbst belasten – das bedeutet aber nicht, dass er die Spurensicherung ablehnen kann. Er muss einen Mundhöhlenabstrich und eine Untersuchung des Geschlechtsteils zur Feststellung von DNA des Opfers akzeptieren und kann hierzu mit richterlichem Beschluss auch gezwungen werden.

Beim Täter wie beim Opfer können Spuren, die sich oberflächlich am Körper befinden, durch die Polizei oder medizinisches Personal durch Abstriche und Fotos gesichert werden. Spuren, die sich im Körper befinden (Blut zum DNA-Abgleich, Vaginalabstrich etc.), müssen von einem Arzt oder einer Ärztin gesichert werden.

Es ist menschlich absolut verständlich, dass das Opfer einer Vergewaltigung nach

82 Zum Beispiel BGH StV 2023, 361; NStZ-RR 2019, 222; NStZ-RR 2019, 27.

der Tat am liebsten sofort stundenlang duschen oder baden würde, um alle Spuren des Geschehens möglichst rasch von seinem Körper zu entfernen. Die emotionale Belastung durch eine Spurensicherung erspart einem Opfer aber im weiteren Ablauf des Verfahrens erhebliche Schwierigkeiten. Gibt es klare objektive Befunde, fotografisch dokumentierte sowie ärztlich bestätigte Verletzungshinweise und hat sich vom Täter Sperma nachweisen lassen, raten erfahrene Verteidiger ihren beschuldigten Mandanten frühzeitig zu einem sehr umfassenden Geständnis. Dann können sich auch die künftigen Aussagen des Opfers auf diese Spuren beziehen und spätere Befragungen im Hauptverfahren sehr viel kürzer und schonender ausfallen.

> Bei einem Sexualdelikt, das gerade geschehen ist, raten wir unseren Patientinnen in der Psychiatrie dringend zu einer umgehenden, gründlichen sowie umfassenden Spurensicherung und begleiten sie dabei.

Die Spurensicherung ist nach einem Vergewaltigungsdelikt eine besonders heikle Angelegenheit. Sie konzentriert sich wesentlich auf die körperliche Untersuchung von Täter und Opfer, weil die Spuren am Körper beider wahrscheinlich sind. Es geht dabei nicht nur um Sperma, sondern auch um Hautpartikel und Haare. Um Spuren bei weiblichen Vergewaltigungsopfern zu sichern, wird eine gynäkologische Untersuchung durchgeführt, werden die Schamhaare von Täter und Opfer ausgekämmt und Körpersekrete gesichert. Es werden auch Fotos der Untersuchungsergebnisse angefertigt, auch solche aus dem Genitalbereich. Das Opfer einer Vergewaltigung hat inzwischen die Möglichkeit, sich – soweit praktisch realisierbar – das Geschlecht der untersuchenden Ärzte auszusuchen und sich von einer Person ihres Vertrauens begleiten zu lassen. Handelt es sich bei dem Opfer um eine Frau, die in stationärer psychiatrischer Behandlung ist oder die sich unmittelbar nach der Tat an eine psychiatrische Institutsambulanz gewendet hat, wird sie bei der Spurensicherung und der gynäkologischen Untersuchung fast regelhaft von einer Bezugsschwester begleitet.

> Eine Spurensicherung am Körper des Opfers – auch nach Misshandlung – ist natürlich hochgradig eine Frage des Taktes, der Erläuterung und der Aufklärung. Nach unser beider Erfahrung wird die Spurensicherung nach einer Vergewaltigung in Kliniken möglichst taktvoll und diskret durchgeführt.

Grundsätzlich kann die Spurensicherung am Körper auch gegen den Willen des Opfers durchgeführt werden. Das Opfer gilt im juristischen Sinne als Zeugin bzw. Zeuge und muss eine Spurensicherung durch eine umfangreiche körperliche Untersuchung zum Nachweis von Tatspuren zulassen (§ 81c Abs. 6 StPO). Allerdings ist im Gesetz (§ 81c Abs. 4 StPO) festgehalten, dass auf eine Untersuchung verzichtet werden muss, wenn die Untersuchung unzumutbar ist. Das ist eine sehr schwierige Abwägung und nur ein Richter darf darüber entscheiden, ob die Untersuchung notfalls erzwungen wird. Im Grundsatz kann man davon ausgehen, dass ein Vergewaltigungsopfer nicht gegen seinen Willen gynäkologisch untersucht wird oder Spuren am unbekleideten Körper fotografiert werden. Es ist offenkundig, dass diese Entscheidung dann auch nicht 14 Tage später revidiert werden kann. Der Zeitpunkt ist verstrichen, fast alle Spuren sind inzwischen beseitigt und die Spurensicherung kann nicht »nachgeholt« werden. Das kann bedeuten: keine Untersuchung – keine Verurteilung. Fehlen wesentliche Beweise, muss das Gericht zugunsten des Angeklagten davon ausgehen, dass es diese Beweise gar nicht gab. Verständnis für die Lage des Opfers kann nicht als Beweismittel für die Schuld des Angeklagten dienen.

Andererseits kann das Resultat einer Spurensicherung auch nicht mehr ungeschehen gemacht werden. Sind klare Spuren vom Täter am Opfer festgestellt worden – wie die Merkmale einer Fesselung, Würgemale, Verletzungen im Genitalbereich –, dann gibt es objektive Tatsachen. Vergewaltigung ist ein Offizialdelikt und die Staatsanwaltschaft wird dieses Delikt auch dann weiterverfolgen, wenn das Opfer plötzlich nicht mehr aussagen will. Sie muss das sogar tun. Sind Kinder, die noch nicht die Tragweite ihrer Entscheidungen beurteilen können, oder Menschen mit geistigen Beeinträchtigungen Opfer von Straftaten geworden, so ist für die Zustimmung zur körperlichen Untersuchung die gesetzliche Vertretung zuständig. Das gilt sowohl für die Einwilligung als auch für deren Verweigerung. Besonders kompliziert wird es natürlich, wenn ein Elternteil dafür, das andere dagegen ist. Wird ein Elternteil allerdings in dem Strafverfahren beschuldigt, wird die Entscheidung durch eine gerichtlich bestimmte Ergänzungspflegeperson ersetzt.

FAZIT

Es wäre wünschenswert, wenn Opfer gut informiert die Entscheidung fällen, ob sie Anzeige erstatten oder nicht. Gibt es dabei noch Unsicherheit, ist es besser, die Beweise anonym zu sichern (→ nachfolgenden Abschn. 5.3.1) und sich dann beraten zu lassen. Entscheiden sich Opfer für eine Anzeige, so sollten auch die notwendigen Ermittlungsmaßnahmen in Kauf genommen werden. Die Haltung: »Ich zeige an, verlange intensive Aufklärung, wirke aber nicht mit, weil mich das unzumutbar belasten würde«, ist menschlich verständlich, kommunikativ aber ganz einfach ein *Double Bind*: Die Ermittlungsbehörden können es dann nur falsch machen.

5.3.1 Die vertrauliche Spurensicherung

Gerade bei Sexualdelikten ist die sofortige Sicherung der Spuren der Tat unbedingt erforderlich. So soll je nach Dosierung der Nachweis von sogenannten K.-o.-Tropfen (GHB, Gamma-Hydroxybuttersäure) nur binnen zwölf Stunden möglich sein. Dies ist eine sehr kurze Zeit, erst recht, wenn man bedenkt, dass sich manche Opfer gar nicht sofort im Klaren darüber sind, was mit ihnen passiert ist. Oder sie wissen noch nicht, ob sie Anzeige, zum Beispiel gegen den Ehemann, erstatten wollen, oder sie wollen sich zunächst informieren, was mit einer Anzeige auf sie zukommt. In der Vorauflage haben wir empfohlen, sich an eine Gynäkologin zu wenden und die Spuren »anonym« sichern zu lassen. Das gilt auch weiterhin. Die Spuren sind gesichert und »asserviert«, das Opfer kann sich danach reinigen und in aller Ruhe überlegen, welche Entscheidung die richtige ist. Das Opfer kann auch seine Erfahrungen aufschreiben und bei einem Rechtsanwalt, Arzt oder Psychologen hinterlegen. Das erspart zwar nicht die spätere Aussage, kann aber ein Indiz für die Glaubwürdigkeit des Opfers sein.

In der Vorauflage haben wir aber auch von dem Risiko für das Opfer, die Kosten tragen zu müssen, berichtet. Bisher wurden Strukturen der anonymen Beweissicherung, wie zum Beispiel pro Beweis in Niedersachsen, durch Spenden finanziert, damit eine kostenlose Spurensicherung durch Partnerkliniken möglich werden konnte. Seit 2014 hat sich hier einiges weiterentwickelt.

Nach Artikel 25 der Istanbul-Konvention ist der Staat verpflichtet, medizinische, rechtsmedizinische und psychosoziale Versorgung nach sexualisierter Gewalt vorzuhalten. Diese Versorgung soll unabhängig davon erfolgen, ob die Betroffenen Anzeige erstattet haben oder erstatten wollen. Insbesondere die forensische Untersuchung soll für die Betroffenen kostenlos sein, andernfalls könnte das Kostenrisiko Betroffene davon abhalten, die Versorgung in Anspruch zu nehmen.

> Das Fünfte Sozialgesetzbuch (§ 27 Abs. 1 Satz 6 SGB V) sieht seit 2020 vor, dass zur Heilbehandlung auch eine vertrauliche Spurensicherung vorgesehen ist. Danach besteht ein **Versorgungsanspruch** für Krankenversicherte, die Opfer einer Vergewaltigung, eines sexuellen Übergriffs, Missbrauchs oder auch häuslicher Gewalt geworden sind. Der Anspruch umfasst das ärztliche Gespräch, die körperliche Untersuchung – einschließlich der Feststellung von Verletzungen und Spuren – sowie die weitere medizinische Versorgung einschließlich eines Arztbriefs, der bei Gericht dann auch vorgelegt werden kann.

Zu den Kosten der vertraulichen Spurensicherung legt das SGB V fest, dass die Krankenkassen mit den Bundesländern Verträge schließen, um zu gewährleisten, dass die Kosten der vertraulichen Spurensicherung unmittelbar von der Krankenkasse gezahlt werden. Dabei soll Sorge getragen werden, dass die Anonymität der Betroffenen gewährleistet wird. Einige Länder stehen aktuell in Verhandlungen mit den Kassen, ein Abschluss einer Vereinbarung ist aber noch nicht erfolgt. Dennoch können Betroffene bei Gynäkologinnen oder in Krankenhäusern bereits jetzt Spuren sichern lassen, auch wenn sie die Tat (noch) nicht anzeigen wollen. Leider sind nicht alle niedergelassenen Ärzte oder auch Kliniken entsprechend vorbereitet und informiert.

Wir empfehlen deshalb, sich möglichst an Kliniken und Ärzte zu wenden, die sich ausdrücklich bereit erklärt haben, eine vertrauliche Spurensicherung vorzunehmen. Man findet solche Einrichtungen im Internet.[83]

---

83 Zum Beispiel für jedes Bundesland aufgelistet unter TERRE DES FEMMES – Menschenrechte für die Frau e. V. – Vertrauliche Spurensicherung (https://frauenrechte.de).

5.3.2 Sachverständigengutachten

Nicht alle Spuren, die gesichert wurden, kann das Gericht von sich aus beurteilen. Fotos dokumentieren Verletzungen, aber die DNA kann ein Richter ebenso wenig extrahieren, wie er die Relevanz einer psychiatrischen Erkrankung des Beschuldigten für den Tatvorwurf beurteilen kann. Dafür braucht die Justiz Sachverständige, die im Ermittlungsverfahren und später dann auch in der Hauptverhandlung entsprechende Angaben machen können. Die Staatsanwaltschaft kann bereits Sachverständigengutachten in Auftrag geben, etwa einen Gerichtsmediziner beauftragen, einen Schusswaffensachverständigen oder einen psychiatrischen Sachverständigen zur Begutachtung der Schuldfähigkeit des möglichen Täters. Meistens ordnet die Staatsanwaltschaft schon im Ermittlungsverfahren die Einholung eines aussagepsychologischen Gutachtens (→Kap. 6.1) an.

5.4 Rechtliches Gehör

Die Staatsanwaltschaft gewährt dem Beschuldigten – meistens erst gegen Ende der Ermittlungen – rechtliches Gehör. Im Ermittlungsverfahren ist der mögliche Täter zunächst Beschuldigter, noch nicht Angeklagter. Niemand darf angeklagt werden, ohne dass er zuvor erfahren hat, dass das Ermittlungsverfahren anhängig ist und er Kenntnis von den gegen ihn vorliegenden Beweisen bekommt. Jeder muss die Gelegenheit erhalten, sich gegen einen Vorwurf zu verteidigen. Hat der Beschuldigte keinen Verteidiger, so wird er von der Polizei oder der Staatsanwaltschaft vorgeladen und er kann sich dort äußern – er muss es aber nicht. Hat der Beschuldigte einen Verteidiger, so wird dieser erst Akteneinsicht beantragen, bevor er entscheidet, ob der Beschuldigte sich schon vor der Anklageerhebung äußert oder ob er zunächst von seinem Schweigerecht Gebrauch macht (zu den weiteren Rechten des Beschuldigten →unter Kap. 7).

5.5 Haftbefehl und Untersuchungshaft

Gerade bei Sexualdelikten, Taten im Zuhältermilieu, im Bereich des Rechtsextremismus, aber auch bei häuslicher Gewalt erlebt es ein Staatsanwalt immer wieder, dass ein Opfer wie selbstverständlich davon ausgeht, dass der Beschuldigte in Untersuchungshaft genommen wird. Bei schweren Delikten kommt die Untersuchungshaft zwar häufiger vor, sie ist aber über die Gesamtheit der Straftaten mit gutem Grund eine Ausnahme.

Die Freiheit der Person ist ein Menschenrecht, das für jeden gilt (Art. 5 MRK). Aber manchmal muss der Staat diese Freiheit eingrenzen. Wie jeder Grundrechtseingriff muss die Haft jedoch im Verhältnis zum angestrebten Ziel stehen. Das ist bei der Strafhaft unproblematisch: Hier steht fest, dass jemand Straftaten begangen hat und bei einer gewissen Schwere der Schuld auch Haft verbüßen muss.

Aber erinnern wir uns: Bis zur Verurteilung gilt jeder als unschuldig. Im juristischen Sinne wird bei der Untersuchungshaft also ein Unschuldiger in Haft genommen, seiner Freiheit beraubt. Sowohl die Menschenrechtskonvention als auch das Grundgesetz legen daher sehr enge Maßstäbe an die Voraussetzungen der Untersuchungshaft.

Entscheiden darf hierüber letztlich nur ein Richter, auch wenn in vielen Medien oft zu hören ist, die Staatsanwaltschaft habe Haftbefehl erlassen. Diese kann ihn aber lediglich beantragen, die Entscheidung trifft der Ermittlungsrichter. Dabei wird, wie bei jedem staatlichen Eingriff in Freiheitsrechte, abgewogen: Unter welchen Aspekten überwiegt das Interesse des Staates an der Strafverfolgung gegenüber den verfassungsmäßigen Rechten des Beschuldigten? Um hier die notwendige Balance zu schaffen, sind sehr enge Voraussetzungen dafür gegeben, dass jemand in Haft kommt, was aber nicht heißt, dass bei schweren Delikten die Untersuchungshaft selten ist. Vielmehr hat die Strafprozessordnung genaue Regeln dafür aufgestellt, wann von einem solchen Überwiegen auszugehen ist. Zum einen muss ein sogenannter dringender Tatverdacht vorliegen und zum anderen muss noch ein Haftgrund hinzukommen.

Dringender Tatverdacht bedeutet, dass der Tatverdacht nicht nur vage sein darf. Vielmehr muss es sehr wahrscheinlich sein, dass der Täter verurteilt wird. Dringender Tatverdacht bedeutet sogar eine höhere Wahrscheinlichkeit der Verurteilung, als für die Erhebung einer Anklage gebraucht wird. Das heißt aber nicht, dass für eine Inhaftierung bereits alle Beweismittel auf dem Tisch liegen müssen. Vielmehr wird jeder dringende Tatverdacht nach dem jeweiligen Verfahrensstadium beurteilt. Zu jeder Zeit müssen allerdings die vorliegenden Beweise eine Verurteilung sehr wahrscheinlich machen. Da kann es sein, dass bei einer Beweislage »Aussage gegen Aussage«, wo noch keine weiteren Spuren vorliegen oder Zeugen irgendwelche Details bestätigen können, ein Haftbefehl zunächst nicht erlassen wird. Denn erst, wenn der dringende Tatverdacht feststeht, kann man die Haftgründe prüfen. Das bedeutet: Auch wenn jemand droht, auf Beweismittel einzuwirken oder zu flüchten, liegt kein dringender Tatverdacht vor und er ist auf freien Fuß zu setzen.

Damit wären wir bei den **Haftgründen**. Sie sind eine weitere unabdingbare Voraussetzung für den Haftbefehl und abschließend in § 112 Abs. 2 und 3 sowie in § 112a StPO festgelegt.

Ein wesentlicher Haftgrund ist die sogenannte **Fluchtgefahr**. Er kann vorliegen, wenn die zu erwartende Strafe sehr hoch sein wird und fast jeder vernünftige Mensch eine Möglichkeit suchen würde, sich abzusetzen. Eine Fluchtgefahr besteht auch bei Menschen ohne festen Wohnsitz oder bei Ausländern und Beschuldigten, die erhebliche Vermögenswerte im Ausland haben.

Unter dem Haftgrund der **Verdunkelungsgefahr** versteht man die durch konkrete Tatsachen belegte Gefahr, dass der Täter auf Beweismittel Einfluss nimmt, also Mittäter warnt, Urkunden und Tatmittel vernichtet und insbesondere auf Zeugen, vornehmlich das Opfer, einwirkt, um eine für ihn günstigere Beweislage zu erzwingen. Um es klarzustellen: Hier handelt es sich nicht um eine Vorschrift zum Schutze des Opfers, sondern nur zum Schutz des staatlichen Strafverfolgungsanspruchs. Selbstverständlich dient die Vorschrift mittelbar auch dem Schutz des Opfers. Aber Verdunkelungsgefahr kann nicht nur damit begründet werden, das Opfer fürchte neue Gewalt durch den Täter. Eine Verdunkelungsgefahr ist vielmehr schon dann nicht mehr gegeben, wenn ein Täter ein umfassendes Geständnis abgelegt hat, weil es dann nichts mehr zu verdunkeln gibt. Die meisten Straftäter greifen Opfer nach einer Anzeige nicht an. Eine Ausnahme bilden dabei allerdings sogenannte Stalker und Täter mit psychischen Auffälligkeiten. Es gibt aber andere Möglichkeiten, wie Opfer sich vor Tätern schützen können. Diese reichen von einer Verfügung nach dem Gewaltschutzgesetz bis hin zum Pfefferspray und der Selbstverteidigung (→Kap. 12). Die Daten des Opfers, insbesondere die Wohnanschrift, können geheim gehalten werden, wenn Anhaltspunkte für eine Gefährdung bestehen (hierzu mehr im Kap. 9.2.6).

Es gibt Fälle, in denen nicht nur das Opfer, dessentwegen die Untersuchungshaft verhängt wurde, sondern auch andere Menschen zu schützen sind. Dies ist zum Beispiel möglich bei Tätern, die wiederholt Kinder missbrauchen oder zu schweren Körperverletzungen etc. neigen. Daher hat der Gesetzgeber einen präventiven Haftgrund geschaffen: den der **Wiederholungsgefahr**. Diese Wiederholungsgefahr muss schon sehr konkret gegeben sein, es muss eine sehr hohe Wahrscheinlichkeit dafür bestehen, dass der Täter weitere schwere Taten begehen wird (§ 112a StPO).

Die Untersuchungshaft ist anders ausgestaltet als die Strafhaft. So muss jeder Besuch von der Staatsanwaltschaft oder dem Richter genehmigt werden. Die Besuche werden überwacht, damit keine Informationen ausgetauscht werden können. Allerdings darf der Verteidiger des Beschuldigten mit diesem jederzeit und ohne Kontrolle sprechen.

Jeder Brief an den Gefangenen oder von ihm wird vor der Weiterbeförderung gelesen. Sollte er als Beweis in Betracht kommen, wird er beschlagnahmt. Enthält er Beleidigungen oder setzt er den Empfänger unter Druck, wird der Brief nicht befördert. Natürlich wissen die Untersuchungsgefangenen, dass alles von der Staatsanwaltschaft gelesen wird. Da gibt es dann manchmal Untersuchungsgefangene, die sich die Zeit damit verkürzen, dass sie abwertende, beleidigende oder gezielt verwirrende Briefe schreiben, die zwar an jemanden außerhalb des Gefängnisses adressiert sind, eigentlich aber dazu dienen, den Staatsanwalt beim Lesen zu ärgern. Es wird auch oft versucht, über Mitgefangene, die zum Arzt müssen oder entlassen werden, Briefe an der Justiz vorbei nach draußen zu schmuggeln.

Selbst eine Untersuchungshaft ist kein völlig sicherer, endgültiger Schutz eines Opfers. Der Bruder des Täters kann zu Besuch kommen, in Briefen aus dem weiteren Verwandtenkreis kann das Opfer bedroht werden.

Untersuchungshaft ist das Überwiegen des staatlichen Strafverfolgungsinteresses gegenüber den Freiheitsrechten des (noch unschuldigen) Verdächtigen. Das Gesetz geht aber davon aus, dass die Strafverfolgung dann auch in einer absehbaren Zeit erledigt sein muss.

Das Gesetz verlangt, dass die Justiz bei einem inhaftierten Beschuldigten innerhalb von sechs Monaten einen Hauptverhandlungstermin anberaumt. Denn wenn man schon einen »Unschuldigen« in Haft nimmt, so muss die Zeit dieses Zustandes begrenzt sein und kontrolliert werden. Gibt es nach diesen sechs Monaten keinen Hauptverhandlungstermin und liegen wesentliche Verfahrensverzögerungen vor, so hebt das dafür zuständige Oberlandesgericht den Haftbefehl auf. Der Beschuldigte kann aber auch jederzeit die Haftprüfung beantragen. Im Ergebnis besteht die Möglichkeit, dass das zuständige Gericht wegen Wegfalls des dringenden Tatverdachts durch neue Beweise oder Wegfalls der Haftgründe den Haftbefehl außer Vollzug setzt oder aufhebt und den Beschuldigten freilässt.

Gegen die Aufhebung der Untersuchungshaft können das Opfer und die Nebenklage übrigens kein Rechtsmittel einlegen. Ein Rechtsmittel hat nur die Staatsanwaltschaft, aber auch deren Beschwerde kann die Freilassung erst einmal nicht verhindern.

Das Opfer wird dann aber über die Freilassung informiert, falls es eine solche Information beantragt hat (§ 406d Abs. 2 Nr. 2 StPO). Damit soll verhindert werden, dass Geschädigte unvorbereitet dem Täter oder Beschuldigten begegnen. Sollte ein Untersuchungsgefangener oder verurteilter Täter aus der Haft fliehen, sind die Strafverfolgungsbehörden verpflichtet, dem Opfer auf Antrag mitzuteilen, welche Schutzmaßnahmen für das Opfer ergriffen wurden (§ 406d Abs. 2 Nr. 3 StPO).

5.6 Einstellung des Verfahrens oder Anklage?

Am Ende der Ermittlungen beurteilt die Staatsanwaltschaft, ob und in welchem Umfang sie das Verfahren anklagen, also zu Gericht bringen will oder ob sie es ganz oder teilweise einstellt. Es gibt verschiedene Gründe für eine Einstellung, die gesetzlich auch geregelt sind.

5.6.1 Einstellung nach § 170 Abs. 2 StPO

Der wichtigste Grund ist zunächst, dass für eine Anklage bezüglich jeder einzelnen vorgeworfenen Tat ein »hinreichender Tatverdacht« bestehen muss. Umgangssprachlich könnte formuliert werden: Ist die Wahrscheinlichkeit, dass es in der Hauptverhandlung zu einer Verurteilung kommt, größer als 50 Prozent? Diese Prognose nimmt der Staatsanwalt anhand der vorhandenen Beweismittel vor. Aus diesem Grund ist es auch so wichtig, dass Zeugen alles angeben, was sie wissen. Nur so können alle Beweismittel festgestellt und Aussagen richtig eingeschätzt werden. Wenn die Staatsanwaltschaft nach Abschluss der Ermittlungen zu der Einschätzung kommt, dass eine Verurteilung wahrscheinlicher ist als ein Freispruch, erhebt sie Anklage bei dem für dieses Delikt zuständigen Gericht. Darauf werden wir noch zu sprechen kommen.

Kommt die Staatsanwaltschaft zu dem Schluss, dass eine Verurteilung eher unwahrscheinlich ist, dann stellt sie das Verfahren nach § 170 StPO ein. Die Einstellung des Verfahrens bedeutet nicht, dass der Täter unschuldig ist, dass dem Opfer nicht geglaubt wird oder dass das alles nur Hirngespinste eines psychisch kranken Menschen gewesen sind.

> Die Einstellung des Verfahrens bedeutet, dass die Staatsanwaltschaft es für unwahrscheinlich hält, dass die Justiz mit den vorhandenen Beweismitteln einen Beschuldigten verurteilen kann. Nichts anderes.

Ein weitverbreiteter Irrtum ist es übrigens, wenn man meint, dass in einer Aussage-gegen-Aussage-Konstellation, die ja bei Sexualdelikten häufig vorkommt, ein hinreichender Tatverdacht stets verneint wird oder die Gerichte immer freisprechen. Vielmehr verlangt die Rechtsprechung in diesen Fällen nur, dass nicht von vornherein dem Opfer mehr geglaubt wird als dem Angeklagten. Vielmehr muss das Gericht – ebenso wie zuvor die Staatsanwaltschaft – alle Umstände eingehend würdigen und dabei insbesondere auch die Person und Motivation des Opfers, die innere Plausibilität der Aussage, deren Entstehungsgeschichte und die Aussagekonstanz beim Kerngeschehen genau untersuchen.[84]

Daran kann man erkennen, wie wichtig auch schon im Ermittlungsverfahren eine umfangreiche Aussage des Opfers ist.

Wenn das Opfer Anzeige erstattet oder Strafantrag gestellt hat, erhält es in jedem Fall einen schriftlichen Bescheid über die Einstellung. Juristisch kann es gegen diesen Bescheid Beschwerde einlegen, dann entscheidet die Generalstaatsanwaltschaft als die der Staatsanwaltschaft übergeordnete Behörde. Die schriftliche Begründung des Einstellungsbescheids ist aus Opfersicht oft problematisch. Ein persönliches Gespräch wäre hier sicher besser, ist aber von der Prozessordnung nicht vorgesehen. Wichtig ist es, zu wissen, dass eine Einstellung im Ermittlungsverfahren auch im Interesse des Opfers sein kann, weil das Miterleben eines Freispruchs vor Gericht oftmals noch viel belastender ist. Eine Einstellung des Verfahrens durch die Staatsanwaltschaft »mangels hinreichenden Tatverdachts« ist aber trotzdem für ein Opfer schwierig. Oft wird auch ein ausführlich begründeter Einstellungsbescheid nur mit dem Blickwinkel »die glauben mir nicht« gelesen. Das kann durchaus destabilisierend wirken und das Gefühl der Ohnmacht aus dem Tatgeschehen triggern. Es lässt sich nahezu nie vermeiden, dass in diesem Bescheid Begriffe wie »Glaubhaftigkeit der Aussage«, »hinreichender Tatverdacht«, »Aussage gegen Aussage« und andere, vom Laien oft missverstandene Formulierungen enthalten sind. Hinzu kommen die Rechtsmittelbelehrung und damit die Frage: Beschwerde einlegen oder nicht?!

Allerspätestens hier wird deutlich: Das Opfer eines Offizialdelikts sollte einen Nebenklageanwalt und die Unterstützung einer psychosozialen Prozessbegleitung in

84 Löwe-Rosenberg/Sander, § 261 StPO, Rn. 107.

Anspruch nehmen. Auf die entsprechenden Voraussetzungen werden wir noch ausführlicher eingehen (→Kap. 8). Der Anwalt kann sehr viel besser die Begründung der Einstellung des Verfahrens überprüfen und der Nebenklageanwalt kann die Beschwerde juristisch viel gewichtiger formulieren als ein Opfer. Er kann auch die juristischen Begriffe im Bescheid besser erläutern und dem Mandanten oder der Mandantin nahebringen.

Auch wenn die Generalstaatsanwaltschaft den Einstellungsbescheid nicht aufhebt, gibt es noch eine Möglichkeit, nämlich ein Klageerzwingungsverfahren beim Oberlandesgericht. Spätestens mit einem Antrag zur Klageerzwingung muss ein Anwalt eingeschaltet werden, denn dieser Antrag ist nur zulässig, wenn er von einem Rechtsanwalt unterschrieben wird (§ 171 Abs. 3 StPO).

5.6.2 Einstellung nach §§ 153 und 153a StPO

Nicht bei Verbrechen, aber bei Vergehen wie zum Beispiel Körperverletzung, dem sexuellen Übergriff nach § 177 Abs. 1 StGB oder einer Freiheitsberaubung ist die Einstellung wegen geringer Schuld und einem fehlenden öffentlichen Interesse an der Strafverfolgung möglich. Gering soll die Schuld dann sein, wenn die Tat bei einem Vergleich mit Vergehen gleicher Art deutlich unter dem Durchschnitt liegt, die Gesamtumstände überwiegend zugunsten des Beschuldigten sprechen. Dabei kommt es immer auf eine Gesamtbetrachtung an, die im Ermessen des Staatsanwalts bzw. des Gerichts, das im Normalfall seine Zustimmung zu der Einstellung geben muss, liegt. Für Opfer ist eine solche Einstellung schon deshalb problematisch, weil sich die Begründung vielfach auf formelhafte Sätze beschränkt[85] und kein Rechtsmittel möglich ist. Das Opfer kann in diesen Fällen die Gründe für die Einstellung nur über eine Akteneinsicht über den Nebenklageanwalt erfahren.

> Hier wäre es wünschenswert, wenn der Gesetzgeber ausdrücklich verlangen würde, dass die Belange der Geschädigten von Delikten, bei denen höchstpersönliche Rechtsgüter verletzt wurden, bei der Einstellung mitberücksichtigt werden.

Auch die Einstellung nach § 153a StPO erfolgt wegen geringer Schuld, in diesem Fall aber mit einer Auflage, die der Täter erfüllen muss, damit die Einstellung endgültig wirkt. Meistens handelt es sich um eine Geldauflage, die der Täter zahlen muss. Der Staatsanwalt soll hier prüfen, ob der Täter die Zahlung zur Wiedergutmachung an das Opfer oder eine gemeinnützige Einrichtung leisten soll. Auch hier darf man die Wir-

85 Ziff. 89 Abs. 3 RiStBV verlangt zwar eine Begründung auch in diesen Fällen, zumeist geht die Staatanwaltschaft aber davon aus, dass dem mit dem entsprechenden Formblatt Genüge getan wird.

kung auf manche Geschädigte, die das Gefühl bekommen, der Täter könne sich freikaufen oder die Justiz ginge davon aus, dass es dem Opfer nur um Geld geht, nicht unterschätzen. Deshalb wäre es wünschenswert, wenn die Wirkung auf das Opfer bei der Entscheidung, ob eingestellt wird, welche Auflage erteilt wird, und bei der Begründung des Bescheides berücksichtigt werden würde.

5.6.3 Einstellung nach §§ 154 und 154a StPO

Auch die »Teileinstellung bei mehreren Taten« ist für Opfer oftmals schwer verständlich und löst das Gefühl, »die sehen nicht, was mir durch die Tat angetan wurde«, aus. Nach den Vorschriften der §§ 154 und 154a StPO können einzelne Taten eingestellt werden, wenn der Beschuldigte mehrere Taten begangen hat und die Strafe aus der einzustellenden Tat keine wesentliche Erhöhung der gesamten Strafe bewirken würde. Diese Art der Einstellung dient der Konzentration des Verfahrensstoffes, vor allem zum Zweck der Beschleunigung des gesamten Verfahrens und damit der Entlastung der Strafverfolgungsorgane. Das Gesetz geht dabei davon aus, dass die Strafzwecke durch die Strafe für die weiteren Taten erreicht werden können.[86] Diese Art der Einstellung ist auch bei Verbrechen möglich.

Es kann also passieren, dass Opfer eines Serienvergewaltigers ein Schreiben von der Staatsanwaltschaft erhalten, in dem ihnen kurz gesagt wird, dass die Strafe, die wegen der angezeigten Taten verhängt werden würde, wegen anderer angeklagter Taten nicht wesentlich ins Gewicht fällt und das Verfahren deshalb eingestellt wird. Dann sind gute Beratung und Betreuung erforderlich, damit Geschädigte, die bis dahin Spurensicherung, Aussagen bei der Polizei, die lange Wartezeit auf eine Information aus dem Verfahren durchgemacht haben, mit dieser Art der Einstellung zugunsten der Effektivität der Strafverfolgung umgehen können.

---

86 BGHSt 10, 92; vgl. Gercke in: Gercke/Julius/Temming/Zöller, Strafprozessordnung, 6. Aufl. 2019, § 154 StPO, Rn. 1.

6 Gutachten

Die Justiz darf sich durch Gutachter beraten lassen. Gutachter beziehen Stellung zu Fragen, die ihre besondere Sachkenntnis erfordern und die Kompetenz der Justiz überschreiten. Gutachter beraten als Sachverständige ein Gericht; die Entscheidungshoheit bleibt beim Gericht.

Zwei Gutachtenarten sind besonders häufig und äußerst brisant.

6.1 Das aussagepsychologische Gutachten bzw. das Glaubhaftigkeitsgutachten

Aussagepsychologische Gutachten sind besser bekannt unter dem Namen **Glaubwürdigkeitsgutachten**. Das ist problematisch. Glaubwürdig ist ein bestimmter Mensch, das Adjektiv hat eine moralisierende, beurteilende Konnotation. Eigentlich ist die Beurteilung der Glaubwürdigkeit eines Zeugen die ureigenste Aufgabe des Gerichts und der Staatsanwaltschaft. Glaubhaft oder nichtglaubhaft ist die Aussage. Glaubhaftigkeitsgutachten wäre besser. Am richtigsten ist die Bezeichnung aussagepsychologisches Gutachten, da sie wertfrei und rein deskriptiv ist.

Ein aussagepsychologisches Gutachten wird in der Regel im Ermittlungsverfahren durch die Staatsanwaltschaft in Auftrag gegeben, manchmal aber auch erst im Haupt- oder Zwischenverfahren durch das Gericht. Ein aussagepsychologisches Gutachten wird nicht in Auftrag gegeben, weil dem Opfer nicht geglaubt wird – wenn die Staatsanwaltschaft der Aussage des Opfers nicht glaubt, stellt sie das Verfahren gleich ein. Vielmehr dient das aussagepsychologische Gutachten in speziellen Fällen dazu, die Aussage abzusichern.

Aussagepsychologische Gutachten werden daher überwiegend in Auftrag gegeben bei Opfern, die Kinder, jugendlich oder psychisch krank sind, also wenn die Staatsanwaltschaft bzw. das Gericht die »Zeugentüchtigkeit« des Opfers nicht selbst einschätzen kann. Fast immer kommt der Aussage des Opfers ein hoher Beweiswert zu. Und wenn die Glaubhaftigkeit der Zeugenaussage des Opfers nicht eingeschätzt werden kann, muss ein aussagepsychologisches Gutachten diesen Beweiswert absichern.

In der Bundesrepublik Deutschland werden nur bei Zeugen aussagepsychologische Gutachten eingeholt. In den Niederlanden ist es wiederum so, dass bei Delikten, die im familiären Umfeld geschehen sein sollen, auch der Beschuldigte einem aussagepsychologischen Gutachten unterzogen wird. Das würde aber bei uns gegen den Grundsatz verstoßen, dass der Täter nicht verpflichtet ist, die Wahrheit zu sagen. Der Staat muss in der Lage sein, ihm die Tat ohne sein Geständnis oder ohne seine Mitwirkung nachzuweisen.

Die Auswahl des Gutachters erfolgt durch die Staatsanwaltschaft. Das aussagepsychologische Gutachten ist kein Parteigutachten für oder gegen Opfer oder Täter, denn nach unserem Rechtssystem muss die Staatsanwaltschaft alles ermitteln, was für oder gegen den Täter, was für oder gegen das Opfer spricht. In dieser Hinsicht ist es durchaus berechtigt, zu sagen: »Die Staatsanwaltschaft ist die objektivste Behörde der Welt.« Und wer Gerichtsverhandlungen einmal zugehört hat, wird bald feststellen, dass es vor deutschen Gerichten ganz anders zugeht als bei amerikanischen Gerichten, wo zwei Parteien einander kämpferisch gegenüberstehen: »Der Staat New York gegen John Smith.«

Nun könnte ein Staatsanwalt oder auch ein Therapeut auf die naheliegende Idee kommen: Das beste aussagepsychologische Gutachten zu Glaubhaftigkeit und Glaubwürdigkeit des Opfers kann ja wohl der Therapeut des Opfers abgeben, wenn das Opfer in Therapie ist. Das ist in zurückliegenden Jahren sogar gelegentlich erprobt worden und juristisch ist dies überdies nicht zwingend unzulässig. Inzwischen ist es aber gängige Praxis, dass Therapeuten nie aussagepsychologische Gutachter sind. Und das hat sehr gute Gründe.

Als Therapeutin oder Therapeut bin ich nicht objektiv, sondern reflektiert-parteiisch. Ich unterstelle erstmal, gehe primär davon aus, dass meine Patientin recht hat. Ich ergreife loyal die Partei der Patientin, verbünde mich empathisch mit ihrer Sichtweise, reflektiere sie, stelle sie auch durchaus infrage, bin aber innerlich auf ihrer Seite. Früher ging diese innere Parteinahme ja sehr weit, gerade in Einzeltherapien. Da kümmerte ich mich als Therapeutin bzw. Therapeut überhaupt nicht darum, ob meine Psychotherapie sich auf die Ehe der Patientin, auf den Umgang mit ihren Kindern oder auf die Beziehung zur Familie oder am Arbeitsplatz irgendwie negativ auswirkte.

Es hat eine Zeit so um 1970 herum gegeben, in der die Trennung vom Partner als Zeichen dafür galt, dass eine Psychoanalyse wirksam war. Vor der Analyse muss die Partnerwahl ja neurotisch gewesen sein, denn wegen der Neurose der Patientin ist die Analyse ja nötig gewesen. Wenn die Analyse wirkt, löst sich die Neurose langsam auf und es wird auch deutlich, dass die alte Partnerschaft für den inzwischen erfolgreich analysierten Analysanden nicht mehr das Richtige ist.

Diese letztlich dissoziale Ideologie ist heute glücklicherweise nur noch sehr selten anzutreffen. Gut ausgebildete Therapeuten werden das Familiensystem, aus dem die Patientin kommt, das aktuelle Familiensystem, in dem die Patientin lebt, und die beruflichen Gruppierungen mit im Blick haben, wenn sie psychotherapeutisch behandeln. Das gilt vor allem für Menschen, die traumatisiert worden sind.

Während die Identifikation mit der Patientin also heute in guten Therapien nicht mehr so weit geht, dass sozial rücksichtslos behandelt wird, geht die Identifikation mit der Wahrnehmung, mit der Sichtweise der Patientin sehr weit. Traumatisierten Patientinnen ist ihre Wahrnehmung über lange Zeit wieder und wieder abgesprochen worden. Und eine Therapie, die der Wahrnehmung solcher Patientinnen überwiegend offen, aber kritisch begegnet, wird dieses Beziehungsmuster immer wiederbeleben. Ich kann therapeutisch nur wirksam werden, wenn ich mich passager mit der Wahrnehmung der Patientin identifiziere.

Insofern ist es als Therapeutin bzw. Therapeut auch gar nicht mein Ziel, eine im historischen oder juristischen Sinne korrekte Wahrheit zu finden. Dies wird sicherlich das Ziel vieler Patientinnen sein, die endlich wissen wollen, was wirklich passiert ist. Als korrekte Therapeuten werden wir ihnen aber sagen müssen, dass wir dieses Ziel in einer Psychotherapie nicht sicher werden erreichen können. Es kann sehr wohl sein, dass sich im Rahmen der Therapie eine bestimmte Sichtweise entwickelt, die in sich schlüssig, plausibel und auch stimmig ist, einen hohen subjektiven Wahrheitsgehalt hat, im historischen oder juristischen Sinne aber nicht stimmt. Dann findet die Patientin beispielsweise irgendwann wieder Kontakt zu einer Cousine, tauscht sich mit ihr über ein bestimmtes, traumatisches Wochenende aus, an dem auch die Cousine als Opfer beteiligt war, und erfährt von ihr doch deutlich andere Inhalte und Details des Geschehens als diejenigen, die im Rahmen der Therapie deutlich geworden sind.

Unser Gedächtnis arbeitet nicht präzise. Unser Gehirn bildet die Wirklichkeit nicht korrekt ab. Nun könnte man sogar noch einen erkenntnistheoretischen und philosophischen Exkurs darüber starten, ob es überhaupt irgendeine Form der korrekten Abbildung von Wirklichkeit gibt. Mein Vetter Rolf Sachsse befasst sich wissenschaftlich mit Fotografie und von ihm habe ich gelernt, dass nicht einmal eine Fotografie eine korrekte Abbildung der Wirklichkeit ist. Die Wahl des Ausschnitts, der Perspektive, der Tageszeit, des Filmmaterials und des Fotopapiers führt zu einer Interpretation der Wirklichkeit. Ein Foto interpretiert immer das Fotografierte, es bildet das Abgebildete nie einfach nur ab. Selbst Fotos aus Kriegsgebieten, die als Reportage-Dokument angesehen werden, sind zu einem sehr hohen Prozentsatz gestellt, inszeniert, medienwirksam arrangiert. Dies gilt selbst für Fotos, die mit hohen journalistischen Preisen ausgezeichnet worden sind.

Unser Gedächtnis ist also nicht dazu geschaffen, die Wirklichkeit abzubilden und dann abzuspeichern, sondern es ist dazu da, uns beim Überleben und beim guten Leben zu helfen. Unser Gedächtnis scannt die Erinnerungen ab, ob sich da eine bewährte Lösung für meine aktuellen Problemlagen finden lässt.

FALLBEISPIEL

Ich war einmal psychiatrischer Gutachter bei einem Prozess, bei dem ein Jeside einen anderen im Rahmen einer Jahrzehnte andauernden Blutrache erschossen hatte. Um sich selbst zu tarnen, hatte er darauf gewartet, dass sein Opfer eine Bank betrat, sich selbst als Bankräuber maskiert und so getan, als überfiele er die Bank und würde dabei sein Opfer quasi als Kollateralschaden niederschießen. Das wusste natürlich niemand in der Bank, weder das Opfer noch die Bankangestellten noch die Bankkunden. Bei den einzelnen Aussagen wurde sehr deutlich, dass jeder Zeuge einen ganz bestimmten Ausschnitt des Geschehens wahrgenommen und abgespeichert hatte – einen Ausschnitt, der jedem Einzelnen für sein Überleben besonders hilfreich erschien. Eine Mutter war mit ihren zwei Kindern in der Bank und diese Mutter hatte nur Augen für die Kinder, wo die waren und wo die verborgen werden konnten. Der Leiter der Bank konzentrierte sich auf die Frage, wie und ob er einen Klingelknopf unter einem entfernt liegenden Schreibtisch erreichen konnte, ohne vom bewaffneten Täter gesehen und eventuell niedergeschossen zu werden. Ein anderer Bankangestellter überlegte, ob er nicht durch eine Seitentür fliehen könnte, um von außen Hilfe zu holen. Zwei weitere Zeugen hatten andere Elemente des Geschehens behalten und trugen sie klar und differenziert vor. Kein einziger Zeuge hatte mitbekommen oder sich gemerkt, ob Täter und Opfer noch ein Wort miteinander gewechselt hatten, ob das Opfer den Täter noch erkannt hatte, bevor es niedergeschossen wurde. Für das Gericht war es zur Einschätzung des Mordmerkmals »Heimtücke« wichtig, ob das Opfer gemerkt hatte, dass es im Rahmen der Blutrache jetzt von dem Täter der verfeindeten Familie niedergeschossen wurde, oder ob das Opfer in dem Moment, in dem der Schuss abgegeben wurde, völlig arglos gewesen war. Dieses juristisch sehr wesentliche Element, um das im Rahmen der Hauptverhandlung sehr gerungen wurde, war für alle Zeugen in der Bank völlig irrelevant. Für alle Nicht-Juristen war es absolut egal, ob nun noch ein Satz zwischen den beiden gefallen war, ob es vielleicht wirklich so gewesen ist, wie der Täter behauptete, dass sein Opfer ihn vor Abgabe des Schusses noch eben kurz beleidigt hatte, weil es ihn erkannt hatte, oder ob vor dem Schuss von beiden Seiten kein Wort gefallen war. Es war nicht möglich, durch die Zeugenaussagen dieses juristisch wichtige Element aufzuklären, und die Aussage des Täters war insofern nicht durch Zeugenaussagen zu widerlegen.

Dieses Gerichtsverfahren hat mir sehr plastisch gemacht, wie selektiv wir in der Situation der Gefahr wahrnehmen. Wir fokussieren ganz ausschließlich auf die Fragen: Wie überlebe ich? Wie überleben meine Kinder? Wie kann ich flüchten? Wie kann ich angreifen? Wie kann ich mich unsichtbar machen? Details, die im Rahmen dieser Wahrnehmungsfokussierung wichtig sind, werden oft überdeutlich abgespeichert und behalten. Anderes, was vielleicht für die Polizei oder (später) das Gericht sehr bedeutsam sein könnte, wird gar nicht wahrgenommen oder es wird nicht abgespeichert.

Wenn nun beispielsweise die Mutter mit den beiden Kindern bei mir in Therapie wäre, wäre es weder mein Ziel noch könnte ich dieses Ziel überhaupt erreichen, das objektive Tatgeschehen mit ihr zu bearbeiten. Ich wäre daran interessiert, mit ihr zu erarbeiten, wie sie das Geschehen erlebt hat, wie es ihr gegangen ist und warum es ihr so schwerfällt, über dieses Ereignis hinwegzukommen, obwohl sie doch erfolgreich darin gewesen ist, ihre Kinder und sich selbst zu schützen.

Ich bin auch sehr skeptisch geworden bei der Frage, ob wir in einer Therapie überhaupt irgendeine objektive Wahrheit entdecken oder rekonstruieren können.

EXKURS

Es gibt ein inzwischen sehr bekanntes Experiment von Elizabeth Loftus und ihren Mitarbeiterinnen (Loftus u. Ketcham 1995). Das Experiment geht folgendermaßen:
Loftus macht in einer Universität einen Aushang, sie wolle mit ihren Mitarbeiterinnen die Entwicklung von Studentinnen erforschen. Die Interviews sollen in Anwesenheit eines Mitgliedes der Elterngeneration stattfinden, allerdings nicht Eltern, Großeltern oder Geschwister, oder eines nahen Nachbarn, um herauszufinden, welche familiären Bedingungen der universitären Entwicklung von Studentinnen besonders hilfreich oder weniger hilfreich gewesen seien. Dabei sollte auch getestet werden, ob die Kindheitserinnerungen der Studentin mit denjenigen des Erwachsenen vereinbar waren. Es ist fast Ehrensache, als Studentin bei solchen Forschungsvorhaben mitzuwirken. Loftus interviewt beispielsweise die Studentin Jane und ihren Onkel John zu allen möglichen Aspekten, die bei solchen Forschungsvorhaben eben erfragt werden. Irgendwann fängt Onkel John plötzlich an, eine alte Begebenheit etwa so zu erzählen: »Jane, wie war das eigentlich für dich, dass ich dich einmal im Supermarkt verloren habe? Du musst da so fünf oder sechs Jahre alt gewesen sein, und ich bin mit dir einkaufen gegangen, und plötzlich warst du weg. Das war der größte Schreck meines Lebens. Ich hab Schweißausbrüche bekommen, habe Blut und Wasser geschwitzt, weil ich Angst hatte, du seiest entführt worden. Ich wusste gar nicht, wie ich deinen Eltern unter die Augen treten sollte. Komm, da kannst du dich doch bestimmt dran erinnern?« Jane schaut etwas verdattert in die Runde und antwortet: »Nööh, weiß ich nichts mehr von.« Onkel John legt nach: »Ich hab bestimmt zehn Minuten erst mal selbst nach dir gesucht, dann bin ich zum Informationsschalter gegangen, und die haben dann durch die Mikrofonanlage gesagt: ›Wenn jemand die kleine Jane mit den braunen Zöpfen gesehen hat: Bitte gleich bei einem Mitarbeiter melden! Ihr Onkel John macht sich Sorgen.‹ Und dann hat dich jemand in einem Seitengang gesehen. Du warst ganz versunken und hattest nur Augen für ein neues Spielzeug. Mir fiel ein Stein vom Herzen. Und du kannst dich an nichts erinnern?« »Nein, wirklich nicht, ist mir völlig entfallen.« Jetzt schaltet sich Frau Loftus ein: »John, das ist nicht Janes Problem gewesen: Das war Ihr Problem. Das beschäftigt SIE noch heute, nicht Jane. Und jetzt machen wir mal mit Jane weiter: Wie ging es denn im College?« Onkel John lehnt sich erleichtert zurück, und das Interview wird fortgesetzt.
Vier Tage später ruft Jane Onkel John an: »Du, hast du eigentlich im Supermarkt dein großkariertes Flanellhemd getragen? Und als du mich dann schließlich wiedergefunden hattest, hast du mich auf deine Schultern gesetzt und durch den Supermarkt getragen?« Das fällt jetzt Onkel John wieder ein: »Ja, du hast recht, das hatte ich ganz vergessen. Ich war so erleichtert und stolz, dass ich dich spontan auf meine Schultern gehoben habe,

> obwohl du ja schon ein ziemlicher Brocken gewesen bist. Und wir beide sind stolz wie Oskar durch den Supermarkt stolziert.«
> Zwei Wochen später findet das zweite Interview statt und Loftus teilt Jane mit, dass sie mit Onkel John abgesprochen hatte, dass er diese Szene so ins Gespräch bringen soll. Und in ca. 25 Prozent der Fälle behaupten die Janes: »Das glaube ich Ihnen nicht. Ich kann mich jetzt ganz genau erinnern, wie das abgelaufen ist.«

Dieses Experiment ist umstritten, weil wirkliche traumatische Ereignisse wahrscheinlich noch einmal anders abgespeichert werden als milde traumatische Ereignisse, wie sie hier entworfen worden sind. Und es sind ja auch nicht alle auf Loftus und Patenonkel John hereingefallen, sondern nur 25 Prozent. Das waren übrigens diejenigen, die besonders suggestibel waren. Und es ist bei diesem und ähnlichen Experimenten auch nicht möglich, dem Zeugen eines Verkehrsunfalls zu suggerieren, er hätte die Landung eines Ufos beobachtet und keinen Verkehrsunfall. Allenfalls ist es möglich, ihm zu suggerieren, dass das eine Unfallfahrzeug ein Ford und kein Honda gewesen sei.

Trotzdem haben dieses und ähnliche Experimente verdeutlicht, dass Wirklichkeit erschaffen werden kann. Diese wissenschaftliche Diskussion hat auch dazu geführt, dass gegenwärtig kontrovers diskutiert wird, ob Erinnerungen an Traumata anders zu begutachten sind als andere Erinnerungen (Volbert 2004; von Hinckeldey u. Fischer 2002).

Wer eine Analyse als Analysand oder Analytiker am eigenen Leibe erfahren hat, der wird deshalb auch den sogenannten Rekonstruktionen in einer Analyse mit gesunder Skepsis begegnen. Es muss zumindest fragwürdig bleiben, ob das, was da rekonstruiert worden ist, wirklich passiert ist, also »stimmt«, oder ob es »stimmig« ist, plausibel, also ein sinnstiftendes Konstrukt, mit dem dieser konkrete Mensch heute mit dieser konkreten Lebensgeschichte am besten durchs Leben kommt. Unser Gehirn legt sich seine Wirklichkeit weitgehend so zurecht, dass damit die aktuellen Lebensaufgaben am besten bewältigt werden können.

Ich stelle mir nun gerade vor, mein Lehranalytiker wäre aus irgendeinem Grunde Gutachter gewesen bezüglich der Glaubhaftigkeit irgendeiner Aussage, die ich vor Gericht gemacht hätte: »Ja, der Herr Sachsse ist bei mir jetzt gut zwei Jahre in Analyse, und ich denke, ich kenne ihn ganz gut. Es geht ja hier um eine bestimmte Szene aus seiner Kindheit, die bei diesem Gerichtsverfahren plötzlich noch einmal wichtig geworden ist. Ich weiß noch, dass dieses Ereignis zum ersten Mal durch einen Traum in die Analyse eingebracht wurde. Nicht, dass Herr Sachsse dieses Ereignis in irgendeiner Form geträumt hätte, sondern wie in Träumen üblich wurde zu einzelnen Traumelementen frei assoziiert: Dabei ist ihm ein Bruchstück dieses Geschehens wieder eingefallen. Er hat das dann assoziativ weiter verfolgt. Weitere Bruchstücke sind deutlich geworden, die anfangs noch etwas unverbunden nebeneinanderstanden. Weil ich seine Lebensgeschichte gut kenne und weil im Übertragungs-Gegenübertragungs-Geschehen der Analyse bestimmte Dinge sehr dicht spürbar waren, habe ich eine Vermutung in den

Raum gestellt, eine Hypothese formuliert, wie die Bruchstücke vielleicht zusammenhängen könnten. Diese Rekonstruktion hat Herrn Sachsse unmittelbar eingeleuchtet. Sie hat bei ihm zu einem spürbaren subjektiven Evidenzerleben geführt. Sein Gesicht entspannte sich, und plötzlich passte alles zusammen und machte Sinn. Herr Sachsse hat inzwischen keinerlei Zweifel mehr, dass dieses Ereignis ziemlich genau so abgelaufen ist, wie es sich in der Analyse zusammengefügt hat. – Selbstverständlich ist aus wissenschaftlicher Sicht damit nichts bewiesen. Ich habe seine Konstruktion dann nicht weiter infrage gestellt, weil sie tatsächlich einen wichtigen Schritt in seiner Selbstkonsolidierung bedeutete. Aber natürlich sind erhebliche Zweifel angebracht bezüglich Punkt 1, Punkt 3 und Punkt 6 dieser Erinnerung, deren Einzelelemente hier ja so wesentlich sind. Am Anfang der Analyse, während der Anamnesenerhebung, war diese Erinnerung überhaupt noch nicht präsent, sie spielte noch gar keine Rolle, und somit sind aus wissenschaftlicher Sicht doch erhebliche Zweifel berechtigt, ob das Ganze wirklich so abgelaufen ist, wie Herr Sachsse heute überzeugt ist. Ich will das noch etwas vertiefen: …« – In der nächsten Analysensitzung liege ich auf der Couch und frage mich bei jedem Wort, das ich sage: Was glaubt der mir eigentlich?

Genau die gleichen Zweifel und Schlussbildungen würden natürlich für den Fall gelten, dass im Rahmen einer regressiven Körpertherapie, einer Trauma-Konfrontation mit EMDR oder einer anderen psychotherapeutischen Vorgehensweise irgendetwas »wieder auftaucht«, »entdeckt« wird, »recovered« wird. Wir haben deshalb als Nächstes (→ Abschn. 6.2) die offizielle Stellungnahme der Fachgesellschaft International Society for Traumatic Stress Studies (ISTSS) beigefügt, in der diese Problematik wissenschaftlich korrekt dargestellt ist.

Wenn ich als Therapeut wissenschaftlich und juristisch korrekt ein aussagepsychologisches Gutachten erstatte, besteht eine sehr hohe Wahrscheinlichkeit, dass die therapeutische Beziehung damit zerstört ist. Als Gutachter darf ich nämlich nicht Partei sein, sondern muss einen wissenschaftlich kritischen, distanzierten, abwägenden, Widersprüche akzentuierenden Standpunkt einnehmen. Der Bundesgerichtshof (BGH) hat in einem Grundsatzurteil Ende der 1990er-Jahre festgelegt, wie bei einem aussagepsychologischen Gutachten zu verfahren ist. Der Gutachter muss von der Nullhypothese ausgehen, dass der Zeuge bzw. das Opfer sich irrt, und muss diese Nullhypothese falsifizieren, also wissenschaftlich widerlegen oder zumindest unwahrscheinlich machen. Dieses Vorgehen ist im Juristischen üblich: Der Angeklagte ist als Nullhypothese unschuldig und diese Nullhypothese muss im Prozess widerlegt werden. Ich muss als Gutachter also hochgradig kritisch sein. Ich arbeite im Dienst der Wahrheitsfindung und im Dienste des Rechtsstaats, nicht im Dienste des Opfers oder der Patientin. Das sind für mich innerlich zwei unvereinbare Grundhaltungen, zwei inkompatible Positionen. Ich bin als Therapeut befangen.

Wenn eine Patientin mich bittet, doch für sie ein aussagepsychologisches Gutachten zu erstatten, dann möchte sie mich natürlich gar nicht als Gutachter in diesem juristischen Sinne haben. Sie möchte mich als Verbündeten vor Gericht sehen. Sie möchte, dass ich als ihr Ritter in die Schlacht ziehe, ihr endlich zu Recht und Gerechtigkeit verhelfe und das Lügengeflecht des Täters und der Familie zerreiße. Dieser Wunsch ist menschlich nur zu verständlich. Dann kann ich aber allenfalls eine Art *Gefälligkeitsgutachten* erstatten, und solche Gefälligkeitsgutachten werden von den inzwischen doch gut geschulten Verteidigern, aber ebenso von den Gerichten, professionell freundlich zur Kenntnis genommen, abgenickt, anschließend aber sehr klar und kompetent zerpflückt. Und dann macht meine Patientin die Erfahrung: Mein Therapeut ist auch zu schwach, der kann sich auch nicht durchsetzen; der Täter war stärker, die Justiz und die Gesellschaft glauben mir nicht, ich habe wiederum eine Niederlage erlitten.

> Mit Gefälligkeitsgutachten begeht ein Therapeut eine Straftat, schadet einem ja möglicherweise Unschuldigen, tut seiner Patientin praktisch nie einen Gefallen, blamiert sich im besten Fall und schadet darüber hinaus auch noch der Therapie.

Wenn durch das Gefälligkeitsgutachten ein Schaden entstanden ist, kann das sehr teuer werden. Das übernimmt meist auch keine Versicherung. Vor Gefälligkeitsgutachten wird ausdrücklich gewarnt!

In dem bereits genannten BGH-Grundsatzurteil ist übrigens auch festgelegt, welchen wissenschaftlichen Kriterien ein aussagepsychologisches Gutachten genügen muss. Wir sagten bereits, dass ein Gutachten zur Schuldfähigkeit eines Täters so ziemlich das Gegenteil von der Mitteilung eines Psychiaters ist: »Also, wenn ich mal so meine klinische Erfahrung nehme und in mich etwas hineinspüre, dann meine ich schon, so richtig gut konnte der sich nicht steuern, und das zeigt die Tat ja auch.« Ein *Schuldfähigkeitsgutachten* (→ Abschn. 6.3) folgt sehr präzisen wissenschaftlichen Kriterien und ist eine Wissenschaft für sich. Das gilt für ein aussagepsychologisches Gutachten ganz genauso. Dazu gibt es Lehrbücher, dazu gibt es inzwischen eine wissenschaftliche und juristische Tradition, und aussagepsychologische Gutachten sind die Domäne von spezialisierten Psychologinnen und Psychologen, die eine spezielle Ausbildung durchlaufen haben. Ärztliche Psychotherapeutinnen und -therapeuten sowie Psychiaterinnen und Psychiater haben nie gelernt, wie ein aussagepsychologisches Gutachten zu erstatten und wie die Argumentationskette ist. Aussagepsychologische Gutachten gehören in die Hand von Spezialisten, die sich auf diesem Spezialgebiet der Begutachtung besonders gut auskennen. Zwei gutachterlich sehr umfangreich tätige Psychologinnen, die aussagepsychologische Gutachten erstatten, haben mir unabhängig voneinander mitgeteilt, dass sie in knapp zwei Dritteln ihrer Gutachten zu dem Schluss kommen: Diese Aussage ist glaubhaft. Es werden Erlebnisse und Erfahrungen geschildert, keine Vorstellungen und Einbildungen; die Aussage ist »erlebnisbasiert«.

Kommt ein aussagepsychologisches Gutachten zu dem Schluss, dass eine Aussage nicht glaubhaft ist, so heißt das nicht, dass das Opfer bzw. die Zeugin lügt. Sie irrt sich aber wahrscheinlich. Es gibt viele psychodynamische Gründe dafür, dass ein Kind, ein

Jugendlicher oder ein psychisch kranker Erwachsener eine Fehlerinnerung, eine *»false memory«*, haben kann und etwas für sich als richtig und wahr annimmt, was so wahrscheinlich doch nicht abgelaufen ist.

Ein Opfer kann wünschen, von einer Frau begutachtet zu werden. Aber qualifizierte Gutachterinnen sind überbucht und überlastet. Insofern kann hier ein Zielkonflikt bestehen. Einerseits muss das Ermittlungsverfahren möglichst bald zur Anklage führen, damit sich die Sache nicht ewig lange hinzieht. Andererseits wird auch ein aussagepsychologisches Gutachten nur dann zu einem verwertbaren Ergebnis führen, wenn eine basal akzeptable Arbeitsatmosphäre zwischen Zeugin oder Opfer und Gutachter herstellbar ist.

Nach meiner Erfahrung als Psychotherapeut und Psychiater muss eine Patientin dann, wenn das Tatgeschehen lange zurückliegt, wenn sie zum Tatzeitpunkt noch ein Kind oder eine Jugendliche war und wenn sie in psychotherapeutischer oder psychiatrischer Behandlung war oder ist, im Rahmen eines Ermittlungsverfahrens mit einer aussagepsychologischen Begutachtung rechnen. Es ist gut, wenn sie sich darauf einstellt und wenn sie gut informiert ist darüber, worum es bei diesem Gutachten eigentlich geht (Schemmel und Volbert 2021). Wie im Ermittlungsverfahren bei der polizeilichen Aussage wird das Opfer auch im Rahmen des aussagepsychologischen Gutachtens sehr präzise zu Details und zu belastenden Einzelelementen des Tatgeschehens befragt werden. Und: Der freundliche Gutachter ist nicht wie der Therapeut ein Verbündeter, sondern ein unabhängiger Wissenschaftler, der nach bestem Wissen und Gewissen sein Gutachten zu erstatten hat, objektiv und unparteilich.

Literatur

Hinckeldey S v, Fischer G (2002). Psychotraumatologie der Gedächtnisleistung. München, Basel: Ernst Reinhardt.

Loftus E, Ketcham K (1995). Die therapierte Erinnerung. Vom Mythos der Verdrängung bei Anklagen wegen sexuellen Mißbrauchs. Hamburg: Ingrid Klein Verlag.

Schemmel J, Volbert R (2021). Therapie oder Glaubhaftigkeit? – Psychotherapeutische Behandlung bei laufenden Strafverfahren. reportpsychologie 46(10): 14–24.

Volbert R (2004). Beurteilung von Aussagen über Traumata. Erinnerungen und ihre psychologische Bewertung. Bern, Göttingen, Toronto, Seattle: Huber.

CHIEF EDITORS: SUSAN ROTH, PHD; Duke University, Durham, NC • MATTHEW J. FRIEDMAN, MD, PHD; National Center for PTSD, Veteran's Affairs Medical Center, White River Junction, VT; Dartmouth Medical School, Hanover, NH
SECTION EDITORS (in fortlaufender Reihenfolge): DAVID FINKELHOR, PHD; Family Research Lab, University of New Hamp-shire, Durham, NH • LINDA WILLIAMS, PHD; Stone Center, Wellesley Centers for Women, Wellesley College, Wellesley, MA • MATTHEW J. FRIEDMAN, MD, PHD; National Center for PTSD, Veteran's Affairs Medical Center, White River Junction, VT; Dartmouth Medical School, Hanover, NH • LUCY BERLINER, MSW; Harborview Center for Sexual Assault and Traumatic Stress, Seattle, WA • SANDRA L. BLOOM, MD; Alliance for Creative Development, P. C., Quakertown, PA
UNTER MITARBEIT VON (in alphabetischer Reihenfolge): VICTORIA L. BANYARD, PhD, University of New Hampshire, Durham, NH • CHRISTINE COURTOIS, PHD, Private Practice and The Psychiatric Institute, Washington, DC • DIANA ELLIOT, PHD, Harbor-UCLA Medical Center, Torrance, CA • IRA HYMAN, PHD, Western Washington University, Bellingham, WA • DEBRA L. RUBIN, MSS, MLSP, LSW, Women's Law Project, Philadelphia, PA • DANIEL SCHACTER, PHD, Harvard University, Cambridge, MA • JONATHAN W. SCHOOLER, PHD, University of Pittsburgh, Pittsburgh, PA • STEVEN SOUTHWICK, MD, National Center for PTSD, West Haven, CT; Yale University Medical School, New Haven, CT • CAROL TRACY, JD; Women's Law Project, Philadelphia, PA • BESSEL A. VAN DER KOLK, MD, Boston University School of Medicine, Boston, MA

6.2 Kindheitstraumata – erinnert: ein Report zum derzeitigen wissenschaftlichen Kenntnisstand und zu seinen Anwendungen[87]

In den letzten Jahren hat das Thema »Erinnerungen an Kindheitstraumata«, besonders an Kindesmissbrauch, zu erheblichen Diskussionen nicht nur unter Experten, sondern auch unter Laien geführt. Diese Diskussionen haben die Aufmerksamkeit der Medien auf sich gezogen, wodurch ein großes Interesse an Fragen in Bezug auf die Erinnerung Erwachsener an traumatische Erlebnisse in der Kindheit sowohl widergespiegelt als auch geweckt wurde.

Das starke allgemeine und professionelle Interesse an der Glaubwürdigkeit von Erinnerungen an Missbrauch im Kindesalter hat geholfen, einen gesellschaftlichen

87 Nachdruck des Kapitels aus dem im Jahr 2004 bei Schattauer erschienenen Buch »Traumazentrierte Psychotherapie« von Ulrich Sachsse. Dieser Bericht wird getragen von der International Society for Traumatic Stress Studies (ISTSS) und wurde vorbereitet mithilfe der Mitarbeiter des Hauptsitzes, des ehemals Vorsitzenden der ISTSS, Terence Keane (PhD), und der aktuellen und ehemaligen Herausgeber der Fachzeitschrift »Journal of Traumatic Stress«, Bonnie Green, PhD, und Dean Kilpatrick, PhD. Er wurde übersetzt aus dem Englischen von Marcel Ditté, Fachübersetzer; idiomatische Überarbeitung: Prof. Dr. med. Ulrich Sachsse, Göttingen, und Prof. Dr. med. Ulrich Schnyder, Zürich. Die Übersetzung bleibt so dicht wie möglich am Original und akzeptiert dabei sprachliche Unebenheiten. Copyright: ISTSS. Generelle Verantwortlichkeit für die deutsche Version: Prof. Dr. med. Ulrich Sachsse, Göttingen.

Hintergrund zu schaffen, vor dem persönliche, klinische und rechtliche Gesichtspunkte der Opfer von Kindesmissbrauch erörtert und verarbeitet werden können. Einerseits wurde das Augenmerk auf die Bedeutung und die Folgen von Kindesmissbrauch durch jene Erwachsene gerichtet, die Kindern eigentlich einen Ort von Versorgung, Liebe und Geborgenheit bieten sollen. Andererseits sind wiederkehrende Erinnerungen an Kindheitstraumata oft dem Verdacht ausgesetzt, sie seien als Reaktion auf bestimmte Schlagwörter oder Auslöser (Trigger) in den Medien, in der Psychotherapie, im Gerichtssaal oder im Familienleben aufgetreten. Was in der öffentlichen Diskussion vor allem fehlt, ist ein ausgewogener Report zum derzeitigen Stand der wissenschaftlichen Erkenntnisse über Erinnerungen an Kindesmissbrauch und deren Bedeutung für die klinische und forensische Praxis. Es ist das Anliegen dieses Reportes, im Folgenden diese Erkenntnisse leicht verständlich darzulegen.

Die Initiative zu diesem Bericht ging vom Vorsitz der ISTSS unter tatkräftiger Mithilfe ihrer Mitglieder aus. Diese Gesellschaft verfügt über eine vielleicht einmalige Erfahrungsgrundlage als Basis für die Präsentation neuester wissenschaftlicher Erkenntnisse auf dem Gebiet der Erinnerung an Kindheitstraumata. ISTSS ist eine Fachorganisation mit weltweitem Einfluss, die sich der Erforschung und Verbreitung von Erkenntnissen, der Anregung von Behandlungsmethoden, Programmen sowie Initiativen sozialer Dienste widmet, die bezogen sind auf das Auftreten und die Auswirkungen von traumatischem Stress. Für den vorliegenden Bericht haben wir Input von einigen der erfahrensten und angesehensten klinischen und wissenschaftlichen Experten erhalten, die sich mit traumatischer Erinnerung beschäftigen. So können wir Ihnen an dieser Stelle den aktuellsten und besten Kenntnisstand auf diesem Gebiet vermitteln und Vorschläge zur sinnvollsten Anwendung dieser Erkenntnisse machen.

Dieser Bericht ist in fünf Kapitel unterteilt. Im **ersten Kapitel** wird eine Zusammenfassung der wissenschaftlichen Erkenntnisse über die Prävalenz von Kindheitstraumata und deren psychische Konsequenzen gegeben. Darüber hinaus wird die Beziehung zwischen diesen Erkenntnissen und den Traditionen der traumazentrierten Psychotherapie und Behandlung erläutert. Im **zweiten Kapitel** wird die wissenschaftliche Evidenz für das Vergessen von traumatischen Ereignissen in der Kindheit, für die spätere Erinnerung traumatischer Ereignisse nach einer Periode des Vergessens (»delayed recall«) und für »falsche Erinnerungen« an Kindheitstraumata (»false memories«) dargelegt. Dieses Kapitel ist das Kernstück unseres Reports; die drei darauffolgenden Kapitel widmen sich der Ausarbeitung und Beurteilung der hier vorgestellten Informationen. Im **dritten Kapitel** wird geschildert, wie kognitive Psychologen und Neurobiologen, basierend auf neueren wissenschaftlichen Forschungen, das menschliche Gedächtnis verstehen. Die Bedeutung dieser Forschungen für das Verständnis traumatischer Erinnerungen im Allgemeinen und »delayed recall« traumatischer Ereignisse im Besonderen wird beschrieben. Das **vierte und fünfte Kapitel** beschäftigen sich damit, wie die derzeitigen Erkenntnisse am besten in der klinischen und forensischen Praxis bei Überlebenden schwerer Traumata angewendet werden können. Hierbei wird auch auf Lücken und ungeklärte Bereiche beim derzeitigen Erkenntnisstand hingewiesen.

Dieser Report repräsentiert und beinhaltet die Arbeit verschiedener Gruppen von Gelehrten, die in einer Vielzahl unterschiedlicher Themengebiete und beruflicher Kontexte als Experten ausgewiesen sind. Er ist eine Momentaufnahme des derzeitigen wissenschaftlichen Erkenntnisstandes, der sich erwartungsgemäß ständig verändert, sobald neue Erkenntnisse und Informationen verfügbar werden. Schließlich sollen durch diesen Bericht die von anderen Berufsorganisationen gewonnenen Erkenntnisse (→ »Weiterführende Literatur zur Einführung«) zu einem »roten Faden« zusammengefasst werden.

Dieser Bericht soll keinen umfassenden Überblick über den Stand der Forschung darstellen. Vielmehr soll ein genereller Überblick über die wichtigsten Aspekte zur Erinnerung an Kindheitstraumata gegeben werden. Daher werden entsprechende Referenzinformationen nicht wie bei wissenschaftlichen Arbeiten üblich als Zitat in den Text eingefügt, sondern dem Leser als Zusatzinformationen (und auch empfohlene weiterführende Literatur) im Anhang jedes Kapitels angeboten.

Weiterführende Literatur zur Einführung

Im Folgenden finden Sie Berichte von Expertengruppen und Berufsorganisationen zum Thema »Erinnerung an Kindesmissbrauch«:

Alpert J, Brown L, Ceci S, Courtois C, Loftus E, Ornstein P (1996). Working group on the inves-tigations of memories of childhood abuse: Final report. Washington, DC: American Psychological Association.

American Medical Association. Memories of Childhood Abuse. Report of the Council on Scientific Affairs (CSA Report 5-A-94).

American Psychiatric Association. Statement on Memories of Sexual Abuse approved by the Board of Trustees of the American Psychiatric Association on December 12, 1993.

Hammond DC et al. (1994). Clinical Hypnosis and Memory. Guidelines for clinicians and for forensic hypnosis. American Society of Clinical Hypnosis Press.

Working Party of the British Psychological Society (1996). Recovered memories. In: Pezdek K, Banks W (eds). The Recovered Memory/False Memory Debate. New York: The Academic Press.

6.2.1 Prävalenz und Konsequenzen von Kindheitstraumata

Insgesamt erleiden viel zu viele Kinder ernsthafte Traumatisierungen in ihrer Kindheit. Schwere Unfälle im Auto oder durch Feuer mit Knochenbrüchen oder Gehirnerschütterungen sind weitverbreitet. Kinder machen unglücklicherweise auch Erfahrungen mit lebensbedrohlichen Krankheiten wie Krebs, Leukämie und systemischen Infektionen. Manche Kinder werden überrascht von natürlichen und von Menschen verursachten (»human-made«, »man-made«) Katastrophen wie Erdbeben, Überschwemmungen, Krieg oder ethnischer Verfolgung. Kinder erfahren Gewalt in ihren Kommunen; sie werden gekidnappt, vergewaltigt oder müssen Übergriffe auf andere mit ansehen. Und während vieles davon in der Vergangenheit dem Blick der Öffentlichkeit verborgen blieb, wissen wir heute, dass Kinder sehr oft Opfer von Gewalt oder sexuellem Missbrauch durch diejenigen sind, die eigentlich für sie sorgen sollten, oder sie werden Augenzeuge von gewaltsamen Auseinandersetzungen ihrer Eltern.

Wir kennen nicht die genaue Anzahl der Kinder, die ein schweres Trauma erleiden, aber, wenn man die große Bandbreite der möglichen Formen betrachtet, in der ein Trauma auftreten kann, so ist klar, dass die Anzahl der betroffenen Kinder nicht gering ist. In den vergangenen Jahren wurde versucht, die Häufigkeit des Auftretens bestimmter Arten von Kindheitstraumata zu erfassen. Die Vermutung, dass 20 Prozent der Mädchen und fünf bis zehn Prozent der Jungen während ihrer Kindheit Erfahrungen mit ungewolltem sexuellem Kontakt oder sexueller Belästigung hatten, basiert auf einer großen Anzahl epidemiologischer Studien, bei denen Erwachsene über ihre Kindheit befragt wurden. In diesem Zusammenhang ist zu bemerken, dass den Behörden nur ein Bruchteil der Fälle zum Tatzeitpunkt offenbart wird. So lässt sich erklären, warum den US-Jugendbehörden jährlich nur etwa 300 000 Fälle gemeldet werden.

Wissenschaft und persönliche Erfahrung lehren uns, dass solche Ereignisse in der Kindheit manchmal Narben hinterlassen, die bis ins Erwachsenenleben bleiben und auch Ursache für Gesundheitsprobleme sein können. Es ist eines der konsistentesten wissenschaftlichen Ergebnisse, dass Traumata, Notlagen und Härten in der Kindheit das Risiko für eine ganze Reihe späterer Probleme und Schwierigkeiten erhöhen können. Das gilt für alle Formen früher Traumata, einschließlich Unfälle, Katastrophen und das Miterleben von Gewalt. Wir wissen jedoch, dass dies besonders auf die Opfer von Kindesmissbrauch und Vernachlässigung (»neglect«) zutrifft, wie eine große Anzahl diesbezüglicher Studien zeigt. Kinder, die schwer missbraucht worden sind, haben eine zwei- bis fünfmal so hohe Wahrscheinlichkeit, als Erwachsene an einer seelischen Krankheit zu leiden, als diejenigen, die eine solche Erfahrung nicht machen mussten. Sie leiden zudem häufiger unter einem geringen Selbstwertgefühl und haben oftmals soziale, schulische und berufliche Probleme. Kinder, die missbraucht oder vernachlässigt wurden, sind darüber hinaus auch wesentlich anfälliger für ein späteres delinquentes oder kriminelles Verhalten, Gewalt, Alkohol- und Drogenmissbrauch.

Natürlich ist die Beziehung zwischen Kindheitstraumata und späteren Problemen nicht simpel-linear oder unausweichlich. Nicht alle traumatisierten oder misshandelten Kinder leiden später zwangsläufig unter Problemen. Viele erholen sich davon, manchmal sogar sehr schnell, und führen ein erfolgreiches Leben. Manche traumatisierte Kinder leiden später unter Problemen, die nicht direkt im Zusammenhang mit einem in der Kindheit erlebten Trauma stehen, sondern sie leiden unter anderen Problemen, wie zum Beispiel Armut oder einer genetischen Vulnerabilität, die sie für Traumata besonders anfällig gemacht hat. Insgesamt deuten die Forschungsergebnisse auf diesem Gebiet aber sehr stark darauf hin, dass Kindheitstraumata ein wichtiger Kausalfaktor für eine schlechte Anpassungsfähigkeit im späteren Erwachsenenleben sind.

Unter der Annahme, dass Kindheitstraumata eine wichtige Rolle bei Problemen im Erwachsenenleben spielen können, gehen viele derzeit angewandte Psychotherapie-Methoden davon aus, dass es wichtig, ja essenziell ist, ein umfassendes Bild der Trauma-Vorgeschichte eines Patienten zu bekommen, um eine Behandlung gezielt planen zu können. Die peritraumatischen Details können hierbei Aufschluss geben über die Tiefe und Ernsthaftigkeit der Probleme einer Person. Kenntnisse über diese Traumata und über einige ihrer möglichen Folgen können dem Therapeuten dabei helfen, jene korrigierenden Erfahrungen zu gestalten, welche die momentane Situation mit Disstress und schlechtem Funktionsniveau lindern können. Obwohl es nicht erwiesen ist, dass traumazentrierte Behandlungsmethoden zwangsläufig effektiver sind als andere Behandlungsmethoden für Überlebende von Traumata und obwohl derzeit erstmals kontrollierte Studien an einer großen Anzahl traumatisierter Personen durchgeführt werden, haben die bisherigen Forschungsergebnisse dennoch bereits gezeigt, dass traumazentrierte Behandlungsmethoden effektiv sein können. Patienten berichten von spürbaren Erleichterungen von Angstzuständen und Depressionen und Befreiung von intrusiven Gedanken und Gefühlen zu traumatischen Kindheitserlebnissen. Die Anwendung der traumazentrierten Behandlung und Psychotherapie erfreut sich aus diesen Gründen in den letzten Jahren stetig wachsender Popularität. Darauf soll im Abschnitt »Anwendung des derzeitigen wissenschaftlichen Kenntnisstandes auf die klinische Praxis« nochmals eingegangen werden.

Weiterführende Literatur zu diesem Abschnitt

Briere J, Elliot D (1994). Immediate and long-term impacts of child sexual abuse. Future of Children 4(2): 54–69. (Dieser Review-Artikel sichtet die Beweislage für langfristige Auswirkungen von frühem traumatischem, sexuellem Missbrauch.)

Finkelhor D (1994). Current information on the scope and nature of child sexual abuse. Future of Children 4(2): 31–35. (Dieser Review-Artikel erfasst die Prävalenz von sexuellem Kindesmissbrauch in der Gesamtbevölkerung.)

U. S. Department of Health and Human Services (1997). Child maltreatment 1995. Reports from the states to the National Child Abuse and Neglect Data System. Contract no. ACF-105-95-1849. Washington, DC: U. S. Government Printing Office. (Diese Publikation beinhaltet die neuesten Informationen über die große Anzahl der Fälle von Kindesmissbrauch, die derzeit den staatlichen Stellen gemeldet und dort untersucht werden.)

6.2.2 »Delayed recall«: spätere Erinnerung an traumatische Ereignisse nach einer Periode des Vergessens

Die Debatte über die Erinnerung an Kindheitstraumata wurzelt in der Frage, wie weit es unter Erwachsenen verbreitet ist, dass sie sich an in der Kindheit erlittene Traumata nicht mehr erinnern können. Menschen vergessen unzählige übliche Erfahrungen –

aber vergessen sie auch ein Kindheitstrauma? Während es eine Zeit im Säuglingsalter und im frühen Kindesalter gibt, für die Wissenschaftler keinerlei Erinnerung an Lebensereignisse erwarten, dreht sich die gegenwärtige Diskussion um die »wiederentdeckte Erinnerung« an Traumata, die nach dieser frühen Kindheitsphase, etwa der ersten zwei oder drei Lebensjahre, stattfanden.

Beweislage für das Vergessen von Kindheitstraumata

Evidenz dafür, dass Menschen eine große Bandbreite an Kindheitstraumata vergessen, liefern klinische und nichtklinische Studien. Die Hinweise beschränken sich hierbei nicht nur auf Patienten, die in Behandlung sind oder deren Trauma ein sexueller Missbrauch ist. Klinische Berichte über traumabezogenes Vergessen bei einzelnen Patienten lassen sich in der psychiatrischen Fachliteratur der letzten hundert Jahre finden. In den letzten zehn Jahren hat sich die Forschung verstärkt mit größeren Gruppen von Frauen und Männern beschäftigt, die wegen der Folgen sexuellen Missbrauchs in Behandlung waren. Die Ergebnisse zeigen, dass viele Erwachsene, die sich an sexuellen Missbrauch in ihrer Kindheit erinnern, von früheren Zeiträumen berichten, in denen sie sich an den Missbrauch nicht erinnern konnten. Neuere Untersuchungen beziehen auch nichtklinische Gruppen von Erwachsenen mit ein, die über eine größere Bandbreite von Traumata berichten, und auch hier gibt es hohe Raten von Berichten über frühere Abschnitte des Vergessens. Eine Schwierigkeit bei solchen Studien besteht darin, dass Berichte über frühere Zeitabschnitte des Vergessens mitunter auch auf Gedächtnisprobleme zurückzuführen sind. Wir können nicht davon ausgehen, dass die Beurteilungen von Personen über ihr früheres Vergessen tatsächlich korrekt sind. Prospektive Studien über dokumentierten Missbrauch, die ein momentanes Vergessen evaluieren, legen jedoch nahe, dass ein bedeutender Teil von Frauen und Männern mit dokumentierten Fällen von sexuellem Missbrauch in der Kindheit sich an diese dokumentierten Vorfälle nicht mehr zu erinnern scheint, wenn man sie als junge Erwachsene diesbezüglich interviewt. Einige der Forschungsergebnisse von retrospektiven und prospektiven Studien sind im Folgenden kurz zusammengefasst:

- Herman und Schatzow (1987) fanden, dass 28 Prozent ihrer weiblichen Patientinnen in einer Gruppentherapie für Inzest-Opfer von »ernsten Erinnerungsdefiziten« an ihren Missbrauch berichteten.
- Briere und Conte (1993) fanden, dass 59 Prozent von 450 Frauen und Männern in Behandlung für sexuell Missbrauchte angaben, sie hätten den sexuellen Missbrauch, unter dem sie während ihrer Kindheit zu leiden hatten, in einigen Zeitabschnitten vor ihrem 18. Lebensjahr vergessen.
- Loftus et al. (1994) gaben an, dass 31 Prozent der bei ihnen in Behandlung befindlichen sexuell missbrauchten Frauen über zumindest partielle Gedächtnislücken und inkomplette Erinnerung an ihren Missbrauch berichteten. 19 Prozent berichteten über frühere totale Erinnerungslücken an ihren Missbrauch.
- Elliot (1997) fand bei 505 landesweit randomisiert ausgewählten Frauen und Männern heraus, dass 20 Prozent der 116 Personen, die sexuellen Missbrauch in ihrer

Kindheit angaben, berichteten, dass es einen Zeitabschnitt gab, in dem sie keinerlei Erinnerung an den Missbrauch hatten. Vollständiges bis partielles Vergessen wurde nach jeder Art von traumatischer Erfahrung berichtet, besonders häufig bei sexuellem Kindesmissbrauch, Beobachtung des Mordes an einem Familienangehörigen und Kriegs- und Gewalthandlungen.

- Williams (1994) sowie Williams und Banyard (1997) machten eine Follow-up-Studie bei Frauen und Männern, die in den frühen 70er Jahren wegen sexuellem Kindesmissbrauch in der Notaufnahme eines Krankenhauses waren. Sie fanden heraus, dass zur Zeit ihrer Studie (17 Jahre später) 38 Prozent der Frauen und 55 Prozent der Männer sich nicht mehr an den dokumentierten Missbrauch erinnerten. Von den Frauen, die sich daran erinnerten, gaben 16 Prozent an, dass es in der Vergangenheit eine Zeit gab, in der sie sich überhaupt nicht daran erinnerten, dass ihnen so etwas zugestoßen war.
- Widom und Morris (1997) fanden, dass 32 bis 60 Prozent der Frauen und 58 bis 100 Prozent der Männer, bei denen gerichtlich erwiesen war, dass sie als Kinder Opfer sexuellen Missbrauchs waren, mehr als 20 Jahre später bei einer Wiederbefragung nichts von solch einem Missbrauch berichteten.

Es wird darauf hingewiesen, dass die hier vorgestellten Ergebnisse in einer Reihe von Kritiken infrage gestellt wurden. Hierbei bezog man sich auf die methodische Vorgehensweise bei den retrospektiven Studien und bei der Williams-Studie (→ Pope u. Hudson 1995).

Quellen zu diesem Abschnitt

Briere J, Conte J (1993). Self-reported amnesia for abuse in adults molested as children. J Trauma Stress 6: 21–31.

Elliot DM (1997). Traumatic events: Prevalence and delayed recall in the general population. J Consult Clin Psychol 65: 811–20.

Herman JL, Schatzow E (1987). Recovery and verification of memories of childhood sexual trauma. Psychoanal Psychol 4: 1–14.

Loftus E, Polonsky S, Fullilove MT (1994). Memories of childhood sexual abuse: remembering and repressing. Psychol Women Q 18: 67–84.

Widom CS, Morris S (1997). Accuracy of adult recollections of childhood victimization. Part 2: Childhood sexual abuse. Psychol Ass 9: 34–36.

Williams LM (1994). Recall of childhood trauma: a prospective study of women's memories of child sexual abuse. J Consult Clin Psychol 62: 1167–76.

Williams LM (1995). Recovered memories of abuse in women with documented child sexual victimization histories. J Trauma Stress 8: 649–75.

Williams LM, Banyard VL (1997). Gender and recall of child sexual abuse: a prospective study. In: Read JD, Lindsay DS (eds). Recollections of Trauma: Scientific evidence and clinical practice. New York: Plenum Press; 371–77.

Beweislage für »delayed recall«: ein späteres Erinnern des Traumas nach einer Periode des Vergessens

Wenn wir akzeptieren, dass eine signifikante Minorität von Personen tatsächlich Kindheitstraumata – zumindest für eine gewisse Zeit – vergisst, dann ergeben sich daraus weitere interessante Fragen. Wenn Personen berichten, dass sie sich an Einzelheiten eines vorher vergessenen Kindheitstraumas wieder erinnern, dann ist es für Kliniker und Forscher von besonderer Bedeutung, welche Faktoren zu diesem »delayed recall« geführt haben und wie präzise die »wiederentdeckten Erinnerungen« (recovered memories) sind. Forschungsergebnisse lassen darauf schließen, dass das Alter zur Zeit des Kindheitstraumas in Zusammenhang mit dem Vergessen steht und dass diejenigen Personen, die sehr jung waren, als sie ein Trauma erlitten, auch diejenigen sind, die es eher vergessen und bei denen später wiederaufgetauchte Erinnerungen zu beobachten sind. Das Wiederkehren von Erinnerungen an Kindheitstraumata ist offenbar mit einer ganzen Reihe verschiedener Auslöser (Trigger) verbunden. Dazu zählen:

- das Sehen eines Fernsehprogramms
- das Lesen von Artikeln über Traumata
- das Wiederkehren einer ähnlichen Situation im späteren Leben
- Gespräche mit der Familie und Freunden

Es ist wahrscheinlich, dass Situationen, die Ähnlichkeiten mit dem ursprünglichen Schlüsselerlebnis aufweisen, auch mit den wiedergekehrten Erinnerungen in Zusammenhang stehen. Interessanterweise lässt sich feststellen, dass die Mehrzahl der wiederkehrenden Erinnerungen außerhalb einer Therapie auftaucht.

Betrachtet man die Genauigkeit der wiedergekehrten Erinnerungen, so lässt sich sagen, dass mehrere bestätigte und amtlich dokumentierte Fälle von späterer Erinnerung an Missbrauch in der Kindheit die Genauigkeit der Erinnerungen evident machen, wie auch erste Studien von wiedergekehrten Erinnerungen dokumentierter traumatischer Kindheitserlebnisse zeigen. Im bereits erwähnten Forschungsprojekt konnte Williams (1994) beispielsweise die aktuelle Beschreibung, die Frauen von ihrem Missbrauch gaben, mit den Details vergleichen, die in den 70er Jahren, als der Missbrauch stattfand, aufgezeichnet worden waren. Williams fand dabei heraus, dass die Beschreibungen der Frauen, die früher einmal über Zeitabschnitte des Vergessens berichtet und Erfahrung mit wiederaufgetauchten Erinnerungen gemacht hatten, und die Beschreibungen anderer Frauen, die sich stets an den Missbrauch erinnern konnten, beim Vergleich dieser Beschreibungen mit den 17 Jahre früher angefertigten Aufzeichnungen die gleiche Anzahl an Diskrepanzen aufwiesen. Hieraus wird evident, dass Erinnerungen an Kindheitstraumata nach einer Zeit des Vergessens wieder zugänglich gemacht werden können. Eine Zusammenfassung und Synthese von mehr als 25 Studien über traumabezogenes Vergessen ist bei Scheflin und Brown (1996) nachzulesen.

Es gibt keinen wissenschaftlichen Beweis dafür, dass Erwachsene bei der Untersuchung mit den gängigen Screening-Methoden oder wenn sie ihrer Familie, ihren Freunden oder auch Therapeuten von ihrem Missbrauch erzählen, absichtlich Behauptungen aufstellen über den Missbrauch in ihrer Kindheit. Allerdings muss kritisch hinterfragt werden, ob nicht ein bestimmter Teil der Darstellungen wiederentdeckter Erinnerungen an ein Kindheitstrauma zwar ernsthaft ehrlich gemeint, aber doch ungenau ist (z. B. das, was »false memories«, Fehlerinnerungen, genannt worden ist).

Beweislage, dass Erinnerungen implantiert werden können

Eine Vielzahl von Laborversuchen zur Erinnerung und Suggestibilität bestätigt die Position, dass Erinnerung re-konstruktiv und unvollkommen ist, dass Erinnerung beeinflusst und verzerrt werden kann, dass Konfabulationen auftreten können, um Erinnerungslücken zu füllen, und dass Personen derart manipuliert werden können, dass sie glauben, Ereignisse gehört, gesehen oder erlebt zu haben, obwohl sie das nie taten. Es ist erwiesen, dass an unzutreffende Erinnerungen fest geglaubt und sie überzeugend beschrieben werden können. Viele der Laborversuche zur Suggestibilität der Erinnerung arbeiten mit dem Paradigma, dass Personen zunächst ein Ereignis betrachten, an dem sie nicht selbst beteiligt sind, zu dem sie im zweiten Schritt falsche Informationen bekommen und über das sie dann schließlich befragt werden. Die falsche Information wird in die spätere Beschreibung aus der Erinnerung erwartungsgemäß eingebaut. Das wird als »misinformation effect« (Fehlinformationseffekt) bezeichnet. Es wird argumentiert, dass dieser Effekt ebenfalls Auswirkungen auf die Erinnerungen an Kindheitstraumata oder sexuellen Missbrauch in der Kindheit hat. Es wird behauptet, dass ähnliche Prozesse zu der Fehlannahme eines Patienten führen könnten, er oder sie sei sexuell missbraucht oder anderweitig traumatisiert worden, wenn eine solche Vorgeschichte durch den Therapeuten unterstellt wird. Die Kritik an der Übertragbarkeit dieser Laborergebnisse, bezogen auf die Frage der Erinnerung an Kindheitstraumata grundsätzlich und den sexuellen Missbrauch in der Kindheit im Besonderen, zielt auf die Validität der Studien (z. B. ihre Anwendbarkeit auf Erfahrungen in der realen Welt mit traumatischen Ereignissen in der Kindheit und Kindesmisshandlung und ihre Auswirkungen). Das bloße Ändern oder Hinzufügen eines Ereignisses, was in vielen der Laboruntersuchungen die gängige Praxis ist, ist nicht das Gleiche, wie jemanden zu dem Glauben zu bringen, dass ein völlig neues Geschehen stattgefunden hat. Kritiker haben argumentiert, dass das »Einpflanzen« von Erinnerungen an traumatische Ereignisse und generell an Ereignisse, bei denen die betreffende Person selbst beteiligt ist, eine ganz andere Sache sein kann. Natürlich schließt die Forschungsethik jegliche Experimente aus, die zum Gegenstand hätten, Erinnerungen an etwas so Ernstes wie sexuellen Missbrauch »einzupflanzen«. Kürzlich wurden einige Untersuchungen angestellt, um ganz konkret die »Einpflanzung« von Erinnerung an Ereignisse beurteilen zu können, die zum Zeitpunkt ihres Geschehens eher schwach traumatisierend gewesen wären, sofern sie stattgefunden hätten; so sollte herausgefunden werden, welche Art von Ereignissen sich besonders gut zur erfolgreichen »Einpflanzung« von Erinnerung eignet. Außerdem wollte man auch die Faktoren untersuchen, die bei der »Einpflanzung« von Erinnerungen an Ereignisse eine Rolle spielten, die nie stattgefunden haben. Bei diesen Studien wurden verschiedene Designs und Paradigmen angewendet, aber alle hatten gemeinsam, dass die Forscher den jüngeren Familienmitgliedern der mitwirkenden Testpersonen etwas »in Erinnerung riefen«, was gar nicht geschehen war. In diesen Studien gelang es den Forschern (manchmal nach mehreren Versuchen), abhängig von der Stärke der experimentellen Manipulation 20 bis 40 Prozent der Teilnehmer dazu zu bringen zu glauben, dass ihnen Ereignisse, die es in der Realität nie gegeben hatte, wirklich passiert sind. In einigen Literaturstellen wird angenommen, dass diejenigen, die sich an Ereignisse »erinnern«, die nie geschehen sind, einen höheren Score an kreativer Imagination und Dissoziation aufweisen. Wenn die Personen dann gebeten wurden, ein mentales Bild eines Ereignisses zu entwerfen und es dem Interviewer zu beschreiben, haben sie interessanterweise nicht nur eher ein falsches Ereignis kreiert, sondern sich auch eher an vorher unverfügbare wahre Ereignisse erinnert. Obwohl sich alle diese Studien auf eher kleine untersuchte Gruppen stützen und obwohl die Mehrheit der Testteilnehmer in diesen Studien sich einer »Einpflanzung« von Erinnerung widersetzte, legen die Ergebnisse doch nahe, dass bestimmte situative und persönlichkeitsspezifische Charakteristika die Suggestibilität maximieren könnten, sodass einige Personen falsche oder ungenaue Erinnerungen an Kindheitstraumata berichten. Während noch Unklarheit über die Faktoren herrscht, die mit ungenauen Erinnerungen in Verbindung stehen, lassen die provozierenden Laborergebnisse über Suggestibilität und Erinnerung darauf schließen, dass ein solides Grundwissen über menschliche Erinnerungsprozesse für Trauma-Kliniker und -Forscher von großem Wert ist.

Weiterführende Literatur zu diesem Abschnitt

Hyman I, Husband TH, Billings FJ (1995). False memories of childhood experiences. Appl Cogn Psychol 9: 181–197. (Diese Arbeit zeigt, dass Individuen dazu gebracht werden können, dass sie glauben, ungewöhnliche Erfahrungen in der Kindheit gemacht zu haben, die tatsächlich überhaupt nicht passiert sind. Nach dem dritten suggestiven Interview behaupteten 25 % der Versuchspersonen, Ereignisse wiedererinnern zu können, die nicht geschehen waren.)

Hyman LE, Pentland J (1996). The role of mental imagery in the creation of false childhood memories. J Mem Lang 35: 101–117. (Dieser Artikel beweist, dass Individuen, die aufgefordert wurden, ein mentales Bild eines Ereignisses zu entwerfen und zu beschreiben, eher dazu neigten, ein falsches, fiktives [false] Erlebnis zu erschaffen. Diese Personen entdeckten allerdings auch Erinnerungen an ein vorher nicht erinnerungsfähiges, wahres Ereignis leichter.)

Loftus EF, Pickrell JE (1995). The formation of false memories. Psychiatr Ann 25(12): 720–725. (Die Arbeit befasst sich mit dem Paradigma »Im Kaufhaus verloren gegangen«, um zu zeigen, dass Erwachsene ein Kind glauben machen können, es habe sich in einem Kaufhaus verlaufen; vertreten wird, dass Erinnerungen an zumindest ein leicht traumatisches Ereignis implantiert werden können.)

Pope HG, Hudson JI (1995). Can memories of childhood sexual abuse be repressed? Psychol Med 25: 121–126. (Der Artikel bietet eine durchdachte methodologische Analyse über die Begrenztheit von Studien über das Vergessen von sexuellem Missbrauch in der Kindheit und macht konstruktive Vorschläge zur Gestaltung künftiger Studien.)

Scheflin AW, Brown D (1996). Repressed memory of dissociative amnesia: What the science says. J Psychiatry Law 24(2): 143–188. (Diese Arbeit präsentiert eine Zusammenfassung und Synthese von mehr als 25 Studien über traumabezogenes Vergessen.)
Schooler JW, Bendiksen M, Ambadar Z (1997). Taking the middle line: Can we accommodate both fabricated and recovered memories of sexual abuse? In: Conway M (ed). False and Recovered Memories. Oxford: Oxford University Press; 251–292. (Dieser Aufsatz beweist die Existenz von wiederentdeckten Erinnerungen, weist aber auch darauf hin, dass einige Personen ihr früheres Vergessen übertreiben könnten, indem sie vorgeben, sie hätten sich in bestimmten Zeitspannen nicht an den Missbrauch erinnern können, obwohl sie während dieser Zeitspannen nachweislich darüber gesprochen haben.)
Williams LM, Banyard VL (1997). Perspectives on adult memories of childhood sexual abuse: A research review. In: Spiegel D (ed). Section II American Psychiatric Review of Psychiatry; 16, Chapter 9: II-123–II-151. (Dieses Kapitel gibt einen Review über empirische Beweise, welche die Wahrscheinlichkeit unterstützen, dass sexueller Missbrauch in der Kindheit vergessen werden kann, dass Erinnerung an Missbrauch implantiert werden kann und dass Erinnerungen an einen bereits vergessenen Missbrauch wiederkehren können.)

6.2.3 Menschliche Erinnerungsprozesse, traumatische Erinnerung und verspätete Erinnerung traumatischer Ereignisse

- Erinnerung ist kein simpler ganzheitlicher Prozess.
- Erinnerungen werden nicht als komplette und separate »Informationspakete« abgespeichert.
- Erinnerung ist keine perfekte Darstellung wie ein Foto.
- Es gibt zwei grundsätzliche Formen von Erinnerung: die explizite und die implizite Erinnerung.
- Traumatische Erinnerungen können sich von gewöhnlichen Erinnerungen unterscheiden.
- Es gibt eine Vielzahl bislang nicht bewiesener Mechanismen, die erklären könnten, wie traumatische Erinnerungen »vergessen« werden.
- Es gibt derzeit keinen wissenschaftlichen Konsens darüber, wie eine »vergessene« Erinnerung später »wieder-entdeckt« werden kann.

Bis vor Kurzem dachte man gemeinhin, dass Erinnerungen an bestimmte Ereignisse als diskrete Informations-Bits im Gedächtnis abgespeichert würden. Der griechische Philosoph Plato verglich den Erinnerungsprozess mit einem Vogelhaus, in dem jeder Vogel eine andere Erinnerung darstellte. Das Erinnern war, nach Plato, der Prozess, bei dem das Gedächtnis versucht, den richtigen Vogel zu fangen, sodass die gesamte Erinnerung an ein bestimmtes Ereignis bewusst wahrgenommen werden kann. Dieses Konzept der Erinnerung galt mit einigen Variationen 2000 Jahre lang. Erinnerung war, aus dieser Perspektive gesehen, einfach das Identifizieren der kompletten Repräsentanz eines einzelnen Ereignisses aus der Vergangenheit aus der Sammlung von Erinnerungen des Gedächtnisses.

Basierend auf neuesten wissenschaftlichen Untersuchungen werden solche Modelle des Erinnerungsprozesses heute nicht mehr akzeptiert. In diesem Kapitel sollen einige der wichtigsten wissenschaftlichen Erkenntnisse kognitiver Psychologen und Neurobiologen zu den menschlichen Erinnerungsprozessen vorgestellt werden. Es muss allerdings von vornherein betont werden, dass die wissenschaftlichen Fragen auf diesem Gebiet kompliziert sind. Deshalb ist das Folgende nur eine vereinfachte Zusammenfassung unseres derzeitigen Wissensstandes.

Erinnerung ist kein simpler ganzheitlicher Prozess

Erinnerung beinhaltet drei komplizierte Prozesse, die von mehreren Gehirnregionen und -verbindungen abhängen:

- Enkodierung ist die Erschaffung der Erinnerung.
- Konsolidierung ist ein Zwischenschritt, durch den die Erinnerung so strukturiert wird, dass sie auf Zeit gespeichert werden kann.
- Retrieval ist der Prozess, durch den die Erinnerung wieder aus dem Speicher geholt wird und für das Bewusstsein verfügbar gemacht wird.

Erinnerungen werden nicht als komplette und separate »Informationspakete« abgespeichert

Neuere Untersuchungen auf dem Gebiet der kognitiven Psychologie zeigen, dass die Erinnerung an ein bestimmtes Ereignis nicht an einer einzigen bestimmten Stelle im Gehirn gespeichert wird, sondern dass sie stattdessen über ein Netzwerk aufgeteilt wird.

Das bedeutet, dass verschiedene Dimensionen der Erinnerung wie visuelle Eigenschaften oder räumliche Lokalisationen in verschiedenen Bereichen des Gehirns gespeichert sind. Man geht davon aus, dass die Konsolidierung solcher Erinnerungen auch die Verbindung dieser unterschiedlichen Gehirnregionen beinhaltet, die zusammen das Gesamtereignis abspeichern. Um ein Ereignis zu erinnern, muss das Gehirn die eigentliche Erinnerung aus den Einzelelementen wohl irgendwie rekonstruieren.

In den letzten Jahren haben kognitive Psychologen Platos Vögel verworfen und favorisieren stattdessen ein Modell der Erinnerungsspeicherung, das eher wie ein Spinnennetz ist, in dem bestimmte Erinnerungen durch das Muster der Verbindungen innerhalb des gesamten Spinnennetzes repräsentiert werden. Erinnerung ist nicht ein Prozess des Lokalisierens von intakten Informations-Bits, sondern beinhaltet eher das teilweise Wiedererschaffen eines Musters von zusammengehörenden Informationsfäden über ein gesamtes Netzwerk. Versuche, sich an etwas Bestimmtes zu erinnern, könnten mit einem besonderen Vibrationsmuster im gesamten Netzwerk verbunden sein. Manchmal könnte der Retrieval-Prozess auch eine enge Annäherung an die ursprüngliche Erinnerung aktivieren, eine, die zwar ähnlich, aber eben nicht exakt die gleiche ist wie die Original-Erinnerung. Dieses **Verknüpfungsmodell der Erinnerung** (Connectionist Model of Memory) erklärt beispielsweise, wie Erinnerungen an ähnliche Ereignisse einander beeinflussen können und wie Menschen sich oftmals an einige, aber eben nicht alle Aspekte eines Ereignisses aus der Vergangenheit erinnern. Dieses Modell hilft uns, häufig auftretende Erinnerungsfehler zu verstehen.

Erinnerung ist keine perfekte Darstellung wie ein Foto

Die menschliche Fähigkeit, sich zu erinnern und sich Ereignisse aus der Vergangenheit wieder vor Augen zu führen, ist weitgehend akkurat, aber sie ist nicht perfekt. Erinnerung ist ein selektiver Prozess, der jenen Informationen Priorität gibt, die am wichtigsten zu sein scheinen, jedenfalls zu dem Zeitpunkt, an dem sie entstanden. Obwohl die meisten Fehler beim Abrufen einer Erinnerung recht klein sein werden, können sie manchmal auch ziemlich umfangreich sein. Einige der Fehler, die beim menschlichen Erinnern gewöhnlich auftreten, sind:

- Menschen sind manchmal unfähig, sich an sehr große Teile ihrer Erfahrungen in der Vergangenheit zu erinnern.
- Menschen können manchmal nicht genau bestimmen, woher ihre Erinnerungen stammen.
- Menschen können Erinnerungen vorgestellter Ereignisse für Erinnerungen realer Ereignisse halten.
- Menschen sind beeinflussbar; sozialer Einfluss kann grundsätzlich Auswirkungen auf den Erinnerungsprozess haben, und die Erinnerung an ein Ereignis kann durch Falschinformation beeinflusst werden.

Es gibt zwei grundsätzliche Formen von Erinnerung: die explizite und die implizite Erinnerung

Die **explizite Erinnerung**, auch **deklaratives Erinnerungssystem** genannt, zeichnet bewusst verfügbare Informationen über Erfahrungen aus der Vergangenheit auf. Die **implizite Erinnerung**, auch **nichtdeklaratives Erinnerungssystem** genannt, ist Information, die nicht bewusst verfügbar ist. Fertigkeiten (»skills«) oder Haltungen, die die »zweite Natur« eines Menschen sind und relativ automatisch ablaufen, sind Beispiele für implizite Erinnerungen. Implizite Erinnerungen können auch an stark emotionalen Erinnerungen beteiligt sein. Die gegenwärtig verfügbaren Informationen über diese beiden Grundformen der Erinnerung sind hilfreich beim Verstehen traumatischer Erinnerungen:

- Unterschiedliche Gehirnstrukturen dienen expliziter vs. impliziter Erinnerung.
- Implizite Erinnerungen können bei der Verarbeitung von Ereignissen eine Rolle spielen, die mit Furcht, Angst und anderen starken Emotionen zu tun haben. Diese Erinnerungen können auch an der Schaffung von Erinnerungen nicht-emotionaler Informationen beteiligt sein, so wie Aneignung von Fertigkeiten und Priming.
- Verschiedene Medikamente können beide Systeme unterschiedlich beeinflussen.
- Implizite Erinnerungsmechanismen scheinen eine Schlüsselrolle bei der Verarbeitung einiger traumatischer Erinnerungen zu spielen, obwohl explizite Erinnerungsmechanismen dabei auch wichtig sind.

Traumatische Erinnerungen können sich von gewöhnlichen Erinnerungen unterscheiden.

Es gibt viele verschiedene Blickwinkel und Überzeugungen unter Forschern und Experten bezüglich der Erinnerung traumatischer vs. nichttraumatischer Ereignisse. Einige Forscher glauben, dass beim Vergessen von traumatischen und nichttraumatischen Erinnerungen der gleiche grundlegende Erinnerungsprozess eine Rolle spielt. Andere wiederum sind der Meinung, dass es, obwohl durchaus Übereinstimmungen zwischen traumatischen und nichttraumatischen Erinnerungen vorliegen, dennoch wichtige Unterschiede zwischen diesen beiden Erinnerungsarten in Bezug auf Enkodierung, Konsolidierung und Retrieval gibt. Einige Forscher vertreten, dass Erinnerungen an traumatische Ereignisse weniger verzerrt, länger haftend und weniger anfällig sind für ungenaue Erinnerung, Beeinflussung oder sozialen Einfluss. Das ergibt sich daraus, dass traumatischer Stress sowohl die explizite als auch die implizite Erinnerung in weitaus größerem Ausmaße aktiviert, als das bei nichttraumatischen Ereignissen der Fall ist. Emotionale, mit traumatischen Ereignissen verbundene Erregung (»arousal«) kann auch mit dem Anstieg von Stresshormonen und Neuromodulatoren einhergehen, welche die Erinnerungsbildung erleichtern. Der Grad der Erregung, der während eines traumatischen Erlebnisses auftritt, kann allerdings auch Einfluss auf die Qualität der Erinnerungsbildung haben. Einige Forscher argumentieren, dass moderate Erregungs-Level zu verlässlicheren Erinnerungen führen können, dass aber extreme Erregungs-Level die Aufmerksamkeit so stark beeinflussen können, dass nur Weniges von dem Ereignis in Erinnerung behalten wird. Andere Experten wiederum sind der Meinung, dass besonders starke traumatische Erinnerungen manchmal aktive Maßnahmen zum Vergessen einer Erinnerung mobilisieren können. Ein solcher theoretischer Mechanismus (unter anderen), der intensiv diskutiert wurde, ist die sogenannte **Verdrängung** (»repression«), die das bewusste Erinnern an solche Ereignisse verhindert. Die Verdrängung, die ursprünglich in der psychoanalytischen Theorie postuliert wird, ist ein Konzept, das in Laboruntersuchungen empirisch nicht nachgewiesen wurde.

Diese unterschiedlichen Ansichten über die Erinnerung traumatischer vs. nichttraumatischer Ereignisse stimulieren nach wie vor eine umfangreiche, aufregende Forschungsarbeit. Trotz unserer noch immer vorhandenen Wissenslücken und unterschiedlichen Meinungen gilt als grundsätzlich akzeptiert, dass die Erinnerungen an traumatische Ereignisse in der Kindheit und im Erwachsenenalter nach deren Stattfinden manchmal unwiederbringlich »vergessen« sein können. Es gab ebenfalls ein großes Meinungsspektrum bezüglich der Mechanismen, die das Vergessen von Kindheitstraumata erklären könnten.

Es gibt eine Vielzahl bislang nicht bewiesener Mechanismen, die erklären könnten, wie traumatische Erinnerungen »vergessen« werden

Derzeit ist nicht bekannt, wie traumatische Erinnerungen vergessen werden. Unterschiedliche Mechanismen können unter verschiedenen Umständen arbeiten. Diese Fragen sind für die Forschung von großem Interesse, und wir können innerhalb der nächsten zehn Jahre auf diesem Gebiet ein rapides Wachstum an Information erwarten. Unter den Erklärungsmodellen, die für das »Vergessen« verantwortlich sein können, sind die folgenden.

- **Störungen beim Enkodieren:** Eine Störung beim Erstellen einer Erinnerung zum Zeitpunkt des Ereignisses.
- **Dissoziation:** Ein alterierter kognitiver Zustand, der manchmal während eines traumatischen Ereignisses auftritt und der die normalen Prozesse (Enkodieren, Konsolidieren, Retrieval) solcher Ereignisse stört.
- **Einfaches Vergessen:** Das Verblassen der Erinnerung mit der Zeit (normales Phänomen bei nichttraumatischen Erinnerungen).
- **Verdrängung:** Ein theoretisch angenommener psychischer Prozess, bei dem das bewusste Erinnern aktiv verhindert wird.
- **Konditionierte Extinktion:** Ein Laborphänomen, durch das unter bestimmten Bedingungen Hemmungen einer vorher erlernten Verhaltensweise aktiviert werden können oder der Zugriff auf diese Verhaltensweise beeinträchtigt werden kann.
- **State Dependent Learning:** Ein Mechanismus, der erklären würde, warum traumatische Erinnerungen nur dann abgerufen werden können, wenn die betreffende Person im gleichen emotionalen, kontextuellen und neurobiologischen Zustand ist wie zu der Zeit, als das eigentliche traumatische Ereignis geschah.
- **Langfristige Depression:** Ein Zellmechanismus, der den Datenaustausch bestimmter Nervenzellen untereinander unterdrückt. Das könnte theoretisch das Abrufen von vorher zugänglichen Informationen beeinträchtigen.

Es gibt derzeit keinen wissenschaftlichen Konsens darüber, wie eine »vergessene« Erinnerung später »wiederentdeckt« werden kann

Da es bereits bewiesen ist, dass »vergessene« Erinnerungen traumatischer Ereignisse manchmal »wiederentdeckt« werden, ist es nun notwendig zu verstehen, wie dies geschehen könnte. Der Schlüssel zur Beantwortung dieser Frage ist, zunächst zu verstehen, wie die ursprünglichen Erinnerungen unzugänglich wurden. Es ist zu erwarten, dass wir dann, wenn wir die Mechanismen des »Vergessens« besser verstehen, auch in der Lage sein werden, die Frage der »Entdeckung« von Erinnerung systematisch anzugehen. Es ist natürlich genauso wichtig zu verstehen, wie ungenaue Erinnerungen, die nur scheinbar »entdeckt« worden sind, so überzeugend sein können, dass sie von einigen als echtes Ereignis angesehen werden. Die Herausforderungen, die sich gerade durch die Diskussion über die »wiederentdeckten« Erinnerungen stellen, haben in letzter Zeit einen Forschungs-Boom stimuliert. Das wird zweifellos unser Verständnis der komplexen kognitiven Psychologie und Neurobiologie des menschlichen Erinnerungsprozesses verbessern.

Weiterführende Literatur zu diesem Abschnitt

Davis S (ed) (1992). Connectionism: Theory and Practice. New York: Oxford University Press. (Dieses Buch beinhaltet mehrere sehr interessante Kapitel über das Verknüpfungsmodell der Erinnerung.)

Roediger HL (1980). Memory metaphors in cognitive psychology. Memory & Cognition 8: 231–246. (Diese Arbeit gibt einen gründlichen Review über die Entwicklung der Modelle des Erinnerungsprozesses von der Antike bis zur Gegenwart.)

Schacter DL (1996). Searching for Memory: The brain, the mind and the past. New York: Basic Books. (Dies ist das Standardwerk über Gehirnmechanismen und Erinnerung.)

Shobe KK, Kihlstrom JF (1997). Is traumatic memory special? Curr Directions Psychol Sci 6: 70–74. (Dieser Artikel beschäftigt sich kritisch mit der Behauptung, traumatische Erinnerung sei außergewöhnlich, und analysiert die Daten, auf deren Basis diese Behauptung aufgestellt wird.)

van der Kolk BA (1996). Trauma and memory. In: van der Kolk BA, McFarlane AC, Weisaeth L (eds). Traumatic Stress: The effects of overwhelming experience on mind, body and society. New York: Guilford (dt.: Paderborn: Junfermann Verlag 2000). (Dieses Kapitel gibt einen umfassenden Überblick über Daten, die zeigen, dass sich der Erinnerungsprozess bei traumatischen Erlebnissen von anderen Erin-nerungsprozessen unterscheidet.)

Vier Kapitel aus: Yehuda R, McFarlane AC (eds) (1997). Psychobiology of Post Traumatic Stress Disorder. Annals of the New York Academy of Sciences, 821. New York: Academy of Sciences:

van der Kolk BA, Burbridge JA, Suzuki J. The psychobiology of traumatic memory: clinical implications of neuroimaging studies; 99–113.

Cahill L. The neurobiology of emotionally influenced memory: implications for understanding traumatic memory; 238–246.

Roozendaal B, Quirarte G, McGaugh JL. Stress-activated hormonal systems and the regulation of memory storage; 247–258.

Armony JL, LeDoux JE. How the brain processes emotional information; 259–270.

Anwendung des derzeitigen wissenschaftlichen Kenntnisstandes auf die klinische Praxis

Ein Trauma ist, wie andere negative Erfahrungen im Leben, verbunden mit einer Reihe negativer psychischer Konsequenzen. Die Betrachtung dieser Erfahrungen aus der Vergangenheit gilt als wichtige Komponente vieler Therapie-Ansätze. Schlüsselbereiche in solchen Therapien sind das Verstehen von Auswirkungen traumatischer Ereignisse auf die gegenwärtige Funktionsfähigkeit und das Angehen noch ungelöster Konsequenzen solcher Erfahrungen. Die Erinnerung an Traumata ist dann relevant, wenn Patienten wegen spezieller Probleme Behandlung suchen, die mit traumatischen Erfahrungen in Zusammenhang stehen könnten, oder wenn sich im Laufe einer Therapie eine Trauma-Vorgeschichte erschließt oder wenn Patienten sich in der Therapie an vorher vergessene Erfahrungen erinnern. Eine Therapie zentriert sich nicht immer und ausschließlich auf traumatische Erinnerungen, aber sie muss auf Traumata-Aspekte wie Emotionen und Kognitionen fokussieren, wenn diese Quelle von Disstress sind.

Viele posttraumatische Symptome sind mit traumatischen Erinnerungen verbunden, zum Beispiel:

- intrusive Gedanken
- Intensivierung von emotionalen und physischen Reaktionen während des Erinnerungsprozesses
- Flashbacks
- Albträume

Spezifische Erinnerungen an traumatische Ereignisse sind besonders störend und stehen deshalb auch im Fokus vieler traumaspezifischer Therapien. Neben diesen erinnerungsbezogenen Symptomen können natürlich auch Veränderungen in den Selbst-Annahmen auftauchen, die aus Handlungen erwachsen, die während und nach traumatischen Ereignissen getan wurden oder eben nicht getan wurden. Kognitives und emotionales Prozessieren sind effektive Behandlungsmethoden für Posttraumatische Belastungsstörungen (PTBS), was beinhaltet, dass ganz spezifisch und im Detail über die Erfahrung gesprochen wird. Pharmakologische Interventionen können aufregende und unangenehme Symptome reduzieren, die in Zusammenhang mit traumatischen Erinnerungen stehen, und so die Funktionsfähigkeiten von Patienten verbessern.

> Erinnerungen an Traumata sind, wie alle Erinnerungen, rekonstruktiv: Sie können vollständig wahr sein, wesentliche Ungenauigkeiten enthalten oder, in einigen Fällen, reine Illusionen sein. Kompetente Therapeuten erkennen an, dass Erinnerung fehlbar ist und dass bestimmte therapeutische Ansätze die Wahrscheinlichkeit einer Verzerrung oder Konfabulation erhöhen können.

Wenn Patienten in therapeutischen Situationen über traumatische Erfahrungen berichten, kann es sein, dass die Genauigkeit der Erinnerung weniger relevant ist als deren Wahrnehmung und Bedeutung. Auf der anderen Seite ist es schädlich für Patienten zu glauben, sie hatten traumatische Erfahrungen, obwohl sie die nicht hatten. Eine Therapie, die eine falsche Annahme an ein Trauma schafft oder verstärkt, kann negative Auswirkungen auf Klienten und deren Umfeld haben.

Die derzeitigen Kontroversen über wiederentdeckte Erinnerung haben Berufsorganisationen in Nordamerika, Europa, Australien und Neuseeland veranlasst, Positionspapiere zu diesem Thema zu veröffentlichen. Obwohl es zwischen ihnen bestimmte Differenzen in Inhalt und Gewichtung gibt, besteht in einigen Punkten Übereinstimmung:

- Traumatische Ereignisse werden gewöhnlich teilweise oder vollständig erinnert.
- Traumatische Erinnerungen können vergessen und dann, einige Zeit später, erinnert werden.
- Es können fiktive Erinnerungen auftreten.

Genereller Konsens ist, dass es derzeit ungelöste wissenschaftliche Fragen über den Mechanismus des Erinnerns und Vergessens gibt. Die Experten stimmen schließlich darin überein, dass es ohne Beweise oder Untermauerung keine Standardprozedur zur Verifizierung der Wahrhaftigkeit und Genauigkeit von Erinnerungen in Einzelfällen gibt; deshalb kann es durchaus zu unterschiedlichen Meinungen unter Therapeuten kommen, wenn es um die Evaluierung der Validität einzelner Darstellungen geht. Obwohl ein Therapeut in der klinischen Einzelsituation eine Hypothese über die Validität der Darstellung entwickeln kann, muss am Ende allein der Patient, nicht der Therapeut, zum Schluss kommen, was in der Vergangenheit tatsächlich passiert ist.

Kliniker sollten sich dieser Tatsachen bewusst sein und sich an anerkannte Therapie-Prinzipien halten. Einige spezielle Praktiken oder Vorgehensweisen liegen außerhalb des Behandlungsstandards oder sind potenziell riskant. Man sollte beispielsweise niemals annehmen, dass bestimmte Symptome oder Symptom-Cluster in und durch sich selbst schon auf ein Trauma hindeuten oder auf eine Missbrauch-Anamnese. Die Diagnosen »Posttraumatische Belastungsstörung« und »Akute Belastungsstörung« werden nur gestellt, wenn der Patient eine entsprechende Vergangenheit mit traumatischen Stressfaktoren und eine bestimmte Anzahl traumabezogener Symptome angibt. Alle anderen psychischen Symptome, sogar solche, die gewöhnlich bei Trauma-Opfern festgestellt werden, können eine ganze Reihe von Ätiologien haben. Klienten dahingehend zu beeinflussen, dass sie traumatische Erfahrungen gemacht haben müssen, oder sie dazu zu ermuntern sich vorzustellen, sie seien traumatisiert worden, ohne eine von diesen selbst berichtete Trauma-Anamnese, ist nicht nur kontraindiziert, sondern kann auch die Entwicklung fiktiver Erinnerungen fördern. Hypnosen und Behandlungen mit Amobarbital (o. Ä.), die angewendet werden, frühere Erfahrungen wiederzuentdecken, und die Suggestionen in Richtung mögliches Trauma enthalten, können ebenfalls falsche Erinnerungen produzieren. Daher sollte keine Behandlungsmethode bei der Anwendung Suggestionen enthalten, die Erinnerungen posthypnotisch oder postmedikamentös beeinflussen. Darüber hinaus sollten sich Kliniker bewusst sein, dass dann, wenn ein Patient hypnotisiert oder ihm Amobarbital (o. Ä.) gegeben wird, ihnen in einigen US-Staaten eine Zeugenaussage in jeder Art von zivilrechtlichen oder strafrechtlichen Vorgängen nicht erlaubt ist.

Einzelne Personen haben manchmal vage oder unvollständige Erinnerungen an Missbrauch in der Kindheit oder sie sind beunruhigt über einen möglichen Missbrauch in der Vergangenheit, basierend auf hierauf bezogene Kindheitserinnerungen oder durch Informationen anderer oder aktuelle Symptome. Verständlicherweise möchten sie in vielen Fällen Klarheit darüber, ob sie tatsächlich missbraucht worden sind, und wenn ja, die Art und das Ausmaß dieser Erfahrungen. Wenn Patienten diese Besorgnis in einer Psychotherapie äußern, sollte auf diesen Aspekt fokussiert werden. Therapeuten können den Patienten eine Möglichkeit geben, die Grundlage für ihre Verdächtigungen zu prüfen, alternative Erklärungen zu berücksichtigen, sie über die auf Missbrauch bezogenen und nicht auf Missbrauch bezogenen Entstehungsarten von psychischen Störungen aufzuklären und auf diesem Weg wichtige Informationen darüber zu erhalten, wie der Erinnerungsprozess abläuft, wie er verändert oder sogar verzerrt werden kann. Patienten, die etwas über ihre Vergangenheit erfahren möchten, können darüber auch mit Familienmitgliedern oder anderen sprechen und Unterlagen der Schule, Beratungsunterlagen oder Krankengeschichten hinzuziehen. Manche Patienten möchten auch ihre wesentlichen Gedanken oder Gefühle über diese Zeit aufzeichnen. Diese Information kann Teil des Therapie-Prozesses werden. Therapeuten sollten Kommentare unterlassen, die die Validität von Erinnerungen bestätigen oder verneinen. Stattdessen sollten sie Patienten unterstützen, selbst ihre Schlüsse zu ziehen.

Klienten erwägen manchmal während der Therapie wegen Missbrauchs in der Kindheit bestimmte Handlungen gegenüber beschuldigten Straftätern und/oder Familienmitgliedern. Zu diesen Handlungen können unter anderem das Konfrontieren der Straftäter, das Informieren anderer über den Missbrauch, das Einschränken und in einigen Fällen Lösen der Familienbeziehungen oder das Einleiten rechtlicher Schritte gegen einen vermutlichen Täter zählen. Therapeuten sollten in diesem Fall versuchen, mit den Klienten gemeinsam herauszufinden, welche möglichen positiven und negativen Auswirkungen verschiedene Entscheidungen psychologisch und sozial haben könnten. Therapeuten sollten Klienten nicht instruieren oder Druck ausüben, eine bestimmte Maßnahme zu ergreifen.

Therapeuten, die Klienten behandeln, die unter einem Trauma gelitten haben oder eine Trauma-Anamnese berichten, sind verpflichtet, ein therapeutisches Umfeld zu schaffen, das einerseits unterstützend in Bezug auf das Trauma wirkt, das aber andererseits anerkennt, dass Erinnerung unvollständig ist. Patienten dürfen durch mögliches Unbehagen des Therapeuten wegen der traumatischen Erfahrungen oder durch unangemessene Skepsis aufgrund der Darstellungen des Patienten nicht entmutigt werden, ihre traumatischen Erfahrungen offenzulegen und darüber zu sprechen. Es kann jedoch ratsam sein, besonders bei einem »delayed recall« an Ereignisse, die weit in der Vergangenheit liegen, dass Therapeuten über die rekonstruktive Natur von Erinnerung aufklären.

Therapeuten und Patienten brauchen nicht vor der Exploration traumatischer Vorgeschichten zurückzuschrecken; Erinnern als Selbstzweck sollte aber nicht Ziel der Therapie sein.

> Effektive Traumatherapie hilft Patienten bei der Aufarbeitung traumaspezifischer Symptome, führt zu einer genauen und aussagekräftigen Interpretation des traumatischen Ereignisses und erlaubt es, der Erfahrung eine Perspektive zu geben.

Obwohl die Besprechung der traumatischen Erlebnisse der Vergangenheit oftmals eine wichtige Komponente einer Therapie der Wahl ist, wird dadurch ein entsprechender Behandlungsschwerpunkt zur Gegenwart hin nicht ausgeschlossen. Bei der Behandlung Erwachsener, die in ihrer Kindheit ein Trauma erlitten haben, besteht das eigentliche Ziel darin, die noch immer andauernden Auswirkungen dieses Kindheitstraumas so zu verarbeiten, dass Patienten ihr momentanes und künftiges Leben verbessern können. Ob dabei traumatisches Material diskutiert wird oder nicht: Das Hauptziel der

Therapie ist die Verbesserung des gegenwärtigen Funktionsniveaus. Traumatische Kindheitserlebnisse bleiben wahrscheinlich für immer ein wichtiger Teil der persönlichen Identität eines Opfers von Missbrauch; nach einer erfolgreichen Behandlung ist die Wahrscheinlichkeit jedoch groß, dass die Überlebenden nach vorne in die Zukunft schauen, anstatt zurück in die Vergangenheit.

Weiterführende Literatur zu diesem Abschnitt

Berliner L, Briere J (1998). Trauma, memory, and clinical practice. In: Williams L (ed). Trauma and Memory. Thousand Oaks, CA: Sage. (Dieses Kapitel fasst die relevante Literatur über die Auswirkungen von Traumata auf die Erinnerung, die Fehlbarkeit von Erinnerung, Therapie-Praktiken in Bezug auf Erinnerung zusammen. Implikationen für die Praxis werden ebenfalls diskutiert.)

Briere J (1996). Therapy With Adults Molested as Children. New York: Springer. (Dies ist eine revidierte Ausgabe eines bahnbrechenden Buchs über die Behandlung von Erwachsenen, die schwer missbraucht wurden. Es enthält aktualisierte Kapitel über Behandlungsmethoden unter besonderer Berücksichtigung des Aspektes »Erinnerung«.)

Courtois CA (1997a). Guidelines for the treatment of adults abused or possibly abused. Am J Psychother 51: 497–510. (Eine Sammlung von Richtlinien für die Therapie-Praxis auf dem Gebiet der wiederentdeckten Erinnerung.)

Courtois CA (1997b). Informed clinical practice and the standard of care: Proposed guidelines for the treatment of adults who report delayed memories of childhood trauma. In: Read JD, Lindsay DS (eds). Recollections of Trauma: Scientific research and clinical practice. New York: Plenum; 337–361. (Dieses Kapitel nennt zentrale Aspekte in der Behandlung von erwachsenen Patienten, die über Kindesmissbrauch berichten oder sich während der Therapie daran erinnern. Es gibt konkrete Richtlinien für die therapeutische Praxis.)

Dalenberg C, Carlson E (in press). Ethical issues in the treatment of the recovered memory trauma victims and patients with false memories of trauma. In: Bucky S (ed). The Comprehensive Textbook of Ethics and Law in the Practice of Psychology. New York: Plenum. (Dieses Kapitel beschreibt die verschiedenen klinischen Situationen, in denen Erinnerungen oder fehlende Erinnerungen an ein Trauma thematisiert werden. Es schildert die verschiedenen und komplexen Dilemmata, in denen Kliniker stecken, und schlägt therapeutische Lösungsansätze im Lichte dieser Dilemmata vor.)

Knapp S, VandeCreek L (1996). Risk management for psychologists: Treating patients who recover lost memories of childhood abuse. Prof Psychol Res Pract 27: 452–459. (Diese Arbeit empfiehlt eine Reihe von basalen Vorsichtsmaßnahmen, die Praktiker ergreifen können, um gesetzliche Risiken mit Patienten zu reduzieren, inklusive Aufrechterhaltung von Grenzen, Einverständniserklärung, Aufsuchen von Konsultation und Supervision und Erstellung einer sorgfältigen Dokumentation.)

Knapp S, VandeCreek L (1997). Treating Patients with Memories of Abuse: Legal risk management. Washington, DC: American Psychological Association Press. (Ein Band, der sich mit Behandlungsaspekten befasst, die Therapeuten im Zusammenhang mit gesetzlichem Risikomanagement beachten sollten.)

Read JD, Lindsay DS (eds) (1997). Recollections of Trauma: Scientific evidence and clinical practice. New York: Plenum. (Herausgabe von Papers und Kommentaren von der NATO-Konferenz gleichen Titels 1996.)

6.2.4 Anwendung des derzeitigen wissenschaftlichen Kenntnisstandes auf die forensische Praxis[88]

Das Thema »Wiederentdeckte Erinnerungen an Missbrauch in der Kindheit« ist eines, das oft heftige Emotionen weckt. Auf der einen Seite fällt es schwer, die Tatsache zu akzeptieren, dass Erwachsene manchmal dabei versagen, Kinder zu schützen, oder ihnen sogar Leid zufügen, besonders wenn diese Erwachsenen Familienmitglieder sind. Das geht gegen unser moralisches Empfinden und gegen unser Bedürfnis nach Sicherheit und Geborgenheit in der sozialen Ordnung. Hinzu kommt, dass dieses ganze Thema »Kindesmissbrauch« sehr schwierig zu diskutieren ist. Bis vor kurzem gab es nicht einmal ein öffentliches Forum, wo dieses Thema volle Aufmerksamkeit erhalten und öffentlich diskutiert werde konnte.

Eine weitere Möglichkeit, die stark emotionale Antwort auf das Thema »Wiederentdeckte Erinnerungen an ein Trauma in der Kindheit« zu verstehen, besteht darin, sich vor Augen zu führen, dass aufgrund der starken rechtsstaatlichen Bindung unserer Gesellschaft auch eine starke Bindung an die juristisch einwandfreie Überführung eines Angeklagten im Falle des Kindesmissbrauchs besteht.

> Es ist wichtig, sicherzustellen, dass unschuldige Personen nicht solch verwerflicher Verhaltensweisen angeklagt werden; es ist ebenso wichtig, dass die Opfer sehen, dass ihre Täter zur Rechenschaft gezogen werden.

Dieser Anspruch auf Gerechtigkeit wird durch Ambiguitäten noch verkompliziert, die Situationen inhärent sind, in denen die Glaubhaftigkeit der Erinnerung an einen Missbrauch infrage gestellt wird. Daher muss die emotionale Entrüstung über Kindesmissbrauch gedämpft werden, wenn der Verdacht besteht, dass die wiederentdeckte Erinnerung an ein Trauma in der Kindheit falsch sein und dazu führen könnte, dass jemand fälschlicherweise angeschuldigt würde. Die stark emotionale Wirkung des Themas »Wiederentdeckte Erinnerungen an einen Missbrauch in der Kindheit« tritt wohl nirgendwo so deutlich zu Tage wie in der juristischen Arena. In dem Bestreben unserer Rechts- und Justizsysteme, sowohl die Rechte der mutmaßlichen Opfer als auch die Rechte der mutmaßlichen Täter zu wahren, hat die momentane wissenschaftliche Kontroverse in Bezug auf wiedergekehrte Erinnerungen die besondere Aufmerksamkeit der Gerichte auf sich gezogen. Das hat zu Gesetzesinitiativen geführt, um sowohl den Schutz der mutmaßlichen Opfer, die sich an den früheren Missbrauch wieder erinnern, als auch den Schutz der mutmaßlichen Täter, die fälschlicherweise beschuldigt wurden, auszuweiten.

Die Gesetze gegen Kindesmissbrauch haben zum Ziel, rechtliche Mechanismen zur Verfügung zu stellen, durch die Kinder vor Schaden innerhalb ihrer Familien bewahrt werden, die Gesellschaft vor verurteilten Kriminellen geschützt wird, Vergeltung für

---

88 Der folgende Text ist vorwiegend auf die USA bezogen (Anm. U. Sachsse).

Gesetzesverstöße festgelegt werden oder finanzielle Entschädigung für absichtliche oder fahrlässige Taten verfügbar wird. Unterschiedliche Länder haben unterschiedliche Arten von Rechtssystemen, basierend auf rechtlichen und juristischen Prinzipien, Regeln und Präzedenzfällen. In den Rechtssystemen in England, Schottland, Irland, Kanada, Australien oder den USA muss die Regierung oder die jeweilige Partei, die eine Klage einbringt, zunächst die Behauptungen beweisen, bevor Personen das Sorgerecht oder den Zutritt zu ihren Kindern, ihre Freiheit oder ihr Vermögen verlieren.

Mitarbeiter im Gesundheitswesen für psychische Erkrankungen können auf vielerlei Art und Weise an rechtlichen Maßnahmen oder Handlungen beteiligt werden. Ein Beispiel hierfür ist die Meldung eines vermuteten Kindesmissbrauchs an eine Regierungsbehörde. In den USA, in Kanada und einigen australischen Staaten sind Mitarbeiter im Gesundheitswesen gesetzlich dazu verpflichtet, einen vermuteten Kindesmissbrauch an die zuständigen Behörden des Jugendschutzes und der Strafjustiz zu melden. In vielen anderen Ländern mit Gewohnheitsrecht können Verdachtsfälle von Kindesmissbrauch an die zuständigen Regierungsbehörden gemeldet werden, die dazu ermächtigt sind, Nachforschungen anzustellen und gegebenenfalls einzugreifen. Andere Länder haben nichtstaatliche Stellen oder festgelegte Fachleute, die Meldungen entgegennehmen und intervenieren. In jenen Ländern mit formalen Kinderschutz-Gesetzen oder -Systemen wird Praktikern generell eine gewisse Immunität bei einer Meldung »im guten Glauben« gewährt. Alle anderen auf diesem Feld Tätigen sollten mit ihren spezifischen Pflichten, Rechten und ihrer rechtlichen Absicherung gut vertraut sein. Obwohl gerichtlich bestellte Ärzte, wie zum Beispiel Psychiater oder Psychologen, juristische Immunität genießen, gab es in der letzten Zeit in den USA Fälle, in denen juristisch Beauftragte zivilrechtlich verfolgt oder von mutmaßlichen Tätern an Zulassungsbehörden gemeldet wurden.

Die meisten Rechtsprechungen, die die Meldung von Kindesmissbrauch fordern, verlangen eine solche Meldung nicht, wenn der Kindesmissbrauch erst von erwachsenen Patienten entdeckt wurde. Eine solche Meldung kann für einen praktisch Tätigen allerdings dann verpflichtend werden, wenn er Kenntnis davon hat, dass ein anderes Kind im Moment in Gefahr ist. In Ländern oder Rechtssystemen, in denen nichtstaatliche Stellen für diese Meldungen zuständig sind, können Praktiker beschließen, einen Fall zu melden, weil sie glauben, dass eine offizielle Untersuchung zum Schutz des Kindes notwendig ist. Genaue Kenntnis der relevanten Vorschriften und Folgen einer solchen Meldung gehört zu den Verantwortlichkeiten jeder Profession.

Praktisch Tätige können auch als Zeugen bei strafrechtlichen oder zivilen Rechtsstreitigkeiten herangezogen werden. Sie können Tatsachen bezeugen, da sie über relevante und zulässige Informationen verfügen. In solchen Fällen werden sie zur Aussage vor Gericht geladen und das Arzt/Therapeut-Patienten-Privileg, das dem Arztgeheimnis und der Schweigepflicht innewohnt, kann aufgehoben werden. Es kann auch vorkommen, dass praktisch Tätige als sachverständige Zeugen in den Prozess einbezogen werden. Experten der Anklage oder der Verteidigung können aufgefordert werden, über einen bestimmten Patienten auszusagen, da sie eine gerichtsmedizinische Bewertung vorgenommen oder Fallmaterial überprüft haben. Sie können auch aufgefordert werden, eine Einschätzung darüber abzugeben, ob das traumatische Ereignis tatsächlich stattgefunden hat und ob und inwieweit daraus psychischer Schaden entstanden ist. Ebenso können sie beurteilen und bezeugen, ob der betreffende Praktiker sich an die für ihn gültige Sorgfaltspflicht gehalten hat, wenn er eines Kunstfehlers bezichtigt wird oder einer Zulassungsbehörde oder einem Berufsverband gemeldet wird. Manchmal sagen Experten vor Gericht auch über relevante wissenschaftliche und klinische Erkenntnisse aus, ohne speziellen Bezug auf ein bestimmtes Individuum zu nehmen.

In den letzten Jahren sind mehrere neue Gesetzesfelder entstanden, die direkt mit Fragen der Erinnerung in Verbindung stehen und praktisch Tätige als Zeugen oder Sachverständige involvieren können. Viele Rechtssysteme haben beispielsweise durch ihre Gesetzgebung oder auf Präzedenzfälle bezogene Rechtsprechung die Verjährungsfristen (die Zeitspanne nach einer Tat, bis zu der rechtliche Schritte beginnen müssen) für Kindesmissbrauch, Strafverfolgungen oder Schadensersatzklagen heraufgesetzt. Dies geschah als Reaktion auf ein geschärftes Bewusstsein, dass einige Opfer sich erst sehr lange nach dem Ereignis an ihre Erfahrungen erinnern oder nur verspätet die Verbindung zwischen einer gegenwärtigen Dysfunktion und einer früheren Misshandlung erkennen. Verjährungsfristen gibt es angesichts der Tatsache, dass die Erinnerung mit der Zeit verblasst, Beweise verloren gehen können, Zeugen verschwinden oder sterben können und dadurch das Recht des Angeklagten auf eine angemessene Verteidigung und ein faires Gerichtsverfahren gefährdet sein kann. Diese Fristen zwischen dem Begehen einer schädigenden Handlung und der Einreichung einer Schadensersatzklage durch ein mutmaßliches Opfer einer solchen Handlung können durch Gesetzesinterpretation oder durch eine neue Gesetzgebung, basierend auf der »Verspätete-Aufdeckung-Regel« (delayed discovery rule), verlängert werden. Dieses Rechtsprinzip trägt der Tatsache Rechnung, dass es Umstände gibt, unter denen es für ein Opfer nicht möglich ist, von einem Verbrechen oder einer fahrlässigen Handlung und seinen schädigenden Auswirkungen zu wissen, bis die Verjährungsfrist abgelaufen ist. In diesen Fällen beginnt die Verjährungsfrist erst, wenn ein Opfer sich an das Ereignis erinnert oder den Schaden an sich bemerkt.

Eine weitere wichtige Entwicklung auf juristischem Gebiet in den USA waren die Klagen gegen Therapeuten wegen Kunstfehlern, eingereicht von Dritten, die nicht Klienten sind und auch sonst nicht in therapeutischer Beziehung zu den angeklagten Therapeuten stehen, die aber Klage erheben, durch das Handeln der Therapeuten Schaden erlitten zu haben. Unter dem üblichen Kunstfehler-Gesetz können Therapeuten ausschließlich von ihren Patienten auf fehlerhafte Behandlung verklagt werden. Einige Klagen wurden zum Beispiel von Patienten eingereicht, die behaupten, dass ihr Therapeut Druck auf sie ausgeübt habe, ein früheres Trauma zu erinnern, oder von Patienten, die anfangs ein Familienmitglied des Kindesmissbrauchs beschuldigten, die Beschuldigung später wieder zurückzogen und den Therapeuten nun dafür zur Verantwortung ziehen, die anfänglichen Beschuldigungen vorangetrieben zu haben. Kürzlich haben einige Gerichte auch Klagen zugelassen, in denen »von dritter Seite« – gewöhnlich von einem Familienmitglied des Patienten – behauptet wird, der Therapeut habe einen Kunstfehler begangen, indem er Praktiken angewendet habe, die Klienten dazu gebracht haben können, falsche Erinnerungen über diese »dritte Seite« zu schaffen. Diese Fälle wurden fortgesetzt, auch wenn der erwachsene Klient dies nicht wollte und wenn er keine rechtlichen Schritte gegen den mutmaßlichen Täter eingeleitet hatte. Über die Gerichtsverfahren hinaus haben sich Personen von dritter Seite erfolgreich bei Disziplinar-Ausschüssen beschwert, mit der Folge von Behandlungs-Einschränkungen oder Verlust der Lizenz, praktizieren zu dürfen. In vielen dieser Fälle haben die Patienten die Klagen nicht unterstützt und auch nicht geglaubt, dass sie durch die Therapie geschädigt wurden. Ein Ergebnis dieser Entwicklungen ist, dass einige Therapeuten zunehmend zögerlich geworden sind, auf die traumatischen Erinnerungen ihrer Patienten einzugehen, auch wenn therapeutische Aufmerksamkeit an diesem Punkt notwendig erschiene.

Praktiker, die forensische Gutachten anfertigen oder als sachverständige Zeugen aussagen, müssen sich an die festgelegten Praxisstandards in ihren jeweiligen Disziplinen halten. Forensische Praxis unterscheidet sich zum Beispiel von klinischer Praxis in Bezug auf die Rolle des praktisch Tätigen, den Zweck der beruflichen Aktivität und die generell akzeptierten Methoden und Ansätze. Forensische Gutachten dienen der juristischen Entscheidungsfindung, obgleich der Gutachter nicht immer vor Gericht aussagt. Solche Gutachten werden normalerweise von Anwälten oder vom Gericht angefordert. Die Patienten werden über die Art des Gutachtens informiert und stimmen einer Weitergabe der Informationen an designierte Parteien zu. Praktiker nehmen hierbei generell einen neutralen Standpunkt ein und verlassen sich darauf, dass es vor Gericht noch eine Vielzahl weiterer Informationsquellen zusätzlich zum Patientenbericht gibt. Experten müssen mit dem gegenwärtigen wissenschaftlichen und klinischen Kenntnisstand auf dem Gebiet »Trauma und Erinnerung« auf dem Laufenden sein.

Dieser Bereich expandiert rapide, und neue Forschungsergebnisse werden regelmäßig in Fachzeitschriften veröffentlicht und auf Fachtagungen vorgetragen. Obwohl es nicht erforderlich ist, dass Experten wissenschaftliche Forscher sind – eine Expertise kann auch Ergebnis jahrelanger Erfahrung sein –, sind klinische Experten gut beraten, sich generelle Prinzipien und Fakten vor Augen zu halten, die von der relevanten wissenschaftlichen Gemeinschaft akzeptiert werden.

Für Praktiker ist es wichtig zu verstehen, dass Gesetze und Gesetzgebung zu Verjährungsfristen, dem Einsatz von verspäteter Aufdeckung von Erinnerungen sowie die Klageeinreichungen von dritter Seite staaten- und landesspezifisch sind und sich häufig ändern. Es wird empfohlen, dass Praktiker sich in Bezug auf Sorgfaltspflicht und Kunstfehler in ihrem Beruf an die in ihrem Land zuständige Stelle bezüglich der geltenden Rechtslage wenden.

Weiterführende Literatur zu diesem Abschnitt

Bowman CG, Mertz (1996). A dangerous direction: Legal intervention in sexual abuse survivor therapy. Harv Law Rev 109: 551–563. (Dies ist eine Zusammenfassung rechtlicher Aspekte auf dem Gebiet der Erinnerungswiedergewinnung und der Therapie.)

Brown D, Scheflin AW, Hammond DC (1998). Memory, Trauma Treatment, and the Law. New York: W. W. Norton. (Dieses Buch wurde für Ärzte, Forscher, Rechtsanwälte und Richter geschrieben, um eine kritische Auseinandersetzung mit der Erinnerungsforschung, der Trauma-Behandlung und relevanten Gerichtsfällen verfügbar zu machen.)

Knapp S, VandeCreek L (1996). Risk management for psychologists: Treating patients who recover lost memories of childhood abuse. Prof Psychol Res Pract 27: 452–459. (Diese Arbeit gibt eine Reihe von Ratschlägen zu basalen Vorsichtsmaßnahmen für Praktiker zur Reduzierung gesetzlicher Risiken bei Klienten, inklusive das Aufrechterhalten von Grenzen, die Einverständniserklärung, Suche nach Konsultation und Supervision und Erstellung einer sorgfältigen Dokumentation.)

Pope KS, Brown LS (1996). Recovered Memories of Abuse: Assessment, therapy, forensics. Washington, DC: American Psychological Association. (Dieses Buch wurde für Kliniker und Experten geschrieben, die mit Patienten arbeiten, die über wiederentdeckte Erinnerungen an Missbrauch in der Kindheit berichten. Forensische Aspekte für Therapeuten, die Behandlung anbieten, und Sachverständige als Zeugen sind aufgeführt.)

Tracy CE, Morrison JC, McLaughlin MA, Bratspies RM, Ford DW (1996). Brief of the International Society for Traumatic Stress Studies and the Family Violence & Sexual Assault Institute as Amici Curiae in support of the state. No. 95-429; State of New Hampshire v. Joel Hungerford; State of New Hampshire v. John Morahan; Appeal of an Order of the Hillsborough County Superior Court, Northern District, Pursuant to RSA 606:10; In the State of New Hampshire Supreme Court, 1996 term, July session. (Dieses juristische Amici-Curiae-Dokument beschäftigt sich mit der Zulässigkeit von Aussagen bezüglich wiederentdeckter Erinnerungen an sexuellen Missbrauch in der Kindheit und im Besonderen mit der gerichtlichen Anerkennung von traumabedingter Amnesie als gut dokumentiertes Symptom, das aus einem schweren Trauma resultieren kann.)

6.2.5 Zusammenfassung und Schlussfolgerungen

Kindheitstraumata, die mit zwischenmenschlicher Gewalt einhergehen, treten häufig auf und spielen eine wichtige Rolle bei späteren maladaptiven Funktionsstörungen von Erwachsenen. Korrespondierend mit einer generellen Weiterentwicklung der traumabezogenen Wissenschaftlichkeit hat es eine Zunahme der Kenntnis über verspätete Erinnerung traumatischer Ereignisse und über Erinnerungsprozesse gegeben, die für das Verstehen traumatischer Erinnerungen relevant sind. Wir wissen, dass Menschen Kindheitstraumata vergessen und dass dies nicht auf Menschen in Behandlung oder auf Menschen, deren Trauma in Folge eines sexuellen Missbrauchs entstand, beschränkt ist. Wir wissen auch, dass Menschen sich genau an bereits dokumentierte Kindheitstraumata erinnern können, die sie nach eigener Aussage zuvor vergessen hatten, und dass eine Vielzahl an Auslösern mit diesen Erinnerungen verbunden ist. Die meiste Erinnerungs-Entdeckung scheint in Situationen aufzutreten, die Schlüsselreize enthalten, die ihrerseits der ursprünglichen traumatischen Situation ähnlich sind, und scheint nicht als direktes Resultat von Psychotherapie aufzutauchen. Es ist allerdings möglich – und viele würden so argumentieren –, dass Therapeuten, die sich nicht an akzeptierte Praxisstandards halten, eine »wiederentdeckte Erinnerung« eines Ereignisses begünstigen, das niemals stattgefunden hat.

Es gibt einerseits Beweise, dass wiederentdeckte Erinnerungen an Missbrauch in der Kindheit so genau sein können wie niemals vergessene Erinnerungen an Missbrauch in der Kindheit; es gibt andererseits ebenfalls Beweise, dass Erinnerung rekonstruktiv und unvollkommen ist, dass Menschen sehr grobe Fehler machen können beim Erinnern, dass Menschen unter bestimmten Umständen durch sozialen Einfluss oder durch Überredung beeinflussbar, suggestibel sind, wenn sie Erinnerungen an vergangene Ereignisse erzählen, und dass, zumindest unter bestimmten Umständen, ungenaue Erinnerungen heftig geglaubt und überzeugend beschrieben werden können. Darüber, dass traumatische Erinnerungen von normalen Erinnerungen verschieden sein können, haben wir derzeit keinen endgültigen wissenschaftlichen Konsens. Es ist ebenfalls noch nicht bekannt, wie traumatische Erinnerungen vergessen und später wiederentdeckt werden. Dies sind alles fundamentale Fragen, die eine Flut wichtiger Forschung über den Erinnerungsprozess im Allgemeinen und traumatische Erinnerungen im Besonderen ausgelöst haben.

Die Fragen nach der Bewertung und Behandlung von Traumata haben auch eine differenzierte Betrachtungsweise des Ziels, des Prozesses und der Standards von Therapie vorangetrieben. Während kompetente Therapeuten ein Therapie-Umfeld schaffen müssen, in dem auf wiederentdeckte Erinnerungen an ein Trauma in der Kindheit eingegangen werden kann, müssen sie gleichzeitig anerkennen, dass Erinnerung fehlbar ist und dass bestimmte therapeutische Ansätze die Wahrscheinlichkeit von Verzerrung und Konfabulation vergrößern können. Fachleute stimmen darin überein, dass es keine standardisierte Vorgehensweise für die Herstellung von Genauigkeit bei wiederentdeckten Erinnerungen gibt und dass es in der klinischen Praxis die Sache der Patienten ist, Schlüsse zu ziehen, ob er oder sie in der Vergangenheit traumatisiert wurde oder nicht, und auch zu den genauen Details solcher Ereignisse. Professionelle stimmen auch darin überein, dass es nicht Aufgabe der Therapeuten ist, Patienten zu instruieren oder unter Druck zu setzen, eine bestimmte Richtung dahingehend einzuschlagen, Täter und/oder Familienmitglieder während einer Therapie für Kindesmissbrauch zu verklagen.

Es gibt in der gegenwärtigen Gesellschaft eine starke Übereinstimmung, Kinderschänder aufzuspüren. Hierbei ist es genauso wichtig, dass unschuldige Menschen nicht eines solchen Verbrechens bezichtigt werden, wie es wichtig ist, dass die Opfer sehen, dass ihre Täter zur Rechenschaft gezogen werden. Durch das Bestreben unserer juristischen Systeme, Rechte und Schutz von mutmaßlichen Opfern und Tätern auszubalancieren, wird der derzeitigen wissenschaftlichen Kontroverse bezüglich der wiederentdeckten Erinnerung erhebliche forensische Aufmerksamkeit geschenkt, und es hat bereits zu einigen Gesetzesinitiativen geführt. Sowohl die mutmaßlichen Täter als auch diejenigen, die wegen mutmaßlich falscher Beschuldigungen zur Rechenschaft gezogen werden (Therapeuten eingeschlossen), befinden sich im Fadenkreuz der Justiz.

Momentan gibt es keine festgelegte Standard-Vorgehensweise, um die Validität einzelner Berichte über wiederentdeckte Erinnerungen an ein Trauma in der Kindheit zu bestimmen; unser derzeitiger wissenschaftlicher Kenntnisstand bietet allerdings übereinstimmend akzeptierte und ausgewogene Information, die für die forensische Praxis von großer Bedeutung sein kann.

Diese Arbeit wurde von der International Society for Traumatic Stress Studies erstellt, um die Öffentlichkeit über die komplexen und wichtigen Faktoren zu informieren, die in der momentanen Kontroverse über Erinnerungen an sexuellen Missbrauch in der Kindheit eine Rolle spielen. Wir behandeln die Fragen zu Kindheitstrauma, traumatischer Erinnerung, Erinnerungsprozess, klinischen Faktoren und forensischen Implikationen im Hinblick auf diese Kontroverse. Wir haben versucht, eine ausgewogene Übersicht dieser Fragen zu präsentieren. Als eine internationale Organisation, die sich der Aufgabe verschrieben hat, die beste Forschung und Ausbildung auf diesem Gebiet voranzutreiben, glauben wir, dass es essenziell wichtig ist, dass Menschen, die sich mit diesem kontroversen Thema auseinandersetzen, mit der genauesten und umfassendsten Information ausgestattet sind, die möglich ist. Wir hoffen, dass diese Arbeit diesen Zweck erfüllt hat.

Weiterführende Literatur ab 1998

Dieser Report wurde im Juni 1997 von der ISTSS publiziert. Seitdem gibt es weitere Veröffentlichungen in englischer Sprache zur Gedächtnisbildung und Erinnerung, die für die Leser von Interesse sein könnten:

Brewin CR, Andrews B (1998). Recovered memories of trauma: Phenomenology and cognitive mechanisms. Clin Psychol Rev 4: 949–970.

Courtois CA (1999). Recollections of Sexual Abuse: Treatment principles and guidelines. New York: Norton.

Foa EB, Keane TM, Friedman MJ (eds) (2000). Effective Treatment for PTSD. Practice Guidelines from the International Society for Traumatic Stress Studies. New York: Guilford.

Freyd JJ, DePrince AP (2001). Trauma and Cognitive Science. Binghamton, NY: Haworth Press.

Williams LM, Banyard VL (eds) (1999). Trauma & Memory. Thousand Oaks, CA: Sage.

Deutschsprachige Artikel und Bücher zum Thema

Ernst C (1999). Missbrauch vergisst man nicht. Psycho 25: 613–617.

Gunkel S (1999). Die Häufigkeit posttraumatischer Belastungsstörungen: Epidemiologische Befunde. In: Kruse G, Gunkel S (Hrsg). Trauma und Konflikt. Hannover: Hannoversche Ärzte-Verlags-Union; 48–83.

Kirsch A (2001). Trauma und Wirklichkeit. Wiederauftauchende Erinnerungen aus psychotherapeutischer Sicht. Stuttgart: Kohlhammer.

Loftus E, Ketcham K (1995). Die therapierte Erinnerung. Vom Mythos der Verdrängung bei Anklagen wegen sexuellen Mißbrauchs. Hamburg: Ingrid Klein Verlag.

Markowitsch HJ (2001). Streßbezogene Gedächtnisstörungen und ihre möglichen Hirnkorrelate. In: Streeck-Fischer A, Sachsse U, Özkan I (Hrsg). Körper, Seele, Trauma: Biologie, Klinik und Praxis. Göttingen: Vandenhoeck & Ruprecht; 72–93.
Otgaar, H., I. Mangiulli, et al. (2023). External and internal influences yield similar memory effects: the role of deception and suggestion. Front Psychol 14: 1081528.
Sachsse U (2004). Traumazentrierte Psychotherapie. Theorie, Klinik und Praxis. Stuttgart, New York: Schattauer.
Sachsse U, Eßlinger K, Schilling L (1997). Vom Kindheitstrauma zur schweren Persönlichkeitsstörung. Fundamenta Psychiatrica 11: 12–20.
Schaefer I, Gast U, Hofmann A, Knaevelsrud C, Lampe A, Liebermann P, Lotzin A, Maercker A, Rosner R, Wöller W (Hrsg) (2019). S3-Leitlinie Posttraumatische Belastungsstörung. Berlin, Springer.
Schemmel J, Volbert R (2021). Therapie oder Glaubhaftigkeit? Psychotherapeutische Behandlung bei laufenden Strafverfahren. reportpsychologie 46(10): 14–24. (Dieser Artikel beinhaltet die aktuelle Sichtweise der Gedächtnisforschung und Aussagepsychologie zu recovered memories. Danach ist ein völliges Vergessen traumatischer Erfahrungen sehr unwahrscheinlich. Ein aktives Ausblenden ist sicherlich öfter möglich.)
Simmich T (1999) Diagnostische, forensische und behandlungsethische Aspekte zur Problematik psychotherapie-induzierter sexueller Missbrauchserlebnisse. Nervenarzt 70(11): 1009–1013.
Stevens A, Foerster K (2002). Psychiatrische Begutachtung der Folgen kindlichen Missbrauchs nach dem Opferentschädigungsgesetz. Med Sach 98(5): 172–177.
Utzon-Frank N, Breinegaard N, Bertelsen M, Borritz M, Hurwitz Eller N, Nordentoft M, Olesen K, Hulvej Rod N, Rugulies R, Bonde JP (2014). Occurance of delayed-onset of post-traumatic stress disorder: a systematic review and meta-analysis of prospektive studies. Scand J Work Environ Health 40(3): 215–229.
Wetzels P (1997). Zur Epidemiologie physischer und sexueller Gewalterfahrungen in der Kindheit. Ergebnisse einer repräsentativen retrospektiven Prävalenzstudie für die BRD. Forschungsbericht Nr. 59. Hannover: Kriminologisches Forschungsinstitut Niedersachsen.

6.3 Das Schuldfähigkeitsgutachten

Nach unseren Rechtsnormen darf nur bestraft werden, wer sich schuldig gemacht hat. Bestraft wird nicht die Tat, sondern die Täterin oder der Täter. Es gibt durchaus Konstellationen, bei denen eine schwerwiegende Tat geschehen ist, ohne dass der Täter sich schuldig gemacht hat. Besonders wichtig sind in diesem Zusammenhang die Bestimmung und Begutachtung der Schuldfähigkeit. Der Gesetzgeber geht als Normalfall davon aus, dass alle Erwachsenen schuldfähig sind. Juristen betrachten Schuldfähigkeit geradezu als Qualitätsmerkmal. Auch in der Bevölkerung gelten Menschen, die in einer bestimmten Situation oder generell nicht oder vermindert schuldfähig waren, als tendenziell minderwertig. Ihnen wird oft mit Spott und Verachtung begegnet.

Die Schuldfähigkeitsbegutachtung hat in Mitteleuropa eine sehr lange Tradition. Schon im Sächsischen Landrecht aus dem 13. Jahrhundert war – wie wir bereits sahen – festgehalten, dass die Tollen nicht mit dem Tode bestraft werden sollen. Sie hatten aber auch verminderte Rechte, konnten nicht als Zeugen aussagen und etwas beeiden und waren auch in anderer Hinsicht sozial und juristisch zurückgestuft. Es war und ist also nicht gerade ein Qualitätsmerkmal, nicht oder auch nur vermindert schuldfähig gewesen zu sein.

Damit dieses wichtige juristische Merkmal nicht willkürlich und beliebig eingesetzt wird, wird es von zwei zentralen Paragrafen geregelt.

§ 20 StGB (Schuldunfähigkeit wegen seelischer Störungen)

> *»Ohne Schuld handelt, wer bei Begehung der Tat wegen einer krankhaften seelischen Störung, wegen einer tiefgreifenden Bewusstseinsstörung oder wegen einer Intelligenzminderung oder einer schweren anderen seelischen Störung unfähig ist, das Unrecht der Tat einzusehen oder nach dieser Einsicht zu handeln.«*

§ 21 StGB (Verminderte Schuldfähigkeit)

> *»Ist die Fähigkeit des Täters, das Unrecht der Tat einzusehen oder nach dieser Einsicht zu handeln, aus einem der in § 20 bezeichneten Gründe bei Begehung der Tat erheblich vermindert, so kann die Strafe nach § 49 Abs. 1 gemildert werden.«*

Der Anwendung und Auslegung dieser beiden Paragrafen sind mehrere Lehrbücher gewidmet, zum Beispiel Dreßing und Habermeyer (2020).

Das Fachgebiet, um das es hier geht, nennt sich **Forensische Psychiatrie** bzw. **Forensische Psychologie**. Beide Paragrafen sind typische juristische Schachtelsätze, bei denen jede Wortwahl, jedes Komma und jede Satzstellung gründlichst reflektiert worden ist und eine besondere Bedeutung hat. Wir haben den Umgang mit Gesetzestexten ja bereits im Kapitel zur Subsumtion gut kennengelernt (→ Kap. 3).

Sehen wir uns also gemeinsam all diese Elemente genau an. Das kann auch das globaldiffuse Vorurteil Psychiatrischen Gutachtern gegenüber etwas relativieren, die ja nach Meinung mancher Medien und von Teilen der Öffentlichkeit extrem gemeingefährliche Verbrecher frei herumlaufen lassen, harmlose Spinner ein Leben lang in die Forensische Psychiatrie stecken und alle selbst eine Meise haben – so, wie die denken, argumentieren und formulieren.

»Ohne Schuld handelt« (§ 20 StGB) beinhaltet, dass eine Handlung geschehen sein kann, die zwar einen Straftatbestand darstellt, bei deren Begehung sich aber die Täterin oder der Täter nicht schuldig gemacht hat. Diese Situation ist eine Ausnahme. Sie kann nur festgestellt werden, wenn klar definierte Gründe beweisen, dass hier ohne Schuld gehandelt wurde.

Die Begutachtung bezieht sich auf einen bestimmten Zeitpunkt: *»bei Begehung der Tat«* (§ 20 StGB). Es ist also unerheblich, ob jemand zwei Jahre vor einer Tat eine erhebliche seelische Krise hatte, ambulant oder stationär psychiatrisch oder psychotherapeutisch behandlungsbedürftig war oder generell allen Nachbarn irgendwann schon mal komisch vorgekommen ist. Wichtig ist einzig und allein, ob dieser Mensch im Moment der Begehung der Tat schuldfähig war.

Das Wort *»wegen«* weist darauf hin, dass jetzt eine zwingende kausale Verknüpfung erfolgen muss. Schuldunfähig ist niemand irgendwie oder vermutlich oder wahrscheinlich, sondern »wegen« irgendetwas. Es müssen also klare Kriterien erfüllt sein. Diese Kriterien sind *»seelische Störungen«*. Seelische Störungen werden von Psychiaterinnen und Psychologinnen festgestellt. Deshalb ist die Schuldfähigkeitsbegutachtung auf dem Feld der Psycho-Wissenschaften angesiedelt. Eine besonders lange Tradition der Forensischen Begutachtung haben die Psychiater.

Der erste Grund, wegen dessen jemand ohne Schuld gehandelt haben könnte, ist eine *»krankhafte seelische Störung«* (§ 20 StGB). Diese juristische Formulierung bedarf der Übersetzung ins Psychiatrische. Gemeint sind damit bestimmte Erkrankungen, die nach heutigem Wissensstand organisch begründet sind. Dazu gehören die beiden großen Gruppen der **Psychosen**: Schizophrenien und Zyklothymien (manisch-depressive Psychosen). Dazu gehören psychiatrische Erkrankungen auf dem Boden von Gehirnerkrankungen (etwa Hirnhautentzündung, Gehirnentzündung, Multiple Sklerose, Epilepsie, Hirntumor). Und dazu gehören auch die Intoxikationen, die Vergiftungszustände des Gehirns. Hier gibt es einmal legale Drogen wie den Alkohol, aber auch die große Gruppe der illegalen Drogen vom Typ der Opiate, des Kokains, der Stimulanzien wie Ecstasy oder der THC enthaltenden Drogen (Haschisch, Marihuana). In Ausnahmefällen können auch weitverbreitete Medikamente die Schuldfähigkeit herabsetzen oder aufheben. Bei alten Menschen kann das manchmal schon ein Mittel sein, das den Blutdruck senkt. Glukokortikoide wie das Kortison oder auch Schilddrüsenhormone können dann, wenn sie nicht richtig dosiert worden sind, auf die Schuldfähigkeit Einfluss haben. Sogar eine Zuckerkrankheit kann die Schuldfähigkeit einschränken. Ein deutscher Politiker mit Zuckerkrankheit hatte einmal einen Meineid geleistet. In einem Gutachten konnte Unterzucker als hirnorganische Ursache für eine krankhafte seelische Störung zum Zeitpunkt der Beeidigung nicht ausgeschlossen werden, sodass Schuldunfähigkeit nicht ausgeschlossen werden konnte und keine Verurteilung wegen Meineids erfolgte. Komiker und manche Medien titulierten diesen Politiker anschließend als »Old Schwurhand«, was wiederum die spöttische Reaktion der Öffentlichkeit auf Schuldunfähigkeit belegt.

Als zweiten Grund nennt der § 20 StGB die *»tiefgreifende Bewusstseinsstörung«*. Damit meint die Justiz die **Affekttaten**. Mit der Formulierung *»tiefgreifend«* ist schon eine Gewichtung vorgenommen worden. Nicht gemeint sind Handlungsabläufe, bei denen jemand beobachtet, wie ein Jugendlicher an seinem Wagen Kratzspuren hinterlässt, in den Keller läuft und seine Jagdflinte ergreift, um den Jugendlichen dann niederzuschießen. Der Gesetzgeber und die Gesellschaft muten uns allen zu, auch mit intensiveren Empfindungen gesteuert umzugehen. Wenn bei einem Fußballspiel der Schiedsrichter seine Entscheidung zu Unrecht getroffen hat, macht das jeden Spieler und die Hälfte der Zuschauer wütend. Alle Betroffenen müssen ihre Wut aber beherrschen und dürfen den Schiedsrichter nicht niederschlagen. Wenn eine Lebenspartnerin mich nach Jahrzehnten der Partnerschaft verlässt, dann macht mich das eifersüchtig, verbittert und rachsüchtig. Ich muss mit meinen Gefühlen aber gesteuert umgehen und darf meine Partnerin oder ihren neuen Partner nicht umbringen. Wenn das neueste Automodell wirklich gut aussieht, dann weckt das meine intensive Hab-Gier. Ich muss meine Gier aber beherrschen und darf das Auto nicht stehlen. Wenn in einer Disco jemand »echt geil« gekleidet ist, rechtfertigt das keine Vergewaltigung. Es gehört zur Kultur, zur Zivilisation, zu jedem Sozialleben dazu, dass ich intensive Gefühle ertragen und steuern muss. Die Heftigkeit der Gefühle muss also schon so intensiv gewesen sein, dass meine Bewusstseinslage gestört war, dass ich auf meine kognitiven Funktionen, meinen Verstand und meine Steuerung weniger oder gar keinen Zugriff mehr hatte. Dafür muss es klare Hinweise geben, die von Zeugen berichtet oder durch den Tatablauf belegt werden. Es reicht nicht, wenn der Gutachter mutmaßt: »Ja, der war wahrscheinlich ziemlich aufgebracht.« Es geschieht übrigens sehr selten, dass jemand aufgrund einer tiefgreifenden Bewusstseinsstörung als schuldunfähig beurteilt wird. Meistens resultiert aus seiner tiefgreifenden Bewusstseinsstörung nur eine verminderte Schuldfähigkeit.

Auf juristisch heißt übrigens »Zuerkennung von Schuldunfähigkeit« **Exkulpierung**. *Culpa* ist lateinisch und heißt »die Schuld«, *ex-* heißt »aus«. Das Wort beinhaltet also, dass jemand aus der Schuld ausgegliedert wird. Die Zuerkennung verminderter Schuldfähigkeit wird als **Dekulpierung** bezeichnet; *de-* heißt »vermindert, weniger«.

Das nächste Exkulpierungsmerkmal ist *»Intelligenzminderung«*. Intelligenzminderung wird nicht schon dadurch bewiesen, dass jemand regelmäßig bestimmte Comedy-Shows in bestimmten Privatfernseh-Programmen ansieht. Eine Intelligenzminderung sollte mit psychologischen Tests, die niedrige Intelligenzniveaus verlässlich testen, belegt sein. Es sind durchaus auch schon Menschen wegen Straftaten verurteilt worden, die in Werkstätten für Behinderte gearbeitet haben und in Psychiatrischen Wohnheimen lebten. Auch diese Menschen haben oft ein klares Rechts- und Unrechtsempfinden. Sie wissen, was man darf und was man nicht darf, und sie handeln nicht generell und grundsätzlich ohne Schuld.

Das letzte Merkmal aus § 20 StGB ist dasjenige der *»schweren anderen seelischen Störung«*. Die frühere Wortwahl *»Abartigkeit«* könnte einen Psychoanalytiker auf den Gedanken kommen lassen, dass der Gesetzgeber und die ihn beratenden Gremien dieses Kriterium mit innerer Abneigung in den Gesetzestext aufgenommen haben. Gemeint ist mit diesem Kriterium ein Sammelsurium schwerer anderer seelischer Störungen. Besonders häufig handelt es sich um **Perversionen, Suchtkrankheiten und Persönlichkeitsstörungen** wie die Borderline-Persönlichkeitsstörung oder die Antisoziale Persönlichkeitsstörung. Manchmal spielt auch die Narzisstische Persönlichkeitsstörung bei Spielsucht-Delikten eine Rolle. Dieser Anteil des § 20 StGB ist nach wie vor umstritten und nach diesem Kriterium wird ganz selten einmal ein Täter exkulpiert, häufiger allerdings dekulpiert. Das heißt, ihm wird eine verminderte Schuldfähigkeit zuerkannt.

Ohne Schuld handelt ein Täter also dann, wenn er aufgrund eines oder mehrerer dieser Kriterien *»unfähig ist, das Unrecht der Tat einzusehen oder nach dieser Einsicht zu handeln«* (§ 20 StGB). Die **Einsichtsfähigkeit** ist zum Beispiel aufgehoben bei einem psychotisch erkrankten Menschen, der sicher ist, dass sein Nachbar für einen feindlichen Geheimdienst arbeitet, der ihn ausspioniert und ihm nach dem Leben trachtet. Dieser Mensch würde subjektiv aus Notwehr handeln, weil seine Wirklichkeitswahrnehmung völlig anders ist als diejenige von Menschen, die nicht unter einer paranoiden Schizophrenie leiden. Er würde aus innerer, subjektiver Notwehr heraus auf den Nachbarn schießen und könnte das Unrecht seiner Tat nicht einsehen, weil er aufgrund seiner Wahrnehmungsveränderung davon überzeugt wäre, dass der Nachbar für ihn lebensgefährlich ist. Auch ein Straftäter mit einer Drogenpsychose, der im LSD-Rausch oder danach Auto fährt, sich plötzlich von Horror-Gestalten bedroht sieht, denen ausweicht und dabei einen Menschen überfährt, handelt ohne Schuld. Dieser Täter kann *»bei Begehung der Tat«* nicht einsehen, dass seine drogenbedingte Fehlwahrnehmung unrealistisch ist. Mit dieser Formulierung ist also nicht gemeint: »Das sehe ich gar nicht ein, dass das Unrecht sein soll.« Gemeint ist vielmehr eine krankheitsbedingte, massive Wahrnehmungsveränderung.

Mit der Formulierung *»nach dieser Einsicht zu handeln«* (§ 20 StGB) wird die sogenannte **Steuerungsfähigkeit** beschrieben. Auch an dieses Kriterium werden hohe Anforderungen gestellt. Wir hatten mehrfach darauf hingewiesen, dass wir in unserer Kultur den Verführungen der Werbung gewachsen sein müssen. Ein guter Werbetext, der uns zum Diebstahl verführt hat, gilt nicht als Exkulpierungsgrund. Gemeint sind dabei Zustände, wie sie bei Intoxikationen mit Alkohol, Drogen oder auch Medikamenten vorkommen können: Irgendwie sieht ein Mensch noch ein, dass er das eigentlich nicht tun darf, was er jetzt gerade tut. Der Suchtdruck, die Entzugserscheinungen oder die Veränderung seiner Steuerungsfähigkeit durch Medikamente sind aber so erheblich, dass diese Einsicht nicht mehr zur Wirkung kommen kann. Dies kann ebenfalls bei sehr ausgeprägter affektiver Erregung der Fall sein. Auch dieser Zusammenhang muss von einem Gutachter übrigens schlüssig belegt werden. Vermutungen reichen da nicht.

Wer nachweislich ohne Schuld handelt, kann nicht schuldig gesprochen werden. Auch wenn die Tat zweifelsfrei ein Kapitalverbrechen ist, kann der Täter nicht schuldig gesprochen werden, wenn er nachweislich ohne Schuld gehandelt hat. Besonders häufig ergeht eine solche Exkulpierung

- bei Menschen mit einer schizophrenen oder manisch-depressiven Psychose.
- bei Menschen, die ihre Straftat unter erheblichem Drogeneinfluss begangen haben.
- bei Menschen, die unter ganz erheblichem Alkoholeinfluss standen.

Letzteres ist dann schon wieder selten. Häufiger wird dekulpiert, es wird eine verminderte Schuldfähigkeit festgestellt. Grundlage einer Dekulpierung ist die Feststellung der Kriterien des § 20 StGB. Einsichts- oder Steuerungsfähigkeit sind aber nicht aufgehoben, sondern *»erheblich«* vermindert. Dann kann die Strafe gemildert werden. Die Feststellung des § 21 StGB kann ganz erhebliche Auswirkungen auf die Einordnung der Tat haben. Sie kann dazu führen, dass ein »minder schwerer Fall« festgestellt wird, sie kann dazu führen, dass eine Tat mit einem ganz anderen Strafrahmen geahndet wird. Auf Mord steht lebenslange Freiheitsstrafe. Auf Mord im Zustand verminderter Schuldfähigkeit steht eine Höchststrafe von 15 Jahren. Für andere Kapitalverbrechen gilt Ähnliches. Sehr häufig arbeitet eine Verteidigung deshalb aktiv darauf hin, dass der § 21 StGB Anwendung findet.

Hier liegt aber für einen Täter auch eine Gefahr. Wenn ein Täter nämlich nach § 20 exkulpiert oder nach § 21 dekulpiert wird, dann ist nach § 63 StGB zu prüfen, ob von diesem Täter aufgrund der festgestellten seelischen Störung auch in Zukunft erhebliche rechtswidrige Taten zu erwarten sein werden. Ist dies festzustellen, wird der Betroffene einer **Maßnahme der Sicherung und Besserung** in einer forensisch-psychiatrischen Behandlungseinrichtung zugeführt. Auch diese Maßnahme ist also wieder an klar definierte Kriterien gebunden. Zunächst muss die zu erwartende Gefahr für die Allgemeinheit und den Rechtsfrieden zurückzuführen sein auf die festgestellte seelische Störung. Dies trifft nicht zu auf Berufskriminelle oder »Hangtäter«, für die das Instrument der Sicherungsverwahrung geschaffen und in den letzten Jahren immer weiter ausgebaut worden ist. In die Forensische Psychiatrie gehören nur psychisch kranke Rechtsbrecher. Psychisch kranke Rechtsbrecher mit einer Suchterkrankung können nach § 64 StGB einer Forensischen Suchttherapie zugeführt werden; auch dies ist eine Maßnahme der Sicherung und Besserung, die allerdings auf maximal zwei Jahre begrenzt ist.

Die zukünftige Gefahr muss mit einer gewissen bestimmbaren Wahrscheinlichkeit eintreten. Hier reicht es nicht, dass ein Gutachter mutmaßt, eine künftige Gefährdung könne nicht mit letzter Sicherheit ausgeschlossen werden. Vielmehr muss es Kriterien geben, dass diese Gefährdung mit Wahrscheinlichkeit eintreten wird. Das lässt sich aus dem bisherigen Lebensweg, der Persönlichkeitsstruktur, der Erkrankung des Betroffenen und der Tatstruktur ableiten.

Während es als Strafalternativen nur »lebenslänglich« oder eine zeitlich befristete Strafe gibt, dauert die Maßregel der Sicherung und Besserung nach § 63 StGB so lange an, bis nach § 67d Abs. 2 StGB *»erwartet werden kann, dass der Untergebrachte keine rechtswidrigen Taten mehr begehen wird«*. Hier ist der Psychiater als Prognose-Gutachter gefordert und wenn er sich an dieser Stelle irrt, steht er in der Zeitung. Die Öffentlichkeit ist viel weniger als noch vor 20 Jahren bereit, zu akzeptieren, dass es psychisch kranke Rückfalltäter gibt. Die Erwartung, dass Gesetzgeber, Justiz und Exekutive Wiederholungstaten besser als in der Vergangenheit verhindern, wächst auch im Umgang mit »normalen« Kriminellen.

Manche Fragen der Schuldfähigkeitsbegutachtung sind besser von einem Psychologen, manche besser von einem Psychiater zu beantworten. Bei Kapitalverbrechen erstatten nicht selten beide ein Gutachten, jeweils aus ihrer Wissenschaft heraus. Während das aussagepsychologische Gutachten klar eine Domäne der Psychologie ist, ist die Schuldfähigkeitsbegutachtung eine Domäne der Psychiatrie. Auch der Massenmörder Haarmann ist Anfang der 1920er-Jahre auf seine Schuldfähigkeit hin begutachtet worden – übrigens im Landeskrankenhaus Göttingen – und dieser Begutachtungsprozess wurde auszugsweise in dem hervorragenden Film »Der Totmacher« mit Götz

George dargestellt. Das Gutachtenergebnis zu Haarmann würde heute mit Sicherheit völlig anders ausfallen als damals. Die Wissenschaft vom Gehirn entwickelt sich und die Zuschreibung von Verantwortlichkeit und Steuerungsfähigkeit unterliegt der wissenschaftlichen Entwicklung wie auch gesellschaftlichen Entwicklungen.

Literatur

Dreßing H, Habermeyer E (Hrsg) (2020). Psychiatrische Begutachtung. Ein praktisches Handbuch für Ärzte und Juristen. 7. Aufl. München: Urban & Fischer/Elsevier.

Pozsar C, Farin M (Hrsg) (1995). Die Haarmann-Protokolle. Reinbek bei Hamburg: Rowohlt.

7 Die Gerichtsverhandlung

Bevor wir auf die Rechte der Beschuldigten und vor allem des Opfers eingehen, soll zunächst einmal die Darstellung des formalen Rahmens des Strafverfahrens abgeschlossen werden. Die Staatsanwaltschaft beurteilt den hinreichenden Tatverdacht und klagt dann an. Die Entscheidung über Schuld oder Unschuld des Angeklagten fällt ausschließlich das unabhängige Gericht im Rahmen einer Hauptverhandlung. Diese Hauptverhandlung findet in einem gesetzlich genau festgelegten Setting mit sehr klaren und engen Regeln statt und verfolgt den Zweck, die Entscheidung, also das Urteil, vorzubereiten. Sie soll dazu führen, dass das Gericht entscheiden kann, ob es von der Schuld des Angeklagten überzeugt ist oder nicht. Das Gericht braucht zudem ausreichende Informationen für die Festsetzung der Sanktion im Fall einer Verurteilung. Daher muss das Gericht vor allem alle Zeugen und Sachverständigen selbst vernehmen (§ 250 StPO) und deshalb ist dies der Termin, den Opfer dringlich erwarten, aber auch fürchten. Zwischen der Strafanzeige und der Anklage geht oftmals einige Zeit ins Land. Aus Opfersicht dauert es viel zu lange bis zur Hauptverhandlung. Laut Statistischem Bundesamt[89] werden mehr als 80 Prozent der Ermittlungsverfahren wegen Sexualdelikten innerhalb von sechs Monaten abgeschlossen. Man muss diese Statistik allerdings bereinigen – Verfahren, die schnell eingestellt werden können, zum Beispiel weil der Täter unbekannt oder flüchtig ist, zählen mit. Wenn man bedenkt, dass nur etwa zehn Prozent der Anzeigen in eine Anklage münden, dürften etwa 1 600 Opfer jährlich mehr als zwei Jahre auf den Abschluss der Ermittlungen warten. Das wäre in zehn Prozent der angeklagten Verfahren. Die Gründe sind vielfältig. Sachverständige sind überlastet und brauchen oftmals mehrere Monate für ihr Gutachten – sei es nun ein aussagepsychologisches Gutachten oder eines zur Schuldfähigkeit des Angeklagten. Die Justiz hat vielfach nicht genug Personal, um die Verfahren beschleunigen zu können. Auch die Wartezeit zwischen Anklageerhebung und Hauptverhandlung hängt von vielen Faktoren ab, insbesondere der Belastung des zuständigen Gerichts. Um Klarheit über den Verfahrensstand zu bekommen, kann ein anwaltlicher Vertreter, die Nebenklageanwältin, Akteneinsicht anfordern. Das Opfer selbst hat während des Ermittlungsverfahrens keinen Anspruch auf eine Auskunft.

Allerdings gibt es auch, wenn keine Einstellung erfolgt, nicht immer eine Hauptverhandlung. Bei Vergehen und einem Strafmaß von bis zu einem Jahr kann es ein schrift-

---

89 Zahlen für 2021 aus Destatis, Staatsanwaltschaften, Fachserie 10 Reihe 2.6. – 2021, zu beziehen unter: www.destatis.de/DE/Themen/Staat/Justiz-Rechtspflege/Publikationen/_publikationen-innen-gerichte-straf-anwaltschaft.html.

liches Verfahren geben, das sogenannte Strafbefehlsverfahren. Dieses eignet sich vor allem in Fällen, in denen der Täter geständig ist. Akzeptiert er dann den Strafbefehl, gibt es keine Hauptverhandlung. In diesen Fällen muss das Opfer nicht aussagen, manchmal ist aber auch das eine Belastung. Die Opferrechte (→Kap. 9), zum Beispiel der Anspruch auf Information über den Ausgang des Verfahrens, gelten aber auch im Strafbefehlsverfahren. Wenn der Beschuldigte mit dem Strafbefehl nicht einverstanden ist, kann er Einspruch einlegen. Dann wird eine Hauptverhandlung durchgeführt und Opfer können sich zum Beispiel mit der Nebenklage dem Verfahren anschließen.

Wenn die Staatsanwaltschaft Anklage erhoben hat, geht die Ermittlungsakte zum zuständigen Gericht. Dieses prüft im Zwischenverfahren, ob die Anklage zugelassen wird. In einem ersten Schritt stellt das Gericht die Anklage dem Angeschuldigten und seinem Verteidiger zu. Das bedeutet, dass ab jetzt auch der Angeschuldigte weiß, dass es ernst wird und es aller Wahrscheinlichkeit nach eine Hauptverhandlung geben wird. Mittlerweile erhalten Opfer von Sexualdelikten, Körperverletzung etc. auf Antrag zu diesem Zeitpunkt auch eine Kopie der Anklage (§ 201 Abs. 1 Satz 2 StPO).

Das Gericht überprüft dann, ob die Staatsanwaltschaft den hinreichenden Tatverdacht richtig bejaht, eröffnet anschließend das Hauptverfahren und beraumt einen Verhandlungstermin an. Mit der Eröffnung des Hauptverfahrens wird der mutmaßliche Täter zum Angeklagten.

7.1 Die unterschiedlichen Gerichte

Die Staatsanwaltschaft bestimmt das zuständige Gericht anhand des angeklagten Straftatbestandes und der Straferwartung. Es kommt selten vor, dass das Gericht diese Einschätzung dann nicht teilt und das Verfahren an ein anderes Gericht verweist.

Bei den **Amtsgerichten (AG)** gibt es den Strafrichter und das Schöffengericht. Der **Strafrichter beim Amtsgericht** ist zuständig für Vergehen, nicht für Verbrechen, und auch nur dann, wenn keine Strafe von mehr als zwei Jahren zu erwarten ist. Das **Schöffengericht des Amtsgerichts** ist zuständig für Vergehen und Verbrechen, bei denen für den konkreten Fall eine Freiheitsstrafe von höchstens vier Jahren zu erwarten ist. Das Schöffengericht ist besetzt mit einem Berufsrichter und zwei Schöffen. Bei den **Schöffen** handelt es sich um juristisch nicht vorgebildete Privatpersonen, die als ehrenamtliche Richter fungieren. Sie haben das gleiche Stimmrecht wie der Berufsrichter und können diesen daher auch überstimmen. Schöffen werden, bevor sie ihr Amt antreten, besonders geschult und sollten deshalb über die Pflicht zu Neutralität gegenüber den Beteiligten, ihr Fragerecht und die Notwendigkeit, eigene Vorurteile zu überdenken, informiert sein.

Für Straftaten von Jugendlichen und Heranwachsenden sind besondere **Jugendrichter** und **Jugendschöffengerichte** zuständig, wobei die Jugendschöffengerichte höhere Strafen als vier Jahre Jugendstrafe verhängen dürfen.

Auch bei Sexualstraftaten ist oft keine Strafe von mehr als vier Jahren zu erwarten. Wenn das Verfahren dann aber beim Amtsgericht angeklagt wird, kann es sein, dass bei einer Berufung das Opfer in zwei Verfahren aussagen muss. Weil das jedoch eine besondere Belastung ist, hat der Gesetzgeber geregelt, dass durch die Staatsanwaltschaft bei besonderer Schutzbedürftigkeit des Verletzten Anklage beim **Landgericht** erhoben werden kann, auch wenn keine Strafe von mehr als vier Jahren zu erwarten ist (§ 24 Abs. 1 Nr. 3 GVG). Umgekehrt bedeutet eine Anklage beim Amtsgericht aber nicht, dass die Staatsanwaltschaft das Opfer für nicht schützenswert hält. Es gibt viele Gründe neben der Straferwartung, die für die Zuständigkeit des einen oder anderen Gerichts sprechen. So kann es zum Beispiel sein, dass das Landgericht überlastet ist und beim Amtsgericht schneller mit einem Hauptverhandlungstermin zu rechnen ist.

Beim **Landgericht (LG)** gibt es für Strafsachen verschiedene Kammern. Die **kleinen Strafkammern** sind zuständig für Berufungen gegen Urteile der Amtsgerichte, also sowohl die Urteile des Strafrichters als auch die des Schöffengerichts. Es besteht aus einem Berufsrichter und zwei Schöffen.

Die **große Strafkammer des Landgerichts** besteht im Normalfall[90] aus zwei Berufsrichtern und zwei Schöffen. Bei besonders bedeutenden und umfangreichen Verfahren und Schwurgerichtssachen ist die große Strafkammer mit drei Berufsrichtern und zwei Schöffen besetzt. Die große Strafkammer ist zuständig, wenn eine Freiheitsstrafe ab vier Jahren zu erwarten oder das Opfer besonders schutzbedürftig ist. Die Schwurgerichtskammer ist zuständig für Tötungsdelikte, die Jugendkammer oder Jugendschutzkammern sind zuständig für Straftaten, durch die ein Kind oder Jugendlicher verletzt oder gefährdet wurde (§§ 26 Abs. 1, 74b GVG).

Das **Oberlandesgericht (OLG)** ist nur bei Staatsschutzdelikten (Terrorismus, Spionage) Tatsacheninstanz und ansonsten lediglich zuständig für Revisionen gegen Urteile eines Amtsgerichts bzw. Berufungsurteile der Berufungskammer des Landgerichts und für die Haftprüfung nach sechs Monaten Untersuchungshaft.

Der **Bundesgerichtshof (BGH)** ist zuständig für Revisionen gegen Urteile der großen Strafkammern. In Revisionsverfahren wird das Urteil des vorhergehenden Gerichts nur auf Rechtsfehler überprüft. Daher gibt es in Revisionsurteilen auch oft Grundsatzentscheidungen.

Im Folgenden möchten wir auf einige **Besonderheiten im Jugend- und Sicherungsverfahren** näher eingehen.

Strafe setzt allerdings Schuld voraus. Täter, die eine erhebliche rechtswidrige Tat begangen haben, zum Tatzeitpunkt aber schuldunfähig waren, werden nicht zu einer Strafe verurteilt. Aber wer andere Menschen schwer schädigt und die auslösenden Impulse nicht beherrschen kann oder will, muss daran gehindert werden, solche Taten erneut zu begehen. Deshalb kann er zwangsweise in einer psychiatrischen Anstalt

90 Zur Umkehr des Regel-Ausnahme-Verhältnisses → Gittermann in: Löwe-Rosenberg, StPO, § 76 GVG, Rn. 7.

untergebracht werden (§ 63 StGB). Diese Entscheidung trifft das Gericht dann im sogenannten **Sicherungsverfahren**. Anders als früher kann auch im Sicherungsverfahren das Opfer dem Verfahren als Nebenkläger beitreten (§ 395 Abs. 1 Satz 1 StPO). Wird der Beschuldigte, weil er für die Allgemeinheit gefährlich ist, zu einer Unterbringung verurteilt, bleibt er in einer forensisch-psychiatrischen Spezialabteilung mit dem Ziel der Besserung (seiner Symptomatik) und Sicherung (der Allgemeinheit vor neuen Taten). Er wird erst (stufenweise) entlassen, wenn er von Sachverständigen nicht mehr für gefährlich gehalten wird. Die Frage, wie er da sinnvoll behandelt wird, ist eine besonders schwierige, behandlungstechnische Frage und sehr häufig stehen der Sicherungsaspekt und die Besserungsaspekte in einem Zielkonflikt. Hier hat in den letzten Jahren auch ein Wandel stattgefunden. Die Gesellschaft, das heißt die Öffentlichkeit, ist viel weniger bereit als früher, bei psychisch kranken Rechtsbrechern das Risiko einzugehen, dass eine Lockerung der Sicherungsmaßnahmen zu einem erneuten Delikt, insbesondere zu einem erneuten Sexualdelikt, führt. Behandlungszeiten in der Forensischen Psychiatrie haben sich bei bestimmten Deliktgruppen fast verdoppelt und die Lockerungsmaßnahmen werden zunehmend vorsichtiger durchgeführt.

Bei schwerwiegenden Straftaten von jugendlichen und heranwachsenden Tätern, zum Beispiel Tötungsdelikten, ist die Jugendkammer des Landgerichts zuständig. Auch im **Jugendverfahren** steht nicht der Strafaspekt im Vordergrund. Das Verfahren wird vielmehr vom Erziehungsgedanken bestimmt. Das Verfahren soll – zumindest theoretisch – dazu beitragen, auf den Jugendlichen so einzuwirken, dass er zukünftig keine Straftaten mehr begeht. Es gibt daher ganz andere Strafen und die Höchststrafe, die überhaupt verhängt werden kann, liegt bei einem Jugendlichen bei zehn Jahren Jugendstrafe.

In beiden Verfahren, sowohl dem Sicherungsverfahren als auch dem Jugendverfahren, werden sehr sensible Daten der Betroffenen erörtert; deshalb finden diese Verfahren unter Ausschluss der Öffentlichkeit statt. Bei Heranwachsenden, also Angeklagten zwischen 18 und 21 Jahren sowie Tätern, die bei Begehung der Tat zwischen 18 und 21 Jahre alt waren, können die Verfahren öffentlich sein. Letzteres gilt dann auch für Angeklagte, bei denen aufgrund einer verminderten Schuldfähigkeit eine Strafe und zum Beispiel eine Unterbringung in einer psychiatrischen Anstalt zu erwarten sind.

7.2 Der Ablauf der Hauptverhandlung

Die Hauptverhandlung ist das Ereignis, auf welches das Opfer vom Moment der Anzeige an hofft und vor dem es Angst hat: die Hauptverhandlung vor Gericht, an deren Ende die Entscheidung steht, ob und wie der vermeintliche Täter für den angezeigten Sachverhalt verurteilt wird. In vielen Filmen ist die Hauptverhandlung der Showdown mit überraschenden Wendungen, intensiven Fragen, Emotionen und Medienrummel.

Um es vorwegzunehmen: So dramatisch wie in Film und Fernsehen ist es überwiegend nicht. Und wie in den angeblichen Reality-Shows läuft die Verhandlung ohnehin nicht ab: Es wird nicht quer durcheinandergefragt, wer brüllt, wird vom Gericht gerügt, und das Urteil fällt immer noch das Gericht und nicht das Publikum.

Eine Hauptverhandlung ist in ihrem Ablauf gesetzlich verbindlich festgelegt. Sie folgt einem strikten und starren Ritual und eine formale Abweichung von den gesetzlich festgelegten Abläufen in der Hauptverhandlung kann ein Revisionsgrund sein. Dann muss die Hauptverhandlung oder Teile davon eventuell wiederholt werden. Das bedeutet, dass Staatsanwaltschaft und Gericht auch darauf achten, dass die Verfahrensordnung eingehalten wird. Der Sinn dieser festgelegten Vorgehensweise liegt vor allem darin, dass ein strenger Verfahrensablauf absichert sowie alle Angeklagten fair behandelt werden und so die Unschuldsvermutung angewendet wird.[91]

Das Gericht sitzt im Saal vorn an einem Tisch. Der oder die Berufsrichter haben eine Robe an, die Schöffen nicht. Auf der einen Seite neben dem Gericht sitzt der Protokollführer, ebenfalls in schwarzer Robe, auf der anderen Seite der Staatsanwalt, auch in Robe. Manchmal sitzt der Staatsanwalt auf der gleichen Ebene wie das Gericht, in anderen Gerichtssälen nicht. Die jeweilige Position hängt von den baulichen Gegebenheiten und den Sicherheitsvorkehrungen ab. Der Protokollführer schreibt bei Verfahren vor den Amtsgerichten ein Wortprotokoll. Deshalb ist es wichtig, dass Zeugen langsam und deutlich sprechen. So wird vermieden, dass falsche Details protokolliert werden. Am Landgericht gibt es zwar auch eine Protokollführerin, hier werden aber nur die wesentlichen Förmlichkeiten des Verfahrens vermerkt. Was ein Zeuge oder Sachverständiger gesagt hat, schreiben die Richter selbst mit. Die aktuelle Initiative, Hauptverhandlungen in Strafsachen über Video zu dokumentieren, dürfte vorläufig gescheitert sein.

Die Hauptverhandlung beginnt damit, dass das Verfahren (die Sache) von einem Wachtmeister oder Protokollführer aufgerufen wird und das Gericht den Saal betritt, wobei alle im Saal Anwesenden sich erheben. Das ist eine Geste, die den Respekt davor bezeugt, dass hier Recht gesprochen wird.[92] Eine Hauptverhandlung ist eine sehr ernste und ernsthafte Sache. Es geht um Wahrheit und Gerechtigkeit und es geht möglicherweise um Urteile, erhebliche Geld- oder Freiheitsstrafen für Einzelne oder um die Antwort auf die Frage: »Glaubt man mir?«

Gerichtsverfahren sind öffentlich. Die Öffentlichkeit der Hauptverhandlung ist ein wesentliches Rechtsgut. In nichtöffentlicher Verhandlung wäre staatlicher Willkür zu viel Raum gegeben, wie wir aus Gerichtsverfahren in totalitären Regimen wissen. Die Presse ist dabei ein besonderer Bestandteil der Öffentlichkeit. Das Interesse der Öffentlichkeit an Tötungs- und Sexualdelikten ist immens und Berichte über solche Verfahren verkaufen sich gut. Das Gesetz eröffnet jedoch die Möglichkeit, die Öffentlichkeit von der Verhandlung auszuschließen. Dies geht nach § 171b GVG insbesondere dann, wenn Umstände aus dem persönlichen Lebensbereich eines Verfahrensbeteiligten zur

---

91 → z. B. Meyer-Goßner/Schmitt, StPO, Einleitung, Rn. 18 ff.
92 Ziff. 124 Abs. 2 Richtlinien für das Strafverfahren und das Bußgeldverfahren (RiStBV).

Sprache kommen. Das Gericht kann hier von sich aus die Öffentlichkeit ausschließen[93], auf Antrag des Opfers oder auch des Angeklagten muss es dies sogar. Die Verkündung der »Urteilsformel« hat aber stets öffentlich zu erfolgen, während die Öffentlichkeit bei der Verkündung der Entscheidungsgründe ausgeschlossen werden kann (§ 173 GVG). Darüber entscheidet das Gericht und berücksichtigt hier wiederum, ob der höchstpersönliche Lebensbereich, das Intimleben eines Verfahrensbeteiligten so zur Sprache kommt, dass dieser bloßgestellt werden würde. Das Gericht muss aber vorher prüfen, ob es nicht ausreicht, nur einen Teil der Urteilsgründe öffentlich zu verkünden oder aus Rücksicht auf die Betroffenen mit Details zurückhaltend zu sein, zum Beispiel sexuelle Handlungen nicht in allen Details zu schildern, sondern nur vom »Anklagevorwurf Nr. 6« und der rechtlichen Würdigung zu sprechen (§ 268 Abs. 2 Satz 3 StPO).

Die Urteilsbegründung hat zwei wesentliche Funktionen: Sie soll den Angeklagten (und viele von diesen lesen später das schriftliche Urteil nicht mehr) erreichen und ihm darlegen, warum er überhaupt und zu dieser Strafe verurteilt wurde. Zum anderen hat die öffentliche Urteilsverkündung auch die Funktion der Kontrolle der Justiz durch die Öffentlichkeit. Die Zeiten, in denen jemand ohne genaue Darlegung der Tat, deren Hintergründe, der einschlägigen Gesetze etc. verurteilt werden konnte, sollen eben vorbei sein.

Nachdem das Gericht eingetreten ist, eröffnet der Vorsitzende Richter die Hauptverhandlung und stellt die Anwesenheit aller wichtigen Prozessbeteiligten ausdrücklich fest: »Erschienen sind als Angeklagter Herr ..., das sind Sie? Als seine Verteidigerin Frau Sowieso. Die Anklage wird vertreten durch Herrn Staatsanwalt Y. Protokollführerin Frau Sowieso. Als Gutachter geladen und erschienen sind vom Gerichtsmedizinischen Institut der Universität P. Frau Dr. Sowieso, als Psychiatrischer Gutachter Herr Dr. S.« Ist Nebenklage erhoben, wird die Anwesenheit des Nebenklagevertreters und gegebenenfalls auch des Nebenklägers ebenfalls festgestellt.

Es kommt immer noch vor, dass Opfer gar nicht zur Verhandlung geladen werden, von dieser nicht einmal erfahren. Räumt der Angeklagte bereits im Ermittlungsverfahren die Vergewaltigung ein und schreibt der Verteidiger dann: »Auf die Vernehmung des Opfers kann zu dessen Schutz verzichtet werden«, werden viele Richter das Opfer nicht laden, obwohl sie gar nicht wissen, ob es nicht vielleicht auf diesen Schutz verzichten und lieber eine Aussage machen möchte. Dafür kann es schließlich gute Gründe geben, zum Beispiel kann nur so die Opferperspektive in das Verfahren eingeführt werden. Mittlerweile haben Opfer sogar einen Anspruch darauf, sich zu den Folgen der Tat im Rahmen der Hauptverhandlung äußern zu dürfen (§ 69 Abs. 2 Satz 2 StPO). Dies gilt allerdings nur, wenn sie überhaupt als Zeugen geladen worden sind. Opfern wird aber auf Antrag inzwischen jeder einzelne Hauptverhandlungstermin und auch der Ausgang des Verfahrens mitgeteilt. Der Antrag kann formlos bei der

93 Auch hier wurde durch das Gesetz zur Stärkung der Rechte von Opfern sexuellen Missbrauchs (StORMG) nur betont, dass dies bei Sexualdelikten, und zwar auch solchen zum Nachteil Erwachsener, wenn die Tat sich ereignete, als sie unter 18 waren, eher sogar eine Pflicht des Gerichts sein dürfte.

Staatsanwaltschaft oder dem Gericht gestellt werden, es reicht auch, wenn gleich bei der Anzeige gegenüber der Polizei erklärt wird, dass der Wunsch besteht, über alle weiteren Verfahrensschritte informiert zu werden.

Zeugen werden in kleineren Verfahren oftmals schon zum Beginn des Termins geladen und sollten bei Aufruf der Sache auch gleich in den Saal gehen. Der Vorsitzende Richter wird sie dann über ihre Zeugenpflichten belehren. In großen Verfahren werden Zeugen gestaffelt geladen, das heißt, sie sind nicht von Anfang an dabei, sondern warten auf dem Flur oder im Zeugenwartezimmer, bis sie aufgerufen werden.

Der Zeugenbeweis ist immer noch das wichtigste Beweismittel. Deshalb sind Gerichte darauf angewiesen, dass Zeugen die Wahrheit sagen. Um das abzusichern, droht das Strafrecht Strafen für falsche Aussagen vor Gericht an. Damit jedem Zeugen bewusst ist, welche Konsequenzen eine falsche Aussage hat, verpflichtet das Gesetz die Gerichte, Zeugen insoweit zu belehren. Jedem Zeugen wird vom Richter erklärt, dass er vor Gericht verpflichtet ist, die Wahrheit zu sagen, nichts hinzufügen, aber auch nichts weglassen zu dürfen und dass er sich im Falle des Lügens strafbar macht. Zeugen sind verpflichtet, sich um eine wahrheitsgemäße Aussage zu bemühen. Sie dürfen nicht einfach nach dem Motto verfahren: »Das wird mir jetzt aber zu anstrengend, wenn ich mich da genauer erinnern sollte.«

Die Belehrung kommt bei vielen Zeugen als generelles Misstrauen an und nicht als das, was sie ist: nämlich eine gesetzlich zwingend geforderte Belehrung und Information. Hier spielt der Ton eine Rolle, also wie dem Zeugen die Belehrung vermittelt wird. Ein gut vorbereiteter Zeuge weiß bereits, dass diese Formalie auf ihn zukommt und wertet sie gar nicht erst, schon gar nicht als Misstrauensbeweis.

Falls es Anhaltspunkte dafür gibt, wird der Zeuge vor seiner Vernehmung auch darüber belehrt, dass er als Familienangehöriger des Angeklagten ein Aussageverweigerungsrecht hat oder er sich selbst nicht einer Straftat bezichtigen muss.

Nach der Belehrung verlassen die Zeugen den Saal. Jeder Zeuge muss einzeln vernommen werden. Die Zeugen sollen die Einlassung des Angeklagten und die anderen Zeugenaussagen auch nicht mitbekommen, um dadurch nicht beeinflusst zu werden. Das Opfer verlässt als Zeugin jetzt ebenfalls erst einmal den Saal, es sei denn, die Nebenklage ist zugelassen und das Opfer ist Nebenklägerin. Anwesend bleibt in jedem Fall eine Rechtsanwältin, die als Nebenklagevertreterin zugelassen ist. Wenn das Opfer beschließt, als Nebenklägerin im Saal zu bleiben, so ist das nach heutiger Gesetzeslage ihr gutes Recht. Nebenklagevertreterin und Opfer werden vorher genau besprochen haben, ob es für das Opfer hilfreicher ist, die Aussagen des Angeklagten mitzuhören, oder ob es besser wäre, wenn das Opfer erst als Zeugin den Gerichtssaal betritt, nachdem der Angeklagte seine Aussage gemacht hat.

Anschließend werden die Personalien des Angeklagten festgestellt, damit sich bestätigt, dass der Anwesende auch die angeklagte Person ist. Es soll schon vorgekommen sein, dass ein guter Freund statt des Täters im Gericht als angeblicher Angeklagter erschienen ist, um zu verhindern, dass die Zeugen ihn wiedererkennen.

Dann verliest der Staatsanwalt die Anklage. Die Anklageschrift ist dem Angeklagten einige Zeit vorher bereits zugegangen, sodass er und sein Rechtsanwalt sie genau kennen.

Die Personalsituation lässt es nicht zu, dass immer der Staatsanwalt die Anklage in der Hauptverhandlung vertritt, der das Ermittlungsverfahren geleitet hat. Das kann durchaus jemand anderes aus der Staatsanwaltschaft sein, der dann in den Einzelheiten gar nicht so gut informiert ist und sich erst einmal einarbeiten muss. Das Opfer muss das wissen und wird entsprechend von der Nebenklage-Rechtsanwältin informiert. Es kann nämlich sein, dass das Opfer ganz erstaunt feststellt: »Den kenne ich ja gar nicht. Im Ermittlungsverfahren habe ich immer mit jemand anderem zu tun gehabt. Der kennt mich doch gar nicht.« Auch in Psychiatrischen und Psychotherapeutischen Kliniken gibt es Urlaubszeiten mit Therapeutenwechseln und Vertretungen. Je schwieriger der Fall ist, umso wahrscheinlicher wird aber der Sachbearbeiter der Staatsanwaltschaft an der Hauptverhandlung teilnehmen; eine Garantie dafür gibt es jedoch nicht.

Nach dem Verlesen der Anklage wird der Angeklagte belehrt, dass er die Aussage verweigern kann. Verteidiger und Angeklagter werden vorher ganz genau besprochen haben, ob der Angeklagte Angaben macht oder nicht. Mittlerweile ist es fast der Regelfall, dass der Angeklagte zunächst nichts sagt und die Beweisaufnahme abwartet. Sein Verteidiger wird ihn aber auch darauf hingewiesen haben, dass ein frühes Geständnis erheblich strafmildernd wirkt. Gegebenenfalls folgt dann die Einlassung des Angeklagten. Jede Berufsgruppe hat einige Begriffe gebildet, die Berufsgruppenfremden merkwürdig erscheinen. Dazu gehört das Wort »Einlassung« für die Aussage eines Beschuldigten oder Angeklagten. Es kommt auch vor, dass Angeklagte über den Verteidiger schriftliche Erklärungen verlesen lassen und dann lediglich erklären, dass das ihre Aussage ist. Dies ist zulässig. Wenn der Angeklagte anschließend aber nicht einmal für Nachfragen zur Verfügung steht, wird das Gericht dies besonders kritisch zu hinterfragen haben.[94] Wenn der Vorsitzende Richter keine Fragen mehr hat, fragen je nach Art des Gerichts die weiteren Richter, und zwar zunächst die Berufsrichter und dann die Schöffen. Schöffen stellen selten Fragen, sie haben aber das Recht dazu.

Als Nächstes hat der Staatsanwalt das Fragerecht. Nach der Staatsanwaltschaft hat zunächst die Nebenklagevertretung Fragerecht. Hier ist der Angeklagte durchaus berechtigt, zu sagen: »Ihnen sag ich gar nichts! Mit Ihnen rede ich nicht.«

Dann folgen die anwesenden Gutachter. Schuldfähigkeitsgutachter und auch aussagepsychologische Gutachter sind von Anfang an dabei, weil sie so in ihrem Gutachten die Aussagen in der Hauptverhandlung einbeziehen können. Beide haben das Recht, während der Hauptverhandlung nachzufragen und sich zu informieren (»Ich habe hier ein Problem. Als ich Sie exploriert habe, haben Sie mir erzählt ... Heute haben Sie gesagt ... Auf welche Mitteilung soll ich Bezug nehmen?«). Grundsätzlich gilt: Grundlage der Beweiswürdigung für das Gericht ist das, was in der Hauptverhandlung gesagt wird. Das kann durchaus etwas anderes sein als das, was bei der Exploration mitgeteilt wurde. Solche Widersprüche wird das Gericht dann aber auch würdigen.

Danach kommt der Verteidiger. Dieser hat unzweifelhaft auch Fragen an seinen

94 Zum Beispiel BGH, Beschluss vom 23. Juni 2009, 5 StR 182/09.

Mandanten, insbesondere wenn entlastende Faktoren – oder zumindest nach Ansicht der Verteidigung entlastende – noch nicht zur Sprache kamen.

Wenn der Angeklagte seine Aussage gemacht hat und die Prozessbeteiligten ihre Fragen gestellt haben, dann folgt entweder eine kleine Pause oder die erste Zeugenvernehmung.

Zum Thema Pausen: Die Prozessleitungsbefugnis (so heißt die Aufsicht über den technischen Ablauf) hat der Vorsitzende Richter. In kleinen Verfahren, die ohnehin nur ein bis zwei Stunden dauern, gibt es in der Regel keine Pausen. In großen Verfahren, insbesondere vor dem Landgericht, muss es Pausen geben, hierfür gibt es aber keine gesetzlich festgelegten Regeln. Das bedeutet, dass der Vorsitzende Richter über Pausen entscheidet, was aber wiederum nicht heißen muss, dass andere Verfahrensbeteiligte keine Pausen beantragen können. So sollte der Nebenklagevertreter immer darauf achten, ob die Vernehmung seiner Mandantin zu viel wird und sie eine Unterbrechung braucht. Allerdings kann man nicht immer damit rechnen, dass es dann auch eine Pause gibt. So kann man sich nicht durch eine Bitte um eine Pause unangenehmen Fragen entziehen. Die Erfahrung zeigt im Übrigen, dass Opferzeugen oft gar keine Pause wünschen, sondern lieber ihre Aussage schnell hinter sich bringen wollen.

Der Wachtmeister oder der Protokollführer im Gerichtssaal ruft nach der Befragung des Angeklagten (in modernen Gerichtsgebäuden auch über eine Sprechanlage) den ersten Zeugen herein, der auf dem Flur gewartet hat. Ist die Zeugenbelehrung noch nicht erfolgt, so geschieht sie jetzt. Der Zeuge sitzt in fast allen deutschen Gerichtssälen mit dem Gesicht zum Gericht an einem kleinen Tisch, der sich in der Mitte des Saals zwischen Verteidigung und Staatsanwaltschaft befindet.

Mit den normalen gesellschaftlichen Gepflogenheiten sollte man nicht rechnen. Es ist immer noch durchaus nicht unüblich, dass es kein »Guten Morgen, schön, dass Sie kommen konnten« gibt. Auch wird dem Zeugen oft keine Gelegenheit gegeben, erst einmal den Mantel abzulegen. Das ist keine Missachtung des Zeugen, schon gar kein Verhalten, das Rückschlüsse auf die Einstellung des Gerichts zur Frage der Glaubwürdigkeit des Zeugen zulässt. Allerdings fühlen sich alle mit dem Zeugen oder der Zeugin unwohl, die mitten im Winter im überheizten Gerichtssaal im Mantel am Tisch sitzt und eine Aussage macht. Und es ist auch kein Problem, wenn eine Zeugin im Saal, bevor sie sich setzt, den Mantel auszieht – sofern man dies vor allen Beteiligten tun mag. Besser noch, man hat dies vor dem Saal erledigt und muss dann im Saal nur noch das Problem des »Wohin mit meinem Mantel (und meiner Handtasche)?« bewältigen. Moderne Gerichtssäle haben Kleiderständer, aber längst noch nicht alle. Die dadurch entstehenden Irritationen können teilweise Einfluss auf die gesamte Atmosphäre der Vernehmung haben, weil die Zeugin sich unsicher fühlt, nicht genau weiß, ob sie alles richtig gemacht hat. Gleiches gilt für die Ladung und den Ausweis. Viele Zeugen halten diese Papiere die ganze Zeit in der Hand: Und dann will sie keiner sehen. Die Identität eines Zeugen wird nur in extremen Ausnahmefällen anhand des Ausweises überprüft. Auch die Ladung will nachher nur der Anweisungsbeamte sehen, der für das Zeugengeld zuständig ist, nicht das Gericht. Und der Zeuge, der nicht weiß, wann er nach diesen Dokumenten gefragt wird, ist verunsichert.

Der Umgang des Gerichts mit den Beteiligten ist streng sachlich, distanziert, die Sprache ist sehr formalistisch. Viele vermuten deshalb, dass die Verfahrensbeteiligten seitens der Justiz keine Empathie haben, das Leid der Opfer nicht erkennen. Tatsächlich ist der strenge Rahmen jedoch auch ein Schutz für Juristinnen und Juristen, die sich tagtäglich mit schweren Verbrechen und menschlichem Leid befassen, die Fälle nicht so dicht an sich heranzulassen und innerhalb des festen Rahmens ihre neutrale Position wahren zu können. Nur ein Gericht, das zu Beginn des Verfahrens offen ist für alle Versionen und nicht nach Sympathie oder Antipathie Aussagen beurteilt, ist in der Lage, ein gerechtes Urteil zu fällen.

Deshalb ist es wichtig, dass Opferzeugen vor der Verhandlung kompetent betreut werden. Das Gericht kann dies nicht leisten, darf es auch nicht. Opferschutzeinrichtungen und die psychosoziale Prozessbegleitung (→Kap. 9.2.5) sind hier die richtigen und fachkundigen Ansprechpartner, daneben natürlich wie immer der Nebenklagevertreter. Allerdings ist auch dieser ein Jurist und deshalb nicht immer mit den eben geschilderten kommunikationspsychologischen Problemen vertraut.

Nach der Belehrung wird der Zeuge zur Person vernommen. Dabei ist nur der Wohnort anzugeben, nicht die Straße und Hausnummer. Das neuere Recht zum Identitätsschutz bei gefährdeten Zeugen (→Kap. 9.2.6) lässt es zu, dass auch diese Angaben weggelassen werden. Darüber entscheidet aber das Gericht und nicht der Zeuge – er kann allenfalls geltend machen, dass er die Anschrift lieber nicht sagen möchte, weil er Angst vor Repressalien hat. Dies sollte aber besser bereits im Vorfeld der Verhandlung geklärt werden. Und der Zeuge muss sein Alter angeben. Fast alle Zeugen und Gutachter, die zum ersten Mal vor Gericht erscheinen, beginnen dann ein wildes Kopfrechnen. Jeder Mensch kann spontan aus dem Tiefschlaf heraus sein Geburtsdatum sagen. Aber das mit dem Alter ist ja auch nicht ganz einfach. Schließlich ist das jedes Jahr anders. Die Welt geht im Übrigen nicht davon unter, wenn man dann trotz der Frage nach dem Alter das Geburtsdatum nennt oder wenn man sofort mit der ganzen Anschrift herausplatzt. Das passiert 50 Prozent der Zeugen. Bei den Angaben zur Person darf man übrigens ebenfalls nicht lügen, auch hierauf erstreckt sich die Wahrheitspflicht.

Nach der Vernehmung zur Person folgt die sogenannte Vernehmung zur Sache. Auch wenn die Situation von den Äußerlichkeiten her vergleichbar ist: Eine Zeugenvernehmung ist keine Examensprüfung. Es geht nicht darum, alles richtig zu machen. Das Gericht ist vielmehr auf den Zeugen zur Wahrheitsfindung angewiesen. Zeugen haben eine wesentliche Rolle im Prozess und machen nur dann einen Fehler, der den Unmut der Beteiligten verursacht, wenn sie lügen.

Zunächst soll der Zeuge das Tatgeschehen, die Zeit vorher und nachher mit eigenen Worten frei schildern. Das gelingt nicht immer: Manchmal kommt es auf Randdetails nicht an und der Zeuge wird in deren Schilderung »abgewürgt«. Mitunter fehlen aber wesentliche Details, sodass der Vorsitzende Richter, je nach Temperament, gleich am Anfang unterbricht und diese oder jene Nachfrage stellt. All das sollte nicht bewertet werden. Ohne spezifische juristische Ausbildung und ohne Kenntnis dessen, was die anderen Zeugen oder der Angeklagte bislang gesagt haben, kann man als Zeuge nicht wissen, was wichtig ist und was nicht. Der Zeuge sollte sich durch Zwischenfragen und Unterbrechungen nicht verunsichern lassen. Das ist sicherlich nicht ganz einfach. Es hilft aber gewiss, wenn man sich vor Augen hält, dass es bei Gericht ähnlich wie beim Arzt zugeht: Nur der weiß, welche Symptome krankheitsrelevant sein können und welche nicht. Und beim Arzt ist in der Regel niemand verunsichert, wenn dieser gezielt Fragen stellt.

Fragen des Gerichts werden auch häufig mit dem Begriff des »Vorhalts« verbunden. Der allgemeine Sprachgebrauch verbindet mit »Vorhaltungen« »jemandem einen Spiegel vorhalten« und dass man eine Person deutlich auf ihre Fehler hinweist. In der Justiz ist aber der Begriff des Vorhalts wörtlich zu nehmen: Dem Zeugen soll nur etwas vor Augen geführt, vor die Augen gehalten werden. Wenn also der Vorsitzende bei der Zeugenvernehmung sagt: »Ich will Ihnen mal folgenden Vorhalt machen: Bei der Polizei haben Sie damals gesagt ...«, dann meint er nur, dass er mit dem Zeugen die in den Akten befindliche Aussage mit dem, was in der Verhandlung gesagt wurde, vergleichen will – ohne jede Wertung und ohne dass daraus der Schluss gezogen werden muss, das Gericht habe bereits erhebliche Widersprüche festgestellt.

Ein wunder Punkt ist die Professionalität der befragenden Richter. Der Rahmenbeschluss der EU zur Stellung des Opfers fordert eine sachgerechte Ausbildung der Angehörigen der Rechtsberufe, um den Opferschutz sachgerecht umsetzen zu können. Hierzu gehören unserer Auffassung nach auch fundierte Kenntnisse der Aussagepsychologie und zu den Auswirkungen eines Traumas. Diese Fächer werden aber an den Universitäten nicht gelehrt und finden in Fortbildungsveranstaltungen nur nach und nach ausreichend Raum.

Zwischenfragen der anderen Verfahrensbeteiligten duldet das Gericht nur in Ausnahmefällen. Jeder weiß, dass ständiges Durcheinanderfragen einen Zeugen, erst recht eine Opferzeugin, verunsichert; daher wird der Vorsitzende im Rahmen seiner Prozessleitung darauf bestehen, zunächst sein Fragerecht allein ausüben zu dürfen.

Nach der Zeugenbefragung durch das Gericht beginnt die ritualisierte Fragerunde: Vorsitzender Richter, Beisitzende Richter, Schöffen, Staatsanwalt, Nebenklage, Gutachter, Verteidiger und auch Angeklagter. Diese Reihenfolge ist gesetzlich nicht zwingend vorgeschrieben, aber üblich, sodass es Abweichungen nur auf begründeten Antrag eines Prozessbeteiligten geben dürfte. Der Nebenklageanwalt und auch der Nebenkläger, also das Opfer selbst, haben das Recht, Fragen an Zeugen und Sachverständige und auch an den Angeklagten im Rahmen seiner Einlassung zu stellen.

Zeugen unter 18 Jahren (nicht nur Opfer!) sollen ausschließlich vom Vorsitzenden befragt werden. Wenn die Prozessbeteiligten Fragen an einen solchen Zeugen haben, so dürfen sie nur über den Vorsitzenden gestellt werden, der diese Fragen filtert und kindgerecht umformuliert. Ausnahmen sind allerdings möglich. Dabei kommt es darauf an, ob Nachteile für das Wohl des Zeugen drohen, wenn jeder fragen darf (§ 241a StPO). Das ergibt dann manchmal in der Hauptverhandlung merkwürdige Situationen. In Anwesenheit des Kindes fragt der Verteidiger: »Frau Vorsitzende, könnten Sie bitte Sophie fragen, ob das Auto des Täters grün oder rot gewesen ist?« Vorsitzende Richterin: »Sophie, kannst du dich eigentlich noch erinnern, ob das Auto vom Täter rot oder grün gewesen ist?« Sophie: »Ich hab die Frage schon verstanden, ich bin doch nicht taub. Ich hab doch schon gesagt: Das Auto war gelb.«

Und zum Schluss hat selbstverständlich auch der Angeklagte ein Fragerecht. Dass auch der Angeklagte fragen darf, gehört zu seinen Menschenrechten. Gute Verteidiger wissen aber, eigene Fragen des Mandanten zu verhindern: So mancher hat sich dabei schon um Kopf und Kragen geredet oder den Unmut aller Anwesenden auf sich gezogen, sodass hinterher nicht auszuschließen war, dass eine hohe Strafe auch auf dem unangemessenen Umgang des Angeklagten mit dem Opferzeugen beruhte. Der Angeklagte darf ebenfalls nur Fragen stellen, keine Vorwürfe machen und einen Zeugen auch nicht verbal angreifen: »Wie kommst du denn dazu, hier so einen Unsinn zu erzählen? Was hast du denn gegen mich, warum willst du mich in die Pfanne hauen?«

Ein Zeuge darf im Übrigen (fast) alles gefragt werden und muss auch auf (fast) alle Fragen antworten. Unzulässige Fragen gibt es nur in engen Grenzbereichen. Ein Zeuge wird befragt und ihm wird erst einmal unterstellt, dass er die Wahrheit sagt. Wenn die Zeugenaussage allerdings schwer nachvollziehbar ist oder ganz offenkundig doch wohl so Einiges weglässt, dann werden schon das Gericht, der Staatsanwalt, die Nebenklage oder der Verteidiger ziemlich drängend werden. Wer als Zeuge fahrlässig die Unwahrheit sagt, wird bestraft, und wer zum Schluss sogar vereidigt worden ist, der hat bei einer Falschaussage einen Meineid geleistet, und das kann, wie wir bereits erläuterten, mit Gefängnis bestraft werden. Das wird es übrigens auch. Eine falsche Zeugenaussage kann dazu führen, dass Geld- oder Freiheitsstrafe verhängt wird, und sie kann sogar dazu führen, dass entstandene Kosten in Rechnung gestellt werden. Auf falsche Zeugenaussagen reagieren Gerichte zu Recht ausgesprochen humorlos.

Im Gegensatz zum angloamerikanischen Recht wird ein Zeuge sehr selten auch vereidigt und wenn, dann erfolgt dies erst nach der Aussage. Nach neuem Recht kommt es bei der Frage, ob der Zeuge vereidigt werden soll, nur darauf an, ob das Gericht eine solche Eidesleistung für notwendig hält.

Viele Zeugen fragen, warum sie alles noch mal erzählen müssen – sie hätten doch schon bei der Polizei eine ausführliche Aussage gemacht und da konnten sie sich eh besser erinnern. Es gilt aber der Grundsatz der Unmittelbarkeit und Mündlichkeit. Das Gericht darf sein Urteil nur auf das Ergebnis der Hauptverhandlung und nicht auf den Akteninhalt stützen. Das bedeutet, dass jeder Zeuge vom Gericht gehört werden muss. Der Grund hierfür leuchtet gerade bei Zeugenvernehmungen ein: Das Gericht kann sich nur dann ein Bild von der Glaubwürdigkeit des Zeugen machen, wenn es den Zeugen persönlich erlebt. Wir alle wissen: Papier ist geduldig. Aussagen können daher nur in Ausnahmefällen verlesen werden (§ 251 StPO). Dies sind die Fälle eines verstorbenen oder schwer kranken bzw. unerreichbaren Zeugen. Eine Ausnahme findet aber auch Anwendung, wenn die Parteien sich einig sind, dass die Aussage verlesen werden kann. Aber je wichtiger der Zeuge für den Tatvorwurf ist, umso weniger kann auf die persönliche Aussage im Verfahren verzichtet werden.[95]

---

95 Zum Beispiel BGH, Urteil vom 12. Juni 2002, Aktenzeichen 2 StR 107/02.

Ein Opfer kann auch Angst davor haben, im Gerichtssaal wieder mit dem **Anblick des Täters** konfrontiert zu sein. Unbedarfte Zuschauer mögen vertreten: »Die soll sich nicht so anstellen.« Wer aber weiß, wie Trigger-Mechanismen funktionieren, der weiß auch, dass der **Anblick eines Täters**, der einen Menschen schwer traumatisiert hat, diesen zur Erstarrung und zum Verstummen bringen kann. Das können auch biologische, reflexhafte Mechanismen sein, die sich jeder bewussten Kontrolle entziehen, für die inzwischen sogar die Gehirnkorrelate gefunden worden sind.

Wir haben aber auch schon dargelegt, dass es zu den Menschenrechten jedes Angeklagten gehört, an der gesamten Verhandlung teilzunehmen. Deshalb kann der Angeklagte nur in extremen Ausnahmefällen von der gesamten Verhandlung und auch nur unter sehr engen Bedingungen von der Vernehmung des Opferzeugen ausgeschlossen werden. Bei Zeugen unter 18 Jahren muss ärztlich belegt sein, dass ein erheblicher Nachteil für das Wohl des Opfers droht, wenn es mit dem Angeklagten konfrontiert wird. Bei erwachsenen Zeugen muss sogar die dringende Gefahr eines schwerwiegenden Gesundheitsnachteils bestehen (§ 247 StPO). Erforderlich ist dabei ein ärztliches Attest, das die Gesundheitsgefahr für das Opfer belegt. Dieses Attest kann auch nicht einfach beinhalten: »Frau X ist es unangenehm und peinlich, Herrn Y wiederzusehen, und sie hat Angst davor.« Vielmehr muss die dringende Gefahr eines schwerwiegenden Nachteils für die Gesundheit gegeben sein. Es muss also aus ärztlicher, aus psychiatrischer Sicht für die Juristen nachvollziehbar dargestellt und belegt werden, dass die Konfrontation mit dem Täter zum Beispiel eine akute Suizidalität auslösen, zur Dekompensation mit dissoziativen oder psychoseähnlichen Schüben führen oder die Einweisung in eine geschlossene Psychiatrische Station zur Folge haben wird.

Oder aber es muss die Gefahr bestehen, dass der Zeuge in Anwesenheit des Angeklagten nicht wahrheitsgemäß aussagt – solche Fälle kommen aber eher im Bereich der organisierten Kriminalität, des Terrorismus oder Rechtsextremismus vor, nicht bei Sexualdelikten.

Wenn der Angeklagte ausgeschlossen wird, ist die Vorgehensweise für das Gericht recht kompliziert. Der Angeklagte muss, wenn er wieder im Saal ist, über alles informiert werden, was das Opfer gesagt hat. Die Unterrichtung des Angeklagten nach § 247 Satz 4 StPO kann aber auch in Form einer Videosimultanübertragung der Vernehmung in einen Nebenraum erfolgen, in dem sich der Angeklagte aufhält.[96] Hat er noch Fragen an die Zeugin, so teilt er diese entweder mit, wenn er wieder im Saal befindlich ist, oder über ein Telefonat aus dem Videoraum. Werden bei der Vernehmung des Opfers andere Beweismittel einbezogen (z. B. Verlesung eines Briefes oder Inaugenscheinnahme von Fotos der Verletzungen), darf der Angeklagte nicht ausgeschlossen werden. Der Angeklagte hat auch ein Recht, anwesend zu sein, wenn über die Entlassung des Zeugen entschieden wird.[97] Man erkennt schon so, dass es sehr kompliziert ist, den Angeklagten aus dem Saal zu entfernen. Hier werden oftmals Fehler gemacht,

96 So z. B. BGH NStZ 2021, 567.
97 Zum Beispiel BGH, Beschluss vom 21. April 2010, Aktenzeichen GSSt 1/09.

die dazu führen, dass Opferzeugen nach Aufhebung des Urteils in einer neuen Verhandlung erneut vernommen werden müssen.[98] Das erklärt dann auch die sehr große Zurückhaltung der Gerichte bei der Anwendung dieser Vorschriften. All diese Regelungen gelten auch für die audiovisuelle Vernehmung der Zeugen, also nicht die Vernehmung im Ermittlungsverfahren, die in der Hauptverhandlung vorgeführt wird, sondern die Konstellation, dass Zeugen in einem anderen Raum sitzen, der über Video mit dem Verhandlungssaal verbunden ist, und über eine Telefonverbindung vom Richter aus der laufenden Verhandlung befragt werden.

All diese Erleichterungen sind aber nach wie vor an das Vorliegen der engen Voraussetzungen des § 247 StPO gebunden und helfen daher nur schwer beeinträchtigten Zeugen. Weil der Angeklagte aber gerade im Fall der audiovisuellen Vernehmung (bzw. seiner Teilnahme über Video) die Vernehmung des Zeugen genauso mitbekommt wie das Gericht, sind wir der Meinung, dass die Voraussetzungen der audiovisuellen Zeugenvernehmung in § 247a StPO unbedingt gelockert werden sollten. Dem Angeklagten entstehen dabei keine Nachteile.

Liegen die genannten engen Voraussetzungen nicht vor, muss der Zeuge in Gegenwart des Angeklagten aussagen. Geschickte und erfahrene Nebenklagevertreter oder psychosoziale Prozessbegleitungen setzen sich dann beispielsweise bei der Zeugenvernehmung neben das Opfer, sodass sie zwischen Angeklagtem, Verteidiger und Opfer sitzen. Das ist rein räumlich schon einmal eine Art menschlicher Schutzwall. Zwischen Angeklagtem, Verteidiger und Opfer sitzt körperlich, physisch ein Verbündeter. Das kann sehr vieles erleichtern.

In der Hauptverhandlung werden nicht nur Zeugen vernommen, es werden auch Tatwaffen und Fotos vom Tatort in Augenschein genommen (solche Fotomappen sind oft sehr harter Tobak) sowie wichtige Urkunden verlesen.

Sachverständige werden ebenfalls in der Verhandlung, auch wenn ein schriftliches Gutachten vorliegt, noch einmal gehört und dann auch von allen Prozessbeteiligten befragt. Schusswaffensachverständige machen Angaben, von wo, aus welcher Entfernung, mit welchem Schusswinkel und mit welcher Waffe geschossen worden ist. Gerichtsmediziner können aus dem Sektionsergebnis einer Leiche oft verblüffend weitgehende Schlussfolgerungen auf den Tathergang ziehen. Aussagepsychologische Gutachterinnen zur Frage der Schuldfähigkeit des Angeklagten spielen oftmals eine tragende Rolle im Verfahren und müssen sich deshalb auch auf intensive Befragungen einstellen.

Jederzeit können Staatsanwaltschaft, Nebenklage und Verteidigung zusätzliche Beweisanträge stellen. Beispielsweise können neue Gutachten oder eine weitere Zeugenvernehmung gefordert werden, weil ein Zeuge ausgesagt hat, dass ein weiterer Nachbar etwas mitbekommen hat, oder weil der Angeklagte plötzlich etwas völlig Neues behauptet, worauf niemand vorbereitet gewesen ist und was jetzt überprüft werden muss.

---

98 → hierzu die ausdrückliche Kritik in BGH-Urteil vom 27. Januar 2011, Aktenzeichen 5 StR 482/10.

Für das Opfer kann das bedeuten, dass der Verteidiger den Beweisantrag stellt, etwa Leumundszeugen zu hören oder Zeugen, welche die Glaubwürdigkeit des Opfers erschüttern sollen. Das ist sein gutes Recht und das ist das gute Recht des Angeklagten. Verteidiger rechnen oftmals mit einer Ablehnung des Beweisantrags, um daraus einen Revisionsgrund abzuleiten und einen neuen Prozess zu erreichen. Das ist natürlich für einen Nicht-Juristen besonders schwer auseinanderzuhalten: »Stellt der jetzt meine Aussage, meine Glaubwürdigkeit infrage oder möchte der einen Beweisantrag abgelehnt bekommen, um daraus später einen Revisionsgrund ableiten zu können?«

Wenn das Gericht einem Beweisantrag Folge leistet, so heißt das nicht, dass das Gericht selbst die Frage immer für bedeutsam hält. Es kann auch bedeuten, dass das Gericht der Verteidigung hier keine Möglichkeit geben möchte, einen Revisionsgrund zu schaffen, und dass das Gericht das Urteil revisionssicher machen möchte.

Natürlich wird der Verteidiger das nicht so formulieren: »Ich stelle einen Beweisantrag, ich halte den selbst für völlig unerheblich, aber ich möchte einen Revisionsgrund schaffen und deshalb lehnen Sie meinen Beweisantrag bitte ab.« Genauso wenig wird der Vorsitzende Richter offen aussprechen: »Dieser Beweisantrag dient ja wohl offenkundig nur dazu, einen Revisionsgrund zu schaffen, aber den Gefallen werden wir Ihnen nicht tun und deshalb gehen wir dem Beweisantrag nach.« So etwas wird ein guter Nebenklagevertreter dem Opfer dann in der Verhandlungspause erläutern, weil die juristischen Prozessbeteiligten diese Spiele meist sehr viel besser durchschauen als die Opfer, die Zeugen oder die Zuhörer.

Führen wir erst mal den formalen Ablauf der Hauptverhandlung zu Ende. Nachdem die Gutachten erstattet worden sind, stellt der Vorsitzende Richter die Frage, ob alle Prozessbeteiligten einverstanden sind, dass die Beweisaufnahme abgeschlossen wird. Entweder es folgen jetzt weitere Beweisanträge oder die Prozessbeteiligten stimmen zu.

Es folgen dann die Plädoyers: zunächst das der Staatsanwaltschaft, dann das der Nebenklage, zum Schluss das der Verteidigung. Dies ist zumindest die übliche Reihenfolge in erstinstanzlichen Verfahren.

> Das letzte Wort hat immer der Angeklagte. Es stellt einen Revisionsgrund dar, der stets zur Aufhebung des Urteils führt, wenn dem Angeklagten vom Vorsitzenden Richter nicht ausdrücklich das letzte Wort erteilt wurde. Der Angeklagte muss auch darauf hingewiesen und angesprochen werden. Ihm kann nicht anschließend gesagt werden: »Sie hätten sich ja melden können.«

Dann zieht sich das Gericht zur Beratung zurück. Die Beratung ist absolut geheim, keiner der Teilnehmer darf den Inhalt nach außen berichten. Der Vorsitzende leitet die Beratung, alle Richter haben aber die gleiche Stimme. Die Schöffen sind also ebenso stimmberechtigt wie die Berufsrichter. Bei einer Besetzung mit vier Richtern (zwei Berufsrichter und zwei Schöffen) kann es daher zu einem Patt kommen. Wenn es dabei um die Frage geht: »War er's oder war er's nicht?«, dann ist bei einem Patt freizusprechen. Man braucht für Fragen, die sich auf den Schuldspruch oder das Strafmaß beziehen, immer eine Mehrheit (§ 263 Abs. 1 StPO). Gibt es keine Mehrheit, so ist die für den Angeklagten günstigste Variante anzunehmen. Erinnern wir uns: Bis zur Verurteilung gilt der Angeklagte (immer noch) als unschuldig. Und daher muss dann auch eine Mehrheit der Richter die Schuld feststellen.

Die Beratung kann durchaus etwas länger dauern. Das hängt ganz von der Dauer der Verhandlung und den Beweisen ab. Deshalb können zwischen den Plädoyers und der Urteilsverkündung (wie auch ansonsten zwischen den Verhandlungstagen in umfangreichen Prozessen) bis zu 30 Tage liegen. Anders als in den USA erklärt das Gericht aber nach den Plädoyers, wann das Urteil verkündet werden soll, sodass die Ungewissheit nicht so groß ist.

Dann wird das Urteil verkündet, »Im Namen des Volkes«. Bei der Verkündung von Schuldspruch und Strafmaß müssen alle im Gerichtssaal anwesenden Personen aufstehen. Wenn das Gericht danach die wesentlichen Gründe für das Urteil darstellt, nehmen alle wieder Platz und der Vorsitzende Richter erläutert ausführlich, welche Beweismittel die Verurteilung tragen bzw. warum freizusprechen war oder ein bestimmtes Strafmaß verhängt wurde. Ziel der Urteilsbegründung ist es, dem Angeklagten darzulegen, warum das Gericht von seiner Schuld überzeugt und warum dieser oder jener Straftatbestand erfüllt ist, oder der Geschädigten, warum freizusprechen war. Eine weitere Funktion der öffentlichen Urteilsbegründung ist es aber auch, die Öffentlichkeit quasi zu informieren, dass es keine Geheimjustiz gibt und bei der Urteilsfindung sachlich und ohne Ansehen der Person entschieden wurde. Diese öffentliche Urteilsbegründung kollidiert manchmal mit den Interessen von Opfern, gerade bei Sexualdelikten. Die Gerichte sind aber nach neuem Recht explizit dazu angehalten, auf die schutzwürdigen Interessen von Prozessbeteiligten, Zeugen oder Verletzten Rücksicht zu nehmen (§ 268 Abs. 2 Satz 3 StPO). Dann wird zum Beispiel bei der Urteilsbegründung auf die Darstellung von intimen Details aus den privaten Lebensbereichen der Betroffenen verzichtet.[99]

Für die schriftliche Urteilsbegründung hat das Gericht bis zu fünf Wochen nach der Verkündung der mündlichen Urteilsgründe Zeit, bei sehr langen Verfahren kann diese Frist auch bis zu neun Wochen betragen. Mit den üblichen Zeiten für das Schreiben und Versenden kann es daher sein, dass man bis zu vier Monate auf die schriftliche Urteilsbegründung warten muss. Diese kann durchaus sehr viel umfangreicher sein als die mündliche Urteilsbegründung. Das Gericht muss alle für und gegen den Angeklagten sprechenden Umstände abwägen; wenn es das nicht macht, wird das Urteil aufgehoben. Deshalb ist in vielen Urteilen die Liste der entlastenden Faktoren sehr lang – das sollte man als Opfer nicht dahingehend bewerten, dass das Gericht »Mitleid« mit dem Angeklagten oder das Leid des Opfers nicht ausreichend anerkannt hat.

Zurück zur Hauptverhandlung: Nach der Urteilsverkündung folgen noch die Verkündung eines Bewährungsbeschlusses, falls die Strafe zur Bewährung ausgesetzt wurde, und die Rechtsmittelbelehrung für den Angeklagten. Wenn ein Freispruch er-

---

99 Stuckenberg in: Löwe-Rosenberg, StPO, § 268 StPO, Rn. 21.

folgt und Nebenklage eingereicht wurde, wird auch die Nebenklägerin über die möglichen Rechtsmittel belehrt. Manchmal akzeptieren alle Prozessbeteiligten das Urteil bereits im Gerichtssaal, dann wird es sofort rechtskräftig. Das lässt sich anschließend aber nicht mehr revidieren. Weder Staatsanwaltschaft noch Verteidigung können sagen: »Ich hab mir das anders überlegt.« Will der Angeklagte das Urteil jedoch nicht annehmen, so muss er bzw. sein Verteidiger innerhalb einer Woche erklären, ob eine Überprüfung des Urteils durch die nächste Instanz erwünscht ist (zum Unterschied von »In Revision gehen« und »Berufung einlegen« → Abschn. 7.3). Gleiches gilt bei Rechtsmitteln der Staatsanwaltschaft.

An dieser Stelle sollen schlaglichtartig einige typische Fragen von Zeugen beantwortet werden:

- **Was ist mit meinen Fahrtkosten als Zeuge?** Die Fahrtkosten werden vom Gericht erstattet. Man muss die Kosten aber zunächst auslegen und die Belege für etwaige Bahn- und Taxifahrten aufbewahren. Das Gericht schickt den Zeugen nach der Vernehmung zum Kostenbeamten, der alles Weitere regelt. Der Staat erstattet Kosten angemessen, aber nicht luxuriös.
- **Ich habe doch einen Beruf, muss das Gericht darauf Rücksicht nehmen?** Nein, der Arbeitgeber ist verpflichtet, seine Mitarbeitenden für eine Zeugenvernehmung freizustellen. Er muss diesen Tag nicht bezahlen, den Verdienstausfall erstattet die Staatskasse. Man muss nur eine entsprechende Bescheinigung des Arbeitgebers mitbringen. Einzelheiten hierzu stehen auch auf der Zeugenladung. Hat man schon vor der Terminladung einen Urlaub gebucht, so muss man das dem Gericht mitteilen. In Verfahren, in denen sich der Angeklagte nicht in Haft befindet, wird das Gericht normalerweise auf den Urlaub Rücksicht nehmen und umterminieren.
- **Was ist mit meinem Kind? Kann ich das mitbringen?** Die Kinderbetreuung in Gerichten ist meist nicht vorgesehen. Die lange Wartezeit auf den Fluren und die Atmosphäre des Gerichtssaals sind oft eine Belastung für Kinder. Gleichzeitig ist es für das Gericht sehr schwierig, sich auf die Zeugenaussage zu konzentrieren, wenn ein Kind im Arm der Zeugin quengelt und weint. Deshalb ist es besser, eine Kinderbetreuung zu Hause zu organisieren oder wenigstens eine Vertrauensperson mitzunehmen, die mit dem Kind auf dem Flur warten kann.
- **Wie lange dauert eine Zeugenvernehmung?** Das hängt von der Wichtigkeit der Aussage und der Einlassung des Angeklagten ab. Es gibt Zeugenaussagen von zwei Minuten und solche, die mehrere Tage dauern (extremer Ausnahmefall).
- **Wie oft muss ich aussagen?** Auch diese Frage ist nicht ohne Weiteres zu beantworten. Wird die Sache beim Amtsgericht angeklagt, gibt es eine zweite Tatsacheninstanz, wenn Angeklagter, Staatsanwalt oder auch der Nebenkläger mit dem Urteil des Amtsgerichts nicht einverstanden sind. Auch wenn die Verhandlung vor dem Landgericht stattfindet, kann eine Revision dazu führen, dass das Urteil aufgehoben und die Sache mit den Zeugen vor dem Landgericht neu verhandelt wird. Innerhalb einer Instanz muss ein Zeuge normalerweise nur einmal aussagen, es sei denn, es gibt nach der Aussage weitere Beweismittel, die Anlass zu Rückfragen geben, zum Beispiel wenn das Opfer aussagt: »Nach der Tat habe ich keinen Kontakt mehr

zu dem Angeklagten gehabt«, und dann eine Zeugin auftaucht, die aussagt, sie habe Opfer und Angeklagten zusammen in einem Club an der Theke stehen gesehen. Diese Zeugenaussage führt nicht zwingend dazu, dass man dem Opfer nun nicht mehr glaubt – aber man muss jetzt doch einmal nach der geschilderten Situation fragen. Da kann es sein, dass das Opfer im Club von dem Angeklagten kurz angesprochen wurde und dies nicht als Kontakt im Sinne der Frage des Gerichts aufgefasst hat.

- **Kann ich nach der Vernehmung weiter zuhören?** Der Zeuge gilt nach Abschluss seiner Vernehmung als ganz normaler Bürger und gehört damit zur Öffentlichkeit. Daher darf er auch bei öffentlichen Verhandlungen nach der Vernehmung zuhören, muss aber bei nichtöffentlichen Verhandlungen (z.B. gegen Jugendliche) nach der Vernehmung den Saal verlassen, selbst wenn er Geschädigter ist. Im Verfahren gegen Jugendliche gibt es keine Nebenklage, sodass auch das Opfer in jedem Fall nach der Vernehmung gehen muss. Die Gerichte werten es übrigens nicht, ob jemand nach der Vernehmung geht oder bleibt.
- **Darf der Zeuge auch Fragen stellen?** Die Antwort lautet erst einmal: Nein. Das Fragerecht haben nur das Gericht, der Nebenklagevertreter, der Nebenkläger, Sachverständige, Verteidiger sowie der Angeklagte. Ein Zeuge kann daher allenfalls Fragen wie »Muss ich das beantworten?« oder »Kann ich eine Pause haben?« stellen. Auch ein Nachhaken nach dem Sinn der Fragen der Prozessbeteiligten ist nicht vorgesehen und stößt auf wenig Gegenliebe beim Gericht. Ein »Wozu wollen Sie das wissen?« wird vielfach mit dem Hinweis auf die Pflicht des Zeugen zur umfassenden Aussage beantwortet. Dies hat nichts damit zu tun, dass das Gericht den Zeugen missachtet. Die Strafprozessordnung sieht eine selbstständige Rolle des Zeugen einfach nicht vor. Eine Ausnahme besteht lediglich für den Nebenkläger und für einige wenige Anträge, die auch ein Zeuge stellen kann, insbesondere die Anträge auf Ausschluss der Öffentlichkeit und des Angeklagten. Hierauf werden wir bei den Möglichkeiten, das Opfer in der Hauptverhandlung zu schützen, noch näher eingehen (→Kap. 9).
- **Was ist ein Befangenheitsantrag?** Ebenso wie Beweisanträge werden Befangenheitsanträge oft aus taktischen Gründen von der Verteidigung gestellt. In ihnen wird gerügt, dass das Gericht befangen ist. Grundvoraussetzung für ein faires Verfahren ist ein unparteilicher Richter. Wenn aber Anhaltspunkte dafür bestehen, dass der Richter – aus welchen Gründen auch immer – nicht mehr unvoreingenommen ist, so hat jeder Prozessbeteiligte das Recht, dies zu rügen und auf Ablösung zu drängen. Oft wird in bestimmten Äußerungen oder Gesten des Richters ein Befangenheitsgrund gesehen. Fatal sind begründete Befangenheitsanträge in Verfahren, die schon mehrere Tage gedauert haben. Ist der Richter nämlich wirklich befangen, so hätte er an der Sache gar nicht mitwirken dürfen und dann muss die gesamte Verhandlung von vorne beginnen. Wirkte ein Richter mit, obwohl er befangen war, so wird das Urteil in der Revision in jedem Fall aufgehoben. – Einen Befangenheitsantrag können auch die Staatsanwaltschaft und die Nebenkläger, nicht aber ein Zeuge stellen.

- **Was ist eine Vereinbarung (Deal) im Strafprozess?** Es ist inzwischen auch bei deutschen Gerichten rechtens, dass es zwischen Staatsanwaltschaft und Verteidigung Absprachen über die Beendigung des Verfahrens gibt (§§ 257b und 257c StPO). Das sind dann jene Momente, in denen in der laufenden Verhandlung Staatsanwaltschaft oder Verteidigung um eine Unterbrechung bitten, miteinander auf dem Gerichtsflur diskutieren und sich dann mit dem Gericht ins Beratungszimmer setzen. Und dann kann es sein, dass die, die sich eben im Saal noch trefflich angegiftet haben, nach Wiederaufruf der Verhandlung (»Alle eintreten!«) auf einmal in bestem Einvernehmen erklären, man brauche die Zeugen nicht mehr und der Angeklagte wolle ein Geständnis ablegen. Was da hinter den verschlossenen Türen vereinbart wurde, darf aber nicht geheim bleiben. Der Vorsitzende Richter muss das Ergebnis der Beratungen in der öffentlichen Verhandlung zu Protokoll geben. Meist wurde zur Abkürzung des Verfahrens vereinbart, dass der Angeklagte ein Geständnis ablegt und er daher mit einem bestimmten Strafmaß rechnen kann. Häufig ist es nämlich auch die Ungewissheit über die Strafe, die sich Staatsanwaltschaft und Richter für die Tat vorstellen, die den Angeklagten zu einem massiven Bestreiten veranlasst. Absprachen können durchaus dem Opferschutz dienen. Beispielsweise kann die Verteidigung anbieten, dass auf die Vernehmung des Opfers verzichtet wird, wenn das Gericht dafür eine spürbare Strafmilderung verbindlich einräumt. Ist das Opfer Nebenkläger, wird der Nebenklageanwalt in die Beratungen über eine verfahrensabkürzende Absprache mit einbezogen. Er kann aber eine verfahrensbeendende Absprache nicht verhindern[100], weil es nicht um Schuld oder Unschuld, sondern nur um das Strafmaß im Fall eines Geständnisses gehen kann.

7.3 Das Urteil

Wie gelangt ein Gericht zu einem Urteil, wie entscheidet es, ob es verurteilt oder freispricht? Zunächst ist es wichtig zu wissen, dass das Gericht gemeinsam entscheidet, also alle Berufsrichter und Schöffen ein Mitspracherecht haben. Die Berufsrichter erklären den Schöffen dabei natürlich alle Beweisregeln und halten sie zu einer unabhängigen, objektiven Entscheidung an.

In dem Aufsatz »Der Strafprozess« des Juristen Schünemann (1998, S. 391) ist die Urteilsfindung für jeden Menschen leicht nachvollziehbar dargestellt:

> *»Der Richter hat grundsätzlich nach dem Modell der induktiv-statistischen Erklärung vorzugehen, die er jedoch nicht mit Hilfe von quantitativ-präzisen probalistischen Obersätzen sowie durch exakte Verrechnung multipler Wahr-*

---

100 Stuckenberg in: Löwe-Rosenberg, § 257c StPO, Rn. 59.

scheinlichkeiten nach dem Bayes-Theorem, sondern mit Hilfe alltagstheoretisch begründeter qualitativer Obersätze und einer so genannten Repräsentativhermeneutik bewältigt, die nach dem Prinzip der besten Trefferchance die relativ größte objektive Wahrscheinlichkeit in subjektive Gewissheit verwandeln.«

Alles klar? Falls nicht: Studieren Sie bitte Jura! Versuchen wir es noch einmal etwas alltäglicher. Beim Urteil stellen sich zwei Fragen:

Wann wird verurteilt?
Wonach richtet sich die Strafe?

Eine Verurteilung wegen der angeklagten Tat (oder nach entsprechendem vorangegangenem Hinweis des Gerichts wegen einer anderen rechtlichen Vorschrift) erfolgt, wenn das Gericht aus dem Inbegriff der Hauptverhandlung von der Schuld überzeugt ist, und zwar in tatsächlicher und rechtlicher Hinsicht – einschließlich Vorsatz und Schuld des Angeklagten. Aus der Beweiswürdigung muss sich für das Gericht also die Überzeugung ergeben, dass die Tatsachen in einer bestimmten Form abgelaufen, erfolgt sind. Die Beweiswürdigung muss ergeben, dass tatsächlich dies und jenes geschehen ist. Dann müssen die rechtlichen Kriterien erfüllt sein (→dazu Kap. 3). Das Gericht muss im nächsten Schritt also feststellen, dass diese Tatsachen und diese Handlungen einen Straftatbestand erfüllen, und zwar diejenigen der §§ X, Y und Z. Im nächsten Schritt muss klar sein, dass mit Vorsatz, bedingtem Vorsatz oder Fahrlässigkeit gehandelt worden ist. Schicksalsschläge können nicht abgeurteilt werden. Dieser konkrete Mensch muss sich in diesem konkreten Fall schuldig gemacht haben. Das ist der Öffentlichkeit nicht immer leicht zu vermitteln. Durch unglückliche Konstellationen und das statistisch unwahrscheinliche, in diesem Fall aber doch eingetretene Zusammentreffen mehrerer Umstände können Züge entgleisen oder bei einer Love Parade Menschen zu Tode kommen, ohne dass ein Schuldspruch gerechtfertigt wäre. Bei bestimmten Straftaten schreit das Volk vehement nach einem Schuldigen – und manchmal hat man den Eindruck: ganz egal, nach wem. Hier muss die Justiz des Volkes Stimme Widerstand entgegensetzen und Angeklagte freisprechen, wenn Vorsatz und Schuld nicht feststellbar sind. Ganz zum Schluss muss das Gericht noch feststellen, dass der Täter zum Zeitpunkt der Tat auch schuldfähig war. Bei der Auseinandersetzung mit den Gutachten im Hauptverfahren oder im Ermittlungsverfahren (→Kap. 6) haben wir das bereits erörtert.

Der Grundsatz **»im Zweifel für den Angeklagten«** ist jedem bekannt; wie er sich aber im konkreten Fall auswirkt, ist manchmal schwierig nachzuvollziehen und aus Betroffenensicht sicherlich auch nicht immer überzeugend. Dieser Grundsatz, der Zweifelsgrundsatz, hat Eingang gefunden in die Menschenrechtskonvention (MRK), hat somit für die zivilisierte Welt weitgehend Gültigkeit. Er bedeutet: Immer dann, wenn sich letzte Zweifel an der Schuld des Angeklagten nicht beseitigen lassen, ist freizusprechen. Das bedeutet aber nur: Immer dann, wenn sich letzte vernünftige Zweifel im Rahmen der naturwissenschaftlichen Gesetze nicht beseitigen lassen, ist freizusprechen. Gerade in Situationen, in denen Aussage gegen Aussage steht, also kein einziges

Beweismittel die Aussage des Opfers bestätigt, wird es mit der Beweisführung schwierig. Allerdings liegt eine solche Konstellation seltener vor, als gemeinhin geglaubt wird. Auch körperliche Befunde (Verletzungen, Spermaspuren), die Nachbarin, die Schreie gehört hat, oder die Freundin, die sofort angerufen wurde, können Beweismittel zugunsten des Opfers sein.[101] Es kommt dabei letztlich auch auf deren Überzeugungskraft an. So nützen zum Beispiel Spermaspuren als Beweis nicht, wenn der Täter den Geschlechtsverkehr einräumt, aber angibt, dass alles freiwillig stattgefunden habe. Es gibt Konstellationen, in denen eine hervorragende Beweislage die Aussage des Opfers stützt, der Täter aber dennoch freigesprochen wird. Ein Beispiel wäre bei einem sexuellen Übergriff nach § 177 Abs. 1 StGB die Notwendigkeit, dem Täter nachzuweisen, dass er das »Nein« des Opfers auch wahrnehmen konnte und verstanden hat (→ Kap. 3.1). Dabei kann man allerdings nicht in Abrede nehmen, dass dieser Aspekt auch das Einfallstor für Vergewaltigungsmythen und geschlechtertypische Vorurteile ist (»Der Täter hat gedacht: Wenn eine Frau ›Nein‹ sagt, meint sie ›Ja‹. Er hat das gar nicht erkennen können, dass ›Nein‹ gemeint war, zumal das Opfer ihn ja vorher auch zurückgeküsst hat.«). Solche Urteile sind teilweise nur schwer aushaltbar, zumal es gesellschaftlich eigentlich bekannt ist, dass »Nein« wirklich »Nein« heißt!

Wenn tatsächlich nur die Aussage des Opfers der des Täters gegenübersteht, so bedeutet aber dies nicht zwangsläufig, dass es zu einem Freispruch kommen wird. Vielfach hört man von Verletzten: »Ich kann das ja nicht beweisen.« Die Aussage einer Zeugin ist im Strafprozess aber auch ein Beweismittel, das ein Gericht nur umso kritischer prüft, wenn es keine weiteren Beweise gibt. Dabei hat der Bundesgerichtshof sowohl für die Würdigung der Aussage durch das Gericht selbst als auch für aussagepsychologische Gutachten (→ Kap. 6.1) festgelegt, wie diese kritische Prüfung aussehen muss. Hier kommt dann die vielfach zitierte und auch kritisierte »Nullhypothese« ins Spiel. Gerichte müssen ebenso wie aussagepsychologische Gutachter Argumente dafür feststellen, dass die Aussage wirklich erlebnisbasiert ist. Mit der Zeit haben sich dabei Kriterien[102] entwickelt, die für bzw. gegen den Wahrheitsgehalt einer Aussage sprechen: So sind zum Beispiel zahlreiche Details, Verflechtungen und Individualität im Inhalt, die Konstanz und Widerspruchsfreiheit der Aussage wichtige Anhaltspunkte dafür, dass eine Aussage der Realität entspricht. Anders, als man manchmal vermutet, ist es sogar für die Aussage förderlich, wenn eine Zeugin offensiv mit ihren Schuldgefühlen und ihrer (vermeintlichen) Mitschuld umgeht[103] – dies kann die Glaubhaftigkeit der Aussage durchaus stärken. Als Warnhinweise gelten demgegenüber zum Beispiel karge und wenig strukturierte Angaben, Übertreibungen und häufige, so nicht erforderliche Begründungen. Lügt ein Zeuge in einem maßgeblichen Punkt, so kann auf seine Aussage keine Verurteilung mehr gestützt werden, auch wenn die Aussage im

101 Zum Beispiel BGH, Beschluss vom 5. Juli 2022 – 5 StR 31/22 –, juris.

102 Auflistung im Folgenden nach Artkämper in: Die »gestörte« Hauptverhandlung, Kommunikation und Informationsverarbeitung im Strafverfahren, Rn. 1442.

103 BGH StV 2003, 486.

Übrigen konstant und emotional getragen ist.[104] Deshalb ist es äußerst wichtig, dass Geschädigte und auch alle anderen Zeugen vor Gericht absolut bei der Wahrheit bleiben, auch wenn dieses manchmal unangenehm oder peinlich ist.

Das Merkmal der Aussagekonstanz stellt den Opferschutz vor Probleme. Wenn ein Opfer nur einmal, zum Beispiel im Ermittlungsverfahren oder im Rahmen einer audiovisuellen Vernehmung, vernommen wurde und diese Vernehmung in der Hauptverhandlung eingeführt wird, ohne dass das Opfer noch einmal aussagen muss, kann in kritischen Aussage-gegen-Aussage-Konstellationen dieses wichtige Glaubhaftigkeitskriterium nicht ausreichend festgestellt werden. Deshalb müssen sich Zeuginnen darauf einstellen, dass sie bei einer Aussage-gegen-Aussage-Konstellation auch bei Vorliegen einer Videovernehmung im Ermittlungsverfahren vor Gericht aussagen müssen.

In einer aktuellen Studie wurden die Gründe für Freisprüche bei Sexualdelikten in Deutschland untersucht.[105] Es handelt sich nicht um eine Studie zur Anzahl von Freisprüchen, sondern freisprechende Urteile wurden gezielt auf ihre Gründe hin untersucht. Gleichwohl enthält die Studie zunächst die Feststellung, dass die Freispruchquote bei Sexualdelikten im zweistelligen Bereich liegt, diese Quote aber annähernd der Freispruchquote bei allen Straftaten, die nur mit der Aussage von Zeugen oder Opferzeugen belegt werden können (wie z. B. Raub und gefährliche Körperverletzung), entspricht.[106] Die Analyse von 80 freisprechenden Urteilen hat sodann ergeben, dass die meisten Freisprüche (insgesamt 65) in einer Aussage-gegen-Aussage-Konstellation erfolgten und die Aussage des Opfers aus folgenden Gründen als nicht ausreichend für eine Verurteilung gewertet wurde:[107]

- Die Aussage der Verletzten war in 33 Fällen inkonstant bzw. widersprüchlich.
- Die Entstehung der Erstaussage war in 22 Fällen problematisch.[108]
- In 19 Fällen gab es ein mögliches problematisches Aussagemotiv.
- In sieben Fällen fehlt es den Aussagen an Detailliertheit.
- In fünf Fällen war die Aussage nicht ausreichend plausibel.

Man kann nun die Stirn runzeln oder die Zahlen als Beweis für Vergewaltigungsmythen halten. Sie beruhen jedenfalls auf den Grundsatz, dass niemand verurteilt werden darf, wenn ein unabhängiges Gericht nicht die sichere Überzeugung gewonnen hat, dass er sich tatsächlich strafbar gemacht hat. Das ist ein Grundsatz unseres Rechtsstaates, den man nicht infrage stellen sollte.

---

104 BGH NStZ-RR 2015, 86.

105 Elz, Freisprechende Urteile in Fällen sexueller Gewalt (https://nbn-resolving.org/urn:nbn:de:hebis:2378-opus-3892).

106 Elz, a. a. O., S. 153.

107 nach Elz, a. a. O., S. 155, 156.

108 Zum Beispiel bei einer Entstehung der Erinnerung im Rahmen einer Therapie; →hierzu Kapitel 6 und Kapitel 13.

Das Fazit, das wir aus dieser Untersuchung ziehen, ist deshalb nicht neu: Angesichts der erheblichen Belastungen eines Gerichtsverfahrens für das Opfer bedarf es einer besonders sorgfältigen Abwägung, ob die Erinnerungen an die Tat sicher genug sind und ob das Opfer in der Lage ist, über die zu erwartende Verfahrensdauer die Erinnerung aufrechtzuerhalten. Diese Abwägung sollte umso intensiver sein, je länger die Tat zurückliegt, und in jedem Fall nicht vom Opfer allein, sondern mit einer kompetenten Begleitung stattfinden.

7.4 Die Strafzumessung

Die Strafe ist nie angemessen. Sie kann die Straftat nicht ungeschehen machen und die Folgen beim Opfer nicht beseitigen. Studien zufolge ist die Höhe der Strafe für die meisten Opfer aber auch nicht wichtig, es geht ihnen nicht um ein Jahr mehr oder weniger Freiheitsstrafe. Es geht vielmehr darum, dass überhaupt ein Schuldspruch oder eine Sanktion erfolgt und die Gesellschaft damit signalisiert, dass sie auf der Seite des Opfers steht. Teile der Öffentlichkeit fordern bereits für das vorsätzliche Zerkratzen von Autolack die Todesstrafe: »Aufhängen sollte man die alle! Einfach Rübe ab!« Eine Frage bliebe dann nur noch: In welcher Reihenfolge?

Was wollen wir in unserem demokratischen Rechtsstaat mit der Strafe erreichen? Das Bundesverfassungsgericht hat festgelegt: Vorrang hat die **Spezialprävention**. Das bedeutet, dass die Strafe in diesem speziellen Einzelfall die Wiederholung der Straftat verhindern soll. Bei Tötungsdelikten, die nicht den Hintergrund von Bandenkriminalität oder Berufskillertum haben, wirkt die Spezialprävention übrigens meistens. Das ist bei Sexualdelikten anders. Ein nicht geringer Prozentsatz von Sexualstraftätern begeht auch nach einer längeren Haftstrafe erneut Straftaten gegen die sexuelle Selbstbestimmung, wird also rückfällig.[109] Hier gibt es mittlerweile ausführliche Rückfallstatistiken zu den einzelnen Delikten, die in jedem Fall eines belegen: So hoch, wie es die Stammtischparolen behaupten oder die Medien suggerieren, sind die Rückfallzahlen keinesfalls, sie sind auch nicht in den letzten Jahren signifikant gestiegen. Signifikant gestiegen sind vielmehr die Medienberichte.

Ein weiterer Strafzweck ist die sogenannte **Generalprävention**. Diese entspringt dem Gedanken der Abschreckung und dem Gedanken der Vergeltung. Im Grunde genommen richtet sich dieser Strafzweck nicht gegen den Täter, sondern ist ein Signal an die Allgemeinheit: »Zur Nachahmung nicht empfohlen.« Der Rechtsstaat macht damit deutlich, dass bestimmte Straftaten zu langjährigem Freiheitsentzug, zum zwangsweisen Aufenthalt unter unsympathischen Mitmännern und zu einem erheblichen Bruch

---

109 Jehle u.a., Legalbewährung nach strafrechtlichen Sanktionen, 2020, besonders Seite 201 ff.

in der privaten und beruflichen Lebenslinie führen. Nach einigen Jahren Gefängnis kann das Leben fast nie an der Stelle fortgesetzt werden, an der es vor der Verurteilung unterbrochen worden war. Die gesellschaftliche Erfahrung zeigt tatsächlich, dass Gesetze, deren Übertretung nur mit Sanktionen bedroht werden, aber eben nicht diese Sanktionen zur Folge haben, rasch gewohnheitsmäßig übertreten werden. So entsetzlich moralisch sind wir alle nicht. Fragen Sie sich jetzt einfach mal innerlich still und ehrlich: Wie würde meine Steuererklärung aussehen, wenn Steuerbetrug nicht geahndet würde? – Na also!

Andererseits wirken immer höhere Strafen nicht abschreckend. Gerade im Bereich des sexuellen Missbrauchs von Kindern wissen die Täter, dass sie hoch bestraft werden können. Bei Begehung der Tat denken sie jedoch nicht über das Strafmaß (ein Jahr oder fünf Jahre Mindeststrafe) nach, sie gehen zumeist davon aus, dass die Tat nicht angezeigt werden wird, und üben oft auch entsprechenden Druck auf das Opfer aus. Deshalb ist Aufklärung wichtig, die Stärkung des Selbstbewusstseins von Jungen und Mädchen. Dann trauen die sich auch, das, was sie als Unrecht empfinden, ihren Eltern oder Lehrern mitzuteilen, und trauen ihren eigenen Wahrnehmungen.

Der Staat hat als **Strafmaß** und als Sanktion eine begrenzte Möglichkeit. Die Leibesstrafen sind bei uns mittlerweile abgeschafft. Es wird nicht mehr verprügelt, verstümmelt, gequält, gefoltert oder hingerichtet.

Die häufigste Strafe ist sicherlich die Geldstrafe. Damit es hier einen gerechten Umgang mit sozialen Unterschieden gibt, wird die Geldstrafe oft nach Tagessätzen verhängt. 120 Tagessätze sind dann für den Herzog von Obersachsen 400 000 Euro und für den Sozialhilfe-Empfänger 60 Euro. So viel Gerechtigkeit würde man sich häufiger wünschen.

Freiheitsstrafen gelten entweder lebenslang oder zeitlich befristet, bis maximal 15 Jahre. Freiheitsstrafen unter zwei Jahren können zur Bewährung ausgesetzt werden, wenn dafür bestimmte Kriterien erfüllt sind.

Da der Aspekt der Spezialprävention, also das Verhindern weiterer Straftaten dieses einzelnen Täters, weit vorne steht, werden Strafen bis zu zwei Jahren so oft wie möglich zur **Bewährung** ausgesetzt, und viele Straftäter bekommen auch einen Rest der Freiheitsstrafe zur Bewährung erlassen, meist etwa ein Drittel, weil dann tatsächlich die Rückfallgefahr sinkt. Für manche Menschen ist es wirklich disziplinierend, zu wissen: »Ich hab' noch Reststrafe offen« oder »Ich bin noch auf Bewährung«, um ihre Impulse besser steuern zu können.

Es können auch Nebenstrafen ausgesprochen werden, zum Beispiel ein Berufsverbot für einen Kinderarzt, der Kinder missbraucht hat, oder ein Fahrverbot bei einem Berufskraftfahrer, der am Lkw-Steuer alkoholisiert einen Unfall verursacht hat.

War ein Täter zum Tatzeitpunkt schuldunfähig oder erheblich vermindert in der Lage, sich zu steuern oder nach seiner Einsicht zu handeln, und sind von diesem Täter auch in Zukunft mit Wahrscheinlichkeit erhebliche rechtswidrige Taten zu erwarten, dann ordnet das Gericht eine Maßregel der Besserung und Sicherung an. Das bedeutet die Unterbringung in einer forensisch-psychiatrischen Fachabteilung oder in einer Entziehungsanstalt, die meist spezialisiert ist auf die Behandlung von Alkoholkranken oder von Abhängigen, die illegale Drogen zu sich nehmen. Beides erfordert ein deutlich unterschiedliches therapeutisches Vorgehen.

Die endgültige **Strafzumessung** geht dann von dem Strafrahmen aus, der in dem Straftatbestand festgelegt ist, dessen Kriterien nach Überzeugung des Gerichts am Ende der Beweiswürdigung erfüllt sind. Letztlich ist die Strafzumessung eine Entscheidung aus dem Bauch heraus, die dann aber mit vielen Worten in Abwägung strafverschärfender und strafmildernder Faktoren und Umstände begründet wird, die ihrerseits in der Tat selbst und in der Person des Täters begründet sind. Es ist kein Geheimnis, dass hierbei die Gruppendynamik des Gerichts, die Atmosphäre in der Öffentlichkeit, die Sympathie, die Opfer oder Täter bei den Prozessbeteiligten auslösen oder gerade nicht, das Bundesland und vieles Weitere hineinspielen. So sind traditionell die Strafzumessungen im Süden der Bundesrepublik Deutschland höher als im Norden.

Das bedeutet nicht, dass die Strafzumessung willkürlich ist; sie beruht vielmehr auf einer Mischung von Erfahrungswerten und einzelfallbezogenen Strafzumessungskriterien, die sich letztlich mathematisch nicht erfassen lassen.

7.5 Strafvollzug und Sicherungsverwahrung

Der **Strafvollzug** soll verändern. Insofern ist es durchaus ein Behandlungsvollzug. In fast allen Haftanstalten werden inzwischen auch Therapiemöglichkeiten angeboten. Die Wahrnehmung dieser Therapiemöglichkeiten ist allerdings stets freiwillig.

Eine Arbeit im Justizvollzug wird grundsätzlich angestrebt, auch die Gefangenen haben hohes Interesse an einem Arbeitsplatz, um ihren Alltag zu strukturieren und ein wenig Geld zur Verfügung zu haben. Die Teilnahme an angebotenen Therapiemaßnahmen, Antiaggressionstraining etc. hat Einfluss auf Vollzugslockerungen, wie zum Beispiel Ausgang, Urlaub und auf die Strafaussetzung zur Bewährung. Bewährung ist frühestens nach der Hälfte der Verbüßung der Strafe, meistens erst nach zwei Drittel Verbüßung möglich. Das Opfer kann beantragen, über Vollzugslockerungen und die Entlassung aus der Haft informiert zu werden. Bei dem Antrag kann der Nebenklageanwalt, aber auch eine Opferhilfeeinrichtung unterstützen.

Wird ein besonders gefährlicher Täter aus dem Strafvollzug entlassen, haben die meisten Bundesländer Regelungen getroffen, die den Bürger davor schützen sollen, dass dieser Täter neue Taten begeht. Das geht von engmaschigen Bewährungsauflagen bis hin zu 24-Stunden-Observationen durch die Polizei oder eine elektronische Fußfessel. All diese Maßnahmen sind aber nur für eine gewisse Zeit zulässig und geben letztlich auch keine absolute Sicherheit.

Die **Sicherungsverwahrung (SV)** ist keine Strafe und darf daher nicht in einem Gefängnis vollstreckt werden.[110] Sie fußt nicht auf dem, was der Verurteilte getan hat, sondern ist eine präventive Maßnahme, die der Sicherung der Allgemeinheit dienen soll.

Deshalb müssen die Taten, die zur Sicherungsverwahrung führen, besonders schwer sein. Gutachter müssen in Abständen immer wieder feststellen, ob von dem Täter weiterhin eine Gefahr ausgeht.

Unter engen Voraussetzungen kann jetzt auch gegen Jugendliche die Sicherungsverwahrung verhängt werden (§ 7 Abs. 4 JGG).

Wird die Sicherungsverwahrung angeordnet, wird zunächst die Strafe im Strafvollzug vollstreckt. Danach folgt die Sicherungsverwahrung.

7.6 Nach dem Urteil/Berufung und Revision

Mit der mündlichen Urteilsverkündung ist möglicherweise noch nicht alles vorbei. Ein Verzicht auf Rechtsmittel durch den Angeklagten ist eher die Ausnahme. Das ist dann der Fall, wenn die Prozessbeteiligten im Gerichtssaal einvernehmlich erklärt haben, dass sie auf die Revision, auf das Einlegen von Rechtsmitteln verzichten. Es kann aber sein, dass Prozessbeteiligte, durchaus auch die Staatsanwaltschaft, unmittelbar nach der Urteilsverkündung mitteilen: »Wir werden gegen dieses Urteil Revision einlegen.« Rechtsmittel müssen binnen einer Woche nach Urteilsverkündung eingelegt werden. Danach müssen Verteidiger, Nebenkläger und Staatsanwalt aber die schriftliche Urteilsbegründung abwarten, die durchaus von der in der Hauptverhandlung gegebenen mündlichen Urteilsbegründung abweichen kann.

Rechtsmittel sind vorrangig Berufung und Revision. Das Rechtsmittel kann von der Staatsanwaltschaft oder der Verteidigung eingelegt werden und sich sowohl auf den Schuldspruch (War er's oder war er's nicht?) als auch auf das Strafmaß beziehen. Die Nebenklage kann auch Rechtsmittel einlegen, die sich dann allerdings immer nur gegen den Schuldspruch, nicht aber gegen das Strafmaß wenden kann. Rechtsmittel sind auch zulässig, wenn sich alle Prozessbeteiligten vorher auf genau dieses Urteil geeinigt hatten. Alle Rechtsmittel müssen innerhalb einer Woche nach der mündlichen Urteilsverkündung eingelegt werden. Legt nur der Angeklagte bzw. sein Verteidiger Rechtsmittel ein, gilt das sogenannte Verschlechterungsverbot: Das Urteil in der Rechtsmittelinstanz kann dann nicht härter ausfallen als das Urteil, das angegriffen wurde.

Die **Berufung** richtet sich gegen Tatsachenbewertungen in einem Gerichtsverfahren.

110 Bundesverfassungsgericht, Urteil vom 04. Mai 2011, 2 BvR2333/08.

Nur gegen Urteile des Amtsgerichts kann **Berufung** eingelegt werden.

Im Gegensatz zur Revision muss die Berufung nicht begründet werden. Die Akten gehen nach Einlegung der Berufung zum Landgericht und dort wird genau wie beim Amtsgericht mit Zeugen, Sachverständigen etc. neu verhandelt. Es gibt eine sogenannte neue Tatsacheninstanz, an deren Ende das Landgericht die Beweise eigenständig neu prüft, würdigt und ein Urteil fällt. Gegen dieses ist dann noch die Revision zulässig.

Die **Revision** ist sowohl gegen Urteile des Amtsgerichts als auch gegen Urteile des Landgerichts[111] zulässig.
Revisionen gegen Urteile des Amtsgerichts werden beim Oberlandesgericht (OLG) verhandelt, solche gegen Urteile des Landgerichts beim Bundesgerichtshof (BGH).

Auf der Grundlage der schriftlichen Urteilsbegründung und des Prozessprotokolls, das ein sehr wichtiges Dokument ist und deshalb auch von der stets anwesenden »Protokollführerin« nach feststehenden Regeln kontinuierlich angefertigt wird, begründen Prozessbeteiligte die Revision. Das Gericht muss die schriftlichen Urteilsgründe binnen sechs Wochen absetzen; wenn die Hauptverhandlung allerdings länger gedauert hat, verlängert sich auch diese Frist.

Revision bedeutet, dass dort keine neue Beweisaufnahme mit Zeugen etc. erfolgt, sondern eine rein rechtliche Überprüfung des Urteils. Die Beweisführung, die rechtlichen Ausführungen und die Einhaltung der Verfahrensregeln in der Vorinstanz werden anhand der schriftlichen Urteilsgründe überprüft. Wurde zum Beispiel die Verteidigung unzulässig eingeschränkt oder wurden wichtige Beweisfragen, vor allem auch zur Glaubwürdigkeit des Opfers, nicht genügend geprüft oder im Urteil ausführlich dargelegt, ist es sehr wahrscheinlich, dass das Urteil aufgehoben wird.

Hat die Revision Erfolg, wird das Verfahren zur neuen Verhandlung an das Landgericht oder Amtsgericht zurückverwiesen. Dort muss die Verhandlung neu durchgeführt werden. Manchmal wird auch nur ein Teil des angefochtenen Urteils aufgehoben (nur bzgl. einer Tat oder nur bzgl. der Strafzumessung), dann wird auch nur zu diesem aufgehobenen Teil neu verhandelt.

Ist das Urteil erst einmal rechtskräftig geworden, lässt die Justiz das Opfer quasi allein, es sei denn, es hat beantragt, über die gerichtlichen Entscheidungen und die Entlassung des Verurteilten aus der Haft informiert zu werden.

Aber bereits nach der mündlichen Urteilsverkündung fällt ein Opfer nicht selten in eine Art »Loch«. Für diese Situation steht die psychosoziale Prozessbegleitung zur Verfügung. Ist das Urteil rechtskräftig, dann spätestens schlägt auch die Stunde der Therapeuten, dann können sie ihre Traumatherapie, ungestört von juristischen Gemeinheiten und Erschwernissen, erfolgreich beginnen und/oder zu Ende führen.

---

111 In Staatsschutzverfahren auch gegen Urteile des Oberlandesgerichts.

Literatur

Artkämper H, Artkämper LG, Weise G (2022). O. Kommunikation und Informationsverarbeitung im Strafverfahren. In: Die »gestörte« Hauptverhandlung. Eine praxisorientierte Fallübersicht. 6. Aufl. Bielefeld: Gieseking; 619.

Bublitz JC (2021). Entwicklung und Kritik der höchstrichterlichen Rechtsprechung zur Glaubhaftigkeitsanalyse. Epistemische Gerechtigkeit und Implikationen für Aussage-gegen-Aussage-Konstellationen. ZIS, 210–221.

Elz J (2022). Freisprechende Urteile in Fällen sexueller Gewalt. Wiesbaden: KrimZ (BM-Online; Bd. 32). www.krimz.de/fileadmin/dateiablage/E-Publikationen/BM-Online/bm-online32.pdf (letzter Zugriff: 25. 04. 2024).

Fastie F (1994). Zeuginnen der Anklage. Berlin: Orlanda Frauenverlag.

Haarig F, Blase T, Sedlmeier P (2012). Vorhersage von Rückfälligkeit bei Sexualstraftätern. MschrKrim 95(6): 392–412.

Jehle JM, Albrecht HJ, Hohmann-Fricke S, Tetal C (2020). Legalbewährung nach strafrechtlichen Sanktionen. Eine bundesweite Rückfalluntersuchung 2013 bis 2016 und 2004 bis 2016. Berlin: Bundesministerium der Justiz und für Verbraucherschutz.

Schünemann B (1998). Der deutsche Strafprozeß im Spannungsfeld von Zeugenschutz und materieller Wahrheit. StV, 391 ff.

Wößner G, Albrecht HJ (2016). Behandlung, Resozialisierung, Rückfallgefahr: Sexualstraftäter in den sozialtherapeutischen Anstalten Sachsens. Freiburg: Max-Planck-Institut für ausländisches und internationales Strafrecht.

8 Die Rechte des Beschuldigten und seines Verteidigers

Jeder Beschuldigte hat:

- allgemeine Freiheitsrechte
- Informationsrechte
- Rechte im Rahmen seiner Verteidigung (Rechte des Verteidigers/auf einen Verteidiger)
- Mitwirkungsrechte
- Anwesenheitsrechte

8.1 Allgemeine Freiheitsrechte

Jeder Beschuldigte ist bis zu dem Zeitpunkt, an dem er rechtskräftig verurteilt worden ist, unschuldig wie Sie und ich. Für jeden Beschuldigten gelten selbstverständlich alle Menschenrechte und Grundrechte. Dazu gehört beispielsweise der Anspruch auf körperliche Unversehrtheit. Deshalb besteht bei uns ein generelles Folterverbot (Art. 3 EMRK). Dieses Folterverbot gerät immer wieder in die Diskussion, wenn eine Situation entstanden ist, in der durch Folter eines Verdächtigen vielleicht das Leben oder die Gesundheit eines Tatopfers hätte gerettet werden können. Die Menschheitsgeschichte hat aber bewiesen, dass der Folter ein fast unbegrenztes Missbrauchspotenzial inhärent ist. Medizinisch formuliert: Die Indikation zur Folter ist extrem schwer zu stellen und dieses Mittel zur Wahrheitsfindung ist schwer zu dosieren. Deshalb ist es berechtigt, dass alle demokratischen Rechtsstaaten auf dieses Mittel verzichten und es ausdrücklich verbieten. Es ist auch berechtigt, wenn Menschenrechtsorganisationen sehr genau darauf achten, dass Staaten nicht auf dieses Mittel zurückgreifen. Der demokratische Rechtsstaat nimmt dabei billigend in Kauf, dass in seltenen Ausnahmefällen durch den Verzicht auf dieses unmenschliche Mittel Gesundheit und Leben eines Opfers verloren gegangen sind und gehen. Anderenfalls würde der Rechtsstaat herabsinken auf die Stufe vieler Täter, die Gewalt zur Durchsetzung ihrer Ziele einsetzen. Manche Rache-Western, Action-Filme und Krimis suggerieren, dass der Rechtsstaat – oder eben der übergesetzliche Held wie Batman, heute auch die Heldin – dazu manchmal das Recht hätte (Sachsse 2010, 2012). Uns beiden ist wohler in einem Staat, in dem Folter prinzipiell verboten ist.

Auch die Freiheitsrechte sind Menschenrechte. Freiheitseinschränkungen dürfen vor der Verurteilung nur in Ausnahmefällen durchgeführt werden. Weil sie ein Eingriff in Grundrechte sind, gilt der Richtervorbehalt. Nur der Richter darf Untersuchungshaft anordnen.

8.2 Informationsrechte

Der Beschuldigte hat das Recht, dass er Mitteilung erhält über alle gegen ihn vorgebrachten Vorwürfe, und zwar in einer ihm verständlichen Sprache. Die Gerichtssprache ist Deutsch, ein Strafgericht verhandelt, auch wenn die Beteiligten es vielleicht könnten, niemals in Englisch oder Französisch.[112] Ein Beschuldigter, der der deutschen Sprache nicht mächtig ist, hat Anspruch auf einen unentgeltlichen Dolmetscher oder Übersetzer. Hör- und/oder spracheingeschränkte Menschen haben ebenfalls einen Anspruch darauf, dass ihnen die wesentlichen Aspekte in einem Verfahren verständlich gemacht werden (§§ 186, 187 GVG).

Der Beschuldigte muss genau darüber informiert werden, was gegen ihn vorliegt. Sonst könnte er sich ja inhaltlich auch überhaupt nicht angemessen verteidigen. Anderenfalls würde ein Prozess den Charakter annehmen, der atmosphärisch dicht von Franz Kafka in seinem Roman »Der Prozess« geschildert wird: »Sie sind angeklagt, Sie sind schuldig, Sie wissen und erfahren nicht, wieso und warum, aber Sie werden verurteilt.« So etwas ist mit einem Rechtsstaat nicht vereinbar. Das bedeutet, dass der Beschuldigte über seinen Verteidiger oder, wenn er keinen Anwalt hat, unter Aufsicht die Akten einsehen darf.[113]

MERKE

Es gilt aber immer: Bestehen Anhaltspunkte dafür, dass das Opfer durch die Akteneinsicht gefährdet ist, kann diese dem Beschuldigten verweigert oder aber opfersensible Daten dürfen aus der Akte entfernt werden (z. B. die neue Anschrift) (→ auch Kap. 9.2.6).

Wenn nicht gerade eine Haftsache vorliegt, bekommt der Verteidiger erst Akteneinsicht, wenn die Kenntnis des Beschuldigten von den gegen ihn vorliegenden Beweisen die Ermittlungen nicht mehr gefährden kann. Die Beschuldigtenvernehmung darf der Verteidiger aber jederzeit einsehen und wenn der Beschuldigte sich in Untersuchungshaft befindet, muss er natürlich auch die Aussichten einer Beschwerde gegen den Haftbefehl überprüfen können. Deshalb muss dem Verteidiger alles das, was Grundlage des

112 Die einzige Ausnahme ist sorbisch. Das Recht der Sorben, in den Heimatkreisen der sorbischen Bevölkerung vor Gericht sorbisch zu sprechen, soll gewährleistet bleiben.
113 Neues Recht nach § 147 Abs. 4 StPO.

Haftbefehls war, vorgelegt werden. Irgendwann im Ermittlungsverfahren bekommt der Verteidiger aber auf jeden Fall Akteneinsicht. Wir haben schon darauf hingewiesen, dass weder Staatsanwaltschaft noch Verteidigung plötzlich und unerwartet im Hauptverfahren irgendein neues Beweismittel aus dem Hut zaubern dürfen, ohne dass der Beschuldigte und sein Verteidiger darüber vorher gründlich informiert worden sind. Jeder Verteidiger wird dann, wenn im Hauptverfahren ein neues Beweismittel auftaucht, sofort eine Unterbrechung der Hauptverhandlung beantragen, um sich mit der neuen Beweislage gründlich vertraut machen und sich einarbeiten zu können.

Übrigens gibt nicht jeder Verteidiger automatisch jedem Beschuldigten unbeschränkte Einsicht in alle Aktenbestandteile, die ihm zur Kenntnis gelangt sind. Es kann durchaus eine gute Verteidigung sein, wenn ein Verteidiger seinen Mandanten nicht in allen Einzelheiten informiert, damit dieser zunächst unbefangen etwa in eine Schuldfähigkeitsbegutachtung durch einen Psychiater hineingeht. Psychiatrische Gutachter können immer wieder feststellen, dass einem Beschuldigten offenkundig nicht alle Akteninhalte von seinem Verteidiger mitgeteilt wurden. In manchen Fällen liegt dies im wohlverstandenen Interesse des Beschuldigten und kann sogar als Qualitätsmerkmal einer guten Verteidigung gelten. Anderenfalls reagiert ein Beschuldigter nur noch defensiv, versucht sich vielleicht herauszulügen und wird damit immer unglaubwürdiger. Verteidiger müssen auch nach ihrem Standesrecht gut überlegen, ob die Gefahr von weiteren Straftaten besteht, zum Beispiel durch Nötigung von Zeugen, wenn der Beschuldigte eine Aktenkopie bekommt. Die praktische Umsetzung dieser Regeln ist aber eine Frage der Qualität und des Behauptungsvermögens des einzelnen Anwalts.

8.3 Das Recht auf Verteidigung

Jeder Beschuldigte hat das Recht auf freie Verteidigerwahl. Maximal darf er drei Verteidiger wählen (§ 137 Abs. 1 StPO). Mehrere Beschuldigte in demselben Verfahren dürfen nicht denselben Verteidiger haben.

Im Ermittlungsverfahren hat der Verteidiger Akteneinsichtsrecht, soweit der Ermittlungszweck nicht gefährdet wird. In die Akte, welche die Staatsanwaltschaft zum Gericht weiterleitet, hat der Verteidiger dann uneingeschränktes Einsichtsrecht.

Das Gesetz sieht in vielen Fällen vor, dass ein Beschuldigter immer einen Verteidiger haben muss. Wenn er keinen Wahlverteidiger hat, wird ihm dann ein Pflichtverteidiger beigeordnet. Das bedeutet, dass der Verteidiger, den er weiterhin frei wählen darf, vom Staat bezahlt wird. Im Fall einer Verurteilung muss der Beschuldigte die Verteidigergebühren mit den Kosten des Verfahrens allerdings zurückerstatten – das wissen viele nicht. Die Kosten eines Hauptverfahrens mit Verteidigung können übrigens ganz erheblich sein. Die Allgemeinheit ist nicht bereit, alle Kosten zu tragen, die Straftäter verursacht haben.

Einen Pflichtverteidiger braucht der Beschuldigte zum Beispiel bei besonders schweren oder einer zu erwartenden erheblichen Freiheitsstrafe, in Fällen, in denen er in Untersuchungshaft genommen wird, aber auch in allen Fällen, in denen das Opfer einen Rechtsanwalt als Opferanwalt beigeordnet bekommen hat.[114]

In vielen Filmen versucht der Verteidiger mit allen Mitteln, einen Freispruch für seinen Mandanten zu bekommen. Im deutschen Recht sind die Rechte des Verteidigers aber beschränkt. Er darf zwar im Grundsatz alles für seinen Mandanten tun, was ihm hilft. Er darf aber nicht aktiv die Bestrafung vereiteln, indem er zum Beispiel falsche Alibi-Zeugen beschafft. Dann droht ihm nicht nur ein Strafverfahren, sondern auch ein Berufsverbot.

Ein Verteidiger darf eigene Ermittlungen anstellen, er darf sogar bei der Opfer-Zeugin vor der Tür stehen, um sie zu befragen. Die Zeugin darf ihm allerdings sowohl den Zutritt zu ihrer Wohnung verweigern als auch jedes Gespräch mit ihm ablehnen.

Der Pflichtverteidiger muss an jedem Hauptverhandlungstag anwesend sein; das macht es für die Gerichte bei viel beschäftigten Anwälten oft schwer, Termine zu finden.

8.4 Anwesenheitsrechte und -pflichten

Im Ermittlungsverfahren hat der Beschuldigte bei Vernehmungen von Zeugen und Sachverständigen, die von einem Richter durchgeführt werden, ein Anwesenheitsrecht.[115] Das gilt nicht für Vernehmungen durch Staatsanwaltschaft oder Polizei. Richterliche Vernehmungen haben weitreichende Wirkungen in der Hauptverhandlung. So kann zum Beispiel das Protokoll der Zeugenvernehmung in der Hauptverhandlung verlesen werden. Daher muss dem Beschuldigten auch schon im Ermittlungsverfahren die Möglichkeit gegeben werden, an den entsprechenden Untersuchungen teilzunehmen.[116]

Aber: Wenn die Gefahr besteht, dass ein Zeuge aus Angst vor dem Beschuldigten nicht aussagen oder lügen wird, hat das Gericht die Möglichkeit, den Beschuldigten auszuschließen. Es muss dies allerdings genau begründen. Reicht diese Begründung nicht, kann es sein, dass die Vernehmung dann nicht in der Hauptverhandlung verwertet werden darf. Der Verteidiger kann jedoch nie ausgeschlossen werden. Das deutsche Recht geht davon aus, dass Rechtsanwälte Organe der Rechtspflege sind. Sie sind daher durch ihr Standesrecht verpflichtet, nichts zu tun, was den Zweck der richterlichen Untersuchungshandlung gefährden kann: die Wahrheitsfindung.

114 Im Einzelnen → § 140 Abs. 1 StPO.
115 § 168c StPO, für den richterlichen Augenschein gilt das Gleiche über § 168d StPO.
116 Das gilt auch für die Videovernehmung; zu den genaueren Rahmenbedingungen → Kapitel 5.2.

In der Hauptverhandlung hat der Angeklagte nicht nur ein durchgängiges Anwesenheitsrecht, sondern sogar eine Anwesenheitspflicht. Wenn ein Angeklagter zu einer Hauptverhandlung geladen worden ist, dann kann er nicht einfach sagen: »Sollen die doch machen, was sie wollen. Ich geh' da einfach nicht hin. Mein Verteidiger wird mir schon mitteilen, was bei der Sache für mich herausgekommen ist.« Bleibt er der Hauptverhandlung unbegründet fern, kann er von der Polizei per Haftbefehl vorgeführt werden. Umgekehrt darf der Angeklagte nur in sehr seltenen Ausnahmefällen aus der Hauptverhandlung entfernt werden. Wenn er beispielsweise durch penetrantes, lautstarkes Absingen des juristisch durchaus relevanten Kinderliedes »Fuchs, du hast die Gans gestohlen« die Hauptverhandlung kontinuierlich stört, kann das Gericht ihn des Saales verweisen oder es kann ein Ordnungsgeld verhängt werden. Außerdem gibt es bei einer Gefährdung der Aussage des Opfers die Möglichkeit, den Angeklagten in einem Nebenraum unterzubringen und die Verhandlung während der Aussage des Opfers über Video zu übertragen (§ 247a StPO; → auch Kap. 5.2).

Das Recht sieht keine Möglichkeit vor, einen randalierenden Verteidiger von der Verhandlung auszuschließen; allerdings gibt es auch extrem selten Fälle, in denen sich Verteidiger erheblich unangemessen verhalten. Dies ist eher der Fall bei politischen Straftaten oder Terrorismusverfahren. In der Regel nehmen Verteidiger ihre Rolle engagiert wahr. Sie schießen allerdings manchmal über das Ziel hinaus, dann ist es die Aufgabe von Staatsanwaltschaft und Gericht, die Fragen zu rügen – das gehört zum Alltagsgeschäft für die Justiz. Das Gericht muss sich allerdings sehr lange zurückhalten und darf dem Opfer nur dann zur Seite springen, wenn dessen Menschenwürde in Gefahr ist. Positioniert sich ein Richter zu früh, erweckt er den Anschein der Befangenheit oder die Verteidigung wird unzulässig beschränkt – beides ist ein absoluter **Revisionsgrund**, der zwingend zur Aufhebung des Urteils und zu einer neuen Verhandlung führt. Das ist für Betroffene noch belastender als ein »Augen auf und durch«. Dennoch ist die Befragung durch den Verteidiger oftmals für Opfer das Angstmoment. Hier ist es wichtig, dass eine gute psychosoziale Prozessbegleitung unterstützt. Helfen kann zum Beispiel auch der Grundsatz, immer nur den Vorsitzenden Richter anzusehen und ihm zu antworten, auch wenn die Frage vom Verteidiger kommt. Man sollte sich in keinem Fall auf ein Streitgespräch mit dem Verteidiger einlassen. Andererseits muss man sich immer vor Augen halten, dass die größte Gefahr, die von einem Verteidiger ausgehen kann, die ist, dass er das Gefühl des Opfers »mir glaubt eh keiner« verstärkt. Letztlich kommt es aber nicht darauf an, ob der Verteidiger dem Opfer glaubt, sondern es kommt auf das Gericht an. Dieses muss sich während der Hauptverhandlung aber neutral zeigen – es gilt abzuwarten, welches Ergebnis der Urteilsspruch letztlich hat.

8.5 Mitwirkungsrechte

Ein Beschuldigter muss von der Polizei und der Staatsanwaltschaft im Ermittlungsverfahren über seine Rechte aktiv belehrt werden. Dies gilt auch für seine Mitwirkungsrechte. Der Beschuldigte hat das Recht, sich zu dem Vorwurf zu äußern. Ein Ermittlungsverfahren darf nicht abgeschlossen werden, bevor nicht dem Beschuldigten die Gelegenheit eingeräumt wurde, Angaben zu machen. Auch in der Hauptverhandlung hat er das Recht, sich an bestimmten Stellen des prozessualen Ablaufs zu erklären. Dabei kann er selbst sprechen, sich schriftlich erklären oder er kann auch eine Stellungnahme über seinen Verteidiger abgeben. Bei Tötungsdelikten soll der Beschuldigte im Ermittlungsverfahren nach neuem Recht per Video vernommen werden, bei allen anderen Delikten kann eine Videoaufzeichnung erfolgen, wenn die Ermittlungsbehörden dies für sinnvoll erachten.

In Deutschland hat jeder Beschuldigte das Recht, zum Vorwurf zu schweigen. Dem liegt der Grundsatz »Niemand muss ein Beweismittel gegen sich selbst sein« zugrunde. Anders als in den USA vertritt unsere Rechtsordnung die Auffassung, dass ein Beschuldigter in eine menschenunwürdige Situation gebracht wird, wenn man ihn verpflichtet, sich selbst mit einer wahrheitsgemäßen Aussage zu belasten. Der Staat muss einem Beschuldigten oder Angeklagten beweisen, dass er schuldig ist – auch ohne dessen Mitwirkung an der Wahrheitsfindung. Im neueren Strafprozess kommt es sehr häufig vor, dass Angeklagte sich erst einmal nicht zur Sache äußern, sondern in Absprache mit ihrem Verteidiger oftmals abwarten, wie sich die Beweislage darstellt. Dabei wird aber auch übersehen, dass sich ein frühzeitiges Geständnis auf die Strafe mildernd auswirkt. Ein Geständnis, das erst erfolgt, wenn die Beweislage ohnehin klar gegen den Angeklagten spricht, wirkt sich nicht in diesem Maße günstig auf die Strafzumessung aus.

Darüber hinaus hat jeder Beschuldigte und, im Gegensatz zum Opfer, sogar das Recht, zu lügen. Auch dieser von Opfern oft als ungerecht empfundene Grundsatz fußt auf der Regel, dass niemand gegen sich selbst ein Beweismittel sein muss. In anderen Staaten gibt es dieses Recht ebenfalls, beispielsweise in Belgien. Beim Dutroux-Prozess hat der Angeklagte mehrfach darauf verwiesen, dass er im Rechtsstaat Belgien das Recht habe, zu lügen. Inwiefern die Lügen des Herrn Dutroux diesem im Verfahren geholfen haben, sei dahingestellt. Ein Gericht hat aber auch das Recht, bei der Strafzumessung zu berücksichtigen, wenn der Angeklagte nach Einschätzung des Gerichts überwiegend die Wahrheit gesagt hat. Nur dann kann ihm eine Strafmilderung zugutekommen. Nicht immer ist die Wahrnehmung des Rechts, zu lügen, für einen Angeklagten auch vorteilhaft.

Das Lügen selbst darf aber keine Straftat sein, der Beschuldigte darf also zum Beispiel nicht einen anderen fälschlich der Tat bezichtigen oder jemanden beleidigen.

Der Beschuldigte hat das Recht, einzelne Beweiserhebungen zu beantragen. Er darf beantragen, dass doch mal der Nachbar Y und die Oma von Z vernommen werden sollen, weil die zu der Sache Wichtiges zu sagen haben, und dass doch auch mal die Kleidung von Kumpel A genauer unter die Lupe genommen werden sollte, weil der doch eigentlich der Haupttäter gewesen sei. Staatsanwaltschaft und Polizei sind verpflichtet, alles zu ermitteln, was einen Beschuldigten be- und entlasten könnte. Wenn der Beschuldigte zu seiner Entlastung bestimmte Beweiserhebungen beantragt, so ist dem in einem vernünftigen Rahmen nachzugehen. Die Polizei ist allerdings nicht verpflichtet, die Erkenntnisse einer bestimmten Wahrsagerin als Beweismittel zu erheben. Manchmal tut sie übrigens sogar das. Selbst solche Ermittlungen sind nicht immer unerheblich.

Ein wichtiges Mitwirkungsrecht des Angeklagten in der Hauptverhandlung ist das Recht auf das letzte Wort. Wenn alle Seiten ihre abschließenden Vorträge (Plädoyers) gehalten haben, darf der Angeklagte noch einmal alles vortragen, was er zur Sache sagen will. Wird dieses Recht eingeschränkt, wird das Urteil mit Sicherheit in der nächsten Instanz aufgehoben.

8.6 Das Recht zur Gegenanzeige

Ein vermeintlicher Schachzug wird häufig von Beschuldigten eingesetzt, um dem Bestreiten der Tat mehr Nachdruck zu verleihen: Sie erstatten ihrerseits Anzeige gegen das Opfer wegen falscher Verdächtigung und Verleumdung. Wenn die Ermittlungen wegen der eigentlichen Anzeige noch nicht abgeschlossen sind, der Sachverhalt also noch nicht feststeht, wird die Staatsanwaltschaft dann auch gegen das Opfer einen Anfangsverdacht bejahen und ein Ermittlungsverfahren einleiten. Was für die Justiz ein alltäglicher Vorgang ist, führt damit zu einer erheblichen psychischen Belastung für Geschädigte: »Jetzt wird gegen mich ermittelt, obwohl ich doch das Opfer bin.«

In dieser Situation kann man nur zu Gelassenheit raten: Auch für das angezeigte Opfer gilt die Unschuldsvermutung. Und da der Sachverhalt ja ohnehin in dem Verfahren gegen den Beschuldigten geklärt wird, sieht das Gesetz die Möglichkeit vor, das Verfahren wegen falscher Verdächtigung zunächst einzustellen, bis der Hauptvorwurf geklärt ist. Nur wenn dieser nachweislich falsch war, werden die Ermittlungen gegen das Opfer wieder aufgenommen und dann sicherlich auch angeklagt. Wenn aber letztlich das Verfahren wegen des Hauptvorwurfs eingestellt wird, weil die Tathandlung zwar nachweisbar ist, aber keinen Straftatbestand erfüllt, oder wenn das Verfahren nach dem Grundsatz »im Zweifel für den Angeklagten« wegen eines nicht aufklärbaren Sachverhalts eingestellt wird, kann dem Opfer im Umkehrschluss keine absichtliche falsche Verdächtigung nachgewiesen werden. Auch für das Opfer gilt dann »in dubio pro reo« und das Verfahren wird eingestellt.

Literatur

Sachsse U (2010). Heldendämmerung (zu: Batman Begins & The Dark Knight. Posttraumatische Belastungsstörung F43.1). In: Möller H, Doering S (Hrsg). Batman und andere himmlische Kreaturen – Nochmal 30 Filmcharaktere und ihre psychischen Störungen. Berlin, Heidelberg: Springer; 141–155.

Sachsse U (2012). Schocktherapie. Zum Kinostart von »The Dark Knight Rises«, dem letzten Teil von Christopher Nolans düsterer Batman-Trilogie, zeichnet der Psychiater Prof. Dr. Ulrich Sachsse ein Psychogramm des Superhelden. Rolling Stone 213: 36.

9 Die Rechte und Pflichten des Opfers

Man kann durchaus sagen, dass der Opferschutz in der Justiz angekommen ist. Die Opferrechtsreformgesetze, die es seit den 1990er-Jahren gegeben hat, haben das Opfer aus der passiven Rolle als Zeugin in die einer mitwirkungsbefugten Person gehoben. Die obersten Gerichte haben den Opferschutz in ihre Rechtsprechung aufgenommen. Der BGH hat in mehreren Entscheidungen ausgeführt, dass es nicht nur die Aufgabe des Rechtsstaates ist, Schuld oder Unschuld festzustellen und eine Straftat zu ahnden. Vielmehr muss der Rechtsstaat auch die Belange des Opfers in jedem Verfahrensstadium beachten und dessen Würde aktiv schützen.[117]

Die Erwartungen von Geschädigten an ein Strafverfahren sind nicht alle gleich. Sie hängen zum Beispiel von der Art der Straftat, deren Dauer und dem Verhältnis des Täters zum Opfer, aber auch von der Unterstützung des Opfers durch sein soziales Nahfeld ab.[118] Im Hinblick auf das Strafverfahren wünschen sich Opfer kriminologischen Studien zufolge Gerechtigkeit – sowohl hinsichtlich des Verfahrensablaufs als auch hinsichtlich des Ergebnisses. Unter Ergebnisgerechtigkeit wird dabei entgegen landläufiger Stammtischmeinung nicht eine besonders hohe Strafe erwartet, im Vordergrund stehen für viele Opfer vielmehr eine Feststellung des Unrechts und eine angemessene täterbezogene Reaktion. Erwartet wird aber oft auch eine Wiedergutmachung durch den Strafprozess, was jedoch in den wenigsten Fällen gelingt (→Abschn. 9.2.7).

Opferschutz ist im Übrigen auch gesamtgesellschaftlich eine wichtige Aufgabe: Die entsprechenden Vorschriften im Strafprozessrecht sollen nicht nur verhindern, dass Opfer von Straftaten durch das Verfahren erneut geschädigt werden (Vermeidung von sekundärer Viktimisierung); vielmehr soll auch das Vertrauen in den funktionierenden Rechtsstaat wiederhergestellt und so auch Opfer-Täter-Karrieren vorgebeugt werden. Gesamtgesellschaftlich ist es auch wichtig, dass Opfer durch ihr soziales Umfeld und gesellschaftlich als Opfer anerkannt werden und ihnen nicht mit der Opferwerdung eine persönliche Schwäche »angedichtet« wird. Nur dann können Scham und unberechtigte Schuldgefühle, die zu einem erheblichen Teil die hohen Dunkelziffern im Bereich der Sexualstraftaten und häuslicher Gewalt bedingen, gemindert oder ganz vermieden werden.

Problematisch ist, dass sich die Schutzvorschriften sowohl im europäischen als auch im deutschen Recht auf den Strafprozess beschränken. Die Opferwerdung spielt

---

117 Zum Beispiel BGH, Beschluss vom 11. Januar 2005, Aktenzeichen 1 StR 498/04.

118 →z. B. Kilchling, Opferschutz innerhalb und außerhalb des Strafrechts; Treibel u. a., Determinanten des Anzeigeverhaltens nach Straftaten gegen die sexuelle Selbstbestimmung.

jedoch auch in anderen Verfahrensarten eine Rolle: als Klägerin im sozialgerichtlichen Verfahren (OEG, heute SGB XIV), im verwaltungsgerichtlichen Verfahren (z. B. Trauma als Asylgrund) oder im Zivilverfahren (z. B. Schadensersatzklage gegen den Täter). Auch dort können sich Opferschutzbedürfnisse ergeben. Deshalb sollten zukünftig auch hier die prozessualen Rahmenbedingungen geprüft und, wo es möglich ist, Regelungen zum Opferschutz implementiert werden.[119]

Die bisher geschaffenen Opferschutzvorschriften beeinträchtigen nach unserer Überzeugung den Zweck des Strafprozesses, nämlich den der Wahrheitsfindung, nicht, solange man die Vorschriften zum Opferschutz ausgewogen, behutsam und sorgfältig anwendet. Darum beginnen wir auch damit, dass ein Opfer als Zeugin durchaus Pflichten hat.

9.1 Die Pflichten des Opfers

Das Opfer hat zunächst aus seinem Status als Zeugin, vielfach als einziges Beweismittel, eine Reihe von Pflichten. Wenn die Unschuldsvermutung mit der Aussage eines Menschen widerlegt werden und ein staatliches Urteil darauf gestützt werden soll, muss sich der Staat auf den Zeugen verlassen können. Er darf sogar fordern, dass der Bürger seine persönlichen Bedürfnisse – zum Beispiel danach, »einfach vergessen zu können« – hintanstellt, damit gefährliche Straftäter verfolgt und bestraft und auch die Allgemeinheit gesichert werden kann. Wenn die Anzeige erst einmal erfolgt ist, gibt es kein Zurück mehr. Wenn klar ist, dass eine nicht nur geringfügige Straftat begangen wurde, dann ist die Strafverfolgung Sache des Staates und wird auch dann fortgesetzt, wenn das dem Opfer gar nicht mehr recht ist und es die Anzeige »zurücknehmen« will. Es reicht nicht, wenn das Opfer sagt: »Ich will jetzt nicht mehr!« Das ist auch wichtig für Angehörige, die gut gemeint ohne Zustimmung des Opfers Anzeige erstatten wollen. Der Staat muss von Amts wegen ermitteln. Die Polizei wird daher auch nach »Rücknahme der Anzeige« die Beweise erheben. Es ist sogar möglich, dass dann auch Anklage erhoben wird und das Opfer vor Gericht erscheinen muss. Es kann dort seine Mitarbeit nur verweigern, wenn es ein Zeugnisverweigerungsrecht hat, etwa als nahe Angehörige des Beschuldigten.

Gerade bei Sexualdelikten, »Vier-Augen-Delikten«, in denen oft Aussage gegen Aussage steht, muss eine ausführliche Vernehmung in allen Verfahrensstadien erfolgen. Der Detailreichtum und die Konstanz einer Aussage sind wesentliche Kriterien für die Beurteilung der Fragen, ob die Angaben tatsächlich Erlebtem entsprechen, »erlebnisbasiert« sind. Wir haben aber ja schon festgestellt, dass eine ausführliche und präzise

119 Im Einzelnen → Kilchling, Opferschutz innerhalb und außerhalb des Strafrechts, Berlin, 2018.

polizeiliche Vernehmung viele Konflikte in der Hauptverhandlung verhindern kann. Deshalb ist es unprofessionell, wenn ein Polizeibeamter, geschockt von der emotionalen Erschütterung des Opfers, eine genaue Befragung zu den Details der Tat scheut. Damit ist niemandem gedient.

Eine Pflicht der Opferzeugin, bei der Polizei zur Vernehmung zu erscheinen, gibt es nicht. Aber dann muss der Zeuge mit einer Ladung zur Staatsanwaltschaft oder zum Ermittlungsrichter rechnen. Dort können das Erscheinen und auch eine Aussage sogar mit Erzwingungshaft angeordnet werden – es sei denn, es liegt ein Aussageverweigerungsrecht vor. Auch in der Hauptverhandlung kann das Erscheinen der geladenen Zeugin und damit auch des Opferzeugen erzwungen werden. Eine Ausnahme hiervon ist zum einen für den Fall vorstellbar, in dem das Opfer im Ermittlungsverfahren mittels Videotechnik vernommen und diese Vernehmung so gestaltet wurde, dass sie in der Hauptverhandlung die Aussage des Opfers ersetzen kann (→Kap. 5.2). Zum anderen kommt es in Fällen, in denen der Täter schon vor der Hauptverhandlung ein Geständnis abgelegt hat, häufig dazu, dass das Opfer gar nicht mehr geladen wird. Wenn es dann keine Auskunft über die Verhandlung und das Urteil beantragt hat (→Abschn. 9.2.1), kann es sein, dass es gar nicht erfährt, was »in seinem Fall« herausgekommen ist.

Das Opfer sollte genau wissen, und die Polizei wird das jedem Opfer auch bei der Vernehmung sehr deutlich mitteilen, dass es bei einer erwiesen falschen Anzeige ein eigenes Strafverfahren riskiert und auch die Kosten des Strafverfahrens gegen den zu Unrecht Bezichtigten tragen muss (§ 469 StPO). Wenn ein Opfer also nach vier Wochen reumütig zur Polizei kommt und beichtet: »Der hat mir gar nichts getan, ich war nur sauer, weil der mich versetzt hat, und ich wollte dem mal eins auswischen«, dann kann das sehr teuer werden. Vielleicht sind Dolmetscher-Kosten entstanden, DNA-Analysen sind ausgesprochen kostspielig und vielleicht sind sogar schon erste Honorare für den Pflichtverteidiger, Verdienstausfall für den inhaftierten Beschuldigten etc. fällig. Eine falsche Anzeige ist ein ausgesprochen teurer Spaß. Eine solche Kostenrechnung erfolgt allerdings nur bei erwiesenermaßen falscher Anzeige, nicht bei Einstellung eines Verfahrens gegen den Beschuldigten mangels hinreichenden Tatverdachts.

Das Opfer muss darauf vorbereitet sein, möglicherweise lange auf das Gerichtsverfahren warten zu müssen. Sitzt der Täter in Untersuchungshaft, so kommt es relativ rasch zu einer Hauptverhandlung. Ist der Angeklagte aber nicht in Haft, so haben Verfahren Vorrang, bei denen die Angeklagten in Untersuchungshaft sitzen. Da alle deutschen Gerichte ganz erheblich belastet sind, kann sich die Zeit zwischen Anklage und Hauptverhandlung manchmal noch über mehrere Monate erstrecken. Dies hat auch Einfluss auf eine Therapie (→Kap. 12 und Kap. 13).

Auf das Opfer kommt eine Spurensicherung zu: am Tatort, also eventuell in der Privatwohnung, aber eben auch am Körper. Das Opfer ist als Zeugin gehalten, an einer medizinischen Untersuchung teilzunehmen. Letztlich muss man auch wissen, dass Zeugen zwar generell gezwungen werden können, eine medizinische Untersuchung zu dulden, das Gesetz dem aber die Grenze der Zumutbarkeit setzt. Wenn die Untersuchung nicht zumutbar ist, muss sie unterbleiben. Das bedeutet insbesondere, dass ein frisch traumatisiertes Vergewaltigungsopfer kaum gegen seinen Willen gynäkologisch untersucht werden wird. Dann aber muss man auch in Kauf nehmen, dass die Beweislage für eine Verurteilung kaum ausreichen wird. Nicht nur, dass keine DNA des Täters gesichert werden kann – eine Weigerung, sich untersuchen zu lassen, ist auch Einfallstor für die Verteidigung (»Vielleicht hat ja gar kein Verkehr stattgefunden? Vielleicht gibt es keine Spuren der behaupteten Gewalt?«).

Das Opfer muss wissen: Spätestens bei der Hauptverhandlung, meistens aber schon bei einer zweiten oder dritten Vernehmung wird es konfrontiert werden mit dem, was der Täter ausgesagt hat. Ihm wird dann etwa mitgeteilt werden: »Ihr Freund hat bei der Polizei aber ausgesagt, Sie hätten dem ausdrücklich zugestimmt und es hätte Ihnen sogar Spaß gemacht.« Ein Geständnis des Täters kann das Opfer entlasten, oft aber gibt es auch Gegendarstellungen am Rande der Wahrheit – die besten Lügen –, die zunächst ein Gefühl der Hilflosigkeit auslösen. Die Frage: »Wie soll ich denn beweisen, dass ich nicht lüge?« wird oft gestellt.

Zur Klarstellung: Das Opfer muss gar nichts beweisen, dies ist Aufgabe der Staatsanwaltschaft. Aber sie ist dabei auf die Mitwirkung des Opfers angewiesen. Dabei ist nichts problematischer als Lügen des Opfers selbst. Auch wenn sie nicht die eigentliche Tat, sondern nur das Randgeschehen betreffen, so stellen sie oft die Glaubwürdigkeit des Opfers infrage. Manchmal soll nur eine Peinlichkeit nicht zugegeben werden, auf die es nicht ankäme. Der Preis dieser Lüge kann aber letztlich die Einstellung des Verfahrens sein, weil die Notlüge herausgekommen ist und Zweifel an der Glaubwürdigkeit des Opfers insgesamt ausgelöst hat. Dieser Preis wäre dann doch erheblich höher als der, den man beim Zugeben der Peinlichkeit gezahlt hätte.

Das Opfer muss darauf vorbereitet sein, dass der Angeklagte im Urteil möglicherweise freigesprochen wird. Das Gericht begründet das Urteil gleich in der Verhandlung, alle hören zu. So kann ein Freispruch für das Opfer oft nicht nur enttäuschend, sondern auch demütigend sein. Letzteres ist aber dann zu vermeiden oder zumindest aufzufangen, wenn das Opfer ausreichend auf die Rechtslage vorbereitet wird, wenn es weiß, dass ein Freispruch nicht immer heißt: »Man glaubt mir nicht. Ich soll gelogen haben.« Die Nebenklagevertretung kann oftmals bei einer mehrtägigen Verhandlung bereits im Vorfeld der Urteilsverkündung erkennen, wie die Verhandlung ausgehen wird, und wird das Opfer beraten, ob es Sinn macht, überhaupt bei der Urteilsverkündung dabei zu sein. Nach Beendigung der eigenen Vernehmung hat das Opfer auch dann, wenn es Nebenkläger ist, keine Anwesenheitspflicht mehr. Deshalb ist es gut, vor der Verhandlung mit Nebenklage und psychosozialer Prozessbegleitung und/oder Therapeutin genau zu klären, ob das Opfer stabil genug ist, die weitere Hauptverhandlung zu verfolgen.

9.2 Die Rechte des Opfers

Die Rechte des Opfers lassen sich wie folgt kategorisieren:
- Auskunftsrechte
- Nicht-Mitwirkungsrechte
- Mitwirkungsrechte des Opferzeugen
- das Recht auf Beistand (Zeugenbeistand, Opferanwalt, Nebenklage)
- Schutzrechte
- Recht auf Kompensation (Schadensersatz, Schmerzensgeld, Adhäsionsverfahren)
- Recht auf Verfahrensbeschleunigung

Die Rechte von Opfern im Strafverfahren sind in den letzten Jahren kontinuierlich erweitert worden. Das Opfer ist nicht mehr nur Zeuge im Strafverfahren, sondern hat im Gesetz festgelegte Rechte auf Auskunft, Beistand und Mitwirkung.

Vorab muss betont werden, dass ein Opfer das Recht auf Gefühle hat. Es muss nicht wie ein professioneller Verfahrensbeteiligter an dem Verfahren teilnehmen. Es hat das Recht, bei Befragungen zu weinen und nach Pausen zu fragen. Entgegen der Meinung so manches Verteidigers darf ein Opfer zeigen, dass es auf den Angeklagten wütend ist – wenn auch natürlich nur verbal und nicht beleidigend. Grundsätzlich ist es immer besser, authentisch zu wirken, als sich zu verkrampfen. Das Opfer hat auch das Recht, zu fragen: nach seinen Rechten, nach dem, was jetzt passieren wird, oder – zumindest außerhalb der Hauptverhandlung – warum die eine oder andere Frage gestellt wird. Das Gefühl der Hilflosigkeit, das durch die Straftat oft entsteht, muss sich so nicht zwingend fortsetzen.

9.2.1 Das Recht auf Auskunft

Das Gefühl der Hilflosigkeit entsteht auch bei fehlender Kenntnis der Abläufe und der eigenen Möglichkeiten zur Information und Intervention. Deshalb hat der Gesetzgeber alle Behörden verpflichtet, Opfer von Beginn an über ihre Rechte im Strafverfahren zu informieren (§406i StPO). Dies gilt für alle opferschützenden Maßnahmen wie juristischen Beistand und dessen Bezahlung, das Adhäsionsverfahren, das Opferentschädigungsgesetz (heute SEG), die Möglichkeiten nach dem Gewaltschutzgesetz und auch die vor Ort zur Verfügung stehenden Einrichtungen der Opferhilfe und Zeugenbetreuung. Diese Information muss in einer dem Opfer verständlichen Sprache erfolgen, es gibt deshalb ein bundesweites Merkblatt, das in die gängigsten Sprachen übersetzt wurde. Dieses Merkblatt ist allerdings so umfangreich, dass es seit Jahren in der Kritik steht. Es fällt Opfern oftmals schwer, nach der polizeilichen Vernehmung das einer Gebrauchsanweisung gleichende Merkblatt zu lesen, es wird allenfalls überflogen, weggesteckt – und vergessen. Deshalb sollte im Idealfall noch einmal ein Hinweis auf die Opferrechte durch die Staatsanwaltschaft oder das Gericht erfolgen. Leider gibt es keine Auskunftsrechte für das Opfer über den Gang des Ermittlungsverfahrens. Gerade dieses dauert aus komplexen Gründen oftmals lange und Geschädigte bleiben im Unklaren, wie der Stand der Sache ist. Hier hilft dann wiederum nur die Akteneinsicht, die ein Nebenklageanwalt beantragen kann und dann auch – wenn auch nicht sofort – bekommt.

MERKE
Wichtig ist es, zu wissen, dass nicht alle Informationen »von alleine« zum Opfer kommen. Einige Rechte müssen aktiv in Anspruch genommen werden.

So erhalten Opfer – unabhängig davon, ob sie als Zeuge aussagen müssen – Informationen über Ort und Zeit der Hauptverhandlung und den Ausgang des gerichtlichen Verfahrens nur, wenn sie dies beantragen (§ 406d StPO). Besonders Opfer von Nachstellungen haben ein großes Bedürfnis zu erfahren, wann »ihr Täter« die Lockerungen wie Ausgang und Urlaub aus der Haft bekommt. Auch diese Information muss beantragt werden. Der Hintergrund der Antragspflicht ist, dass Opfer auch das Recht haben, keine Informationen zu erhalten und dadurch an das Trauma erinnert zu werden. Es gibt Opfer, die mit der Strafsache abgeschlossen haben und von dieser nichts mehr hören möchten. Dieser Wunsch ist ebenso respektabel wie der Wunsch nach Information, kann aber nur dann gewahrt werden, wenn nicht unerwartet Post von der Justiz ins Haus flattert, die dann alles wieder aufwühlt.

Solche Anträge nach § 406d StPO müssen zwar nicht schriftlich gestellt werden, es genügt jede Erklärung, aus der das Interesse deutlich wird, die Information zu erhalten.[120] Wir empfehlen jedoch einen schriftlichen Antrag, damit dieser zu den Akten genommen werden kann und so über den Gang des Verfahrens nicht verloren geht. Der Antrag kann bei jeder mit dem Strafverfahren befassten Stelle (Polizei, Gericht, Staatsanwaltschaft) eingereicht werden und, etwa bei der Anzeigeerstattung, bei einer Zeugenvernehmung oder bei jeder anderen Gelegenheit – auch nach rechtskräftigem Abschluss des Verfahrens – gestellt und jederzeit wieder zurückgenommen werden.

Das Gefühl der Hilflosigkeit nach der Tat kann sich insbesondere auch bei fehlenden Informationen über den Stand des Verfahrens und die Aussagen der vernommenen Zeugen und des Beschuldigten erneuern. Deshalb kann jedes Opfer nach § 406e StPO in einem beschränkten Rahmen Einsicht in die Ermittlungsakten bekommen. Die Vorschrift gilt schon im Ermittlungs- und auch nach einem rechtskräftigen Abschluss des Verfahrens. Der Antrag auf Akteneinsicht kann vom Opfer persönlich gestellt werden und die Akten können dann bei der Staatsanwaltschaft oder dem Gericht unter Aufsicht eingesehen werden. Für juristische Laien ist das bei komplexen Akten zumeist eine große Herausforderung: der Aufbau einer Ermittlungsakte ist unbekannt, man kann Wesentliches nicht auf einen Blick von Unwesentlichem unterscheiden und kann auch keine Kopien der Akte mitnahmen, um zu Hause alles noch einmal

120 Löwe/Rosenberg-Wenske, § 406d, Rn. 2.

in Ruhe lesen zu können. Deshalb empfiehlt es sich, die Akteneinsicht über einen Anwalt zu beantragen. Es reicht dabei, wenn man den Anwalt nur für diesen Zweck oder zum Beispiel für die Geltendmachung von Schadensersatzansprüchen gegen den Täter beauftragt.[121] Jedoch muss bei vielen Straftaten[122] in einem Antrag auf Akteneinsicht auch ein sogenanntes berechtigtes Interesse dargelegt werden, warum man die Akten einsehen will. Der Wunsch, die eigene Zeugenvernehmung vorzubereiten, rechtfertigt eine Akteneinsicht zum Beispiel nicht[123], eine Zeugin soll aus der Erinnerung berichten und nicht beeinflusst sein von dem, was sie der Akte entnehmen konnte. Demgegenüber reicht es aus, wenn man den Antrag damit begründet, dass das Opfer sich vor einer sekundären Viktimisierung schützen oder eine zivilrechtliche Klage vorbereiten will.[124] Wer Opfer eines zur Nebenklage berechtigenden Delikts geworden ist (→Abschn. 9.7), muss dieses berechtigte Interesse übrigens nicht vortragen, in diesen Fällen geht der Gesetzgeber davon aus, dass das Opfer immer ein berechtigtes Interesse hat.[125]

9.2.2 »Nicht-Mitwirkungsrechte«

Der staatliche Strafverfolgungsanspruch ist kein Selbstzweck, sondern er dient dem Schutz der Gesellschaft vor weiteren und schweren Straftaten. Deshalb gehört es zu den Bürgerpflichten, spätestens bei Gericht als Zeugin zu erscheinen und wahrheitsgemäß auszusagen. Wer auf eine Ladung nicht erscheint, kann polizeilich vorgeführt und mit empfindlichen Ordnungsstrafen belegt werden. Wer vor Gericht lügt, wird selbst zum Straftäter und muss mit einer Verurteilung – auch mit Freiheitsstrafe – rechnen. Das kann (Überraschung!) sogar für Therapeutinnen und Therapeuten gelten. Darauf werden wir später noch ausführlich eingehen (→Kap. 10). Diese Zeugenpflichten gelten auch für Opfer von Straftaten. Deshalb hat ein Opfer bei Offizialdelikten nur wenige Möglichkeiten, sich den bereits genannten Mitwirkungspflichten zu entziehen.

Eine Grenze der Mitwirkungspflichten stellen die Menschenwürde und die weiteren Grundrechte dar. In einer neuen Entscheidung eines Amtsgerichts (also nicht höchstrichterlich entschieden) hat ein Gericht zugelassen, dass ein Opfer eines Sexualdelikts die Aussage aus gesundheitlichen Gründen verweigert. Den Willen des Opfers, die Tat nicht zum Gegenstand gerichtlicher Untersuchung zu machen, da dies nachvollziehbar für sie eine erhebliche psychische und gesundheitliche Belastung darstelle,

121 § 395 StPO; siehe unten.
122 Das berechtigte Interesse braucht nur bei Delikten, die auch zur Nebenklage berechtigen würden, nicht dargelegt zu werden.
123 Löwe-Rosenberg, § 406e StPO, Rn. 12.
124 Hierzu sowie weitere Einzelfälle bei Löwe-Rosenberg, § 406e StPO, Rn. 13 ff.
125 Zur Verweigerung der Akteneinsicht auch in diesen Fällen → unter Nebenklage (Abschn. 9.7).

könne man nicht mit Zwangsmitteln durchbrechen.[126] Auf eine solche Rechtsprechung sollte man sich allerdings nicht verlassen – im Normalfall verpflichtet das Gesetz den Zeugen zu einer Aussage und das Gericht muss diese Pflicht notfalls auch mit Beugemitteln durchsetzen.

Gesetzlich geregelt ist, dass eine Zeugin durch die Aussage nicht in einen unlösbaren Konflikt zwischen der Wahrheitspflicht und dem Schutz von Ehe und Familie geraten darf. Wenn die Ehefrau gegen ihren Ehemann aussagen soll (nehmen wir mal das Beispiel, dieser sei betrunken Auto gefahren oder habe schwarzgearbeitet): Dann würde die Frau möglicherweise ihre Familie gefährden, wenn sie wahrheitsgemäß aussagt, oder aber sich selbst der Strafverfolgung aussetzen, wenn sie lügt. In solchen Konstellationen, die das Gesetz genau festgelegt hat (§ 52 StPO) hat eine Zeugin ein **Aussageverweigerungsrecht**. Das bedeutet, dass der Zeuge nicht aussagen muss. Hierauf wird auch vor der Vernehmung explizit hingewiesen. Solche Aussageverweigerungsrechte sind genau gesetzlich festgelegt. So fallen auch Geschwister, Eltern oder andere nahe Angehörige unter den Schutz des §52 StPO. Hinzu kommen Aussageverweigerungsrechte auf der Grundlage einer bestimmten beruflichen Tätigkeit, also zum Beispiel die des behandelnden Arztes, dazu kommen wir später in Kapitel 10. Wenn ein Zeugnisverweigerungsberechtigter aussagt, so muss die Aussage aber wie bei jedem anderen Zeugen wahrheitsgemäß sein. Niemand kann eine Lüge vor Gericht damit rechtfertigen, dass er wegen eines Gewissenskonfliktes gelogen hat: Genau dafür sind die Zeugnisverweigerungsrechte da.

Zu welchem Zeitpunkt kann ein Opferzeuge von seinem Zeugnisverweigerungsrecht Gebrauch machen? Jederzeit. Ein Opfer kann im Ermittlungsverfahren, im Zwischenverfahren und auch schon bei laufender Hauptverhandlung plötzlich und unerwartet mitteilen: »Jetzt mache ich von meinem Zeugnisverweigerungsrecht Gebrauch.« Das muss das Opfer aber höchstpersönlich erklären. Es reicht normalerweise nicht, dass ein Opfer dies dem Gericht per E-Mail oder Brief mitteilt.

Die Wahrnehmung des Rechts auf Zeugnisverweigerung hat ganz erhebliche Folgen. Zunächst ist jede weitere Vernehmung unzulässig. Allenfalls kann versucht werden, nachzuhaken, ob eine Straftat im Hintergrund steht, also das Opfer unter Druck gesetzt wurde und eigentlich aussagen will, sich aber nicht traut. Wenn das Opfer aber bei seinem Zeugnisverweigerungsrecht bleibt, darf es nicht unzulässig bedrängt werden. Auch darf das Gericht genauer nachfragen, wieso, seit wann und in welcher Form eine Verlobung so plötzlich und unerwartet zustande gekommen sein soll. Es gilt nicht schon als Verlobung, wenn das Opfer auf dem Weg zur Hauptverhandlung sich selbst und dem Angeklagten am Marktstand zwei schöne, aber nicht ganz passende balinesische Freundschaftsringe gekauft hat. An den Zustand der Verlobung werden doch etwas höhere Maßstäbe angelegt.

Der Umstand, dass von dem Zeugnisverweigerungsrecht Gebrauch gemacht wird,

126 AG Menden, StraFo 2023, 93 f.

darf sich nicht nachteilig für den Angeklagten auswirken (nach dem Motto: die Ehefrau sagt wohl deshalb nicht aus, weil sie ihren Mann sonst belasten müsste, also wird er es schon gewesen sein).

Ist das Zeugnisverweigerungsrecht eines Angehörigen zu akzeptieren, dann dürfen die bisherigen Aussagen des Zeugen und auch an die Ermittlungsbehörden gerichtete Schreiben nicht mehr verwertet werden. Aber es kann andere Beweismittel geben, die auf Angaben des Zeugen beruhen, aber auch nach Ausübung des Zeugnisverweigerungsrechts weiterhin verwertbar sind: das sind zum Beispiel private Briefe oder Chat-Verkehr und auch Angaben zum Tatgeschehen gegenüber Dritten (Freundin etc.) und gegenüber einer aussagepsychologischen Sachverständigen.[127]

Befunde, die zum Beispiel bei der körperlichen Untersuchung erhoben wurden, dürfen ebenfalls weiterhin hinzugezogen werden. Auch die Ergebnisse aus richterlichen Vernehmungen im Rahmen des Ermittlungsverfahrens sind von der Rückwirkung des Zeugnisverweigerungsrechts ausgenommen und dürfen im Hauptverfahren verwertet werden. In diesem Fall wird der vernehmende Richter zur Hauptverhandlung vorgeladen und vernommen und alles das, was dem Richter mitgeteilt worden ist, darf im Rahmen der Hauptverhandlung verwertet werden. Deshalb wird die Staatsanwaltschaft meist auch bemüht sein, eine richterliche Vernehmung eines Zeugen herbeizuführen, der ein Zeugnisverweigerungsrecht hat, aber noch aussagebereit ist.

Letztlich braucht auch niemand auszusagen, wenn er sich durch die wahrheitsgemäße Beantwortung einer Frage selbst einer Straftat bezichtigen müsste (niemand muss sich selbst belasten). Beispiel: Ein verheirateter Mann erfindet in einem Telefonat eine wilde Geschichte von einer Entführung, um zu erklären, warum er nicht wie vereinbart pünktlich nach Hause gekommen ist. Das ist erst einmal nicht strafbar. Die Ehefrau zeigt diese Entführung aber bei der Polizei an und diese befragt den Ehemann. Der ist nun in Not, denn die Polizei würde wissen wollen, warum er gelogen hat und dann müsste er auch zugeben, dass er an diesem Abend bei einem von ihm organisierten illegalen Glücksspiel war. Hier sollte er sich entscheiden, von seinem Aussageverweigerungsrecht nach § 55 StPO Gebrauch zu machen. Wenn er stattdessen die Geschichte der Entführung entscheidet aufrecht zu erhalten, begeht er eine weitere Straftat (Vortäuschen einer Straftat nach § 145d StGB).

9.2.3 Mitwirkungsrechte

Das Erleben einer Straftat beinhaltet vielfach ein Gefühl der Passivität, der Hilflosigkeit bis hin zur Ohnmacht und zum Selbstwirksamkeitsverlust. Im Strafverfahren haben Opfer Rechte, die ihnen eine aktive Rolle verschaffen und so dazu beitragen können, ein Gefühl der Selbstwirksamkeit wiederherzustellen. Wesentliches Recht der

---

127 Meyer-Goßner/Schmitt, § 252 R. 10 i. V. m. BGH NStZ 2021, 690.

Mitwirkung ist natürlich das Recht, mit einer Strafanzeige ein Ermittlungsverfahren überhaupt in Gang zu setzen. Bei Delikten, die für die Verfolgung einen Strafantrag voraussetzen, ist das Opfer sogar die Person, die entscheidet, ob überhaupt ermittelt und angeklagt wird.

MERKE

Geschädigte schwerer Straftaten können im Hauptverfahren aus der passiven Zeugenrolle in eine aktive Rolle als Nebenklägerin oder Nebenkläger heraustreten und eine eigenständige Rolle im Verfahren einnehmen. Dies kann zwar auch ohne rechtlichen Beistand erfolgen, wir raten jedoch jedem Opfer, sich im Fall der Nebenklage anwaltlich unterstützen zu lassen (→ zur Nebenklage Abschn. 9.6, »Die rechtlichen Vertreter des Opfers«).

In der Hauptverhandlung sollen die Gerichte Opfern die Gelegenheit geben, sich auch zu den Folgen der Tat für ihr heutiges Leben zu äußern. Die Formulierung im Gesetz knüpft allerdings an den Begriff des »Zeugen« an (s. § 69 StPO). Sie wird daher in der Praxis wohl nur auf das Opfer Anwendung finden, das in der Hauptverhandlung auch als Zeugin aussagt.

Weitere Mitwirkungsrechte sind zum Beispiel die Geltendmachung von Schadensersatzansprüchen im Strafverfahren[128] sowie das Recht, auf einen Täter-Opfer-Ausgleich hinzuwirken oder diesen auch zu verweigern. Diese Rechte setzen allerdings im Kern immer voraus, dass die Betroffenen überhaupt wissen, welche Rechte sie haben und was diese in Einzelnen bedeuten. Deshalb ist es aus unserer Sicht am besten, wenn das Opfer seine Mitwirkungsrechte über einen Anwalt (Opferanwalt oder Nebenklage) ausübt. Dieser hat eine genaue Übersicht über die Bereiche, in denen das Opfer im Verfahren aktiv werden kann und verfügt auch über die notwendige Erfahrung, um zu beurteilen, wann und wo welche Mitwirkung dem Verfahren dienen kann.

9.2.4 Recht auf Verfahrensbeschleunigung

Seit Ende 2011 ist das Gesetz gegen überlange Verfahren in Kraft. Was immer noch Viele überrascht: Jeder Verfahrensbeteiligte kann danach sowohl eine überlange Verfahrensdauer rügen als auch eine finanzielle Entschädigung (ca. 1 200 Euro für ein Jahr Verzögerung) verlangen, wenn das Verfahren unangemessen lange gedauert hat (§ 198 GVG). Verfahrensbeteiligter ist auch das Opfer, das Nebenklage eingereicht hat. Es reicht aber nicht, wenn ein Opfer lediglich einen Opferanwalt beauftragt hat, weil es sich damit nicht am Verfahren beteiligt. Ob ein Verfahren zu lange dauert, hängt allerdings von vielen Faktoren ab. Schon die Schwierigkeit der Beweislage kann eine Recht-

128 Sogenanntes Adhäsionsverfahren; → dazu Abschn. 9.9.

fertigung für ein langes Verfahren sein.[129] Sind mehrere Sachverständigengutachten erforderlich, so kann auch ein lange andauerndes Verfahren nach der Rechtsprechung des Bundesverfassungsgerichts nicht zu Entschädigungsansprüchen führen, jedenfalls dann nicht, wenn das Gericht die Gutachter ausreichend oft angemahnt hat.[130] Auch hier hilft die Akteneinsicht durch einen Anwalt, um feststellen zu können, warum das Verfahren so lange dauert.

Es kann aber nicht sein, dass – wie in einem Fall in Bremen – ein Opfer über mehrere Jahre ohne Therapie auf das Verfahren warten musste, unter anderem weil die personellen Ressourcen in der Justiz für die umfangreiche Verhandlung mit mehreren Angeklagten fehlten. In diesem Fall ist das Opfer in der Hauptverhandlung aufgrund der Belastung, die durch das unbearbeitete Trauma sicherlich noch verstärkt wurde, so dekompensiert, dass es auf Dauer vernehmungsunfähig geworden ist – mit der Folge eines Freispruchs für die Angeklagten.

Allerdings hätte auch ein Schadensersatz die katastrophalen Folgen für das Opfer nicht mildern oder verringern können.

Aus Opfersicht bleibt zu hoffen, dass die Justiz personell so ausgestattet wird, dass auch schwierige Verfahren schnell und effektiv abgeschlossen werden können.

9.2.5 Beistand und Unterstützung

Opfer von Straftaten müssen sich dem Verfahren nicht alleine stellen, sie haben einen vielfältigen Anspruch auf Unterstützung. So können sie unterschiedliche **Opferhilfeeinrichtungen** in Anspruch nehmen. Darauf müssen sie bereits bei der Anzeige der Tat aufmerksam gemacht werden; oftmals liegen bei der Polizei auch schon Flyer von entsprechenden Organisationen. Hier muss auch auf die weiteren Möglichkeiten der Opferbetreuung wie die psychosoziale Prozessbegleitung, die Nebenklage und die Psychiatrieambulanzen[131] hingewiesen werden.

Die psychosoziale Prozessbegleitung

MERKE
Die psychosoziale Prozessbegleitung stellt eine besonders intensive und hilfreiche Form der Unterstützung für Verletzte von Straftaten dar.

---

129 Krauß in: Löwe-Rosenberg, StPO, § 199 GVG, Rn. 5.
130 BVerfG, StV 2003, 383.
131 Mit den Psychiatrieambulanzen werden wir uns im Rahmen des Kapitels zur Opferentschädigung (→ Kap. 11) befassen.

Psychosoziale Prozessbegleiterinnen und Prozessbegleiter helfen Opfern von Straftaten sowie in bestimmten Fällen auch Angehörigen vor, während und nach einem Strafverfahren. Sie geben ausführliche Informationen zu allen Fragen, die im Zusammenhang mit dem Strafverfahren stehen. Die psychosozialen Prozessbegleiterinnen und Prozessbegleiter tragen mit ihrer Arbeit dazu bei, dass die Belastungen für Verletzte durch einen Strafprozess reduziert werden. Auch im Alltag leisten sie eine wichtige Hilfestellung bei individuellen Problemlagen.

Psychosoziale Prozessbegleitung beginnt im besten Falle deutlich vor der Hauptverhandlung, im Einzelfall auch schon vor der Anzeigeerstattung, und kann – je nach Bedarf – auch nach Beendigung des Strafverfahrens fortgeführt werden. Während der Hauptverhandlung kann die Prozessbegleitung das Opfer begleiten, sie ist allerdings kein Verfahrensbeteiligter und hat auch bei einer Nebenklage des Opfers nicht das Recht, eigene Fragen oder Anträge zu stellen. Eine Prozessbegleitung ist nicht bei der Justiz, sondern bei Opferhilfeeinrichtungen oder selbstständig tätig. Man findet die Liste der für das jeweilige Bundesland zugelassenen Prozessbegleitungen im Internet; am besten über die Seite des Bundesministeriums der Justiz (BMJ)[132], die alle entsprechenden Links zu den Bundesländern aufweist.

Alle Menschen, die in Deutschland Opfer von Straftaten werden, können eine psychosoziale Prozessbegleitung hinzuziehen. Die Inanspruchnahme der psychosozialen Prozessbegleitung setzt nicht voraus, dass die Tat psychische Probleme verursacht hat oder es soziale Defizite beim Opfer gibt. Insofern ist die Bezeichnung für Außenstehende auch missverständlich und vielleicht einer der Gründe dafür, dass insbesondere bei Kindern die Prozessbegleitung nicht in dem Maße in Anspruch genommen wird, wie es wünschenswert wäre.

Allerdings ist die Inanspruchnahme einer Prozessbegleitung nicht in allen Fällen kostenlos. Im Grundsatz kann man sagen, dass Opfer unter 18 Jahren bei Sexualstraftaten, schweren Körperverletzungsdelikten und Freiheitsdelikten einen Anspruch auf die Beiordnung der Prozessbegleitung haben. Erwachsene Opfer können, sobald sie Anspruch auf einen Nebenklageanwalt haben, auch einen Antrag auf Beiordnung einer Prozessbegleitung stellen. Allerdings müssen sie dabei besonders begründen, warum sie schutzbedürftig sind.[133] Die besondere Schutzbedürftigkeit wird in der Regel angenommen bei

- Personen mit einer körperlichen oder psychischen Beeinträchtigung,
- Betroffenen von Sexualstraftaten,
- Betroffenen von Gewalttaten (mit schweren physischen, psychischen oder finanziellen Folgen oder längerem Tatzeitraum, wie z. B. bei häuslicher Gewalt oder Stalking),
- Betroffenen von vorurteilsmotivierter Gewalt und sonstiger Hasskriminalität und
- Betroffenen von Menschenhandel.

---

132 BMJ – Psychosoziale Prozessbegleitung.

133 In Niedersachsen ist unabhängig von der Schutzbedürftigkeit die Prozessbegleitung für alle Opfer kostenlos, weil das Land die Träger der Prozessbegleitung gesondert fördert.

Die Entscheidung, ob eine Prozessbegleitung beigeordnet wird, trifft das Gericht, Prozessbegleiterinnen und -begleiter kennen sich mit den Anträgen aber gut aus und stellen diese für ihre Betreuten.

Wichtig ist zu wissen, dass die Prozessbegleitungen gesondert geschulte Fachleute sind. Die Qualifikation zur Prozessbegleitung kann nur machen, wer zuvor in einer Ausbildung oder einem Studium die notwendigen Grundkenntnisse im Umgang mit Menschen erlangt hat. Eine Prozessbegleitung darf nicht mit dem Opfer über die Tat sprechen. Dies hat den Vorteil, dass sie nicht als Zeuge zu der Frage der Aussagekonstanz herangezogen werden kann und deshalb eine durchgängige Betreuung sichergestellt ist. Gibt es doch ein Gespräch über die Tat, so muss die Prozessbegleitung dies anzeigen.

Die Vertrauensperson

Bei jeder Vernehmung haben Opfer von Straftaten das Recht, eine Vertrauensperson neben sich zu haben – angefangen bei der polizeilichen Vernehmung, der körperlichen Untersuchung bis hin zur Hauptverhandlung (§ 403 Abs. 3 StPO). Diese Vertrauensperson, die in der Vernehmungssituation nicht Berater ist, sondern lediglich Sicherheit und Trost geben soll, kann nur in Ausnahmefällen von der Vernehmung ausgeschlossen werden. Denkbar ist dies zum Beispiel für Fälle, in denen die Gefahr besteht, dass das Opfer durch den Beistand beeinflusst wird oder die Vertrauensperson als Zeuge der Tat in Betracht kommt. Ein klassischer Fall dürfte zum Beispiel die 16-Jährige sein, die mit ihrer Mutter zur Vernehmung erscheint, das Mädchen aber vor der Mutter nicht offen über sein Freizeitverhalten berichten will. Dann kann der Polizeibeamte die Mutter bitten, vor der Tür zu warten. Zu den Vertrauenspersonen zählen auch Fachkräfte aus Opferhilfeeinrichtungen und die psychosoziale Prozessbegleitung.

Die rechtlichen Vertreter des Opfers

Auch wenn bis hierhin noch alles verständlich gewesen sein sollte: Es ist für jeden schwierig, sich im Dschungel der Justiz zurechtzufinden. Dies gilt umso mehr, wenn man persönlich betroffen ist und gleichzeitig klare und angemessene Entscheidungen treffen soll. Für alles gibt es Fachleute und für Opfer wurden in den letzten Jahren zahlreiche Regelungen geschaffen, die es ermöglichen, sich juristisch unterstützen zu lassen. Bei bestimmten Straftaten bezahlt der Staat dann auch den Rechtsberater des Opfers.

Im Einzelnen ist es bereits schwierig, einen Überblick über die verschiedenen Vertretungsmöglichkeiten für Geschädigte zu bekommen; auch hier berät am besten ein Rechtsanwalt. Mit einem Beratungsschein, den die Amtsgerichte ausstellen, oder aber einer Unterstützung durch den Weißen Ring kann eine solche Beratungsstunde finanziert werden. Deshalb sollen im Folgenden die Vertretungsmöglichkeiten nur kurz angesprochen und lediglich am Schluss die Nebenklage vertieft werden:

- Es gibt den Zeugenbeistand (§ 68b StPO), den alle Zeugen beauftragen können. Die Kosten muss man meistens selbst zahlen, der Beistand hat nur wenige Rechte bei der Vernehmung des Mandanten.
- Es gibt den Verletztenanwalt, den alle Geschädigten beauftragen können. Dieser hat mehr Verfahrensrechte als der Zeugenbeistand, jedoch weniger als der Anwalt nebenklageberechtigter Opfer. Die Kosten des Verletztenanwalts müssen Geschädigte selbst tragen.
- Wer Opfer eines zur Nebenklage berechtigenden Delikts geworden ist, kann, auch ohne selbst als Nebenkläger aufzutreten, einen Rechtsvertreter beauftragen. In vielen Fällen wird dieser Anwalt vom Staat bezahlt, ansonsten kann Prozesskostenhilfe gewährt werden. Dieser Vertreter des Opfers hat bereits weitgehende Rechte, zum Beispiel zur Akteneinsicht oder Anwesenheit in der Hauptverhandlung.

Der Zeugenbeistand (§ 68b StPO)

In den meisten Fällen muss ein Zeuge den Zeugenbeistand bezahlen. Ein Zeugenbeistand kann jeden Zeugen zu Vernehmungen begleiten. Auch Zeuginnen, die nicht Geschädigte sind, können einen Zeugenbeistand beauftragen. Das ist zum Beispiel wichtig in Verfahren, wie wir sie immer wieder mal erleben: Eine erwachsene Frau zeigt den verjährten Missbrauch durch den eigenen Vater an, weil der Missbrauch nunmehr offenkundig an der Enkelgeneration verübt wird. In dem Verfahren gegen den Vater wird sie sicherlich über ihren eigenen Missbrauch berichten müssen, um die Strafverfolgung in Zusammenhang mit dem Enkel zu unterstützen. Sie ist selbst zwar in diesem Verfahren kein Opfer (mehr), sie kann sich aber einen juristischen Zeugenbeistand suchen.

Der Anwalt darf aber nie die Fragen für die Zeugin beantworten, er ist dazu da, auf die Einhaltung der Rechte der Zeugin zu achten.

Auch Geschädigte müssen diesen Anwalt meistens selbst bezahlen. Zwar kann bei besonders schwierigen Verfahren, zum Beispiel einem Sexualdelikt[134], der Zeugenbeistand beigeordnet werden, sodass dessen Kosten vom Staat übernommen werden. Jedoch werden die Gerichte hier eher zurückhaltend sein. Sie sind gesetzlich verpflichtet, zu prüfen, ob die Zeugin nicht anderweitig ausreichend geschützt ist. Vorrangig sind die Stabilisierung und Unterstützung der Zeugen durch Opferbetreuungseinrichtungen.

Der Zeugenbeistand bekommt weder Akteneinsicht noch kann er in der Hauptverhandlung Anträge stellen – seine Rechte bleiben damit weit hinter der Nebenklage zurück. Deshalb sollte man, soweit es möglich ist, eher auf die Unterstützung der Nebenklage zurückgreifen.

---

134 Gercke in: Gercke/Temming/Zöller, Strafprozessordnung, 7. Aufl. 2023, Rn. 16.

Der Verletztenbeistand (§ 406 f StPO)

Verletzte haben das Recht, sich zur Wahrnehmung ihrer Rechte im Strafverfahren[135] durch einen Anwalt vertreten zu lassen, auch wenn Sie nicht Opfer eines schweren, zur Nebenklage berechtigenden Delikts geworden sind. Die Kosten des Beistands haben Verletzte selbst zu tragen. Dieser Anwalt hat wie der Zeugenbeistand vor allem das Recht der Anwesenheit bei allen Zeugenvernehmungen, er darf aber ebenfalls das Opfer nur beraten und keine eigenen Erklärungen abgeben. Er kann während der Vernehmung aber Fragen beanstanden sowie den Ausschluss der Öffentlichkeit, audiovisuelle Vernehmungen und weitere Maßnahmen zum Schutz des Opfers beantragen. Der Beistand erhält allerdings keine gesonderte Nachricht von einem Vernehmungstermin. Sollte der Beistand verhindert sein, muss das Opfer trotzdem erscheinen und als Zeuge auch aussagen.[136]

Der Anwalt des zur Nebenklage befugten Opfers (§ 406 h StPO)

Die gesetzliche Bezeichnung dieser Rechtsvertretung von Opfern ist sehr sperrig, sie sollte wohl eine genaue Abgrenzung zum Nebenklageanwalt einerseits und dem Verletztenanwalt andererseits ermöglichen. Ein Opfer ist bereits zu Beginn des Ermittlungsverfahrens berechtigt, einen Anwalt hinzuziehen, wenn der ausreichende Verdacht[137] besteht, dass der Beschuldigte ein in §397 StPO genanntes Nebenklage-Delikt begangen hat (→den folgenden Abschnitt »Die Nebenklage«). Diese Berechtigung ist zu keinem Zeitpunkt des Verfahrens davon abhängig, dass das Opfer den Anschluss per Nebenklage erklärt, es muss hierzu nur berechtigt sein. Die Kostenregelung ergibt sich ebenfalls aus dem Recht der Nebenklage. Dort ist geregelt, dass beim Vorliegen bestimmter Straftaten ein Anwalt zu bestellen ist oder zumindest ein Anspruch auf Prozesskostenhilfe besteht (§397a StPO; →Abschnitt »Die Nebenklage«).

Die Befugnisse des Beistandes des nebenklageberechtigten Verletzten sind weitergehender als die des Verletztenanwalts (§406 h StPO). So darf dieser auch an einer nichtöffentlichen Verhandlung durchgängig teilnehmen, nicht nur während der Aussage des Opfers. Er darf bei allen Beweiserhebungen auch im Ermittlungsverfahren anwesend sein und bei richterlichen Vernehmungen selbst Fragen stellen oder Erklärungen abgeben. Anders als die vorgenannten Vertretungen hat er einen Anspruch darauf, über den Hauptverhandlungstermin informiert zu werden, er darf allerdings keine Beweisanträge stellen oder plädieren.[138] Zudem besteht wie beim Nebenklageanwalt in der Regel ein Recht darauf, die Akten einzusehen.[139]

In der Praxis kaum von Bedeutung, für Verletzte jedoch wichtig ist die Möglichkeit

---

135 Auch bereits im Ermittlungsverfahren; →Pollähne in: Gercke/Temming/Zöller, Strafprozessordnung, 7. Aufl. 2023, §406 f. StPO, Rn. 1, mit weiteren Nachweisen.

136 →insgesamt Pollähne, a. a. O., Rn. 2 f.

137 Genauer bei Pollähne, §406 h StPO, Rn. 11.

138 Pollähne in: Gercke/Temming/Zöller, Strafprozessordnung, 7. Aufl. 2023, §406 h StPO, Rn. 6 ff.

139 Zu der Ausnahme der Gefährdung der Ermittlungen siehe unten.

der Bestellung eines **Beistandes in Eilfällen** (§ 406 h Abs. 4 StPO). Oftmals dauert die Entscheidung über Prozesskostenhilfe zu lange und Geschädigte brauchen schnell eine anwaltliche Unterstützung, ohne das Kostenrisiko fürchten zu müssen. Hauptbeispiel ist die Anfangsphase des Ermittlungsverfahrens, in der es auf eine schleunige Durchführung von Vernehmungen ankommen kann.[140] Allerdings muss das Gericht für diese Entscheidung in die Lage versetzt werden, kurzfristig zu beurteilen, ob die Gewährung von Prozesskostenhilfe überhaupt möglich erscheint. Deshalb müssen Verletzte – wenn kein Delikt vorliegt, das ohnehin zu einer Beiordnung führen würde – auch in Eilfällen Angaben zu ihren finanziellen Verhältnissen machen.

Die Nebenklage

Der Begriff der Nebenklage bezieht sich auf ein Mitwirkungsrecht des Opfers in der Hauptverhandlung. Sie setzt also voraus, dass es eine Gerichtsverhandlung gibt, also Anklage erhoben wurde.[141]

> **MERKE**
> Mit der Nebenklage kann das Opfer aus der passiven Rolle des Zeugen in eine aktive Rolle im Verfahren wechseln.

Obwohl das Strafverfahren täterorientiert ist, können sich Opfer bestimmter Delikte so in die Hauptverhandlung einbringen. Dabei sind sie allerdings an den rechtlichen Rahmen gebunden. So müssen Anträge formal richtig gestellt werden, die vorgeschriebenen Abläufe der StPO gelten auch für Nebenkläger. Deshalb kann nur wiederholt werden: Es ist immer besser, wenn die Nebenklage des Opfers durch einen entsprechenden Nebenklageanwalt unterstützt wird.

Die Nebenklage muss schriftlich bei dem Gericht eingereicht werden, dem die Anklage vorliegt, man kann dies allerdings auch schon vorher bei der Staatsanwaltschaft beantragen. Der Antrag ist aber erst wirksam mit der Anklageerhebung. Er wird als Anschlusserklärung bezeichnet, weil die Nebenklägerin sich der Anklage der Staatsanwaltschaft anschließt. Mittlerweile ist geklärt, dass bei Minderjährigen immer die Zustimmung des sorgeberechtigten Elternteils zur Nebenklage vorliegen muss.[142] Nebenklageberechtigt sind neben dem Opfer der Tat zudem die nahen Angehörigen bei Tötungsdelikten.

Zunächst zu der Frage, in welchen Fällen die Nebenklage überhaupt zulässig ist. Erst in einem nächsten Schritt wird dann die Frage zu klären sein, in welchen Fällen der Staat auch die Kosten des Nebenklageanwalts übernimmt.

Im Grundsatz kann man sagen, dass mittlerweile jedes schutzbedürftige Opfer

---

140 Nach Pollähne, a. a. O., m. w. N.

141 Möglich ist die Nebenklage auch bei einem Strafbefehl, sobald der Beschuldigte gegen diesen Einspruch eingelegt hat.

142 BGH, NStZ-RR 2022, 123.

einer Straftat zur Nebenklage berechtigt ist. Das Gesetz geht davon aus, dass bei einigen Straftaten[143] generell eine Schutzbedürftigkeit vorliegt. Opfer einer Vergewaltigung zum Beispiel müssen nicht mehr gesondert darlegen, warum sie eine Nebenklage erheben wollen. Bei allen anderen Delikten[144] muss das Opfer im Antrag auf Zulassung der Nebenklage genau erklären, warum es besonders schutzbedürftig ist. Dies kann der Fall sein, wenn schwere Gesundheitsschäden durch die Tat verursacht wurden oder eine Traumatisierung[145] erfolgt ist oder noch eintreten kann. Neben den schweren Tatfolgen ist auch eine im Strafprozess drohende Gefahr von Schuldzuweisungen durch den Angeklagten als Grund für eine Nebenklage zu berücksichtigen.

Wegen des besonderen Erziehungscharakters von Verfahren gegen Jugendlichen sieht das Gesetz vor, dass in solchen Verfahren nur in Ausnahmefällen bei besonders schweren Straftaten die Nebenklage zulässig sein soll (§ 80 JGG).

MERKE

Bereits die Frage nach der Zulässigkeit der Nebenklage zeigt, dass man ohne nähere Fachkenntnisse kaum auskommt. Deshalb ist es immer besser, wenn die Nebenklage durch einen Rechtsanwalt flankiert wird, der dann auch die notwendigen Erklärungen im Vorfeld verfassen und bei der zuständigen Behörde einreichen kann.

In bestimmten Fällen übernimmt die Staatskasse die Kosten für den Nebenklageanwalt – zum einen in allen Fällen von nebenklageberechtigten Opfern, die sich einen Rechtsanwalt nicht leisten können. Sie können eine sogenannte Prozesskostenhilfe (§ 397a Abs. 3 StPO) bekommen. Dafür müssen Geschädigte ihr Einkommen und ihre persönlichen Verhältnisse genau darlegen, was vielfach als demütigend empfunden wird. Das bedeutet allerdings in vielen Fällen, dass ein Teil oder sogar alle Kosten ratenweise vom Opfer bezahlt werden müssen, wenn der Angeklagte freigesprochen wird. Die andere Möglichkeit der Beiordnung ist unabhängig vom Einkommen des Opfers, sie hängt von dem Delikt ab, das der Täter begangen haben soll. Bei im Gesetz genau aufgezählten Delikten geht der Gesetzgeber davon aus, dass Opfer besonders schutzbedürftig sind, sodass das Rechtsstaatsprinzip es erfordert, ihnen einen Anwalt an die Seite zu stellen. Mit dieser Unterstützung sollen die mit dem Ermittlungs- und Gerichtsverfahren einhergehenden Belastungen gemildert werden. Dabei genügt es, wenn auch nur die Möglichkeit besteht, dass ein in § 397a StPO aufgelistetes Delikt begangen wurde und eine Verurteilung insoweit in Betracht kommt.[146]

---

143 In Verfahren gegen Erwachsene und Heranwachsende sind das alle Sexual-, Tötungs-, Körperverletzungsdelikte, Nachstellung etc. (§ 395 Abs. 1 StPO).

144 § 395 Abs. 3 StPO.

145 Die Rechtsprechung verlangt hier nach ICD-10/DSM-IV klassifizierte Störungen wie die Posttraumatische Belastungsstörung, Anpassungsstörungen, somatoforme Störungen oder akute Belastungsstörungen.

146 Weißer/Duesberg in: Gercke/Temming/Zöller, Strafprozessordnung, 7. Aufl. 2023, § 397a StPO, Rn. 3.

Der Katalog der beiordnungsfähigen Delikte wurde über die Jahre hinweg aus Opferschutzgründen stark erweitert. Anders als in Fragen der Verjährung kommt es dabei nicht darauf an, welches Recht zum Tatzeitpunkt galt, sondern es gilt das Recht zum Zeitpunkt der Anschlusserklärung. Bei Opfern unter 18 Jahren ist der Katalog der Delikte, bei denen der Anwalt beigeordnet wird, erheblich umfassender als bei Erwachsenen.

Die Beiordnung bedeutet nicht, dass das Gericht den Nebenklageanwalt bestimmt, das Opfer hat hier immer das Recht, sich seinen Anwalt selbst auszusuchen. In finanzieller Hinsicht ist wichtig, dass mit der Beiordnung die Kosten des Rechtsanwalts auch im Fall des Freispruchs des Angeklagten von der Staatskasse getragen werden. Anders verhält es sich allerdings bei einem Rechtsmittel, das das Opfer einlegt. Hier trägt das Opfer die Kosten selbst, wenn das Rechtsmittel (z. B. Berufung) vergeblich war. Dazu gehören dann auch die Kosten des Anwalts – allerdings nur die für die Rechtsmittelinstanz entstandenen Kosten.

MERKE

Insgesamt ist ein Nebenklageanwalt eine kaum verzichtbare rechtliche Unterstützung für Opfer von Straftaten. Er bespricht mit dem Opfer den Gang des Verfahrens, erklärt die Abläufe und sitzt in der Verhandlung neben der Mandantin. Der Nebenklageanwalt kann ohne Darlegung eines berechtigten Interesses Einsicht in die Ermittlungsakten bekommen.

Diese Akteneinsicht darf nur unter engen Voraussetzungen verwehrt werden (§ 406e Abs. 2 StPO). Das ist zum einen der Fall, wenn schutzwürdige Interessen des Täters entgegenstehen, zum Beispiel wenn eine Blutrache droht. Besonders problematisch ist die Akteneinsicht in Fällen, in denen es keine weiteren Beweismittel als die Aussage des Opfers gibt und der Täter nicht geständig ist. Hier nehmen Gerichte vielfach an, dass »der Untersuchungszweck« durch die Akteneinsicht des Nebenklageanwalts gefährdet wird. Insbesondere wird es für ein Gericht schwierig, am Ende der Beweisaufnahme die Frage, ob das Opfer das Geschehen konstant gleich geschildert hat, zu beurteilen, wenn es davon ausgehen muss, dass das Opfer seine Erinnerung über den Akteninhalt auffrischen konnte.[147] Dabei geht es nicht darum, dass dem Opfer unterstellt wird, es übe »seine wahrheitswidrige Geschichte« ein, sondern die Rechtsprechung befürchtet einen unbewussten Verfälschungs- oder Verzerrungsprozess. Aus diesem Grund gehen einige Gerichte dazu über, die Nebenklageanwältinnen dazu zu verpflichten, die Akte nur selbst zu lesen und nicht an das Opfer weiterzugeben.[148]

Die Möglichkeiten der Nebenklage in der Hauptverhandlung sind vielfältig. Sie gehen weit über die Rechte des Opfers mit Verletztenanwalt oder Zeugenbeistand hinaus. So kann das Opfer (muss es aber nicht) während der gesamten Hauptverhand-

147 Löwe-Rosenberg, § 406e StPO, Rn. 32.

148 Zu den Risiken dieser Vorgehensweise für die Glaubhaftigkeitsbeurteilung → Löwe-Rosenberg, a. a. O., Rn. 41.

lung anwesend sein, es passiert nichts hinter seinem Rücken. Der »normale Zeuge« darf weder bei der Verlesung der Anklage noch bei der Einlassung des Angeklagten dabei sein. In nichtöffentlichen Verfahren oder beim Ausschluss der Öffentlichkeit bei gewissen Verfahrenshandlungen zählt der »normale Zeuge« nach seiner Vernehmung zur Öffentlichkeit und muss den Saal verlassen, wenn die Öffentlichkeit ausgeschlossen wird – der Nebenkläger nicht.

Der Nebenkläger bzw. sein Anwalt können den Angeklagten, die Zeugen und Sachverständigen selbst befragen. Sie können Anträge auf Vereidigung und eigenständige Beweisanträge stellen. Nebenklagevertreter und Nebenkläger dürfen am Ende der Hauptverhandlung selbst plädieren, also nicht nur eine bestimmte Strafe und ein Strafmaß beim Gericht beantragen, sondern auch noch einmal ausführlich die Lage aus ihrer Sicht würdigen. Wird der Angeklagte freigesprochen, haben sie auch ein Recht, gegen das Urteil Berufung oder Revision einzulegen (§400 StPO). Gegen die Höhe der Strafe kann die Nebenklage nicht vorgehen, jedoch kann das Opfer Berufung einlegen, wenn es meint, das Gericht habe ein nebenklagefähiges Delikt[149] übersehen und deshalb eine zu milde Strafe verhängt. Gibt es eine Absprache zwischen Staatsanwaltschaft, Verteidigung und Gericht über das Strafmaß, muss der Nebenklageanwalt in die Absprache einbezogen werden.

Eine Nebenklage hat aber ihre Grenzen und Rechtsanwälte haben als Nebenklagevertreter ebenso ihre Grenzen. Dem Opfer kann die Belastung durch die Aussage in der Hauptverhandlung nicht völlig abgenommen, allenfalls durch die Anwesenheit eines kompetenten Rechtsanwalts gemildert werden. Manche Rechtsanwältinnen und Rechtsanwälte haben sich inzwischen sehr gut eingearbeitet in die Nebenklagevertretung und wissen auch gut über die Probleme traumatisierter Menschen Bescheid. Das gilt aber nicht für alle. Zur juristischen Ausbildung gehört nicht die Vermittlung psychologischer Kompetenzen, genauso wenig wie zur psychologischen oder medizinischen Ausbildung die Vermittlung juristischer Kompetenzen gehört. Ein Jurist als Nebenklagevertreter ist kompetent für die Bewältigung der juristischen Probleme, ersetzt aber nicht eine psychosoziale Unterstützung, die um die Belastungen, Möglichkeiten und Grenzen eines Verfahrens weiß.

9.2.6 Der Schutz der Identität

Nicht jedes Gerichtsverfahren zieht eine große mediale Aufmerksamkeit auf sich. Dennoch können die Anwesenheit unbekannter Menschen im Saal und der Umstand, dass die Aussage später in der Zeitung stehen wird, manchen Zeugen sehr belasten. Deshalb kann gerade bei Sexualdelikten auf Antrag des Opfers die Öffentlichkeit aus der Haupt-

149 Zum Erfordernis der Nebenklagefähigkeit bei §177 Abs. 6 StGB →BGH, Urteil vom 28. Oktober 2021 – 4 StR 118/21 –, juris.

verhandlung ausgeschlossen werden (→Kap. 7.2). Das Opfer ist auch nicht verpflichtet, Presseinterviews zu geben. Jede Privatperson ist vor der unbefugten Veröffentlichung von Fotos geschützt – durch § 201a StGB bei Aufnahmen im höchstpersönlichen Lebensbereich (etwa zu Hause) und §§ 22 und 23 KunstUrhG bei unbefugten Aufnahmen im Gericht und in der Öffentlichkeit. Auch hier sollte der Nebenklageanwalt aktiv werden und anwesenden Kamerateams und Fotografen gleich untersagen, die Aufnahmen des Opfers zu veröffentlichen. Gleichzeitig sollten Opfer sich sehr genau beraten lassen, ob sie selbst die mediale Öffentlichkeit suchen wollen. Meistens schadet dies juristisch eher als dass es nützt.

Der vielfachen Sorge von Opfern, ihre Daten könnten über die Akteneinsicht in die Hände des Täters gelangen, trägt § 68 StPO im Ansatz Rechnung. Die Vorschrift gilt für alle Zeugen, bei denen es konkrete Anhaltspunkte dafür gibt, dass es bei Preisgabe ihrer Daten in der Akte oder in der Hauptverhandlung zu Übergriffen durch den Täter oder seinen Umkreis kommen kann. Dabei reicht aber die bloße Angst des Opfers nicht aus, sondern es muss nach allgemeiner Lebenserfahrung[150] ein Übergriff drohen. In Fällen der Nachstellung und auch häuslichen Gewalt dürfte dies regelmäßig der Fall sein. Dann kann zum Beispiel in jedem Verfahrensstadium von der Nennung der Anschrift des Zeugen abgesehen werden. Über den Grad der Gefährdung und den Umfang der Schutzmaßnahmen entscheidet die Staatsanwaltschaft. Dies muss sie von Amts wegen, also auch ohne Antrag des Zeugen tun, es ist aber sicherlich hilfreich, wenn Opfer Angaben zu entsprechenden Bedrohungen machen. Wird eine Frau gestalkt und musste deshalb schon umziehen, dürfte sicherlich ein Fall vorliegen, in dem die Anschrift nicht in die Akten gehört. Ein Zeuge muss für die Justiz aber erreichbar sein; deshalb muss, wenn die Anschrift weggelassen wird, eine Person benannt werden, die Ladungen und sonstige Schreiben der Justiz entgegennimmt und an den Zeugen weiterleitet. Auch das ist optimal ein Nebenklage-/Rechtsanwalt.

9.2.7 Schadensersatz, Schmerzensgeld und Adhäsionsverfahren

Wir haben bereits dargelegt, dass viele Opfer von Straftaten sich vom Strafprozess eine Wiedergutmachung des Unrechts oder zumindest ihres Schadens erhoffen. Im Grundsatz ist der Strafprozess kein Instrument zur Wiedergutmachung, die Gesetze wurden aber in den vergangenen Jahren immer weiter dahingehend entwickelt, dass in geeigneten Verfahren zumindest eine teilweise Wiedergutmachung erfolgen kann. Die entsprechenden Instrumente sind:

- der Täter/Opfer-Ausgleich
- die Einstellung nach § 153a StPO mit Wiedergutmachungsauflage

150 Oder kriminologischer Erkenntnis; →insgesamt Gercke in: Gercke/Temming/Zöller, Strafprozessordnung, 7. Aufl. 2023, § 68 StPO, Rn. 16.

- die Einziehung von Vermögenswerten
- Strafaussetzung zur Bewährung mit der Auflage, den Schaden wiedergutzumachen
- das Adhäsionsverfahren

Gerichte und Staatsanwaltschaften sind verpflichtet, in jeder Lage des Verfahrens die Möglichkeit eines **Täter/Opfer-Ausgleichs** zu prüfen (§§46a StGB i. V. m. §§155a, b StPO). §155a S. 3 stellt dabei klar, dass gegen den ausdrücklichen Willen des Opfers eine solche Einigung nicht zustande kommen darf. Begrifflich meint ein Täter-Opfer-Ausgleich die Schlichtung des der Straftat zugrunde liegenden oder dadurch entstandenen Konflikts durch das Bemühen des Täters um Ausgleich oder durch eine zumindest teilweise Schadenswiedergutmachung. Dabei wird ein »kommunikativer Prozess« zwischen Täter und Opfer verlangt. Zwar ist dafür nicht zwingend die Vermittlung durch einen neutralen Dritten[151] oder ein persönlicher Kontakt zwischen Täter und Opfer erforderlich, es genügt zum Beispiel ein Kontakt zwischen Verteidiger und Nebenklageanwalt zur Frage des Schadensausgleichs.[152] Wenn aber eine Konfliktschlichtung stattfinden soll, raten wir Opfern, dieser nur zuzustimmen, wenn sie durch einen entsprechenden Dritten moderiert wird. Dies dient dem Schutz des Opfers und der Gewährleistung eines ordnungsgemäßen Ablaufs. Gelingt auf diesem Wege ein Ausgleich, so kann dieser sich strafmildernd auswirken oder auch zur Einstellung des Verfahrens führen.

Eine **Einstellung nach §153a StPO** kann nur bei geringfügigen Vergehen erfolgen, bei denen die Rechtsordnung aus Sicht der Staatsanwaltschaft oder des Gerichts keine Verurteilung erforderlich macht. Liegt eine geringe Schuld vor, kann das Verfahren mit der Bedingung eingestellt werden, dass der Täter den dem Opfer entstandenen Schaden ganz oder zumindest teilweise wiedergutmacht. Diese Art des Täter/Opfer-Ausgleichs ist nicht von der Zustimmung des Opfers abhängig. Es kann also passieren, dass ein Opfer nach der Anzeige ein Schreiben von der Staatsanwaltschaft bekommt, dass das Verfahren wegen geringer Schuld eingestellt und dem Täter aufgegeben wurde, einen Betrag X zugunsten des Opfers zu zahlen, und man seine Kontonummer mitteilen möge für die Überweisungen. So ein Schreiben überfordert Geschädigte oftmals, denn die Feststellung einer »geringen Schuld« kann bereits emotional sehr aufwühlen. Dann sollte man eine Opferberatungsstelle aufsuchen oder seinen ohnehin schon beauftragten Rechtsanwalt konsultieren. Grundsätzlich ist bei Bagatelldelikten aus dem Bereich der Vermögensdelikte, also zum Beispiel Betrug oder Diebstahl, die Regelung eine gute Möglichkeit, auch ohne Gerichtsverhandlung wieder Rechtsfrieden herzustellen. Leider verlieren einige Staatsanwälte und Gerichte diese Möglichkeit oftmals aus dem Blick und stellen das Verfahren mit der Auflage ein, einen Geldbetrag an eine gemeinnützige Einrichtung zu zahlen. Dies ist für Opfer unverständlich, der Täter gibt sein Geld dann für die Zahlung an die Einrichtung aus und das Opfer muss seinen

151 Zum Beispiel NGOs, die besonders geschulte Mitarbeitende zur Durchführung des TOA zur Verfügung stellen.

152 →BGH StV 2002, 651.

Schaden selbst einklagen. Eine Vorschrift in den Richtlinien der Staatsanwaltschaften[153] soll dies zwar verhindern, das klappt aber meist auch nur bedingt. Der vielfache Einwand der Justiz, der Schaden sei ja noch gar nicht abschließend geklärt, geht fehl. Der Schaden[154] kann geschätzt werden; erhält der Verletzte dann weniger als ihm zusteht, kann er einen weitergehenden Schaden im Zivilrechtsweg geltend machen.[155]

Ein Opfer von Straftaten soll nach dem Willen des Gesetzgebers nicht unter den finanziellen Folgen der Tat leiden und der Täter soll nicht vom Gewinn aus seiner Tat profitieren. Letzteres sollen die umfassenden Vorschriften zu **Einziehung und Gewinnabschöpfung** sicherstellen. Verlorenes Eigentum wird, wenn die Sachen gefunden wurden, dem Opfer zurückgegeben, Geldwerte, die beim Täter sichergestellt werden konnten, werden an das Opfer zur Schadenswiedergutmachung ausgekehrt, ohne dass das Opfer gesondert klagen muss. Das Problem ist aber immer, dass Geld häufig ins Ausland über dunkle Kanäle transferiert wurde und deshalb das Opfer am Ende doch leer ausgeht.

Wird der Täter zu einer Freiheitsstrafe verurteilt, so kann diese zur **Bewährung** ausgesetzt werden, wenn sie unter zwei Jahren liegt. Eine solche Bewährung wird meistens von Auflagen und Weisungen begleitet, um dem Verurteilten die Folgen seiner Tat vor Augen zu halten und ihn zu einem straffreien Leben zu führen. Manchmal lautet eine solche Auflage auf **Wiedergutmachung** des Schadens.

Bei Delikten, die Gesundheitsschäden nach sich ziehen, kann das Opfer den Täter auf **Schmerzensgeld und die Behandlungskosten** verklagen. Meistens haben die Krankenkassen schon die Behandlungskosten gezahlt. Diese werden vom Opfer oder aus der staatsanwaltschaftlichen Akte, aus der sie über einen Anwalt Auskünfte erhalten können, die Daten des Täters feststellen, um diesen für die Kosten in Anspruch zu nehmen (§ 116 SGB X). Das kann teuer werden.

Die wenigsten Nicht-Juristen werden den Begriff **»Adhäsionsverfahren«** kennen. Grundsätzlich sind Strafverfahren und die Forderung nach Schmerzensgeld rechtlich zwei völlig unterschiedliche Anliegen. Schadensersatzforderungen und Schmerzensgeldforderungen sind Sache eines Zivilverfahrens und müssen dort mit den Instrumenten des Bürgerlichen Gesetzbuchs (BGB) geltend gemacht werden. Der Nachteil ist, dass in einem neuen Prozess erneut ein Beweis für die Tat, das Verschulden des Beklagten und die Schadenshöhe beim Opfer erbracht werden muss – und die Beweislast liegt hier im zivilrechtlichen Sinne beim Kläger, also beim Opfer. Im Strafverfahren muss das Opfer nichts beweisen, das übernimmt der Staat, vertreten durch die Staatsanwaltschaft. Zudem ist es wenig effektiv, wenn sich zwei Gerichte mit ein und demselben Grundsachverhalt befassen.

153 Ziff. 93 RiStBV.

154 Gegebenenfalls auch Schmerzensgeld; → Gercke in: Gercke/Temming/Zöller, Strafprozessordnung, 7. Aufl. 2023, § 153a StPO, Rn. 23.

155 Gercke a. a. O.

MERKE

Deshalb sieht das Adhäsionsverfahren vor, dass im Strafprozess auf Antrag gleich über Schadensersatz und Schmerzensgeld mitentschieden werden kann. Wenn das Opfer dies beantragt, hat das Strafgericht nur noch wenige Möglichkeiten, eine Entscheidung über diesen Antrag abzulehnen.

Dies passiert vor allem dann, wenn der Beschuldigte in Haft sitzt und der Adhäsionsantrag so spät kommt, dass über ihn nicht ohne zusätzliche Verhandlungstermine entschieden werden kann.

Es ist das erklärte Ziel in Europa, aber auch des deutschen Gesetzgebers, das Adhäsionsverfahren zu fördern. Es hat ebenso für den Angeklagten Vorteile: Unterliegt er gleichfalls im Zivilverfahren, muss er die Kosten eines zweiten Verfahrens tragen. Es ist also auch für ihn billiger, bei eindeutigem Sachverhalt alles in einem Verfahren zu erledigen. Ein Vergleich mit dem Opfer über Schmerzensgeldzahlungen kann sich zudem strafmildernd auswirken.

Das Adhäsionsverfahren wird dennoch selten zur Anwendung gebracht. Viele Nebenklageanwälte scheuen sich, die Anträge zu stellen, weil sie befürchten, dass die Diskussion um einzelne Schadenspositionen den Fokus weg vom Leid des Opfers auf rein materielle und kleinteilige Ansprüche lenkt. Viele Opfer wollen erst einmal, dass man ihnen glaubt, bevor sie sich um Belege für die einzelnen Verletzungen kümmern und sich gegebenenfalls auch der Frage stellen wollen, ob diese oder jene psychische Erkrankung nicht schon vor der Tat vorhanden war (sog. milieutypische Schädigung). Zudem besteht die nicht unberechtigte Angst, dem Verteidiger ein Argument an die Hand zu geben: »Aha, die will Kapital aus der Sache schlagen. Eigentlich geht es dem Opfer doch nur um Geld!« Darüber hinaus hat aber vielleicht auch der Nebenklagevertreter als Rechtsanwalt gar nichts dagegen, wenn es noch ein Zivilverfahren gibt: Besser zwei abrechnungsfähige Verfahren als eines. Wir sagten es schon: Nicht allen Rechtsanwälten geht es in Deutschland momentan finanziell so gut wie führenden Schönheitschirurgen. Wer aber den Opferschutz ernst nimmt, sollte das Adhäsionsverfahren befürworten und anwenden, wo immer es geht.

Die Einzelheiten des Adhäsionsverfahrens sind sehr facettenreich. Auch hier gilt: Das Opfer sollte sich einen kompetenten Berater, sprich Rechtsanwalt suchen.

Letztlich können Körperschäden und zum Beispiel die Kosten für eine Psychotherapie über das Opferentschädigungsrecht (seit 2024 SEG im SGB XIV, vormals OEG) reguliert werden. Auf das Opferentschädigungsrecht und das damit verbundene Recht auf Inanspruchnahme einer Psychiatrieambulanz werden wir im gesonderten Kapitel 11 zurückkommen.

Literatur

Üzüm C, Dienstbühl D (2023). Der polizeiliche Umgang mit Opfern von sexueller Gewalt. Kriminalistik 11: 587–591.

Kilchling M (2018). Opferschutz innerhalb und außerhalb des Strafrechts. Perspektiven zur Übertragung opferschützender Normen aus dem Strafverfahrensrecht und anderen Verfahrensordnungen. Berlin: Duncker & Humblot.

Sachsse U (2010). Heldendämmerung (zu: Batman Begins & The Dark Knight. Posttraumatische Belastungsstörung F43.1). In: Möller H, Doering S (Hrsg). Batman und andere himmlische Kreaturen – Nochmal 30 Filmcharaktere und ihre psychischen Störungen. Berlin, Heidelberg: Springer; 141–155.

Sachsse U (2012). Schocktherapie. Zum Kinostart von »The Dark Knight Rises«, dem letzten Teil von Christopher Nolans düsterer Batman-Trilogie, zeichnet der Psychiater Prof. Dr. Ulrich Sachsse ein Psychogramm des Superhelden. Rolling Stone 213: 36.

Treibel A, Dölling D, Hermann D (2017). Determinanten des Anzeigeverhaltens nach Straftaten gegen die sexuelle Selbstbestimmung. Forensische Psychiatrie, Psychologie, Kriminologie 11: 355–363.

Weiner B, Ferber S (Hrsg) (2007). Handbuch des Adhäsionsverfahrens. Baden-Baden: Nomos.

Weiner B, Ferber S (2016). Handbuch des Adhäsionsverfahrens. Baden-Baden: Nomos.

10 Die Therapeutin als Zeugin

10.1 Grundsätzliches

Vielen ist es nicht recht, und doch wird es in der Zukunft immer häufiger der Fall sein: Therapeutinnen spielen eine wichtige Rolle im Strafverfahren und sollen dort als Zeuginnen aussagen. Die Ursachen dieser Entwicklung sollen Gegenstand dieses Kapitels sein, in welchem wir etwas Rollenklarheit und Handlungssicherheit für solche Situationen vermitteln wollen.

Bereits an dieser Stelle zeigt sich der Unterschied zwischen der beruflichen Ausrichtung der Autoren einerseits und die Notwendigkeit interdisziplinären Arbeitens, des gegenseitigen Verstehens andererseits. Der Psychiater und Wissenschaftler Ulrich Sachsse sagt: »Natürlich müssen wir uns zu der Frage der Folgen der Suggestionshypothese und ›recovered memories‹ klar positionieren.« Kirsten Böök ist es als Juristin zwar gewohnt, sich zu entscheiden – aber bei fachfremden Fragen trifft sie die Entscheidung nur dann, wenn sie eine wissenschaftlich fundierte Stellungnahme eingeholt hat. »Was ich als Mensch denke oder ›glaube‹, ist nicht relevant für die juristische Wahrheitsfindung«, sagt sie. Anklagen und vor allem die Urteile müssen so geschrieben sein, dass alle denkbaren Aspekte beleuchtet wurden und der Leser von der Beweisführung überzeugt wird. Nur dann hat ein Urteil Bestand, es wird nicht in der Revision aufgehoben und das Verfahren muss auch nicht erneut verhandelt werden.

MERKE

Wichtig es uns, Folgendes zu betonen: »Vorrang hat immer die Gesundheit der Patientin!«

Das sieht auch der Gesetzgeber so und der BGH unterstreicht, dass das Vorenthalten einer Therapie bei entsprechender Indikation einer Körperverletzung gleichkommt.[156] Dabei wird auch nicht zwischen einer stabilisierenden Therapie und einer traumakonfrontativen Methode unterschieden. Therapie ist immer möglich und erlaubt – es kann sich lediglich später das Problem stellen, dass das Zustandekommen der Aussage der Opfer in der Hauptverhandlung genauer, gegebenenfalls auch aussagepsychologisch beleuchtet werden muss. Polizei und Staatsanwaltschaften müssen aber wissen, dass alleine der Umstand, dass jemand therapeutisch behandelt wurde, noch lange nicht

156 BGH, 2 StR 496/98, NStZ-RR 1999, 108.

bedeutet, dass auf dessen Aussage vor Gericht keine Verurteilung mehr gestützt werden kann. Vielmehr kommt es hier auf den Einzelfall an. Dazu wollen wir im Folgenden zunächst einiges ausführen, um anschließend auf die Konsequenzen für die Therapeutinnen zu kommen. Vertiefen werden wir die Thematik dann noch einmal im Kapitel 13.

Die Glaubhaftigkeitsbeurteilung von Menschen, die ihr traumatisches Erleben in einer Psychotherapie aufgearbeitet haben, ist in Justiz und bei Therapeuten aktuell ein virulentes Problem. Auslöser der Diskussion ist eine Entscheidung des Bundesgerichtshofs aus dem Jahr 2015.[157] Unter Bezugnahme auf die Literatur zur Aussagepsychologie hat das Gericht die Beweisführung in der ersten Instanz als lückenhaft bezeichnet und ausgeführt, dass in den Verfahren, in denen eine Zeugin vor der Gerichtsverhandlung oder gar vor der polizeilichen Anzeige das Trauma therapeutisch aufgearbeitet hat, deren Aussage genauer untersucht werden muss. Insbesondere dann, wenn im Rahmen der Psychotherapie davon ausgegangen wurde, dass den Beschwerden der Patientin verdrängte Erinnerungen zugrunde liegen, könne die Therapie Scheinerinnerungen *(false memories)* an einen solchen Missbrauch hervorrufen, insbesondere dann, wenn auch nach sexuellem Missbrauch geforscht wurde. Schon in dieser Entscheidung hat der BGH darauf hingewiesen, dass zum Beispiel auch innerfamiliäre Gespräche ein Suggestionspotenzial bergen. In späteren Entscheidungen hat er für andere Gesprächskonstellationen, die die Tat zum Gegenstand haben, zum Beispiel im Rahmen der Seelsorge und Opferberatungsstellen[158], eine besonders sorgfältige Prüfung der Aussage des Opfers durch die Gerichte gefordert. In all diesen Fällen müsse das Zustandekommen der Erinnerung genau untersucht werden.

Diese Entscheidungen haben zu Empörung (»Wir Therapeuten arbeiten nicht suggestiv, warum sollten wir?«) und vielfach zu der Empfehlung geführt, bis zur Hauptverhandlung allenfalls mit stabilisierenden Methoden zu arbeiten oder aber ganz auf eine Therapie zu verzichten. Eine emotionale Debatte, das haben wir im Rahmen vieler Diskussionsgruppen erlebt, ist hier allerdings wegen der drohenden Verallgemeinerung kontraproduktiv und versperrt den Blick auf die Lösungsansätze.

Wir wollen den weiteren Ausführungen deshalb einige Kernaspekte voranstellen:

- Dem Schutz der Gesundheit von Opfern wird von den Gerichten und dem Gesetzgeber stets der Vorrang vor der Wahrheitsfindung eingeräumt.
- Die Unschuldsvermutung kann nur durch die sichere Überzeugung des Gerichts von dem, was sich ereignet hat, widerlegt werden.
- Gibt es neben der Aussage der Opferzeugin weitere Beweismittel, die die Tat genau widergeben, so stellt sich die Problematik des Einflusses von Therapie auf die Erinnerung selten.

157 BGH NStZ 2016, 122.
158 BGH StV 2022, 215.

- Es gibt keine Vorschrift oder kein Gericht, die eine Therapie eines Opfers auch vor der Hauptverhandlung verbieten.
- Die Entscheidungen des BGH bedeuten auch nicht, dass einer Zeugenaussage nach einer Therapie generell nicht geglaubt werden kann. Sie heißt nur, dass die Gerichte genau prüfen müssen, ob die Aussage erlebnisbezogen ist, und dabei die Möglichkeit der Beeinflussung der Erinnerung durch Suggestion im Rahmen der Therapie oder anderer intensiver Gespräch in Betracht ziehen.
- Die Gerichte behaupten nicht, dass Therapeutinnen absichtlich Menschen falsche Erinnerungen implementieren.
- Das menschliche Gedächtnis ist störanfällig, sodass Gerichte genau untersuchen müssen, ob es eine die Erinnerung verfälschende Störung gegeben hat.
- »Entsteht« eine Erinnerung erst im Rahmen des therapeutischen Prozesses, werden die Gerichte ganz besonders kritisch sein. Aber auch dann ist, abhängig von der Einzelfallkonstellation, eine Verurteilung möglich.
- Im Zweifel wird die Therapeutin zum Zustandekommen der Erinnerung und den angewandten therapeutischen Methoden als Zeugin aussagen müssen, falls eine Schweigepflichtentbindung vorliegt.
- In problematischen Fällen muss sich die Patientin zusätzlich auf ein aussagepsychologisches Gutachten einstellen.
- Eine nicht leitliniengerechte Therapie ist unter dem Aspekt der Überprüfung der Aussageentstehung besonders problematisch.

Wir wollen zunächst erneut die Herangehensweise der Justiz an den Strafprozess in Erinnerung rufen. Die Unschuldsvermutung bedeutet, dass die Schuld des Angeklagten positiv nachgewiesen werden muss. Das ist nur mit Beweismitteln möglich, die die Schuld sicher belegen können. Gibt es aber Studien und Literatur, die belegen, dass Aussagen unter gewissen Umständen kritisch zu betrachten sind, müssen die Gerichte diese Studien mitberücksichtigen. Die Unschuldsvermutung bedeutet, dass letzte Zweifel ausgeschlossen werden müssen. Wahrscheinlichkeiten, und seien sie noch so hoch, reichen dafür nicht.

Das menschliche Gedächtnis ist fehlbar und beeinflussbar. Es ist kein Film, der in jedem Detail wieder abgerufen werden kann. Fragt man Menschen nach zurückliegenden Ereignissen, so enthält die Antwort stets eine Rekonstruktion des Gesamtereignisses, gebildet aus den Erinnerungsfragmenten, die abgespeichert wurden, und einer Kombination aktueller Sinnfindungsprozesse (»das kann ja nicht sein, dass ich …«) und Rationalisierungen (»ich will meinem Gegenüber jetzt nicht alle Emotionen zumuten«).[159] Allerdings gilt auch, dass Erlebnisse, die mit besonders starken Emotionen verbunden waren, leichter erinnert werden, wenn auch nicht jedes einzelne Detail des

159 →hierzu insgesamt auch Howe 2011.

Geschehens. Dies ist darauf zurückzuführen, dass ein hohes Stresslevel bewirkt, dass zwar die bedrohlichen Details abgespeichert werden, Randdetails oder subjektiv irrelevante Details aber sehr viel schlechter abgespeichert und damit auch schlechter erinnert werden können. Außerdem weiß man, dass Stress beim Abruf einer Erinnerung, wie zum Beispiel im Rahmen einer Gerichtsverhandlung, zu einer schlechteren Erinnerungsleistung führen kann. Diese Erkenntnis zeigt, dass opferschützende und damit stressreduzierende Maßnahmen auch für die Wahrheitsfindung unerlässlich sind.

Eine Vielzahl von Studien belegt nun auch, dass das menschliche Erinnern durch äußere Einflüsse verändert werden kann.[160] Scheinerinnerungen, die keine Erlebnisgrundlage haben, können von manchen Menschen subjektiv für wahr gehalten werden. Sie sind dann bei der Erzählung kaum von echten Erinnerungen zu unterscheiden, weil sie mit passenden Emotionen und auch konstant vorgetragen werden können.[161] Eine besonders intensive Art der Beeinflussung der Erinnerung ist die Suggestion. Sie erfolgt selten offen, vielmehr birgt suggestive Beeinflussung das Risiko, dass der beeinflusste Mensch nicht bemerkt, dass sich seine Erinnerung verändert.

Es geht dabei in den seltensten Fällen darum, dass absichtlich eine falsche Erinnerung implementiert wird. Vielmehr lernen Polizeibeamte bereits in ihrer Ausbildung, dass man unbeabsichtigt durch eine ungeschickte Fragestellung eine – vermeintlich erwünschte – Antwort erhält, die manchmal nicht der Realität entspricht. Dies kann zum Beispiel durch sogenannte geschlossene Fragen verursacht werden oder durch das unbewusste Signalisieren, dass man selbst, beruhend auf eigenen Erfahrungen, eine bestimmte Antwort erwartet.

Eine suggerierte Erinnerung entsteht meistens in mehreren Phasen, in denen sich die Person die Erinnerung mehr und mehr zu eigen macht und letztlich daran glaubt. Das ist der Grund, warum wiederholte Gespräche mit derselben Person zu demselben Thema so problematisch sein können. Und deshalb verlangt der BGH, dass eine Aussage, auch wenn sie zunächst glaubhaft klingt, auch unter dem Aspekt untersucht wird: »Gibt es Hinweise darauf, dass die Aussage ganz oder teilweise durch suggestive Einflüsse zustande gekommen ist?« Bei den meisten Zeugenaussagen, mit denen Juristen in ihrem Berufsalltag befasst sind, fehlen solche Hinweise. Aber bei schweren Straftaten, die eine behandlungsbedürftige psychische Erkrankung nach sich ziehen können, müssen die Gerichte genauer hinsehen.

Die Gerichte beurteilen dabei nicht die Notwendigkeit einer Therapie, sondern sie betrachten deren Auswirkungen auf die Erinnerung und damit die Aussage des Opfers in der Hauptverhandlung. Für die Beweiswürdigung wäre aus Sicht der Justiz eine gänzlich unbeeinflusste Aussage am hilfreichsten. Der BGH hat aber nicht gesagt, dass Aussagen, die während oder nach einer Therapie erfolgt sind, per se nicht verwertbar oder unglaubhaft sind. Er hat vielmehr gefordert, dass die Gerichte Fragen zum Anlass der Therapie, deren Verlauf und die angewendeten therapeutischen Methoden beant-

160 Nachweise im Einzelnen bei Gubi-Kelm/Greuel 2024.

161 →z. B. BGH StV 2023, 368, mit weiteren Nachweisen.

worten müssen, um auszuschließen, dass die Aussage auf suggestiven Einflüssen beruht.[162] Kann das Gericht dies ausschließen, kann auch eine Verurteilung auf die Aussage eines therapierten Opfers gestützt werden.

Ganz wichtig ist in diesem Kontext auch immer die Frage, ob es nicht noch weitere Beweismittel neben der Aussage der Opferzeugin gibt. Hat diese sich bereits vor der Therapie jemandem anvertraut, gab es Zeugen des Geschehens oder Zeugen, die zum Beispiel Verletzungen oder eine Verhaltensveränderung bekunden können? Viele Täter filmen heutzutage ihre Taten – solche Aufnahmen dürften insbesondere bei kindlichen Zeugen vollkommen ausreichen, um den Tatvorwurf zu belegen. Der Rat im Fall Lügde, die Kinder sollen erst nach der Verhandlung mit der Therapie beginnen, war deshalb gänzlich verfehlt. Da es bei Kindern nicht auf die Frage der Freiwilligkeit ankommt, reichen Videos sexueller Handlungen bereits aus, um den Missbrauch zu beweisen. Aber auch erwachsene Zeuginnen sollten zumindest dann, wenn sie eine behandlungsbedürftige Erkrankung aufgrund des Traumas erlitten haben, behandelt werden. Wie diese Behandlung aussehen kann, werden wir im Kapitel 13 diskutieren, hier geht es erst einmal um die Rolle der Therapeutin im Strafverfahren.

Besonders kritisch wird es unabhängig von der Methodik dann, wenn zu Beginn der Therapie eine konkrete Erinnerung an ein Trauma nicht vorhanden ist, sondern diese erst während der Therapie entsteht oder benannt werden kann. In einigen Fällen befähigt die therapeutische Intervention die Patientin überhaupt erst, sich dem Geschehen zu nähern, es sich bewusst zu machen. Diese Patientinnen geben dann zum Beispiel nachvollziehbar an, dass sie im Verlauf ihres Lebens phasenweise nicht an das Trauma gedacht haben, was sie subjektiv als »Vergessen« empfinden. Eine psychotherapeutische Behandlung kann erst die Rahmenbedingungen dafür bieten, solche Erinnerungen auszusprechen und es dem Opfer damit ermöglichen, diese im Rahmen einer Strafanzeige zu wiederholen.

Die Frage ist dann, wie man mit der wieder präsenten Erinnerung an das Trauma im Hinblick auf ein Strafverfahren umgehen kann, ob eine Strafanzeige sinnvoll ist. Hier gilt es zum einen, so früh wie möglich die vorhandene Erinnerung festzuhalten, schriftlich niederzulegen und so aufzubewahren, dass eine spätere Veränderung an diesem Dokument nicht mehr möglich ist (also z.B. bei einer vertrauenswürdigen Freundin oder im Safe der Therapeutin oder bei der Nebenklageanwältin). Es geht bei diesen und anderen Vorschlägen zur Sicherung der Aussage der Patientin nicht darum, Therapeutinnen als Gehilfen der Ermittlungsbehörden einzuspannen. Es geht vielmehr um die Frage, wie man einem oftmals berechtigten Wunsch der Patientin nach einer strafrechtlichen Verfolgung des erlittenen Unrechts gerecht werden kann. Aus unserer Sicht wäre, sobald klar ist, dass Anzeige erstattet werden soll, die Einbeziehung einer Rechtsanwältin und/oder einer Opferschutzeinrichtung am sinnvollsten – sowohl für die Hinterlegung als auch für die Betreuung auf dem weiteren Weg in das Verfahren.

---

162 →BGH, Beschluss vom 16. Juni 2021 – 1 StR 109/21 –, juris.

Kritischer sind die Fälle, in denen die Patientin zu Beginn der Therapie tatsächlich keine Erinnerung an ein traumatisches Ereignis hatte und zum Beispiel aufgrund von Symptomen gezielt nach einem solchen suchen wollte. Zwar vertreten manche Therapeutinnen, dass bestimmte Symptome mit einer bestimmten traumatischen Erfahrung korrelieren, zum Beispiel sei das Auftreten dissoziativer Symptome immer die Folge von sexuellem Missbrauch. Solche Erfahrungssätze sind oft wissenschaftlich nicht belegt und können die Unschuldsvermutung nicht widerlegen, weil sich aus ihnen jedenfalls nicht ergibt, wer konkret der Täter war und was an welchem Tag mit welchen strafrechtlich relevanten Details genau passiert ist. Wenn diese Fakten dann während der Therapie auf der Basisannahme »sexueller Missbrauch« erarbeitet[163] werden, ist eine Verurteilung sehr problematisch – es sei denn, es liegen weitere Beweismittel vor. Diese Rechtsprechung ist Realität, sie gilt im Übrigen vor allen europäischen Gerichten und deshalb müssen Opfer und Therapeutinnen sich darauf einstellen.

Ein Gericht oder zuvor auch die Polizei wissen vielfach erst einmal nur, dass eine Therapie stattgefunden hat. Die näheren Umstände – insbesondere zu den Fragen, welche Erinnerung zu Beginn der Therapie vorhanden war, wie die Erinnerung im Rahmen der Therapie entstanden ist und mit welchen therapeutischen Methoden gearbeitet wurde – kann ein Gericht zumeist nur durch die Vernehmung der Therapeutin in Erfahrung bringen.

Man könnte jetzt auf die Idee kommen, Opfer sollten eine Therapie einfach verschweigen, um die gesamte Problematik zu umgehen. Schließlich ist so eine Therapie ja Privatsache. Das Verschweigen einer Therapie, die sich auch um die angezeigte Tat gedreht hat, setzt das Opfer jedoch der Gefahr einer eigenen strafrechtlichen Verfolgung wegen uneidlicher Falschaussage aus. Jeder Zeuge ist verpflichtet, alle für die Beurteilung der Tat erheblichen Tatsachen mitzuteilen, selbst wenn nicht danach gefragt wird. Zeugen müssen von sich aus alles mitteilen, was unmittelbar oder mittelbar für den Tatvorwurf relevant sein könnte. Dazu muss man angesichts der aktuellen Diskussion auch den Umstand zählen, dass eine Therapie stattgefunden hat. Wird diese verschwiegen, könnte eine strafbare Falschaussage vorliegen.[164]

> Therapeutinnen und Patientinnen werden sich letztlich in allen Fallkonstellationen, in denen die Aussage des Opfers das einzige Beweismittel ist, darauf einstellen müssen, dass durch die Justiz konkret nach Therapie und Methodik und vor allem nach der Entstehung der Erinnerung gefragt wird. Damit will ein Gericht klären, ob die Therapie die Aussage des Opfers beeinflusst haben könnte. Dazu ist es durch die Rechtsprechung des BGH verpflichtet. Wir empfehlen deshalb, die Patientin darüber aufzuklären, dass eine Ladung der Therapeutin im Strafverfahren erfolgen könnte.

163 Hierzu sowie zu weiteren kritischen Aspekten → auch Schemmel/Volbert 2021, S. 16 f.
164 BGH, Beschluss vom 23. November 2020 – 5 StR 172/20, Rn. 5–, juris.

Sobald von einer Straftat berichtet wird, stehen deshalb Therapeutinnen vor der Herausforderung, auch die juristischen Interessen der Patientin mit zu berücksichtigen (Schellong et al. 2024). Zwar ist es nicht die Aufgabe der Therapie, gezielt nach der Wahrheit zu suchen. Dennoch ergibt sich aus der Verpflichtung der Gerichte, den Einfluss der Therapie auf die Erinnerung zu überprüfen, die Notwendigkeit, Therapeutinnen in den Wahrheitsfindungsprozess einzubeziehen. Therapeutinnen sind nach dem Patientenrechtegesetz verpflichtet, über die Psychotherapie und das vorgesehene spezielle Verfahren und dessen Konsequenzen aufzuklären, um einen *informed consent* herbeizuführen.

Dabei sollte für die Patientin auch transparent gemacht werden, dass für den Fall eines justiziellen Verfahrens die Therapie und deren Methode hinterfragt werden können und dass dann auch eine Schweigepflichtentbindung (→Abschn. 10.2) angefordert werden wird. Dies stellt Therapeutinnen natürlich vor ein Dilemma. Therapie setzt ein Vertrauensverhältnis zwischen Patientin und Therapeutin voraus, das durch das Mitdenken des Strafverfahrens erschüttert werden könnte. Dies gilt insbesondere unter dem Aspekt, dass die Patientin auch ihre weiteren Angaben gegenüber der Therapeutin nicht unbefangen macht, sondern an der (vermeintlichen) Relevanz für das Verfahren misst.

So kann es sein, dass eine frühere oder aktuelle Drogenproblematik verschwiegen wird, weil die Patientin befürchtet, dass das Gericht über die Aussage der Therapeutin hiervon Kenntnis erlangt und ihre Aussage dann anders bewertet wird. Andererseits kann die Tat, die möglicherweise ursächlich für die zu therapierende Erkrankung ist, nicht außenvorgelassen werden – das wäre der berühmte rosa Elefant im Raum und würde die Therapie genauso beeinträchtigen.

Insgesamt sind immer dann, wenn schwere Straftaten, vor allem Sexualdelikte, in der Therapie thematisiert werden, ein ausgewogenes und einfühlsames Herangehen sowie eine kontinuierliche Reflexion über ethische Standards und Forschungsergebnisse durch die Therapeutin notwendig (Schellong et al. 2024). Eine differenzierte Dokumentation des Therapieverlaufs und der Angaben der Patientin ist insbesondere dann, wenn tatrelevante Informationen thematisiert werden, nicht nur hilfreich, sondern erforderlich. Dann wäre es auch wichtig, den näheren Inhalt der Angaben der Zeugin wie auch die Befragungsmodalitäten festzuhalten.[165] Hier kann eine Videodokumentation der Therapie zielführend sein. Uns sind übrigens viele Fälle bekannt, in denen Therapeutinnen auf ihre Videodokumentation hingewiesen haben, aber keiner, in denen sich die Gerichte diese tatsächlich ansehen mussten. Wichtig ist in diesem Kontext natürlich auch ein umfassendes Wissen der Justiz zu den traumatherapeutischen Methoden und deren Einfluss auf die Erinnerung. Keinesfalls darf die aktuelle Diskussion dazu führen, dass Fälle von Anzeigeerstatterinnen, die sich in therapeutischer Behandlung befunden haben, nur deshalb von vorneherein eingestellt werden. Einen Schwerpunkt der Forderungen der Europäischen Opferschutzrichtlinie stellen deshalb zu Recht interdisziplinäre Veranstaltungen und Fortbildungen dar.

165 Schemmel/Volbert, a. a. O.

10.2 Die Schweigepflicht

Im Kontext der Aussage des Therapeuten vor Gericht ist zunächst die Schweigepflichtentbindung von wesentlicher Bedeutung. Im Grundsatz ist das Vertrauensverhältnis zwischen Therapeutin und Hilfesuchender geschützt. Eine Ärztin, eine Psychologin und eine Pastorin unterliegen der Schweigepflicht. Was ihnen anvertraut wird, dürfen sie anderen nicht mitteilen, auch nicht einem Gericht. Das Recht des Patienten auf Vertraulichkeit dessen, was in der therapeutischen Beziehung besprochen wird, ist ein so hohes Rechtsgut, dass das Strafgesetzbuch für den Fall der Verletzung dieses Rechts einen eigenen Straftatbestand geschaffen hat, den des § 203 StGB. Diese Vorschrift erfasst den Kreis derer, die sich strafbar machen, wenn sie ein Geheimnis, das ihnen in der therapeutischen oder beratenden Funktion bekannt wurde, verraten. Es handelt sich also um persönliche Schweigegebote. Wie Behörden als staatliche Organisationseinheiten mit den Geheimnissen des Einzelnen umzugehen haben und wann sie diese offenbaren dürften, regeln demgegenüber das Verwaltungs-[166] und Sozialrecht[167].

Der Kreis derer, die sich nach § 203 StGB strafbar machen können, ist im Gesetz schwer nachvollziehbar formuliert. Das Gesetz nennt Ärzte, Apotheker oder Angehörige eines anderen Heilberufs, der eine staatlich geregelte Ausbildung erfordert, sowie Berufspsychologen mit staatlich anerkannter wissenschaftlicher Abschlussprüfung (§ 203 Abs. 1 Nr. 1 und 2 StGB). Hinzu kommen Mitarbeitende in Beratungsdiensten für Ehe-, Familien-, Erziehungs-, Jugend- und Suchtfragen, sofern die Beratungsstelle im jeweiligen Bundesland öffentlich-rechtlich anerkannt ist. Beratungsstellen freier Träger ohne Anerkennung fallen nicht unter die Vorschrift. Letztlich haben staatlich anerkannten Sozialarbeiter und Sozialpädagogen eine strafbewehrte Schweigepflicht (§ 203 Abs. 1 Nr. 6 StGB). Hieraus dürfte sich in den meisten Fällen ein Schutz für Opferberatungsstellen ergeben. Dieser Schutz zieht allerdings nicht zwingend auch das Recht nach sich, vor Gericht schweigen zu dürfen (siehe unten).

Heilpraktiker oder Psychotherapeuten ohne staatlich anerkannte Abschlussprüfungen sind nicht in den potenziellen Täterkreis des § 203 StGB aufgenommen worden, sodass sie die ihnen anvertrauten, zweifellos nicht weniger heiklen Geheimnisse straflos verraten dürfen.[168] Allerdings haben Heilpraktiker ihrer Berufsordnung zufolge[169] eine Schweigepflicht. Diese beruht aber lediglich auf dem Behandlungsvertrag mit der Patientin, ein Verstoß gegen diese Pflicht begründet keine Strafbarkeit. Sie eröffnet nur die Möglichkeit, zivilrechtlich Schadensersatz und Schmerzensgeld zu fordern.

Die Strafbarkeit des Geheimnisverrats aus § 203 StGB wird flankiert von den Zeugnisverweigerungsrechten im Strafprozess. Sogenannte Berufsgeheimnisträger brau-

---

166 § 30 VwVfG.

167 § 35 SGB I, §§ 67 ff. SGB X.

168 Zum viktimologischen Erklärungsansatz → z. B. Hilgendorf in: Leipziger Kommentar, § 203 StGB, Rn. 29 f.

169 Art. 8.

chen vor Gericht und bei den Strafverfolgungsbehörden nicht auszusagen (§ 53 StPO). Hier muss man aber zwei Dinge beachten:

1. Nicht jeder, der in § 203 StGB genannt wird, hat auch ein Aussageverweigerungsrecht.
2. Das Zeugnisverweigerungsrecht ist kein Recht des Berufsgeheimnisträgers, sondern nur ein Recht, das auf dem Schutz der Patientin beruht. Deshalb kann dieses Recht durch die einseitige Erklärung der Patientin aufgehoben werden. Diese einseitige Erklärung wird als Schweigepflichtentbindung bezeichnet.

Wem steht ein Zeugnisverweigerungsrecht grundsätzlich zu?

Das Aussageverweigerungsrecht nach § 53 Abs. 1 Nr. 3, 3a und 3b StPO steht in dem hier relevanten Kontext Ärzten, Psychotherapeuten, Psychologischen Psychotherapeuten sowie Kinder- und Jugendlichenpsychotherapeuten zu. Dieses Aussageverweigerungsrecht erstreckt sich auch auf die Mitarbeiter der genannten Berufsgruppen (§ 53a StPO).

Die Berufsbezeichnungen sind wörtlich zu nehmen, sodass ein Zeugnisverweigerungsrecht für Diplom-Psychologen, die nicht Therapeuten, Krisenberater, Sozialarbeiter und Sozialpädagogen sind, nicht besteht.[170] § 53 StPO gesteht, insoweit stimmt dies mit § 203 StGB überein, Heilpraktikerinnen kein Zeugnisverweigerungsrecht im Strafprozess zu. Heilpraktikerinnen müssen deshalb, auch wenn sie therapeutisch tätig sind, jederzeit vor Gericht aussagen und unterliegen – wie jeder andere Zeuge auch – der Wahrheitspflicht. Einen Schutz der behandelten Patientin gibt es insoweit nicht.[171] Das Gleiche gilt für diejenigen Berufsgruppen, die zwar in § 203 StGB genannt sind, nicht aber in § 53 StPO, also zum Beispiel Sozialarbeiter. Sie müssen vor Gericht auch ohne Schweigepflichtentbindung aussagen. Sie machen sich dann auch nicht wegen Geheimnisverrats strafbar, weil die Mitteilung der Geheimnisse der Betroffenen dann als befugt angesehen wird.

Worauf bezieht sich das Zeugnisverweigerungsrecht?

Das Zeugnisverweigerungsrecht besteht nur hinsichtlich der Inhalte über das, was ihnen in dieser Eigenschaft anvertraut worden oder bekanntgeworden ist. Anlass für die Erlangung des geschützten Wissens muss immer die berufliche Beziehung sein. Eine Therapeutin ist natürlich als Zeugin zur Aussage über alles, was ihr an Tatsachen privat bekannt geworden ist, verpflichtet. Wenn sie mit ihrem Nachbarn gut bekannt

---

170 Nachweise jeweils bei Bertheau/Ignor in: Löwe-Rosenberg, StPO, § 53, Rn. 4.

171 Hierauf weist die Berufsordnung auch ausdrücklich hin. Patientinnen sollten insoweit zu Beginn der Behandlung aber auch ausdrücklich aufgeklärt werden.

ist, nachmittags beim Grillen erfahren hat, dass der Sohn gerade Fahrerflucht begangen hat, dann wird sie als Zeugin diese Tatsache mitteilen müssen und kann nicht sagen: »Ich bin Psychotherapeutin, ich stehe grundsätzlich immer unter Schweigepflicht.« Denn diese Tatsache ist ihr als Nachbarin und Freundin der Nachbarn bekannt geworden. Das ändert sich wieder in dem Moment, in dem der Sohn sich an sie wendet, sie um eine Krisenintervention bittet, ihr die Chipkarte der Krankenkasse mitbringt und sie als erfahrene Psychotherapeutin mit der Frage anspricht, wie er denn in dieser Situation nun am besten mit sich selbst zurechtkommen soll. Dann wiederum steht sie selbstverständlich unter Schweigepflicht.

Das Zeugnisverweigerungsrecht dauert über die Beendigung des Auftrages hinaus und besteht auch dann weiter, wenn die Patientin verstorben ist. Es erlischt auch nicht dadurch, dass der Berufsgeheimnisträger inzwischen aus seinem Beruf ausgeschieden ist. Das Zeugnisverweigerungsrecht besteht in jedem Stadium des Verfahrens gegenüber allen Ermittlungsbehörden.

In einem Zivilverfahren (Klage gegen den Täter auf Schmerzensgeld, Unterlassung etc.) gilt § 53 StPO nicht. Vielmehr gewährt dort § 383 I Nr. 6 ZPO ein sehr viel umfassenderes Zeugnisverweigerungsrecht. Mit der Gesetzesformulierung »Personen, denen kraft ihres [...] Gewerbes Tatsachen anvertraut sind, deren Geheimhaltung durch ihre Natur oder durch gesetzliche Vorschrift geboten ist« sind auch Heilpraktikerinnen und Sozialarbeiter in Beratungsstellen vom Zeugnisverweigerungsrecht erfasst. Deshalb ist es wichtig, genau hinzusehen, in welchem Verfahren man geladen wurde, und zu überprüfen, ob für dieses Verfahren auch eine Schweigepflichtentbindung erteilt wurde.

Kann ich trotz Zeugnisverweigerungsrechts verpflichtet werden, vor Gericht zu erscheinen?

Selbst wenn keine Schweigepflichtentbindung vorliegt, ist man auch bei bestehendem Zeugnisverweigerungsrecht nach § 53 StPO verpflichtet, auf eine Ladung bei Gericht oder der Staatsanwaltschaft zu erscheinen. Es gibt zum Beispiel Fälle, in denen das Gericht erst klären muss, ob tatsächlich ein Zeugnisverweigerungsrecht vorliegt, beispielsweise weil die Geschädigte nicht weiß, ob ihre Therapeutin psychologische Psychotherapeutin ist, oder das Gericht eventuell Signale von der Nebenklage erhalten hat, dass doch noch eine Schweigepflichtentbindung erteilt werden soll.

Gibt es Fälle, in denen ich trotz Aussageverweigerungsrecht und fehlender Schweigepflichtentbindung aussagen darf oder muss?

Diese Fragestellung löst häufig eine große Verunsicherung bei Ärztinnen und Therapeutinnen aus. Es gibt tatsächlich einige gesetzliche Regelungen, die die Schweigepflicht durchbrechen, und es gibt auch Einzelfälle, in denen darf die Ärztin straflos ihre Schweigepflicht brechen.

So müssen Ärzte und Krankenhäuser unaufgefordert den Krankenkassen nach **§ 294a SGB V** die Ursache der Erkrankung und den Namen des potenziellen Täters mitteilen, wenn der Verdacht besteht, dass eine Erkrankung auf einer Straftat beruht. Ausgenommen von der Mitteilungspflicht sind Hinweise auf etwaige Misshandlung oder Kindesvernachlässigung sowie Sexualstraftaten, auch wenn sie schon länger zurückliegen. Dies beinhaltet insbesondere mögliche Straftaten durch Familienangehörige, denn niemand muss Mitglieder der eigenen Familie belasten. Der Begriff der Misshandlung meint sowohl physische als auch psychische Gewalt[172] und ist nicht nur auf Kindesmisshandlung beschränkt. Ist das Opfer der Misshandlung oder Sexualstraftat eine volljährige Person, hängt die Pflicht zur Übermittlung von der Einwilligung des Versicherten ab. Die Regelung bezweckt, es den Versicherten zu erleichtern, mit den sie behandelnden Ärzten über Gewalterfahrungen und aktuelle Gefährdungen zu sprechen.[173] Werden die Daten dennoch übermittelt, kann darin ein Verstoß gegen § 203 StGB liegen.

Eine andere Verpflichtung zur Weitergabe von Daten durch Ärzte ergibt sich aus dem **Kinder- und Jugendhilferecht**. Bei gewichtigen Anhaltspunkten für eine Gefährdung des Kindeswohls verpflichtet § 4 des Gesetzes zur Kooperation und Information im Kinderschutz (KKG) unter anderem Ärzte, Angehörige aller Heilberufe mit staatlich geregelter Ausbildung, Berufspsychologen mit staatlichem Abschluss und staatlich anerkannte Sozialarbeiter und Sozialpädagogen sowie Lehrer dazu, notfalls auch unter Durchbrechung ihrer Schweigepflicht, Maßnahmen zum Schutz eines gefährdeten Kindes einzuleiten. Wenn dies ohne Risiken für das Kind möglich ist, sollen sie mit den Eltern über die Problematik sprechen. Andernfalls sind sie befugt, das Jugendamt zu informieren, gegebenenfalls auch als Sofortmaßnahme. Dieses kann dann Maßnahmen zum Schutz des gefährdeten Kindes einleiten. Das Jugendamt hält die Herkunft der Informationen über die Kindeswohlgefährdung auch geheim, es muss diese Informationen im Normalfall nicht einmal an die Staatsanwaltschaft weitergeben.[174] Die gewichtigen Anhaltspunkte für die Kindeswohlgefährdung müssen nicht nur von Untersuchungsbefunden beim Kind oder aus dessen Äußerungen stammen. Vielmehr können die Anhaltspunkte auch auf (Patienten-)Gesprächen mit den Eltern oder Angehörigen beruhen, sogar dann, wenn diese die Täter sein könnten. Der Gesetzgeber hat

---

172 Koch in: Schlegel/Voelzke, jurisPK-SGB V, § 294a SGB V, Rn. 11.
173 Luthe in: Hauck/Noftz SGB V, § 294a SGB 5, Rn. 32 f.
174 LG Koblenz, Beschluss vom 15. September 2022 – 4 Qs 56/22 –, juris.

hier den Schutz von Kindern über den Schutz des Arzt-Patienten-Verhältnisses gestellt und für Ärzte und andere Berufsgeheimnisträger Rechtssicherheit geschaffen.

Ein Bruch der Schweigepflicht ist auch nicht strafbar, wenn man als Arzt oder Therapeut das **Honorar** einklagen muss oder von der Patientin wegen angeblicher Fehlbehandlung verklagt wird: Natürlich darf man sich dann verteidigen, auch wenn dabei Einzelheiten des durch die Schweigepflicht geschützten Verhältnisses bekannt gemacht werden müssen.[175]

Zudem ist jedermann verpflichtet, ernsthaft **geplante schwere Straftaten**, von denen er glaubhaft Kenntnis erlangt, den zuständigen Behörden anzuzeigen. Andernfalls macht sich auch eine Person, die der Schweigepflicht unterliegt, nach §138 StGB strafbar. Gemeint sind Taten wie terroristische Anschläge, Mord und schwerer Menschenhandel, aber auch Raub, räuberische Erpressung und Brandstiftung. In solchen Fällen besteht keine Schweigepflicht, die Anzeigepflicht gilt dann auch für Therapeutinnen und Ärzte.

Wenn also eine Therapeutin von einer Patientin glaubhaft erfährt, dass diese ernsthaft plant, ihre Eltern zu töten, wie Gypsy Rose Blanchard ihre Mutter, die sie als Münchhausen-by-Proxy-Mutter Jahrzehnte gequält hat, weil sie diese Eltern also für ihre Erkrankung verantwortlich macht, so kann die Therapeutin eine Unterbringung nach den Landespsychiatriegesetzen veranlassen oder die Polizei informieren.

Das Gesetz gewährt denjenigen, die von einer geplanten schweren Straftat erfahren, die Möglichkeit, anstelle einer Anzeige die Tat durch andere geeignete Maßnahmen zu verhindern. Gelingt dies, so macht sich die Ärztin oder Therapeutin auch ohne Anzeige bei der Polizei nicht strafbar.

Das klappt aber nur dann, wenn die Patientin auch die spätere Täterin ist. Erfährt die Therapeutin zum Beispiel von der Patientin, dass deren ehemaliger Zuhälter sie massiv bedroht und sie konkrete Anhaltspunkte dafür hat, am nächsten Tag von diesem abgeholt und unter Gewaltandrohung zur Prostitution gezwungen zu werden, geht es um schwere Zwangsprostitution; auch dies verpflichtet zur Anzeige.

Anders verhält es sich, wenn ein Arzt oder Therapeut erfährt, dass der Patient regelmäßig ohne Führerschein oder Brille Auto fährt – diese Delikte stehen nicht in §138 StGB und ein Bruch der Schweigepflicht durch eine Anzeige bei den zuständigen Behörden wäre strafbar.

Bei allen weiteren Fällen, in denen mit einiger Wahrscheinlichkeit eine Straftat begangen werden wird und diese nicht unter §138 StGB fällt, steckt die Therapeutin manchmal in der Zwickmühle. Es ist nicht ihre Aufgabe, in jedem Fall Straftaten zu verhindern. Der Bruch der Schweigepflicht kann nur dann straflos ausgehen, wenn ein hohes Rechtsgut gefährdet wird und die Gefahr sich auch konkret und sicher sehr bald realisiert hätte. Über die Delikte in §138 StGB hinaus ist das sicherlich bei einem kontinuierlichen sexuellen Missbrauch von Kindern, Vergewaltigung (wohl nicht nur sexu-

---

175 Hilgendorf in: Leipziger Kommentar, §203 StGB, Rn. 189.

eller Übergriff) denkbar. Bei allen anderen drohenden Gefahren und Delikten sollte man als Therapeut sehr genau überlegen, ob man seine Zulassung für einen Bruch der Schweigepflicht riskieren will.

Dies ist wieder eine andere Situation für Therapeutinnen in Forensischen Kliniken. Hier ist der Sicherungsauftrag im Arbeitsauftrag enthalten. Da gehört es sehr wohl dazu, dass psychisch kranke Rechtsbrecher daran gehindert werden, weitere erhebliche rechtswidrige Taten zu begehen. In diesem besonderen Verhältnis besteht weder eine uneingeschränkte Schweigepflicht noch eine uneingeschränkte Offenbarungspflicht und der Patient weiß auch, dass das, was er in Gesprächen von sich offenbart, für die Entlassungsprognose eine Rolle spielen wird. Diesen Spezialfall werden wir aber nicht vertiefen. Alle in der Forensischen Psychiatrie Tätigen reflektieren diese Problematik fast täglich.

Es sind Fallkonstellationen vorstellbar, in denen eine Therapeutin **bewusst ihre Schweigepflicht bricht** und eine eigene Strafbarkeit in Kauf nimmt.

Vorstellbar ist dabei zum Beispiel ein Fall, in dem die Patientin schwere körperliche und sexuelle Übergriffe durch ihren Partner in der Therapie offenbart, die Beziehung ist aber nicht beendet. Nachdem sie wegen eines besonders schweren Übergriffs, bei dem sie bis zur Bewusstlosigkeit gewürgt und vergewaltigt wurde, im Krankenhaus landet, entschließt sich die Patientin, Anzeige zu erstatten und sich vom Täter zu trennen. Sie berichtet bei der Polizei nicht nur von der aktuellen Tat, sondern auch, was in der Vergangenheit passiert ist. Es kommt zur Anklage. Die Therapeutin hat die Patientin sehr zu ihrem Erstaunen seit einiger Zeit nicht mehr gesehen, sie hat mehrere Termine abgesagt. Deshalb ist die Therapeutin auch überrascht, als sie zu Gericht geladen wird. Dort erfährt sie, dass die Patientin sich mit dem Täter verlobt hat und von ihrem Aussageverweigerungsrecht Gebrauch macht. In der Konsequenz sind dann auch ihre Angaben vor der Polizei nicht mehr verwertbar. Das Gericht fragt die Therapeutin, ob sie Angaben zu den Vorfällen machen kann, weist aber darauf hin, dass die Patientin sie nicht von der Schweigepflicht entbunden hat. Weil sie befürchtet, dass die Patientin über kurz oder lang schwere Gesundheitsschäden bei einer Fortsetzung der Beziehung erleiden wird, entscheidet sich die Therapeutin, auszusagen. Das ist zwar menschlich nachvollziehbar, gleichwohl eine Straftat. Allerdings darf das Gericht solch eine Aussage trotzdem verwerten und einer Verurteilung zugrunde legen.[176]

Deshalb ist auch Vorsicht geboten, was man in der Hauptverhandlung sagt. Ein plakatives Beispiel: Bei Gericht erscheint Therapeutin X. Sie weiß, dass sie nicht von der Schweigepflicht entbunden ist, sie will auch nicht aussagen. Das Gericht belehrt sie und hier wäre der Punkt, zu sagen: »Ich habe keine Schweigepflichtentbindung«, und dann zu schweigen. Stattdessen wird aber wohlmeinend noch ein Kommentar angefügt, wie zum Beispiel »Ich weiß, dass hier Suggestion im Raume steht – dazu will ich nur mal sagen, dass ich fest davon überzeugt bin, dass das, was meine Patientin unter

176 BGHSt 50, 64, und BGH, Beschluss vom 16. November 2017 – 3 StR 460/17 –, juris.

Hypnose herausgefunden hat, die Wahrheit ist und auch ihr Drogenkonsum damit nichts zu tun hatte.« All diese Angaben kann das Gericht verwerten und sie sind natürlich auch neue Munition für die Verteidigung. Letztlich stellen diese Erklärungen auch einen Bruch der Schweigepflicht dar.

Wenn Sie als Therapeutin die Schweigepflicht gegen den Willen der Patientin brechen und ein Geheimnis verraten haben, wird die Staatsanwaltschaft gegen Sie ein Ermittlungsverfahren einleiten, wenn der Patient Strafantrag gestellt hat. Der Bruch der Schweigepflicht nach § 203 StGB ist ein absolutes Antragsdelikt, der Staat greift also nur ein, wenn die Patientin dies ausdrücklich verlangt (§ 205 StGB).

Wenn Sie dokumentiert haben, dass Sie Ihre Entscheidung sehr wohl abgewogen, mit Kollegen Rücksprache genommen, einen Rechtsanwalt zu Rate gezogen und nach langen inneren Kämpfen die Entscheidung getroffen haben, bewusst die Schweigepflicht zu brechen, um etwa das Leben oder die Gesundheit eines Opfers zu schützen, dann kann es sein, dass das Verfahren gegen Sie eingestellt wird.

Es ist jedoch auch möglich, dass Sie verurteilt werden. Die Schweigepflicht ist ein wichtiges Rechtsgut, das viele Therapien überhaupt nur möglich macht.

In Grenzfällen kann der Rückzug auf die Schweigepflicht aber auch moralisch erhebliche Schwierigkeiten bereiten und Presse und Öffentlichkeit nehmen hier Therapeuten gerne mit in die Pflicht, obwohl das juristisch unzulässig ist. Sie können aber Ihrer Patientin oder Ihrem Patienten durchaus sagen: »Das ist für mich moralisch unmöglich, das trage ich nicht mit, hier lasse ich mich von Ihnen nicht in Ihre Straftaten einbinden, sondern beende ausdrücklich die Therapie, damit ich weder juristisch noch moralisch mit Ihnen in irgendeiner Form in einem Boot sitze.« Dieses Verhalten wäre dann, wenn es den Patienten nicht in eine akute Suizidalität treibt oder sonst wie schädigt, juristisch und standesrechtlich in Ordnung.

Besonders wichtig bei solchen Vorgängen ist es immer, Supervision, Intervision oder Qualitätszirkel zu nutzen, die Patienten dort anonym vorzustellen, um auch in diesem Kreis nicht die Schweigepflicht zu brechen, und gut zu dokumentieren. Juristen lieben Akten, Aktenvermerke und ausführliche Dokumentationen. Ein Gericht verurteilt eine Therapeutin selten, wenn sie sich gründlich Gedanken gemacht, aber geirrt hat und wenn ihre Abwägungsprozesse aus den Aufzeichnungen heraus gut nachvollziehbar sind. Was die Gerichte nicht schätzen, ist ein Handeln, bei dem sich jemand offenkundig wenig gedacht und spontan aus dem Bauch heraus entschieden hat.

10.3 Die Entbindung von der Schweigepflicht

Der Schutz der Patientin kann durch deren einseitige Erklärung aufgehoben werden.

> Die Schweigepflicht dient dem Schutz der Patientin. Sie dient nicht dem Schutz der Therapeutin. Herrin der Schweigepflicht ist die Patientin.

Wenn die Patientin einseitig erklärt, die Therapeutin solle als Zeugin im Verfahren aussagen, dann ist dies einzig und allein die Entscheidung und Angelegenheit der Patientin.

Das ist vielen nicht klar.

Was ist die Folge? Hat die Patientin ihre Therapeutin von der Schweigepflicht entbunden, so ist die Therapeutin wie jede andere Bürgerin Zeugin. Es besteht also eine **Aussagepflicht** der Therapeutin. Das ist gesetzlich in §53 Abs. 2 Satz 2 StPO geregelt. Gleiches gilt für die Berufshelfer (§53a Abs. 2 StPO). Weigert sich die Therapeutin, so kann sie zur Aussage gezwungen werden, entweder durch ein Ordnungsgeld oder sogar durch Ordnungshaft. Entstehen im Verfahren durch die Weigerung der Therapeutin, auszusagen, weitere Kosten, können diese der Therapeutin in Rechnung gestellt werden.

Die Schweigepflichtentbindung kann jede Patientin erteilen, zu deren Gunsten die Schweigepflicht begründet ist. Sie muss aber auch von der Patientin höchstpersönlich abgegeben werden, dies kann weder deren Anwalt noch deren Betreuer tun. Wurde der Behandlungsvertrag mit mehreren Personen abgeschlossen, muss jeder Patient eine Schweigepflichtentbindung erteilen, damit die Therapeutin straflos aussagen kann. Dies kann zum Beispiel zu Problemen bei Paartherapien führen, wenn ein Beteiligter der Paartherapie von der Schweigepflicht entbindet, ein Partner aber weiterhin auf der Schweigepflicht besteht. Hier reicht die eine Schweigepflichtentbindung nicht aus, selbst wenn sie beschränkt wird auf das, was der Entbindende offenbart hat. Dann sollte in jedem Fall von dem auf der Schweigepflicht basierenden Aussageverweigerungsrecht Gebrauch gemacht werden. Problematisch kann es auch werden, wenn eine Jugendliche auf der Schweigepflicht besteht, während ihre Eltern von der Schweigepflicht entbinden. Dies sind schwierige Rechtsfragen, die dann nur im Einzelfall von kompetenten Rechtsanwältinnen, zum Beispiel der Ärztekammern oder Psychotherapeutenkammern, entschieden werden können.

Die Schweigepflichtentbindung muss für jedes Verfahren gesondert erteilt werden: für das konkrete Strafverfahren, dann für das anschließende Zivilverfahren und anschließend für den Antrag nach dem Opferentschädigungsgesetz (OEG) beim Versorgungsamt. Dabei muss man allerdings wissen, dass die Erklärungen und Atteste, die im Rahmen des Strafverfahrens von der von der Schweigepflicht entbundenen Person vorgelegt werden, in die Akte kommen. Diese kann vom Versorgungsamt oder auch dem Zivilgericht beigezogen werden, sodass die Informationen, die im Strafprozess erfolgt sind, mittelbar dann auch ohne Schweigepflichtentbindung in das Verfahren nach dem OEG einfließen können.

Selbstverständlich kann die Schweigepflichtentbindung mündlich erfolgen oder auch stillschweigend. Eine Frage des Richters in Richtung der Patientin: »Sie entbinden Ihre Ärztin doch von der Schweigepflicht?!« und ein anschließendes Nicken der Patientin reicht, damit die Therapeutin aussagepflichtig ist. Zur eigenen Sicherheit sollte die Therapeutin aber schon im Vorfeld des Verhandlungstermins die Frage der Schweigepflichtentbindung mit der Patientin klären und eine ausdrückliche und schriftliche Schweigepflichtentbindung fordern. Dies hilft, um Missverständnisse zu vermeiden, insbesondere über Art und Umfang der Schweigepflichtentbindung. Jede Therapeutin, die vor Gericht als Zeugin aussagt oder aber von Inhalten der Therapie Bericht an Gutachter, Ordnungsämter, Versorgungsbehörden oder Krankenkassen gibt, sollte sich ausdrücklich konkret für diese Situation und Sachlage von der Schweigepflicht entbinden und genau festlegen lassen, gegenüber welchen Institutionen diese Schweigepflichtentbindung gilt und ob sie auf einen bestimmten Lebenssachverhalt beschränkt oder umfassend ist.

Oftmals legen Polizeidienststellen bei Anzeigeerstattung Geschädigten bereits ein Formular vor, aus dem sich ergibt: »Ich entbinde alle mich behandelnden Ärztinnen und Ärzte, Therapeutinnen und Therapeuten von der Schweigepflicht.« Wenn Ihre Patientin solch eine Erklärung unterschrieben hat, sind Sie daran gebunden, auch wenn Sie noch gar nicht namentlich auf der Schweigepflichtentbindung genannt werden. Auch aus Sicht der Opfer würden wir anraten, die Erteilung einer Schweigepflichtentbindung zunächst mit der Nebenklageanwältin und/oder der Therapeutin zu besprechen. Es gibt Fälle, in denen zumindest über eine Beschränkung der Schweigepflichtentbindung nachgedacht werden sollte.

Die Schweigepflichtentbindung kann nämlich von der Patientin auf bestimmte Tatsachenkomplexe beschränkt werden, nicht aber auf einzelne Tatsachen. So kann die Patientin verlangen, dass die Therapeutin zwar über ihre Angaben zu Missbrauchserfahrungen im Alter zwischen zwölf und vierzehn Jahren aussagt, andere Komplexe jedoch außen vor bleiben, wie zum Beispiel eine Vergewaltigung im Kindesalter durch einen anderen Täter. Die Therapeutin darf aber dann, wenn sie im Rahmen der Hauptverhandlung gefragt wird, ob Missbrauchserfahrungen vor dem Alter von zwölf bis vierzehn Jahren vorlagen, nicht lügen und »Nein« sagen; sie darf lediglich sagen: »Meine Schweigepflichtentbindung ist auf den Lebenssachverhalt, der hier zur Anklage steht, beschränkt.« Daraus darf das Gericht nicht zwingend schließen, dass es einen weiteren Vorfall gegeben hat. Wie jede Ausübung des Zeugnisverweigerungsrechts ist dies auch hier ohne Bewertung durch die Justiz zu akzeptieren. Aber natürlich wird ein versierter Verteidiger versuchen, Schlussfolgerungen aus der beschränkten Schweigepflichtsentbindung zu ziehen.

Wenn die Therapeutin von der Schweigepflicht entbunden wird, kann sie im Rahmen des Tatsachenkomplexes aber nicht von der Patientin dazu verpflichtet werden, eine bestimmte Einzeltatsache gezielt wegzulassen (»Sagen Sie alles aus, aber sagen Sie ja nicht, dass ich damals ...«).

Eine Schweigepflichtentbindung kann von der Patientin jederzeit widerrufen werden. Dieser Widerruf muss klar von der Patientin selbst erklärt werden. Dann steht die

Therapeutin wieder unter Schweigepflicht und hat ein Zeugnisverweigerungsrecht. Aber: Ihre bis dahin gemachte Aussage bleibt verwertbar.[177] Das Gericht darf sie bei der Urteilsfindung berücksichtigen.

Es ist wichtig, die Patientin auf Folgendes ausdrücklich hinzuweisen: Eine Schweigepflichtentbindung kann in einem gerichtlichen Verfahren nützen, sie birgt aber natürlich auch immer Gefahren in sich, und was einmal gesagt wurde, ist dann gerichtsbekannt.

In unserem Beispiel mit den Missbrauchserfahrungen im Alter zwischen zwölf und vierzehn Jahren: Die Therapeutin muss natürlich nicht von sich aus angeben, dass die Patientin in dieser Zeit bereits regelmäßig Heroin geraucht hat. Wird sie aber danach gefragt, so muss sie wahrheitsgemäß antworten, auch wenn die Patientin vorher erklärt hat, sie wolle nicht, dass dies bekannt wird. Eine Beschränkung auf Tatsachen in dem relevanten Lebenskomplex ist unzulässig. Wenn also die Therapeutin nach Faktoren gefragt wird, welche die Wahrnehmungsfähigkeit der Patientin in der Tatzeit beeinträchtigt haben könnten, und sie pflicht- und wahrheitsgemäß antwortet, so hilft es nichts mehr, wenn die Patientin danach die Schweigepflichtentbindung zurücknimmt. Gesagt ist gesagt und kann im Urteil verwertet werden.

Das Gericht wird es auch zu würdigen wissen, wenn die Patientin bei der entsprechenden Frage des Gerichts an die Therapeutin aufspringt und die Schweigepflichtentbindung sofort zurücknimmt: Dies wird erheblichen Einfluss auf die Beurteilung des Sachverhalts haben, weil ein wesentlicher Fragenkomplex nicht geklärt werden konnte und diese Unsicherheit sich zugunsten des Angeklagten auswirken muss.

Wenn eine Therapie vor der Hauptverhandlung durchgeführt wurde, wird spätestens die Verteidigung die Frage aufwerfen, ob die Erinnerungen überhaupt erlebnisbasiert sind, und die Vernehmung der Therapeutin fordern. Entbindet die Patientin diese dann nicht von der Schweigepflicht, so ist das ihr gutes Recht. Aber dem Gericht wird so auch die Möglichkeit genommen, die Suggestionshypothese zu widerlegen. Wenn dann keine weiteren Beweismittel vorliegen, dürfte ein Freispruch sehr wahrscheinlich sein.

10.4 Die Aussage der Therapeutin bei Gericht

Wer noch nicht häufig oder gar nicht in einem Strafverfahren aussagen musste, hat viele Fragen, was auf ihn/sie zukommt. Es kann sein, dass bereits die Polizei mit einer Ladung auf die Therapeutin zukommt und sie vernehmen will oder aber ein schriftli-

177 Bertheau/Ignor in: Löwe-Rosenberg, StPO, § 53, Rn. 83.

ches Attest einfordert. Beidem kann sie natürlich nur mit einer Schweigepflichtentbindung nachkommen. Der Regelfall dürfte aber sein, dass die Therapeutin erstmalig in der Hauptverhandlung zum Verlauf der Therapie und dem Zeitpunkt bzw. der Entstehung der Erinnerungen an die Tat aussagen soll.

Gerichte laden häufig mit einer Postzustellurkunde und weisen in dieser mit Formularen auf die Kostenerstattung und die Folgen des unentschuldigten Fernbleibens vom Termin hin, das ist nichts Persönliches.

Therapeutinnen werden, weil sie Befundtatsachen aus der Therapie mitteilen sollen und keine Gutachten erstatten, als Zeuginnen oder auch sachverständige Zeuginnen geladen. Ein sachverständiger Zeuge bekundet Tatsachen, die er aufgrund besonderer Sachkunde wahrgenommen hat. Der Sachverständige dagegen zieht aus wahrgenommenen Tatsachen aufgrund seiner Fachkenntnisse Schlussfolgerungen. Er vermittelt Fachwissen und könnte – anders als ein sachverständiger Zeuge – durch einen gleichermaßen sachverständigen Dritten ersetzt werden.[178] Geladene Therapeutinnen bekommen deshalb kein Honorar, sondern nur eine Entschädigung für ihre Auslagen. Dazu gehört auch ein Verdienstausfall, der aber auf maximal 25 Euro pro Stunde limitiert ist (§ 22 JVEG), was mittlerweile viel zu wenig sein dürfte und deshalb zu Recht auch zu Unmut bei Zeugen führt.

Für die Zeugenaussage selbst gilt dasselbe, wie bereits bei den Opfern ausgeführt: Wartezeit auf dem Flur, Belehrung durch den Vorsitzenden Richter, Befragung durch alle Verfahrensbeteiligten.

Die Belehrung ist kein Ausdruck von Misstrauen Ihnen gegenüber.

Was muss die Therapeutin aussagen? Zum einen kommt dies auf den Umfang der Schweigepflichtentbindung an (siehe oben). Ist diese aber umfassend, muss sie wie jede andere Zeugin auch umfassend und wahrheitsgemäß aussagen. Sie hat ein Aussageverweigerungsrecht, wenn sie durch ihre Aussage sich selbst oder nahe Angehörige einer Straftat oder einer Ordnungswidrigkeit beschuldigen würde. Und sie darf die Aussage verweigern, wenn sie in einem nahen Grade mit dem Täter (nicht dem Opfer!) verwandt oder verschwägert ist. Sie ist dann eine Zeugin wie jede andere Zeugin auch. Bei der Befragung darf sie, wenn sie sich an etwas nicht genau erinnert, ihre Unterlagen zurate ziehen. Vorher muss sie allerdings nachfragen: »Darf ich eben in meine Therapiedokumentation schauen?«

Wichtig wäre es, bei der Aussage die folgenden Aspekte zu berücksichtigen bzw. mitzudenken:

- Das Gericht ist nicht Ihr Gegner, sondern arbeitet genau wie Sie professionell seine Aufgaben ab.
- Auch Verteidiger nehmen nur ihre ihnen durch ihren Beruf zugewiesene Aufgabe wahr, dazu gehört es allerdings, auch unangenehme Fragen zu stellen.

---

178 OLG Koblenz, Beschluss vom 17. August 2016 – 2 Ws 308/16, Rn. 2 –, juris.

- Juristischen Verfahrensbeteiligten fehlt zumeist das Wissen um Ihren Beruf. Wenn es sich nicht um eine Jugendschutzkammer handelt, fehlt oftmals sogar die Kenntnis der Unterschiede zwischen Psychologen und Psychiatern, geschweige denn, dass bekannt wäre, was genau ein Psychologischer Psychotherapeut ist. Erst recht fehlt dementsprechend das Wissen um Diagnosen und Therapiemethoden. Deshalb fassen Sie Nachfragen bitte nicht als Angriff oder Kritik auf, oftmals wird nur versucht, sich über die therapeutische Zeugin das notwendige Wissen zu verschaffen.
- Halten Sie sich an Fakten und sagen Sie so sachlich wie möglich aus. Übertreibungen, gerade im Hinblick auf den Zustand der Patientin, können dazu führen, dass das Gericht nicht mehr sicher ist, ob die eigene Sachkunde ausreicht, und dann ein aussagepsychologisches Gutachten einholt.
- Berücksichtigen Sie bereits im Vorfeld die Problematik der Fortsetzung der Therapie. Gerade wenn Patientinnen bei Ihrer Aussage zuhören, kann es danach zu einer Störung der therapeutischen Beziehung kommen. Sie sind zu wahrheitsgemäßen Angaben verpflichtet, andernfalls machen Sie sich strafbar. Die Patientin erwartet aber oft, dass Sie so aussagen, dass ihr geglaubt wird. Wenn Sie dann Angaben machen, die dem eventuell schaden könnten oder auch wenn Sie unsicher wirken, kann es passieren, dass die Patientin sich nach der Verhandlung bei Ihnen nicht mehr gut aufgehoben fühlt. Sie sollten mit ihr deshalb schon im Vorfeld klären, wer die Behandlung eventuell übernehmen könnte.
- Sie sagen als Zeugin, nicht als Sachverständige aus. Gerichte fragen manchmal (wohlmeinend): »Glauben Sie Ihrer Patientin denn?« Diese Frage sollten Sie unter freundlichem Hinweis darauf, dass Sie keine aussagepsychologische Gutachterin sind und auch nicht mit der Nullhypothese arbeiten, beantworten und sich keinesfalls auf das dünne Eis des »Glaubens« begeben.

MERKE

Wir warnen dringend davor, in irgendeiner Hinsicht eine »Gefälligkeitsaussage« zu machen oder »Gefälligkeitsgutachten oder -bescheinigungen« auszustellen, um Ihre Patientin und die Therapie zu schützen. Wenn aufgrund einer Falschaussage eine falsche Verurteilung erfolgt, die später revidiert werden muss, kann das sehr, sehr teuer, von der eigenen Haftpflichtversicherung nicht sicher übernommen und wegen uneidlicher Falschaussage strafrechtlich bedrohlich werden. Mancher Therapeut musste schon die Erfahrung machen, dass sein wohlmeinender, aber juristisch grenzwertiger Einsatz für eine Patientin von dieser dadurch gedankt wurde, dass sie ihn später dafür in die Pfanne gehauen hat. Auch hier ist Naivität gefährlich.

10.5 Die Patientenakte

Anders als bei der Akte in der Justiz, bei der von vornherein klar ist, dass alle Beteiligten Einsicht nehmen können, ist die Patientenakte zunächst einmal etwas, das nur die Therapeutin und das Opfer betrifft. Gerade deshalb ist sie aber auch für die Strafverfolger und Verteidiger interessant: Sie werden wissen wollen, was in der Therapie besprochen wurde, um hieran möglicherweise die Beurteilung der Glaubwürdigkeit der Patientin knüpfen zu können.

Der schriftlichen Dokumentation des Therapieverlaufs kommt aber, auch wenn sie nicht herausgegeben wird, bereits eine wichtige Rolle für die Qualitätssicherung, Supervision und die Anträge bei den Krankenkassen zu. Schon aus diesem Grund sollten die Inhalte einzelner Therapiesitzungen dokumentiert werden. Kommen Straftaten zur Sprache, bei denen das Verfahren noch nicht abgeschlossen ist oder überhaupt erst Anzeige erstattet werden soll, ist die Dokumentation auch wichtig für die vom Gericht zu klärende Frage der Entstehung der Erinnerung.

Daher müssen Sie wissen: Muss ich im Falle einer Anzeige meiner Patientin mit einer richterlich angeordneten Durchsuchung der Praxis und einer Beschlagnahme meiner Akte rechnen?

Für den Fall, dass die Therapeutin nicht von der Schweigepflicht entbunden wurde, gibt es mittlerweile eine gesetzliche Regelung. Nach §160a Abs. 2 StPO sind Ermittlungsmaßnahmen (Durchsuchung, Beschlagnahme) bei Ärzten, Psychotherapeuten, Psychologischen Psychotherapeuten sowie Kinder- und Jugendlichenpsychotherapeuten nur in Ausnahmefällen zulässig. Wie bei §53 StPO fallen weder Sozialpädagogen noch Eheberater oder Heilpraktiker unter den Schutz des §160a Abs. 2 StPO. Diese müssen nicht nur jederzeit aussagen, sondern auch ihre Unterlagen auf Aufforderung den Ermittlungsbehörden herausgeben.

In den Fällen des §160a Abs. 2 StPO liegt ein die Beschlagnahme von Patientenunterlagen rechtfertigender Ausnahmefall dann vor, wenn es um eine Straftat von erheblicher Bedeutung geht. Das muss aber nicht gleich Mord oder Totschlag sein. Auch eine Vergewaltigung reicht aus. Bei hohem Schaden oder vielen Opfern wäre die Aktenbeschlagnahme auch bei einem Betrug oder einer fahrlässigen Tötung eine Straftat von erheblicher Bedeutung.

Zudem muss die Maßnahme auch verhältnismäßig sein. Bei einer Verhältnismäßigkeitsprüfung müssen immer alle Argumente pro und contra gegeneinander gewichtet werden. Die Gerichte müssen dabei im konkreten Fall das staatliche Strafverfolgungsinteresse, das Interesse des Opfers an der Strafverfolgung sowie auch die Bedeutung der Schweigepflicht von Ärzten und Therapeuten gegeneinander abwägen.[179] Besonders wichtig dürfte in der Konstellation, in der das Opfer keine Schweigepflichtentbindung erteilt, dessen Recht auf informelle Selbstbestimmung sein.[180] Ge-

179 →BGH, Beschluss vom 4. Februar 2016 – StB 24/14, Rn. 9 –, juris.
180 →LG Meiningen, Beschluss vom 5. Januar 2012 – 2 Qs 212/11 –, juris, mit weiteren Nachweisen.

sundheitsdaten genießen einen besonders hohen Datenschutz. Wenn das Opfer nicht will, dass diese höchstpersönlichen Daten an die Ermittlungsbehörden übergeben werden, würde es bei einer Beschlagnahme der Patientenakte zugunsten des Staates instrumentalisiert – das aber widerspräche allen Regeln des Opferschutzes. Höchstrichterliche Entscheidungen gibt es zu dieser Konstellation nicht. Das dürfte vor allem daran liegen, dass in den Fällen, in denen das Opfer der Therapeutin keine Schweigepflichtentbindung erteilt, auch der Tatnachweis schwer zu erbringen ist, weil die Suggestionshypothese nicht widerlegt werden kann. Dann haben die Strafverfolgungsbehörden auch kein Interesse an der Patientenakte, sodass der Konflikt zwischen Herausgabe der Akte und Schweigepflicht in der Rechtswirklichkeit kaum bestehen dürfte.

Wie aber verhalten Sie sich, wenn die Polizei bei Ihnen steht und Ihre Unterlagen haben will?

Geben Sie die Akte in einem versiegelten Umschlag heraus, widersprechen Sie ausdrücklich der Beschlagnahme und rufen Sie Ihre Rechtsanwältin und Ärztekammer-/ Psychologenkammer-Justitiare an. Dann muss binnen drei Tagen ein Richter über die Sachlage entscheiden.

Das Wissen, dass Akteneinsicht gegen den Willen von Patientin und Therapeutin nicht völlig ausgeschlossen ist, kann die Aktenführung beeinflussen. Dies gilt umso mehr bei Krankenakten im Krankenhaus. Hier hat der Medizinische Dienst der Krankenkassen (MDK) ein Recht auf Akteneinsicht zur Prüfung der Behandlungsnotwendigkeit. Es soll Krankenkassen geben, die systematisch gegen die gesetzlich vorgeschriebene Trennung von MDK und Sachbearbeitung verstoßen und selbst Einsicht in Arztberichte und Krankenakten nehmen.

Ich habe als Therapeut auch schon erlebt, dass eine große Ersatzkasse juristisch quasi an der Patientin vorbei versucht hat, die Hintergründe der Diagnose »Posttraumatische Belastungsstörung« (PTBS) auszuforschen, um für die Behandlung vom Täter Schadensersatz zu erhalten. Finanziell und sozial ist diese Haltung völlig in Ordnung. Warum sollen meine Kassenbeiträge ausgegeben werden, um die Folgen eines Verbrechens zu behandeln, und der Täter kommt als Verursacher einfach so davon? Als Therapeut werde ich aber abwägen müssen, was meine Patientin an mich und die Therapie für einen Auftrag hat und ob ein juristisches Vorgehen gegen den Täter die Therapie oder gar die Patientin nicht schädigen würde.

Darum empfehle ich, die Akten ausführlich, aber an einigen Stellen unpräzise zu formulieren. Für die Aktenführung reicht »T« als Kürzel für Täter zu Ihrer Erinnerung an den Therapieverlauf völlig aus. Da muss nicht »Patenonkel Adolf« stehen. Dann müssen Sie als Therapeutin zumindest vernommen werden und können sich darauf mit Ihrer Patientin gründlich vorbereiten. Es steht dann nicht schon alles in der Akte.

Für eine **freiwillige Herausgabe** der Patientenakte muss natürlich eine Schweigepflichtentbindung vorliegen. Sonst macht sich die Therapeutin nach § 203 StGB des Bruchs der Schweigepflicht strafbar.

Liegt eine **Schweigepflichtentbindung** vor, kann die Herausgabe der Patientenakte kaum verweigert werden.

Die Patientin selbst hat nach § 630 g BGB einen Anspruch auf Einsichtnahme in ihre Patientenakte und die Fertigung einer kostenlosen Kopie (Art. 12 Abs. 5 Satz 1 der Datenschutzgrundverordnung). Diese kann ihr nur unter ganz engen Voraussetzungen verwehrt werden. Die Akteneinsicht mit dem Argument des Schutzes der Patientin selbst kann nach einer Entscheidung des Bundesverfassungsgerichts[181] kaum noch zu einer vollständigen Versagung der Akteneinsicht führen. Für die Versagung der Herausgabe zum Schutz des Persönlichkeitsrechts der Therapeutin selbst dürfte es dann erst recht keine tragfähigen Argumente geben.[182] Und erst recht kann es keine zulässigen Argumente dafür geben, trotz vorliegender Schweigepflichtentbindung die Herausgabe der Patientenakte an die Ermittlungsbehörden zu verweigern.

Literatur[183]

Aleksic M, Reineck A, Ehring T, Wolkenstein L (2024). When does imagery rescripting become a double-edged sword? – Investigating the risk of memory distortion through imagery rescripting in an online Trauma film study. Behav Res Ther 174: 104495.

Bublitz JS (2021). Entwicklung und Kritik der höchstrichterlichen Rechtsprechung zur Glaubhaftigkeitsanalyse. Epistemische Gerechtigkeit und Implikationen für Aussage-gegen-Aussage-Konstellationen. ZIS 3: 210 f.

Böök K (2018). Trauma und Recht. In: Schellong J, Epple F, Weidner K (Hrsg). Praxisbuch Psychotraumatologie. Stuttgart: Thieme.

Bublitz JC (2023). When is Disbelief Epistemic Injustice? Criminal Procedure, Recovered Memories, and Deformations of the Epistemic Subject. Crim Law Philosophy: 1–28.

Ganslmeier M, Ehring T, Wolkenstein L (2023). Effects of imagery rescripting and imaginal exposure on voluntary memory. Behav Res Ther 170: 104409.

Goodman-Brown TB, Edelstein RS, Goodman GS, Jones DP, Gordon DS (2003). Why children tell: a model of children's disclosure of sexual abuse. Child Abuse Negl 27(5): 525–540.

Gubi-Kelm S, Greuel L (2024). Rituelle Sexuelle Gewalt. Zur aktuellen Kontroverse über ein polarisierendes Narrativ. Report Psychologie 49(2): 18–26.

Howe ML (2011). The adaptive nature of memory and its illusions. Curr Dir Psychol Sci 20: 312–315.

Jahn M (2011). Die verfassungskonforme Auslegung des § 97 Abs. 1 Nr. 3 StPO. ZIS; 453 f.

Klein, T (2022). Die ärztliche Schweigepflicht als verfassungsrechtliche Schutzpflicht im Spannungsverhältnis zum Schutz der Allgemeinheit vor Patienten mit Fremdschädigungspotenzial in sensiblen Berufen. Baden-Baden: Nomos.

Rubin DC, Bell C (2023). Tonic immobility (freezing) during sexual and physical assaults produces stronger memory effects than other characteristics of the assaults. Memory 31(5): 678–688.

---

181 BVerfG, Stattgebender Kammerbeschluss vom 9. Januar 2006 – 2 BvR 443/02 –, BVerfGK 7, 168–185.

182 →Rehborn/Gescher in: Erman, BGB, § 630 g BGB, Rn. 12.

183 →hierzu insbesondere Kapitel 6 und Kapitel 13.

Schellong J, Schellong A, Gast U, Frommberger U, Jatzko A, Schäfer I (2024). Trauma und Erinnerung – Ein Beitrag zur aktuellen Debatte in Recht und Psychotherapie. Trauma und Erinnerung – ein Beitrag zur aktuellen Debatte in Recht und Psychotherapie | Der Nervenarzt (springer.com).
Schemmel J, Volbert R (2021). Therapie oder Glaubhaftigkeit? Psychotherapeutische Behandlung bei laufenden Strafverfahren. Report Psychologie 46(10): 14–24.
Steller M (2020). Stand und Herausforderungen der Aussagepsychologie. Forens Psychiatr Psychol Kriminol 14: 188–196.

11 Das Opferentschädigungsrecht (SGB XIV, vormals OEG)

Der Staat gleicht bestimmte Schäden, die Opfer durch Straftaten erlitten haben, aus. Deutschland entspricht damit bereits seit 1976 einer Forderung der EU nach staatlicher Entschädigung für Opfer von Gewalttaten. Das gilt allerdings nur im Hinblick auf Körperschäden; materielle Schäden werden nicht ausgeglichen. Das Opfer eines Raubes bekommt also nach dem Opferentschädigungsrecht Leistungen für Krankenbehandlung, eine psychotherapeutische Versorgung, Leistungen für eine berufliche Rehabilitation und auch monatliche Entschädigungszahlungen, falls gesundheitliche Einschränkungen für einen längeren Zeitraum vorliegen, nicht aber Ersatz für das geraubte Geld.

Bis 31.12.2024 waren diese Ansprüche von Verletzten im Opferentschädigungsgesetz (OEG) geregelt. In der Vorauflage haben wir deutliche Kritik am OEG geübt. Auch die Opferschutzverbände, allen voran der Weiße Ring, haben die Schwerfälligkeit des OEG und die langen, intransparenten Verfahren kritisiert.

Der Bundesgesetzgeber hat daraufhin das Opferentschädigungsrecht grundlegend reformiert und dieses als »Recht zur sozialen Teilhabe« im Sozialgesetzbuch als SGB XIV grundlegend neu geregelt. Das Ziel dabei war, Opfern schneller zu Leistungen zu verhelfen, die an heutigen Bedarfen ausgerichtete sind, bisherige Probleme bei den Leistungsvoraussetzungen zu lösen und den Kreis der Berechtigten zu erweitern.

Das SGB XIV ist zwar erst zum 01.01.2024 in Kraft getreten, jedoch wurde dessen Geltung für einzelne Maßnahmen vorgezogen. So wurden rückwirkend ab dem 01.07.2018 die Waisenrente und das Bestattungsgeld erhöht und eine Gleichbehandlung in- und ausländischer Gewaltopfer etabliert.

11.1 Die Traumaambulanzen

Seit dem 01.01.2021 gewährt das Opferentschädigungsrecht einen Anspruch auf die Behandlung in einer Traumaambulanz. Die Traumaambulanzen muss man von der psychosozialen Notfallversorgung (PSNV) unterscheiden. Diese ist ein Instrument von Polizei und Katastrophenschutz und kümmert sich bei einem Ereignis vor Ort um die Geschädigten. Für Großschadenslagen wie zum Beispiel Terroranschläge wurden zudem die Landesbeauftragten sowie der Bundesbeauftragte für Opferschutz installiert, die in solchen Situationen Ansprechpartner für alle Opfer sind und Unterstützungsmaßnahmen koordinieren und vermitteln.[184]

FALLBEISPIEL

Im Beispiel des Raubopfers, nennen wir es Hans, 65 Jahre alt, hat der Überfall auf offener Straße Panikattacken im öffentlichen Raum zur Folge. Hans traut sich nicht mehr aus dem Haus und es fällt ihm sogar schwer, notwendige Einkäufe und Arztbesuche zu erledigen. Einen Therapieplatz kann er zeitnah nicht bekommen, es besteht aber dringender Handlungsbedarf.

Für ihn bildet eine Traumaambulanz eine geeignete Anlaufstelle, um zunächst eine Stabilisierung zu erreichen, mit der er den Alltag wieder einigermaßen in den Griff bekommen kann.

Für Taten ab 01.01.2021 haben Geschädigte einen Anspruch auf die Behandlung in einer Traumaambulanz, wenn sie Opfer einer Gewalttat geworden sind. Seit dem 01.01.2024 gilt das nicht nur für physische, sondern auch für psychische Gewalt, wie zum Beispiel der Nachstellung/dem Stalking. Nicht nur unmittelbar Geschädigte, sondern auch sekundär viktimisierte Menschen wie Angehörige, dem Opfer nahestehende Personen und zum Beispiel Personen, die eine getötete Person auffinden, können sich in einer Traumaambulanz behandeln lassen. Es handelt sich um eine psychotherapeutische (Früh-)Intervention, auf die ein Anspruch bis zu zwölf Monate nach Tat besteht und die bis zu 15 Sitzungen (bei Kindern und Jugendlichen bis zu 18 Sitzungen) umfassen kann. Bei länger zurückliegenden Ereignissen, die zu einer akuten psychischen Belastung geführt haben, kann die Traumaambulanz innerhalb von zwölf Monaten nach Auftreten der akuten Krise ebenfalls aufgesucht werden.

Die ersten Hilfen in der Traumaambulanz können und sollen eine Traumatherapie nicht ersetzen, sondern zunächst stabilisieren, beruhigen, entlasten und eine Zukunftsorientierung vermitteln. Gegenstand der Behandlung können allerdings zum Beispiel auch schädigende Einstellungen zur Tat, wie unberechtigte Schuldgefühle, sein.

Die Standards für die Traumaambulanzen sind seit Oktober 2022 bundesweit geregelt.[185] Ziel dieser Verordnung ist es, Qualitätsanforderungen für die Aus- und Weiterbildung der Behandelnden zu verankern und die Erreichbarkeit der Traumaambulanz bundeseinheitlich zu regeln. Es soll sichergestellt werden, dass Betroffene ohne lange Anfahrtszeiten eine Traumaambulanz erreichen können und dort zeitnah einen Ter-

---

184 Zum Beispiel www.bmj.de/DE/themen/praevention_opferhilfe/opferbeauftragter/opferbeauftragter_node.html und Niedersächsischer Landesbeauftragter für Opferschutz | Niedersächsisches Justizministerium (https://justizportal.niedersachsen.de/startseite/buergerservice/opferschutz/) (letzter Zugriff: 18.04.2024).

185 Verordnung über die von den Traumaambulanzen in der Sozialen Entschädigung zu erfüllenden Qualitätskriterien und die Pflichten der Traumaambulanz (Traumaambulanz-Verordnung – TAV) vom 20. Oktober 2022.

min erhalten. Die Traumaambulanz-Verordnung (TAV) ist seit dem 01.01.2024 in Kraft; bisher galten die entsprechenden Standards noch nicht, was zur Folge hatte, dass es einen Flickenteppich mit unterschiedlichen Angeboten in den Bundesländern gab.

Die für den jeweiligen Wohnort zuständige Traumaambulanz findet man im Internet oder über die lokalen Opferhilfeeinrichtungen. Bislang haben sich auf der Seite »Hilfe-Portal Sexueller Missbrauch«[186] noch nicht viele Einrichtungen registrieren lassen, sodass dort eine Suche aktuell wenig zielführend ist. Wichtig ist, dass für die Inanspruchnahme der Hilfe einer Traumaambulanz noch kein Antrag nach dem OEG gestellt worden sein muss. Vielmehr soll Opfern im Rahmen der Betreuung durch die Ambulanz geholfen werden, einen Antrag zu stellen. Anders als bei Anträgen auf finanzielle Leistungen gelten für den Antrag und die Bewilligung der gesamten Behandlung in der Traumaambulanz Beweiserleichterungen. Man muss nicht beweisen, dass man Opfer geworden ist, sondern der im Antrag genannte Sachverhalt wird als wahr unterstellt und es erfolgt nur eine Plausibilitätsprüfung.

Die Traumaambulanzen müssen zwar nur Sitzungstermine zu den allgemeinen Geschäftszeiten anbieten, sie müssen aber jederzeit telefonisch erreichbar sein, wenigstens über einen Anrufbeantworter und über eine Website verfügen, die Informationen zu ihrer Erreichbarkeit enthält. Von dem Anspruch auf Behandlung in einer Traumaambulanz sind auch die Fahrtkosten zur Behandlung erfasst, diese können also mit einem entsprechenden Antrag rückwirkend erstattet werden.

Der aktuelle Umsetzungsstand ist in den Bundesländern sehr unterschiedlich. Im ländlichen Raum ist es schwieriger, eine Ambulanz zu finden. Es handelt sich insgesamt um einen guten Ansatz im Netz der Opferbetreuung, der aber noch ausbaufähig ist.[187]

11.2 Das Fallmanagement

Eine weitere Neuerung, die insbesondere dem Gefühl der Hilflosigkeit gegenüber dem Verfahren nach dem Opferentschädigungsrecht entgegenwirken soll, ist das Fallmanagement. Speziell ausgebildete Bearbeitende bei den zuständigen Ämtern sollen Berechtigte durch das gesamte Antrags- und Leistungsverfahren begleiten und ihnen als persönliche Ansprechpartner zur Verfügung stehen. Sie sollen mit den Opfern den Bedarf nach weiteren Unterstützungsmaßnahmen feststellen und auch auf andere in Betracht kommende Sozialleistungen hinweisen. Aktuell liegen noch keine gesicherten Erfahrungen zum Fallmanagement vor. Diese grundsätzlich gute Einrichtung kann

---

186 www.hilfe-portal-missbrauch.de

187 → z. B. Stellungnahme der Bundeskoordinierung Spezialisierter Fachberatung BKSF, www.bundeskoordinierung.de/de/topic/44.traumaschutzambulanzen.html.

nur dann wirksam werden, wenn hierfür ausreichend Personal in den zuständigen Ämtern zur Verfügung steht und die Mitarbeitenden auch im Umgang mit traumatisierten Menschen ausreichend geschult wurden.

11.3 Finanzielle Hilfen

Kern der Opferentschädigung ist seit jeher die finanzielle Entschädigung nach Gewalttaten zum Ausgleich von Körper- und psychischen Schäden. Das neue SGB XIV sieht hierzu im Vergleich zum alten OEG einige Änderungen vor, die zumindest auf dem Papier geeignet scheinen, die Kernprobleme des bisherigen OEG zu beseitigen. Allerdings sind wir weiterhin skeptisch, ob das neue Recht zu einer Beschleunigung der Verfahren führen kann.

In diesem Abschnitt befassen wir uns zunächst mit den gesetzlichen Voraussetzungen eines Anspruchs nach dem OEG, anschließend werden wir auf den Antrag und die Verfahrensweise zu sprechen kommen.

Das neue SGB XIV erfasst neben der Opferentschädigung zum Beispiel auch Schäden aus Kriegsereignissen oder Impfschäden. Die Entschädigung von Opfern von Straftaten ist im SGB XIV Kapitel 2 Abschnitt 2 Unterabschnitt 1 geregelt.

> Nehmen wir als Beispiel Tanja M., eine Frau im Alter von 33 Jahren. Sie ist in ihrer Kindheit Opfer von sexuellem Missbrauch durch ihren Großvater geworden. Sie leidet unter einer komplexen Posttraumatischen Belastungsstörung (kPTBS) und ist hierdurch massiv beeinträchtigt. Sie hat ihr Studium abgebrochen und ist seit Längerem erwerbslos. Nach einigen Jahren einer Traumatherapie entschließt sie sich, Leistungen nach dem Opferentschädigungsrecht zu beantragen.

Antragserfordernis

> Tanja M. muss – gegebenenfalls mit der Unterstützung einer Opferhilfsorganisation – einen Antrag bei dem für ihren Wohnort zuständigen Versorgungsamt stellen.

Nach wie vor hängen Leistungen nach dem Opferentschädigungsrecht in der Regel von einem Antrag des Opfers (oder der berechtigten Hinterbliebenen) bei der zuständigen Behörde ab. Diese überprüft dann, ob die Anspruchsvoraussetzungen (z.B. Straftat, Schaden) vorliegen. Leistungen nach dem OEG sind Ländersache. Je nach Bundesland hat die prüfende Behörde eine etwas andere Bezeichnung. In vielen Bundesländern heißt diese Behörde »Versorgungsamt«. In Niedersachsen ist es das »Landesamt für Soziale Angelegenheiten«.

Die auslösende Tat

> Sexueller Missbrauch von Kindern gilt seit Langem als Straftat, die einen Anspruch auf Leistungen nach dem Opferentschädigungsrecht auslöst. Deshalb hat der Antrag von Tanja M. unter diesem Aspekt gute Aussichten.

Anders als noch nach dem OEG erhalten nunmehr nicht nur Opfer von physischen, sondern auch Opfer von schwerwiegenden psychischen Gewalttaten, wie zum Beispiel schwerem Stalking, Leistungen nach dem OEG. Allerdings wird bei physischen Gewalttaten keine »schwerwiegende Tat« verlangt, es reicht jede körperlich wirkende Gewalt. Dieses Recht gilt für alle Anträge, die ab dem 01.01.2024 gestellt werden, unabhängig von dem Datum der Straftat.

Der Begriff *schwerwiegend* ist allerdings auslegungsbedürftig und birgt deshalb weiterhin das Risiko, dass nicht alle Geschädigten, die unter schweren Folgen leiden, auch entschädigt werden. Ausdrückliche Beispiele für schwerwiegende Gewalttaten sind aber der *sexuelle Missbrauch* sowie der *sexuelle Übergriff* (§13 Abs.2 SGB XIV), sodass es bei solchen Taten nicht zu Unsicherheiten kommen dürfte. Bei *Stalking* reicht für die Schwere, dass die Gefahr eines Gesundheitsschadens bestand oder dieser sogar eingetreten ist. Auch sogenannte *Schockschäden* werden nunmehr erfasst: Eine Entschädigung erhalten diejenigen, die eine Tat miterleben oder das Opfer auffinden und hierdurch eine gesundheitliche Schädigung erleiden.

Das neue SGB XIV enthält bei näherem Hinsehen weitere wichtige Erweiterungen des Kreises der Anspruchsberechtigten. So werden zum Beispiel auch das öffentliche Zugänglichmachung von Kinderpornografie und die erhebliche Vernachlässigung von Kindern als Straftaten gewertet, die bei entsprechendem Schaden zu einem Antrag nach dem SGB XIV berechtigen. Gerade die Vernachlässigung von Kindern galt vorher nur bei einer erheblichen Schwere als Gewalttat[188] und hat sogar dazu geführt, dass vernachlässigte Kinder, die dann später Opfer von Sexualstraftaten wurden, kaum nachweisen konnten, dass ihr Gesundheitsschaden überwiegend auf der Sexualstraftat beruht. Dieses Problem ist mit dem neuen Recht vollständig behoben. Es kommt nicht mehr darauf an, ob die Gesundheitsschädigung durch die Vernachlässigung oder die Sexualstraftat verursacht wurde. Beides sind Sachverhalte, die einen Anspruch auf Opferentschädigung begründen, und für die Leistungen an das Opfer kommt es nicht mehr darauf an, welcher Grund überwiegt.[189] Dies wird nur bei der Frage relevant, **ob** und, wenn ja, **wen** der Staat für den Schaden in Haftung nehmen kann. Das ist aber primär kein Problem für die Geschädigten.

Der rechtswidrige tätliche Angriff muss vorsätzlich gewesen sein. Wir kennen ja schon das Subsumtions-Denken von Juristen, also auch von Verwaltungsjuristen. Mit dem Vorsatz-Erfordernis entfallen fast alle Verkehrsunfälle, da dieses Wort beinhaltet,

---

188 Das war nicht im OEG geregelt, sondern beruht auf einem Rundschreiben des Bundesministeriums für Arbeit und Soziales (BMAS) aus dem Jahr 2001.

189 Zur kumulativen Berücksichtigung der Schäden → Fegert et al. 2024, S. 44 ff.

dass es sich um Unfälle gehandelt hat. Opfer von Verkehrsunfällen können jedoch Hilfen beantragen, aber dann bei der Verkehrsunfallhilfe. Das wissen ganz wenige. Wenn jemand einen Menschen allerdings vorsätzlich mit seinem Fahrzeug niederfährt, wie beim Terrorangriff auf dem Breischeitplatz, dann tritt das Opferentschädigungsrecht nunmehr ein.

Letztlich darf der Angriff auch nicht vom Opfer selbst verschuldet sein. Dies gilt zum Beispiel, wenn das Opfer den Täter zu der Tat provoziert[190] oder das Opfer selbst zuvor eine Straftat begangen hat, gegen die sich der Täter im Rahmen der Notwehr zur Wehr gesetzt hat. Die Leistungen nach dem OEG können versagt werden, wenn das Opfer das Geschehen mitverschuldet hat.

Wichtig ist in diesem Zusammenhang eine Konstellation, die jedem Behandler durchaus bekannt ist: Eine Geschädigte ist eine toxische Beziehung eingegangen, in der es immer wieder zu häuslicher Gewalt mit Schlägen und sogar einem Fall der Vergewaltigung kommt. Sie schafft es lange nicht, sich aus dieser Beziehung zu lösen, sodass sie immer wieder Opfer der Gewalt ihres Partners wird.

Das Versorgungsamt hat dann Leistungen mit der Begründung abgelehnt, die Geschädigte hätte die Verletzungen selbst mitverursacht, weil sie die toxische Beziehung nicht verlassen habe.

Diese Begründung hat letztlich vor Gericht nicht standgehalten, allerdings gibt es Differenzierungen, die man kennen muss. So kann in Fällen, in denen Frauen sich leichtfertig auf Gewaltbeziehungen einlassen, durchaus grobe Fahrlässigkeit angenommen werden, wenn das Opfer hätte erkennen müssen, dass es zu Verletzungen kommen wird. Allerdings ist dabei auf die individuellen Fähigkeiten des Opfers abzustellen. Liegt eine emotionale Abhängigkeit der Geschädigten vor, die diese wegen ihrer psychischen Disposition nicht durchbrechen kann, und nutzt der Täter ihre Situation manipulativ aus, so kann das Verbleiben in dieser toxischen Beziehung nicht als Mitverschulden gewertet werden.

Die Geschädigte hat deshalb durch das Gericht Leistungen zuerkannt bekommen.[191]

Der Nachweis

Schwierig wird es für Tanja M., den sexuellen Missbrauch zu beweisen. Wer Leistungen nach dem OEG beantragt, muss die Straftat beweisen oder wenigstens glaubhaft machen. Tanja M. hat ihren Großvater nie angezeigt, ihr war damals nicht einmal bewusst, dass es sich um eine Straftat handelte. Mittlerweile ist ihr Großvater verstorben und sie hatte sich seinerzeit niemandem anvertraut. Ihre Therapeutin war die erste Person, mit der sie nach einiger Zeit offen über den Missbrauch sprechen konnte.

---

190 Zum Beispiel Landessozialgericht Baden-Württemberg, Urteil vom 20. April 2023 – L 6 VG 1261/22 –, juris.

191 Landessozialgericht Niedersachsen-Bremen, Urteil vom 23. Oktober 2014 – L 12 VE 8/11 –, juris.

Anders als im Strafverfahren müssen Geschädigte beweisen, dass die Anspruchsvoraussetzungen für Leistungen nach dem SGB XIV vorliegen. So müssen sie insbesondere nachweisen, dass die Gewalttat tatsächlich stattgefunden hat.

Dieser Nachweis ist vielfach schwierig. Das Opfer kann, wenn es Strafanzeige erstattet hat, als Beweismittel die Justizakte anbieten. Das ist dann auch einer der Gründe, weswegen bereits das Verfahren bis zu einem Bescheid über den OEG-Antrag so lange dauert: Die zuständigen Behörden warten hier oftmals nicht nur das Urteil der Strafgerichte, sondern sogar deren Rechtskraft ab, damit sie ganz sicher feststellen können, dass eine Straftat vorliegt. Dann fordern sie die Akte an, die nun selbstverständlich komplett zum Versorgungsamt wandert. Wir hatten ja schon behandelt, dass sehr viele insbesondere bei Behörden, aber auch bei Krankenkassen arbeitende Menschen Einsichtsrecht in die Ermittlungsakte der Staatsanwaltschaft haben. Wenn die Staatsanwaltschaft ein Ermittlungsverfahren einstellt, dann sinken die Chancen, Leistungen nach dem OEG zu erhalten, ganz erheblich. In sozialpolitischen oder juristischen Fortbildungen wird zwar immer wieder darauf hingewiesen, dass das Versorgungsamt leisten kann, obwohl die Staatsanwaltschaft das Verfahren eingestellt hat, aber die Rechtswirklichkeit sah bislang anders aus. Das Opfer müsste dann schon das Vorliegen eines vorsätzlichen rechtswidrigen tätlichen Angriffs beweisen, obwohl die Staatsanwaltschaft diesen Straftatbestand im juristischen Sinne als nicht genügend bewiesen ansieht, um eine Anklage zu erheben. Am besten sind noch die Chancen, wenn die Staatsanwaltschaft nach dem Grundsatz »im Zweifel für den Angeklagten« das Verfahren eingestellt hat.[192] Zudem kann und muss bei neuen erfolgversprechenden Ermittlungsansätzen oder einer anderen Würdigung des Sachverhalts eine neue Aufklärung des Sachverhalts im Rahmen des OEG-Verfahrens erfolgen (Vernehmungen, Gutachten). Gibt es solche Ansätze nicht, dürfen sich die Gerichte und die zuständigen Ämter in vollem Umfang auf die Ergebnisse der strafrechtlichen Ermittlungen stützen.[193]

In der Praxis ist auch zukünftig zu erwarten, dass die Ämter weiterhin an den Nachweis der Tat einen hohen Maßstab anlegen und zum Beispiel aussagepsychologische Gutachten einholen werden. Eine Leistung nach dem OEG ohne Aussage des Opfers ist nahezu ausgeschlossen. Die Antragstellerin muss berichten, wie sich die Straftat abgespielt hat und welche Folgen diese hatte.[194] Gelder nach dem OEG sind Steuergelder, die von arbeitenden Steuerzahlern erwirtschaftet werden. Eine gründliche Prüfung, ob ein Anspruch auf diese Gelder rechtens ist, ist unabdingbar.

In den letzten Jahren sind vermehrt Anträge beim Versorgungsamt gestellt worden, weil Patientinnen wie Tanja M. in Therapien Zugang zu Erinnerungen an sexuellen Missbrauch und sexualisierte Gewalt in Kindheit und Jugend gefunden haben (→ Kap. 6.2). Diese Straftaten liegen manchmal schon Jahrzehnte zurück, die möglichen Straftäter leben vielleicht gar nicht mehr und es gibt auch keine schriftlichen Aufzeichnungen – keine Notizen beim Jugendamt, keine Strafanzeige, nichts; nur eben die

---

192 →Landessozialgericht Baden-Württemberg, Urteil vom 16. März 2023 – L 6 VG 982/21 –, juris.
193 BT-Drucks. 19/13824, S. 178.
194 Landessozialgericht Niedersachsen-Bremen, Urteil vom 05. Juni 2008, L 13 VG 1/056.

Aussage des Opfers. Für diesen Fall hat das Gesetz (§117 SGB XIV) eine Beweiserleichterung vorgesehen und lässt die glaubhafte Darlegung des Antragstellers genügen.

Nur: Wie wird die Glaubhaftigkeit beurteilt? Glaubhaftmachung bedeutet, dass der Sachverhalt so dargelegt werden muss, dass allenfalls noch kleine Zweifel an ihm bestehen dürfen – was aber auch bedeutet, dass man das Amt nicht restlos überzeugen muss. Die bloße Möglichkeit, dass sich etwas ereignet hat, reicht aber nicht aus.

> Tanja M. muss sich deshalb darauf einstellen, dass sie nicht nur detailliert Angaben zu dem damaligen Geschehen, sondern auch zu ihrer Therapie machen muss. Danach kann es durchaus sein, dass das zuständige Amt sie um eine Versicherung an Eides Statt bittet. Es ist in dieser Konstellation auch vorstellbar, dass sie nach einiger Zeit einen Brief erhält, in dem sie aufgefordert wird, an einer Glaubhaftigkeitsbegutachtung (→Kap. 6.1) mitzuwirken.

Das Gesetz eröffnet die Möglichkeit, eine eidesstattliche Versicherung des Opfers zu fordern; das bedeutet, dass Antragstellerinnen an Eides Statt versichern müssen, dass es die Tat so gegeben hat. Stimmt das nicht, machen sie sich der Straftat der falschen eidesstattlichen Versicherung (§187 StGB) schuldig.

In der Vergangenheit wurden vielfach in den Fällen, in denen nur die Aussage des Opfers vorlag, von den Ämtern aussagepsychologische Gutachten eingeholt. In der Begründung zum neuen SGB XIV[195] hat der Gesetzgeber hierzu nun die Rechtsprechung des Landessozialgerichts Berlin[196] übernommen und die Einholung von Gutachten beschränkt. Danach muss die zuständige Behörde oder später das Gericht die Glaubhaftigkeit der Angaben des Opfers selbst beurteilen. Ein Gutachten soll danach nur ausnahmsweise eingeholt werden, wenn den Entscheidenden wegen Besonderheiten im Sachverhalt die ausreichende Sachkunde fehlt.

Angesichts der oben dargelegten Fragestellungen zur Veränderung von Erinnerungen nach einer Therapie dürfte in entsprechenden Verfahren nach dem SGB XIV ebenfalls eine Stellungnahme der Therapeutin oder aber auch ein aussagepsychologisches Gutachten eingeholt werden dürfen. Ein solches Gutachten unterliegt den gleichen Kriterien wie ein Glaubhaftigkeitsgutachten im Ermittlungsverfahren oder für die Hauptverhandlung.[197] Wenn bereits im Strafverfahren ein aussagepsychologisches Gutachten eingeholt wurde, so kann auch dieses verwendet werden.[198] Das Opfer wird bei dieser Begutachtung auch sehr genau und sehr detailliert über seine Schädigungen berichten müssen. Dies kann übrigens vorher schon durch eine Befragung von Behördenmitarbeitenden der Versorgungsämter der Fall sein, die zur Überprüfung der juristisch vorgeschriebenen Kriterien genauere Angaben brauchen als die Mitteilung: »Ich bin mit acht Jahren missbraucht worden.« Lehnt das Opfer die Teilnahme

---

195 BT-Drucks. 19/13824, S. 221.
196 Urteil vom 08. Juli 2010, L 13 VG 25/07.
197 Landessozialgericht NRW, Urteil vom 16. Dezember 2011, L 13 (6) VG 55/08.
198 Landessozialgericht Niedersachsen-Bremen, Urteil vom 05. Juni 2008, L 13 VG 1/05.

an einem Glaubhaftigkeitsgutachten ab, wird der Antrag insgesamt fast immer abgewiesen.

Leistungen können ganz oder teilweise versagt werden, wenn die Antragstellerinnen nicht das ihnen Zumutbare zur Sachverhaltsaufklärung beitragen (§17 Abs. 2 SBG XIV). Dabei meint der Gesetzgeber nach wie vor die Strafanzeige. Strafverfolgungsbehörden soll die Möglichkeit gegeben werden, den Täter zu verfolgen, um zukünftiges Unrecht zu verhindern.[199] Allerdings müssen die Behörden dabei berücksichtigen, dass es Fälle gibt, in denen dem Opfer die Anzeige nicht zuzumuten ist, entweder weil ein enges Verwandtschaftsverhältnis zum Täter besteht und sie ohnehin die Aussage verweigern könnten oder aber weil es aus gesundheitlichen Gründen nicht in der Lage ist, sich einem Strafverfahren zu stellen.

Dabei kann ein Beweismittel natürlich auch ein Geständnis des Täters sein. Uns sind Fälle bekannt, in denen Versorgungsämter die Aussage des Opfers an die Beschuldigten zur Stellungnahme schicken. Diese Konstellation ist natürlich immer dann, wenn es sich um intrafamiliäre Gewalt oder sexuellen Missbrauch in der Familie handelt, eine familiendynamische Bombe. Ein solches Vorgehen ist sicher nicht ganz rechtens und es soll offiziell auch nicht so verfahren werden, aber es ist schon so verfahren worden.

Die Gesundheitsschädigung

Als nächstes Kriterium muss erfüllt sein, dass jemand eine gesundheitliche Schädigung erlitten hat. Dies ist nicht der Fall, wenn jemand berichtet: »Ich habe mich furchtbar erschrocken und war den ganzen Nachmittag über noch ganz aufgeregt. Abends war es dann zwar schon wieder vorbei, aber den Nachmittag über habe ich doch heftig gelitten.« Bagatellschäden fallen nicht unter dieses Gesetz.

> Da die Diagnose von Tanja M. in der Klassifikationsliste der Weltgesundheitsorganisation enthalten ist und sie diese mit ärztlichen Bescheinigungen nachweisen kann, ist ihr Antrag insoweit unproblematisch.

Kausalität zwischen Gesundheitsschaden und Gewalttat

> Der Gesundheitsschaden muss auf der Straftat beruhen. Tanja M. muss also jetzt darlegen, dass ihre komplexe Posttraumatische Belastungsstörung von dem sexuellen Missbrauch herrührt und nicht von anderen Traumata. Gerade bei Kindern, die bereits multiple Traumata erlitten haben, welche in der Vergangenheit nicht unter das Opferentschädigungsrecht fielen, war dies ein erhebliches Problem. Nach neuerem Recht gibt es für Tanja M. aber eine grundlegende Vereinfachung, indem bei psychischen Erkrankungen die Kausalität vermutet wird, wenn diese den anerkannten Erfahrungen der Medizin entspricht (siehe oben). Gerade bei einer kPTBS ist dies der Fall.

---

199 BT-Drucks. 19/13824, S. 178.

Allerdings kann diese Vermutung widerlegt werden. So kann eine solche Erkrankung auch auf andere Ursachen zurückzuführen sein. In einem vom Landessozialgericht Baden-Württemberg entschiedenen Fall hatte der Hausarzt Panikattacken und Angstzustände diagnostiziert. Die Geschädigte war auch Opfer einer Körperverletzung durch ihren Ehemann geworden. Allerdings hatte der Hausarzt die Panikattacken bereits vor dieser Tat diagnostiziert und auf die Kündigung der Geschädigten durch ihren Arbeitgeber zurückgeführt. Damit war der Nachweis der Kausalität maßgeblich erschüttert und der Geschädigten wurden keine Leistungen nach dem OEG für diese Angststörung zuerkannt.[200]

Die Straftat muss die Minderung der Erwerbsfähigkeit oder den Gesundheitsschaden verursacht haben. Bei einem Schuss ins Bein oder einer gebrochenen Nase ist das einfach. Schwierig wurde es in der Vergangenheit bei den psychischen Folgen – und zwar gerade bei besonders schweren Taten. Zum Beispiel war es problematisch, zu beweisen, dass eine PTBS nach einer Vergewaltigung tatsächlich (überwiegend) auf der Straftat beruhte und nicht etwa Prädispositionen (hier wurde oft das Stichwort der »milieutypischen Vorschädigung« verwendet) eine relevante Rolle spielten. Im Jahr 2003 hatte das Bundessozialgericht[201] als letzte Instanz festgelegt, dass bei den Entscheidungen der zuständigen Behörden allgemeine medizinische Erkenntnisse (»etwa fußend auf dem Erfahrungswissen der Ärzte«) zu beachten sind. Wenn diese ergeben, dass bestimmte Straftaten, also zum Beispiel eine Sexualstraftat, in »signifikant erhöhtem Maße« geeignet sind, eine bestimmte Erkrankung zu verursachen, dann liege die Wahrscheinlichkeit nahe, dass dies auch im konkreten Fall so sei (»bestärkte Wahrscheinlichkeit«). In diesen Fällen musste dem Urteil zufolge die Verwaltung nachweisen, dass ausnahmsweise keine Ursächlichkeit zwischen der Tat und der Erkrankung vorliegt. Das neue Opferentschädigungsrecht hat mit §4 Abs. 4 SGB XIV eine dementsprechende Regelung in das Gesetz aufgenommen. Zur Anerkennung einer Gesundheitsstörung als Schädigungsfolge genügt danach die Wahrscheinlichkeit des ursächlichen Zusammenhangs. Wenn nach dem aktuellen Stand der medizinischen Wissenschaft mehr für als gegen einen ursächlichen Zusammenhang spricht, ist die Ursächlichkeit anzunehmen. Das bedeutet eine erhebliche Erleichterung für viele Geschädigte. Das gilt allerdings nur in den Fällen, in denen es gesicherte medizinische Erkenntnisse gibt. Ist eine Diagnose selbst oder deren Ursache schon in der Medizin umstritten,[202] gilt auch die Beweiserleichterung nicht und die Geschädigten stehen weiterhin vor der schweren Aufgabe, die Ursächlichkeit der Straftat für ihre Symptome nachzuweisen.

---

200 Landessozialgericht Baden-Württemberg, Urteil vom 25. Oktober 2018 – L 6 VG 1070/17 –, juris.

201 BSGE 91, 107.

202 Zum Beispiel wie aktuell die Dissoziative Identitätsstörung (DIS) (nach DSM-5 und ICD-11).

Leistungen nach dem SGB XIV

Ausgeglichen werden durch die Leistungen des SGB XIV nur Körperschäden. Dazu gehören auch medizinische Hilfsmittel wie Gehstützen oder Brillen, aber eben auch ein umfassender Anspruch auf Krankenbehandlung. Dieser ist nicht auf die Leistungen der gesetzlichen Krankenversicherung beschränkt. Sie erhalten die »ergänzenden Leistungen der Krankenbehandlung« (§ 43 SGB XIV). Dazu gehört insbesondere eine Psychotherapie, auch für alternative Therapieformen wie zum Beispiel eine Musiktherapie oder Therapien bei Heilpraktikerinnen. Das gilt allerdings nur, wenn durch die Therapie eine Verbesserung der Symptomatik zu erwarten ist. Dies wird in einem halbjährlichen Rhythmus überprüft. Die Fahrtkosten zur Behandlung werden auch hier übernommen. Über die Behandlung der auf der Straftat beruhenden Erkrankungen hinaus soll Opfern durch das Opferentschädigungsrecht aber auch ermöglicht werden, wieder am Erwerbsleben teilzuhaben. Damit können zum Beispiel Erwachsene eine Berufsausbildung aufnehmen, die ihnen wegen der Tatfolgen in der Jugend verwehrt war.

Ist eine (Wieder-)Eingliederung in den Arbeitsmarkt nicht oder nur teilweise möglich, wird ein Berufsschadensausgleich gezahlt. Dieser ist aber subsidiär, er wird nur gezahlt, wenn Leistungen zur medizinischen Rehabilitation und zur Teilhabe am Arbeitsleben nicht erfolgversprechend und zumutbar sind (§ 27 SGB XIV). Dabei wird nicht nur der tatsächliche Einkommensverlust ausgeglichen, sondern das Gesetz gewährt einen Ausgleich für die verlorene berufliche Zukunftsperspektive. Es wird also hochgerechnet, was das Opfer ohne die Straftat hätte erreichen können und die Leistungen danach berechnet.

> Die Höhe der monatlichen Zahlung richtet sich nach dem Grad der Schädigungsfolgen (GdS). In manchen Fällen kann das Opfer auch eine Abfindung wählen, die dann jeweils für fünf Jahre ausgezahlt wird. Die Beträge wurden mit dem neuen SGB XIV deutlich erhöht. So erhalten Geschädigte und Hinterbliebene beispielsweise bei einem GdS von 30 und 40 neben dem Berufsschadensausgleich eine monatliche Entschädigungszahlung von 400 Euro, bei einem GdS von 50 und 60 von 800 Euro. Witwen und Witwer erhalten eine monatliche Entschädigungszahlung von 1 055 Euro. Zwar wurde die Rente für Eltern eines getöteten Kindes herabgesetzt, aber sie ist nunmehr einkommensunabhängig, sodass mehr hinterbliebene Eltern leistungsberechtigt sein werden.

Es gibt Konstellationen, in denen ist die Auszahlung von Opferhilfen deshalb problematisch, weil die Leistungen auch dem Täter zugutekommen würden, zum Beispiel in Fällen häuslicher Gewalt, in denen das Opfer weiterhin mit dem Täter zusammenlebt. Dem will § 16 Abs. 2 SGB XIV entgegenwirken, in dem die Vorschrift eigentlich nur vorschreibt, dass die Leistungen so zu erbringen sind, dass sie nicht der schädigenden Person wirtschaftlich zugutekommen. Im Extremfall kann dies aber einen Ausschlussgrund darstellen, jedenfalls wird dies in einem Teil der Literatur so behauptet.[203] Es besteht also die Gefahr, dass sich die Versorgungsämter auf diese Vorschrift stützen und Leistungen ganz ablehnen, wenn das Opfer weiterhin in einer Lebensgemeinschaft mit dem Täter lebt. In Fällen häuslicher Gewalt verlangt die Gesetzesbegründung jedenfalls, dass im Einzelfall genau geprüft wird, wie das Opfer dennoch profitieren könnte, sodass eine pauschale Ablehnung von Leistungen in diesen Fällen unzulässig sein dürfte. Hierzu wird es in Zukunft aber sicherlich noch Gerichtsentscheidungen geben müssen.

Verfahren

> Tanja M. wird einen Antrag auf einem dafür vorgesehenen Formular stellen und sich darauf einstellen müssen, dass das Versorgungsamt eigene Ermittlungen anstellt, jedenfalls dann, wenn Tanja Zeugen und Beweismittel benennt, die damals etwas von dem Missbrauch hätten bemerken können. Auf jeden Fall wird ihre Therapeutin um Auskünfte gebeten, vermutlich auch ihre Hausärztin und Gynäkologin. Natürlich muss Tanja dafür eine Schweigepflichtentbindung erteilen, sonst dürfen ihre Behandler keine Angaben machen. Ohne Schweigepflichtentbindung muss sie damit rechnen, dass ihr Antrag wegen mangelnder Mitwirkungsbereitschaft abgelehnt wird. Sie wird sich auf viele Nachfragen und eine lange Verfahrensdauer einstellen, notfalls auch eine Klage erheben müssen. Hierfür gibt es Anwälte, die auf das Sozialrecht spezialisiert sind und sie qualifiziert beraten können. Und es gibt sowohl Beratungsstellen als auch den Weißen Ring, die kompetent beraten und begleiten können.

Wir haben schon darauf hingewiesen, dass das OEG Ländersache ist. Es unterliegt ganz unterschiedlichen Vorgehensweisen der einzelnen Bundesländer. In einigen Bundesländern ist das Verfahren so: Wenn ein Urteil vorliegt, wenn ein Täter verurteilt worden ist, dann gibt es eine schnelle Entscheidung. In anderen Bundesländern dauert die Entscheidung immer lange, oft zwischen zwei und drei Jahren. In manchen Ländern gibt es das Verfahrensmotto: keine Anzeige, keine Leistung – kein Glaubwürdigkeitsgutachten, keine Leistung. Andere Länder handeln hier flexibler und opferbezogener. Aber weil die Opferentschädigung Ländersache und (fast) alle Länder finanziell klamm sind, gibt es auch Bundesländer, bei denen der Eindruck entsteht: Wenn das Land zur Leistung nicht in letzter Instanz verurteilt worden ist, dann zahlt es auch nicht.

Was kann also schlimmstenfalls auf einen Menschen zukommen, der vor vielen Jahren Opfer eines intrafamiliären sexuellen Missbrauchs geworden ist? Das Opfer wird von den Mitarbeitenden der Versorgungsämter selbst detailliert befragt – und nicht jeder Mitarbeiter ist psychologisch ausgebildet. Das Opfer muss zumindest zustimmen, dass

203 Hierzu ausführlich Braun in: Schlegel/Voelzke, jurisPK-SGB XIV, 2. Aufl., § 16 SGB XIV (Stand: 12.03.2024).

dem Versorgungsamt alle vorhandenen Unterlagen bei Jugendamt, Justiz und im Krankenhaus zur Verfügung gestellt werden. Dem Opfer wird wahrscheinlich nahegelegt, Anzeige zu erstatten. Das Opfer muss bei ein, manchmal zwei Glaubhaftigkeitsgutachten aktiv mitwirken. Es muss Geduld haben, das Verfahren kann sich zwei bis drei Jahre bis zur Entscheidung hinziehen. Bekommt das Opfer einen Ablehnungsbescheid, kann es vor den Sozialgerichten Klage erheben. Diese Klage kann in zwei Instanzen verhandelt werden, in der Revision dann sogar in drei Instanzen. So können gut fünf Jahre vergangen sein, in denen das Opfer wieder und wieder mit seiner Schädigung konfrontiert worden ist und unterschiedlichsten Behörden und Gerichten plausibel machen musste, dass und wie es geschädigt wurde.

Ist der Täter bekannt und es werden Leistungen bewilligt und ausgezahlt, versucht die Bewilligungsbehörde aktiv, sich dieses Geld von den Tätern zurückzuholen. Dazu ist das Versorgungsamt auch verpflichtet. Es ist nicht einzusehen, dass die Allgemeinheit, der Steuerbürger, Entschädigung bezahlt für Straftaten Einzelner. Spätestens dann erfährt der Täter, welcher Vorwurf ihm von der Antragstellerin gemacht wird.

Das Versorgungsamt kann von dieser Weiterleitung der Forderung nur absehen, wenn ein solches Vorgehen *unbillig* ist. Dieser Begriff ist dann wieder Auslegungssache. Nach Ansicht des Bundesgerichtshofs ist hier das sogenannte Familienprivileg des Sozialrechts anwendbar und bei einer Tat innerhalb der Familie der Familienfrieden vorrangig vor der Inanspruchnahme des Schädigers.[204]

Sicherlich ist es grob fahrlässig, wenn eine Therapeutin ihrer Patientin sagt: »Stellen Sie doch Antrag auf Opferentschädigung. Das ist alles ganz easy, das geht leicht, dann bekommen Sie Geld und endlich auch Ihr Recht!« Besser ist es, wenn die Therapeutin ihre Patientin auf einen langwierigen, mühsamen Ablauf vorbereitet und mit ihr den »Worst Case« durchspielt. In einigen Bundesländern ist der Ablauf auch gut strukturiert, übersichtlich und berechenbar. Dort wird die Entscheidung anders aussehen als in Bundesländern, die in ihrer Finanznot opferfeindliche Ausführungsbestimmungen anwenden. Dazu sind (Frauen-)Beratungsstellen der Region und der lokale Weiße Ring oft besser informiert als Therapeutinnen.

MERKE

Wir plädieren hier wie in diesem gesamten Buch: Bitte kein uninformiertes Engagement, bitte keine Naivität!

Jede Therapeutin, jeder Therapeut wird Patientinnen kennen, deren Antrag bewilligt worden ist und die durch diese Bewilligung auch in der Therapie einen erheblichen Entwicklungsschritt gemacht haben. Der Staat hat anerkannt, dass eine Straftat stattgefunden hat, er leistet Ausgleich, zahlt Rente oder finanziert die Therapie. Die Wahrheit hat sich durchgesetzt, es gibt in geringem Umfang eine gewisse Genugtuung. Das

---

204 BGH, Urteil vom 28. Juni 2011, VI ZR 194/10.

ist äußerst wichtig, genauso wie ein erfolgreicher Prozess. Aber der Weg dahin kann lang, mühsam und voller Klippen sein.

Die Versorgungsämter haben hier dazugelernt. Ihre Vertreterinnen und Vertreter nehmen an Runden Tischen teil, tauschen sich aus und lernen so auch viel über die Opferperspektive. Durch das Fallmanagement wird das Gefühl des Ausgeliefertseins und der Hilflosigkeit gemildert oder ganz beseitigt werden können.

Leistungen nach dem OEG sind auch ein Politikum. Es kann keinen Zweifel mehr geben, dass sehr viele Menschen mit Persönlichkeitsstörungen, gerade stationär psychiatrisch behandlungsbedürftige Patientinnen, in Kindheit und Jugend wiederholt, manche kontinuierlich Opfer von Straftaten geworden sind (Dulz et al. 2011; Sachsse 2004). Wollte die Gesellschaft all diesen Opfern innerfamiliärer und sexualisierter Gewalt eine Rente zahlen, so wäre das eine erhebliche finanzielle Belastung für die Länder. Etwa die Hälfte aller wiederholt behandlungsbedürftigen psychiatrischen Patienten hätte dann Anspruch auf eine aus Steuergeldern zu finanzierende Zusatzrente. Andere Schätzungen vermuten fünf Prozent der Bevölkerung (die Politik spricht gerne von 4,8 % Problemfamilien – das klingt etwas besser). Im Grunde genommen können sich die Länder das im Moment finanziell gar nicht leisten. Es ist aber höchst misslich, wenn es einen Rechtsanspruch gibt, der gar nicht finanzierbar ist. Dies gilt für sehr viele soziale Leistungsgesetze. Es ist auch ein Nachteil im Bereich der Hilfen und Unterstützungen für Jugendliche und junge Erwachsene oder für andere Sozialhilfebedürftige. Wenn der Rechtsanspruch und die finanzierbaren Leistungen zu weit auseinandergehen, bekommen die Menschen völlig berechtigt das Gefühl, der Staat breche seine eigenen Gesetze: »Der Staat gibt mir ein Recht, das er mir auf der anderen Seite vorenthält. Steht mir das nun zu, habe ich darauf ein Recht, oder nicht?«

Literatur

Dulz B, Herpertz SC, Kernberg OF, Sachsse U (Hrsg) (2011). Handbuch der Borderline-Störungen. 2. Aufl. Stuttgart, New York: Schattauer.

Fegert JM, Rassenhofer M, Schneider T, Seitz A, Spröber N (Hrsg) (2013). Sexueller Kindesmissbrauch – Zeugnisse, Botschaften, Konsequenzen. Weinheim, Basel: Beltz Juventa.

Fegert JM, Franke S, Gossmann E (2024). SGB XIV: Erhebliche Vernachlässigung und psychische Gewalt. ZKJ 2: 44–50.

Knickrehm S (2024). Soziales Entschädigungsrecht und sexualisierte Gewalt – Rechtslage und Reform. VersR: 265–270.

Pross C (1988). Wiedergutmachung. Der Kleinkrieg gegen die Opfer. Frankfurt a. M.: Athenäum.

Sachsse U (2004). Traumazentrierte Psychotherapie. Theorie, Klinik und Praxis. Stuttgart, New York: Schattauer.

Sack M, Sachsse U, Schellong J (Hrsg) (2022). Komplexe Traumafolgestörungen. Diagnostik und Behandlung von Folgen schwerer Gewalt und Vernachlässigung. 2. Aufl. Stuttgart, Schattauer.

12 Das Gewaltschutzgesetz

Während in der Vergangenheit Verfahren wegen Gewalt in der Familie oft gar nicht erst zur Anzeige führten oder eingestellt wurden und misshandelten Familienangehörigen häufig nur die Flucht aus gewalttätigen Verhältnissen unter Zurücklassung des persönlichen Eigentums blieb, sind die Grundsätze »Wer schlägt, muss gehen« und »Der staatliche Schutz hört nicht vor der Wohnungstür auf« mittlerweile gesamtgesellschaftlicher Konsens. Allerdings sprechen die Zahlen noch eine andere Sprache: Die Zahl der Opfer von häuslicher Gewalt lag im Jahr 2022 bundesweit bei 240 547 Opfern und ist damit um 8,5 Prozent im Vergleich zum Jahr 2021 gestiegen.[205] Rund 25 Prozent der Frauen im Alter von 16 bis 85 Jahren haben Gewalt in der Beziehung erlebt, die Dunkelziffer ist hoch. Körperliche und seelische Gewalt finden überwiegend im engen sozialen Nahraum, also »zu Hause« statt und gehören für viele Opfer leider immer noch zum Alltag. Gewalt wird dabei überwiegend gegen Frauen durch den Partner oder ehemaligen Partner ausgeübt und kommt in allen gesellschaftlichen Schichten und unterschiedlichen ethnischen Zugehörigkeiten vor. Ein besonders hohes Risiko besteht für Frauen in Trennungsphasen.

Seit dem 01. 01. 2002 ist das Gewaltschutzgesetz in Kraft. Was kaum jemand weiß, ist, dass das Gewaltschutzgesetz nicht nur vor partnerschaftlicher Gewalt schützt, sondern zum Beispiel auch vor Stalking oder der Wiederholung sexueller Belästigungen.

Das Gesetz schützt dabei nicht nur Frauen, die Opfer häuslicher Gewalt werden, sondern ebenso Männer. Es umfasst Gewalt auch zwischen den Generationen, zum Beispiel zum Nachteil des im Haushalt lebenden gebrechlichen Großvaters. Dennoch liegt ein besonderer Schwerpunkt auf dem Schutz von Frauen und Kindern gegen (häusliche) Gewalt.

Die Istanbul-Konvention[206] des Europarates verpflichtet die europäischen Staaten[207], besondere Anstrengungen zum Schutz von Frauen vor Gewalt zu ergreifen. Artikel 81 f der Istanbul-Konvention enthält umfassende Verpflichtungen zur Prävention und Bekämpfung von Gewalt gegen Frauen und häuslicher Gewalt, zum Schutz der Opfer und zur Bestrafung der Täter. Eine Säule bilden dabei Kampagnen gegen häusli-

205 Zahlen lt. »Bundeslagebild Häusliche Gewalt 2022« des BKA vom 11. Juli 2023. www.bka.de/SharedDocs/Downloads/DE/Publikationen/JahresberichteUndLagebilder/HaeuslicheGewalt/HaeuslicheGewalt2022.html?nn=219004 (letzter Zugriff: 18. 04. 2024).

206 »Übereinkommen des Europarats zur Verhütung und zur Bekämpfung von Gewalt gegen Frauen und häusliche Gewalt« vom 11. Mai 2011.

207 Soweit sie der Konvention beigetreten sind.

che Gewalt, die Koordinierung von Schutzmaßnahmen für Frauen und Gesetze wie das Gewaltschutzgesetz.

Die §§1 und 2 des Gewaltschutzgesetzes legen fest, dass bei Körperverletzung oder massiver Bedrohung auf dem Wege der einstweiligen Anordnung die zur Abwendung weiterer Verletzungen erforderlichen Maßnahmen gerichtlich angeordnet werden können. Seit 2021 berechtigen auch Verletzungen des Rechts auf sexuelle Selbstbestimmung zu einem Antrag auf Schutz nach dem Gewaltschutzgesetz.

Eine dieser Maßnahmen ist die Wegweisung des Täters aus der Tatwohnung – der klassische Fall der Sofortmaßnahme, wenn häusliche Gewalt akut vorliegt und sich Täter und Opfer noch in einer Wohnung befinden. Umgangssprachlich und im Polizei-Jargon heißt dieses Betretungsverbot »Platzverweis«. Die Polizei kann also unmittelbar anordnen: »Sie packen jetzt ein paar Sachen zusammen, verlassen mit uns gemeinsam diese Wohnung und gehen zu Verwandten, ins Hotel, in die Jugendherberge oder zur Heilsarmee, ganz egal wohin. Aber Sie betreten in den nächsten 24 (oder 48) Stunden diese Wohnung nicht mehr!« Dann muss der Mensch, der geschlagen hat, die Wohnung verlassen und darf auch nicht zurückkehren.

Die Umsetzung dieses Gesetzes unterliegt der Hoheit der Länder. In allen Bundesländern ist es so, dass die Polizei einschreiten muss, wenn sie wegen innerfamiliärer Gewalt von Nachbarn oder Angehörigen gerufen wird. In Niedersachsen schreitet die Polizei auch ein – und sie kommt postwendend. Fast alle Polizeibeamten sehen ein, dass sie hier eine zentrale sozialpräventive Funktion ausüben, die ihrem Berufsverständnis entspricht und entgegenkommt. In Niedersachsen wird nach den Sofortmaßnahmen so schnell wie möglich eine Beratungs- und Interventionsstelle informiert, die das Opfer von sich aus aufsucht und es aktiv über seine Möglichkeiten berät. Das ist keine konkrete Rechtsberatung, diese dürfen nur Rechtsanwälte geben. Aber es ist doch eine Information und eine kompetente Unterstützung.

Statistische, soziologische und neurobiologische Daten beweisen unabweisbar, dass die Gefahr, kriminell, dissozial oder psychisch schwer krank zu werden, mit schlechten Kindheitserfahrungen eng korreliert. Wenn die Gesellschaft also akzeptiert, dass Kinder von ihren Eltern massiv geschädigt werden, dann produziert sie damit ihre nächste Generation an kriminellen oder psychisch schwer kranken Menschen. Hier hat ein Umdenken stattgefunden. Der Umgang mit Kindern ist nicht mehr nur Elternsache, ist nicht mehr nur Privatsache, und auch der Umgang mit Frauen geschieht innerfamiliär nicht in einem rechtsfreien Raum.

Deshalb muss es auch nicht nur bei einer kurzfristigen Wegweisung bleiben. Dem Opfer kann vielmehr die gemeinsame Wohnung zur alleinigen Nutzung sogar dann zugewiesen werden, wenn die Wohnung dem Täter selbst gehört. Das muss allerdings vom Amtsgericht auf Antrag des Opfers entschieden werden. Diesen Antrag kann man selbst »zu Protokoll der Geschäftsstelle« stellen, die Geschädigte kann also zum Gericht gehen und an der Pforte erklären, sie wolle einen Antrag nach dem Gewaltschutzgesetz stellen – dann wird sie schnell an die zuständige Stelle weitergeleitet und von dort auch bei der Antragsstellung umfangreich unterstützt. Weil mit der Anordnung in die Grundrechte des Täters eingegriffen werden soll, muss der Sachverhalt einigermaßen sicher feststehen, ähnlich wie bei einer Anklage. Im einstweiligen Verfügungsverfahren reicht hierfür die eidesstattliche Versicherung des Opfers; wird diese falsch abgegeben, macht sich das Opfer strafbar, sodass das Recht erst einmal davon ausgeht, dass jemand einen Antrag nach dem Gewaltschutzgesetz auf wahre Tatsachen stützt. Die Zuweisung der Wohnung ist allerdings befristet, wenn die Wohnung dem Täter gehört, und es kann auch sein, dass das Opfer dem Täter ein Nutzungsentgelt zahlen muss.

Wenn es dann zum Hauptsachverfahren kommt, weil zum Beispiel der Antragsgegner ein Rechtsmittel gegen die Anordnung eingelegt hat, muss der vorgeworfene Sachverhalt präziser nachgewiesen werden. Das Gericht muss dabei alle denkbaren Beweismittel in Betracht ziehen. Das stellt sich häufig als schwierig dar. Bei Taten im häuslichen Bereich gibt es oft keine Zeugen, bei Misshandlungen sind die körperlichen Verletzungen auch nicht immer sichtbar. Wird das Opfer bedroht, verfolgt oder belästigt, ist dies ebenfalls häufig nicht einfach zu beweisen. Das Gericht kann sich oft nur aufgrund der Angaben und Schilderungen der antragstellenden Person ein Bild von der Situation machen und die Aussagen der betroffenen Personen als Grundlage seiner Entscheidung nutzen. Das Gericht kann Zeuginnen und Zeugen oder die Beteiligten vernehmen, sich Urkunden (z.B. ärztliches Attest, Polizeibericht) vorlegen lassen, Sachverständigengutachten einholen oder auch die Folgen von Gewalt in Augenschein nehmen. Soweit die Schutzanordnung oder die Wohnungsüberlassung davon abhängt, dass weitere Gewalttaten zu befürchten sind, hilft eine Beweiserleichterung: Ist es bereits einmal zu Gewalttaten gekommen, so spricht eine tatsächliche Vermutung dafür, dass weitere Gewalttaten zu erwarten sind. Diese Vermutung muss dann von der gewalttätigen Person widerlegt werden. Daran sind hohe Anforderungen gestellt: Das bloße Versprechen der gewalttätigen Person, keine Gewalt mehr anzuwenden, reicht regelmäßig nicht aus.

Die Wegweisung aus der Wohnung ist nur eine der möglichen Maßnahmen nach dem Gewaltschutzgesetz. Der Geschädigten nützt es nichts, wenn der weggewiesene Partner zwar der Wohnung fernbleibt, er dann aber am Arbeitsplatz auftaucht oder täglich vor dem Kindergarten steht, wenn sie das gemeinsame Kind abholen will. §1 des Gewaltschutzgesetzes sieht deshalb weitere Maßnahmen vor, die auch bei Stalking oder sexueller Belästigung hilfreich sind. So kann dem Täter ein Näherungsverbot für die Wohnung oder andere Orte, an denen sich das Opfer regelmäßig aufhält, erteilt werden. Es kann ihm untersagt werden, das Opfer anzurufen oder mit ihm sonstige Verbindung aufzunehmen. Und insbesondere kann ihm verboten werden, ein Zusammentreffen mit der verletzten Person herbeizuführen. Über das Gewaltschutzgesetz kann einem Expartner zum Beispiel bei einer entsprechenden akuten Drohung auch untersagt werden, Nacktfotos der Expartnerin in den sozialen Medien zu veröffentlichen.[208]

---

208 Entscheidung des OLG Hamm, kommentiert bei Götsche, jurisPR-FamR 4/2024, Anm. 2.

Besonders wichtig sind dann die Regelungen, die bei Verstoß gegen diese Anordnungen greifen. Wenn ein Täter gegen die Anordnungen verstößt, macht er sich strafbar. Es handelt sich dabei nicht um eine Ordnungswidrigkeit, um ein »Kavaliersdelikt«. Es handelt sich um eine Straftat, die von Amts wegen zu verfolgen ist. Außerdem kann der Täter bei Verstößen gegen die Anordnung für kurze Zeit in den »Verhütungsgewahrsam« genommen werden. Die Strafandrohung ist eines der wichtigsten Instrumente des Gewaltschutzgesetzes. Während Stalking erst dann strafbar ist, wenn die Gefahr einer Gesundheitsbeschädigung beim Opfer besteht, greift die Strafandrohung des Gewaltschutzgesetzes gleich nach dem Erlass der gerichtlichen Anordnung. Deshalb ist es auch zu begrüßen, dass der Bundesgesetzgeber das noch in der Vorauflage genannte Problem des gerichtlichen Vergleichs[209] gelöst hat. Nach § 4 Abs. 2 des Gewaltschutzgesetzes liegt eine Strafbarkeit auch dann vor, wenn der Täter gegen die Vereinbarungen aus einem gerichtlichen Vergleich verstößt.

Viele Frauen sind zurückhaltend mit einem Antrag nach dem Gewaltschutzgesetz, weil sie fürchten, dass dies Nachteile für die gemeinsamen Kinder haben könnte. Allerdings sind für die Verfahren aus gutem Grund die Familiengerichte zuständig, die stets auch einen Blick auf das Kindeswohl haben. Sind Kinder in der gewalttätigen Beziehung betroffen, so kann das Gericht für das Kind einen Verfahrensbeistand (»Anwalt des Kindes«) bestellen, der dessen Interessen festzustellen und in das Verfahren einzubringen hat. Das Jugendamt ist von einer gerichtlichen Entscheidung in einem Verfahren über die Wohnungszuweisung nach dem GewSchG zu informieren, wenn ein Kind in der Wohnung lebt. Das Jugendamt kann dann den Beteiligten Beratung und Unterstützung, zum Beispiel bei der Ausübung des Umgangsrechts, anbieten. Anordnungen nach dem Gewaltschutzgesetz haben in der Regel immer Einfluss auf Entscheidungen über das Sorge- und Umgangsrecht. Geschädigte sollten im Rahmen des Verfahrens nach dem Gewaltschutzgesetz überlegen, ob sie zum Beispiel einen Antrag auf Übertragung des alleinigen Sorgerechts oder zumindest des Aufenthaltsbestimmungsrechts stellen wollen, wenn dadurch dem Kind weitere Gewalterfahrungen erspart werden können. Sind Maßnahmen nach dem Gewaltschutzgesetz gegenüber einem Elternteil ergangen, wird sich vielfach die Frage stellen, ob weiterhin Kontakte zwischen dem gewalttätigen Elternteil und dem Kind stattfinden können. Es muss sichergestellt werden, dass es bei der Ausübung des Umgangs nicht zu weiteren Misshandlungen und Verletzungen gegenüber dem gefährdeten Elternteil kommt. Das Gericht kann deshalb das Umgangsrecht einschränken oder zeitweilig ausschließen, soweit dies für das Wohl des Kindes erforderlich ist.

Grundsätzlich sind Anordnungen nach dem Gewaltschutzgesetz zeitlich befristet (§ 1 Abs. 1 Satz 2 GewSchG). Ganz wichtig ist es deshalb, die Gültigkeit der Anordnung im

---

209 Ein Vergleich erfolgt, wenn nach einer gerichtlichen Verfügung der Stalker hiergegen Einspruch einlegt und es zur Verhandlung kommt und dort beide Seiten sagen: »Okay, wir akzeptieren unsere gegenseitigen Grenzen, wir brauchen deshalb keine gerichtliche Entscheidung.«

Blick zu behalten. Sie ist meistens auf ein Jahr begrenzt. Sollte der Täter nach Ablauf dieser Zeit (oder kurz davor) wieder aktiv werden, muss ein neuer Beschluss bzw. die Verlängerung des ersten Beschlusses beantragt werden. Betroffene müssen auch beachten, dass sie sich selbst an die getroffenen Regelungen halten müssen.

Die Anordnung nach dem GewSchG wird von den Gerichten rückwirkend (!) aufgehoben, wenn die Geschädigte – und sei es auch nur vorübergehend – auf das in der Gewaltschutzanordnung verhängte Kontaktaufnahmeverbot verzichtetet.[210] Sie kann also nicht, auch nicht im Interesse der gemeinsamen Kinder, trotz des Beschlusses nach dem GewSchG mit dem Täter gemeinsam in den Urlaub fahren. Kommt es nach diesem Urlaub zu einer unerwünschten Kontaktaufnahme, so macht der Täter sich nicht strafbar und kommt es zu einer neuen Gewaltanwendung, muss ein neuer Antrag auf Erlass einer Gewaltschutzanordnung gestellt werden.

Kein Gesetz der Welt kann seelische Widersprüchlichkeit, emotionales Schwanken und Ambivalenz verhindern oder ausgleichen. Auch das Gewaltschutzgesetz ist machtlos bei Menschen, die ihre Haltung dem Partner gegenüber zweimal täglich verändern, hin und her gerissen sind, sich selbst ständig widersprechen und völlig inkonsequent handeln. Alle Beratungsstellen, Frauenhäuser, Polizeibeamten, psychiatrische Versorgungskliniken, aber auch alle Polizeidienststellen und Staatsanwaltschaften kennen solche Menschen. Das fällt dann nicht mehr unter den Kompetenzbereich der Justiz, sondern unter denjenigen der Psychotherapie – die genau hier allerdings auch oft an Grenzen ihrer Wirksamkeit stößt.

Literatur

Bundesministerium für Familie, Senioren, Frauen und Jugend, Bundesministerium der Justiz und für Verbraucherschutz (Hrsg) (2019). Mehr Schutz bei häuslicher Gewalt. Informationen zum Gewaltschutzgesetz. Berlin: BMFSFJ/BMJ. Informationsbroschüre: Schutz_haeusliche_Gewalt.pdf (bmj.de).

210 KG Berlin, Beschluss vom 16. Oktober 2023 – 3 UF 35/23 –, juris.

13 Traumazentrierte Psychotherapie versus juristische Verfahren

Aktuell bahnt sich im Verhältnis von Justiz und Psychotherapie eine neue wechselseitige Verständnisebene an. Während die Jahrzehnte währende Stärkung der Opferrechte (→Kap. 9) Resultat einer zunehmend konstruktiven Zusammenarbeit von Opferverbänden, Politik, Psychotherapie und Justiz war, blieb eine zentrale Problematik kontrovers: Inwiefern verändert Psychotherapie das Gedächtnis, inwiefern verfälscht Psychotherapie eine Aussage? Die in den vorhergehenden Kapiteln vermittelten Probleme mit den Erinnerungen von Patientinnen an Traumatisierungen in ihrer Kindheit, die nicht selten *false memories* waren, wurden übertragen auf Akuttraumata, die nur wenige Tage oder Wochen zurück lagen. Nach einer Anzeige empfahlen Vernehmungsbeamtinnen nicht selten: »Machen Sie bis zum Verfahren bitte keine Psychotherapie! Dann kann nicht mehr unterschieden werden, was durch die Therapie verfälscht wurde und was Ihre genuine, reale Erinnerung ist.« Das ist gesundheitsschädigend. Intrusionen und Flashbacks, die nach drei bis sechs Monaten noch persistieren, haben ein hohes Risiko, zu chronifizieren. Und eine chronifizierte Posttraumatische Belastungsstörung kann nach acht bis zwölf Jahren zu Hirnatrophie im Bereich des Hippocampus führen, also Hirnschäden verursachen (Karl et al. 2006; Weniger et al. 2008, 2009). Eine Posttraumatische Belastungsstörung ist keine Kleinigkeit, die mit der Alltagsempfehlung zu bewältigen ist: »Komm, reiß Dich zusammen! Stell Dich mal nicht so an!« Das haben schon Frau und Herr Macbeth bei Shakespeare nicht geschafft. Eine Posttraumatische Belastungsstörung ist eine behandlungsbedürftige Krankheit, die gerade akut gut behandelbar ist und behandelt werden muss.

Das haben die Berufsgenossenschaften (BG) verstanden und seit Jahren ein Kriseninterventionsnetzwerk etabliert, in das Menschen vermittelt werden, die eine beruflich bedingte Traumatisierung erfahren haben: Banküberfälle, Überfahren von Suizidanten durch Züge, Arbeitsunfälle. Innerhalb einer Woche muss der erste Termin sein, acht bis zwölf Termine werden unproblematisch bewilligt. Es kann auf Antrag eine Verlängerung geben. Die meisten akuten Posttraumatischen Belastungsstörungen von ansonsten wenig seelisch belasteten Menschen sind aber mit zwölf Sitzungen gut behandelbar. Wenn deutlich wird, dass die Traumatisierung auch einen ungelösten Kindheitskonflikt nach OPD aktualisiert hat oder die aktuellen Beziehungen sehr belastet oder zu unerträglichen emotionalen oder kognitiven Dissonanzen geführt hat, wäre eine anschließende Richtlinien-Psychotherapie indiziert.

Diese sehr guten Erfahrungen der Berufsgenossenschaften haben den Gesetzgeber veranlasst, im SGB IV im Rahmen des Opferentschädigungsrechtes Traumaambulanzen (→Kap. 11.1) einzurichten. Seit Januar 2024 hat jedes Opfer einer Straftat das Recht auf einen Akuttermin in einer Traumaambulanz, daran anschließend auf fünf Termine ohne große Formalitäten. Das führte dazu, dass eine Vernehmungsbeamtin hätte empfehlen müssen: »Das hat Sie ja doch sehr mitgenommen, das merke ich. Hier, der Flyer unserer Traumaambulanz. Wenden Sie sich bitte dahin! Da bekommen Sie Hilfe und werden gleich behandelt. Aber lassen Sie sich bitte nicht behandeln! Das könnte Ihre Zeugentüchtigkeit schwächen.« – Ein klassischer *double bind* (Schemmel und Volbert 2021).

Zugespitzt formuliert: Bei dieser Rechtslage hätte eine Staatsanwältin oder Ermittlungsbeamtin, die erfährt, dass die Opferzeugin in traumazentrierter Psychotherapie ist, ein Ermittlungsverfahren gegen die Therapeutin einleiten müssen wegen des Verdachtes auf wissentliche Strafvereitelung durch Vernichtung von Beweismitteln. Denn die Therapeutin hätte das Beweismittel Zeugenaussage durch die gedächtnisverändernde Therapie vernichtet. Und eine Therapeutin, die von der Empfehlung einer Ermittlungsbeamtin erfahren hätte, keine traumazentrierte Psychotherapie zu machen, hätte diese Beamtin wegen Körperverletzung anzeigen müssen, weil sie die Behandlung einer im Extrem hirnschädigenden, chronischen Krankheit aktiv verhindert hat.

Diese Situation bedurfte der Klärung. Der BGH hat klargestellt, dass es keine Rechtsgrundlage dafür gibt, eine medizinisch gebotene Krankenbehandlung zu untersagen, und deutet an, dass man dies andernfalls als Körperverletzung werten könnte (BGH NStZ-RR 1999, 108).

Das Bundesministerium der Justiz (BMJ) gründete im April 2023 die »Expertengruppe Psychotherapie und Glaubhaftigkeit«, in der wir mitgewirkt haben. Der Leitfaden zum Verhältnis von Psychotherapie und Strafverfahren wird im Herbst 2024 veröffentlicht. Dann liegen zwei Leitfäden vor, die die Kooperation von Justiz, Psychotherapie, Beratungsstellen und Opferverbänden fundiert versachlichen: der soeben genannte und der »Praxisleitfaden zur Anwendung kindgerechter Kriterien für das Strafverfahren«[211]. Damit stehen Opferhilfe, Justiz und Psychotherapie auf einem gemeinsamen gesellschaftlichen Fundament.

Was beinhaltet der Leitfaden zum Verhältnis von Psychotherapie und Strafverfahren?

Wir haben ja schon deutlich gemacht, dass Therapeutinnen völlig anders denken und arbeiten als Juristen. Wir haben auch deutlich gemacht, dass das menschliche Gehirn und die Erinnerung gar nicht die Funktion haben, historische Wahrheiten abzuspeichern und abrufbar bereitzuhalten, sondern Erinnerungen als Erfahrung zur Bewältigung der aktuellen Situation nutzen zu können. Nacht für Nacht arbeiten

---

211 BMFSFJ (Hrsg) (2022). Praxisleitfaden zur Anwendung kindgerechter Kriterien für das Strafverfahren. www.bmfsfj.de/bmfsfj/service/publikationen/praxisleitfaden-zur-anwendung-kindgerechter-kriterien-fuer-das-strafverfahren-193090.

unsere Träume daran, unsere Alltagserfahrungen und die während des Alltags nicht verarbeiteten Tagesreste so zu verarbeiten, dass sie in unsere Weltsicht, in unsere »Schemata« hineinpassen und uns bereichern und nicht stören, keine »kognitiven Dissonanzen« hinterlassen. Die schätzt unser Gehirn nämlich gar nicht.

Die Notwendigkeit, im Hauptverfahren noch unmittelbar aussagen zu müssen, erschwert die traumazentrierte Aufarbeitung der Posttraumatischen Belastungsstörungen. Therapieziel der traumazentrierten Psychotherapie ist es, dass Vergangenes Vergangenheit wird und die Gegenwart so wenig wie möglich belastet. Die doppelte Ungerechtigkeit und schicksalhafte Gemeinheit einer Traumatisierung besteht darin, dass eine wichtige Zeit in der Vergangenheit geschädigt worden ist und dass diese Schädigung in der Vergangenheit einem auch noch die Gegenwart belastet und schädigt. Traumazentrierte Psychotherapie zielt darauf, durch bestimmte Methoden und Techniken die Aktualisierung der traumatischen Erinnerungen zu vermindern, die Physiologie der Übererregung, des Hyperarousals von den Erinnerungen abzukoppeln, die Menschen zu desensibilisieren, damit die Vergangenheit erinnerungsfähig wird, ohne Schäden zu hinterlassen.

> Traumazentrierte Psychotherapie ist weitgehend abgeschlossen, wenn ein Mensch das, was ihm widerfahren ist, erinnern kann, ohne depressiv zu werden, im falschen Film und heftig aufgewühlt zu sein, Erinnerungsstörungen zu bekommen, sich betrinken zu müssen, suizidal zu werden, sich selbst zu verletzen oder Drogen zu nehmen. Ein Trauma ist »integriert«, wenn ich es emotional gefasst erinnern kann, aber nicht muss, ohne dabei oder danach Symptome zu entwickeln.

Was machen eigentlich Psychotherapeutinnen mit Patientinnen bei dieser ominösen »Traumatherapie« (Sachsse 2004)? Sie behandeln ein Trauma. Was ist ein Trauma? Ein Trauma wird ganz unterschiedlich definiert, der Begriff wird ganz verschiedenartig verwendet.

Umgangssprachlich nennen wir ein Ereignis traumatisch, wenn es für uns besonders schlimm, ganz unerträglich und nicht zu verarbeiten ist. Traumatisch hat hier also einfach die Bedeutung von »besonders schlimm«.

Dann wird der Begriff des Traumas im Bereich zwischenmenschlicher Beziehung verwendet. Das hat eine lange wissenschaftliche Tradition aus der Psychoanalyse, der Bindungsforschung und der Entwicklungspsychologie. Mit Bindungstrauma und Beziehungstrauma wird zunächst eine sehr unzureichende oder schädliche Förderung des Kindes bezeichnet. Im angloamerikanischen Sprachgebrauch wird unterschieden zwischen »Neglect« einerseits, was nur unzureichend mit »Vernachlässigung« übersetzt ist, besser als »Unterstimulierung« bezeichnet werden müsste, und »Abuse« andererseits, was mit der üblichen Übersetzung »Missbrauch« ebenfalls nicht gut erfasst wird, sondern besser als »Überstimulierung« bezeichnet wird. Eltern und Erziehungspersonen, die mit dem »Stressor Säugling« nicht gut umgehen können, tendieren dazu, das Kind entweder über- oder unterzustimulieren, sich ihm entweder zu heftig zuzuwenden oder sich gar nicht um das Kind zu kümmern. Solche frühen Bindungserfahrungen können sich nachweislich bis ins Erwachsenenleben auswirken. Und auch die Bindungserfahrungen, die wir nach der Säuglingszeit machen, haben auf unsere weitere Entwicklung erheblichen Einfluss. Das aktuell am häufigsten diskutierte Beziehungstrauma ist das »Mobbing«, die Kehrseite des Kündigungsschutzes. Wenn ein Arbeitgeber einen Mitarbeiter legal nicht loswerden kann, wird er versuchen, diesen Mitarbeiter so schlecht wie möglich zu behandeln, zu »mobben«, damit der von sich aus geht. Solche Erfahrungen können ganz erhebliche seelische Schäden verursachen, bis hin zur Suizidalität.

Im engeren, wissenschaftlichen Sinne ist ein Trauma definiert in den diagnostischen Manualen der Psychiatrie. Das eine ist das Diagnostische und Statistische Manual der Amerikanischen Psychiatrischen Assoziation DSM-5® (APA 2015), das andere ist die Internationale Klassifikation der Krankheiten und verwandter Gesundheitsprobleme ICD-11, die von der Weltgesundheitsorganisation WHO erarbeitet und kontinuierlich aktualisiert wird. Beide definieren ein Trauma als eine lebensgefährliche Bedrohung, die von außen kommt. Das kann eine Naturkatastrophe sein wie ein Vulkanausbruch, ein Blitzschlag oder eine Überschwemmung. Das kann eine Bedrohung durch ein wildes Tier sein. Besonders häufig aber ist es eine Bedrohung durch einen Mitmenschen, einen Bankräuber, Geiselnehmer, feindlichen Soldaten oder Vergewaltiger.

Jetzt müssen wir einen kleinen Ausflug in die biologischen Grundlagen des Säugetiers »Mensch« machen. Lebensgefahr und Lebensbedrohung sind für das Säugetier Mensch in den vergangenen Jahrtausenden keine Ausnahmen, sondern eher der Normalzustand gewesen. Sicherlich leben wir in Deutschland in den letzten 70 Jahren in einem außergewöhnlich sicheren und geschützten Zustand. Die Pest war in der Vergangenheit viel bedrohlicher als die Vogelpest für uns heute, wir hatten mit unserem Erbfeind Frankreich fast in jeder Generation einen Krieg, unsere Lebenserwartung betrug durch Hungersnöte und Unfälle weniger als die Hälfte unserer heutigen Lebenserwartung und vieles mehr. Diese wenigen Jahrzehnte relativer Ruhe und Sicherheit haben auf unsere Biologie noch keinerlei Einfluss genommen. Unsere Biologie ist darauf eingerichtet, dass wir in Lebensgefahr kommen.

Lebensgefahr ist im Grunde genommen nichts anderes als der maximale Stress. Und Stress ist nun auch nichts Ungewöhnliches, sondern ein ganz natürlicher Normalzustand. Wenn wir gar keinen Stress mehr haben, sind wir tot. Das können Sie einfach ausprobieren, indem Sie mal zehn Minuten lang die Luft anhalten. Schon nach einer halben Minute werden Sie merken, dass Ihr Körper heftig dagegen rebelliert, sein Kohlendioxid nicht mehr abatmen zu können und keinen neuen Sauerstoff zu bekommen. Wenn Sie nicht eine gut trainierte Perlentaucherin sind, werden Sie diese wenigen zehn Minuten ohne Luftaustausch nicht überleben. Und auch ohne Wasser kommen Sie nur in Ausnahmefällen über die nächsten zwei oder drei Tage. Ohne Nahrung können wir es etwas länger aushalten. Das haben unsere Körper aber noch nicht begriffen. Sie bilden weiterhin Fettdepots und wir ernähren uns ganz selbstverständlich nach wie vor so, als ob es im nächsten Februar wieder die jährliche Hungersnot geben wird. Gesundheitsfördernd führen einige Menschen ihre physiologisch sinnvolle, subjektive Hungersnot in dieser Zeit durch ein religiös fundiertes Fasten herbei.

Auch mit dem Extremstress können wir umgehen. Das wichtigste Stressbewältigungssystem ist seit über 100 Jahren gut bekannt und bestens erforscht. Es ist das System, welches in Zeitungen und Zeitschriften als »Stress-System« bezeichnet wird. Panksepp (Panksepp und Biven 2012) bezeichnet dieses System als Furchtsystem. Eine Außengefahr führt in weniger als einer halben Sekunde dazu, dass im Nebennierenmark Adrenalin in den Körper ausgeschüttet wird und im Gehirn aus dem blauen Kern, dem Locus coeruleus, Noradrenalin ins Gehirn gelangt. Durch diesen Adrenalin-Stoß bekommen wir eine Sympathikus-Reaktion: Das Herz fängt an zu rasen, die Muskelspannung ist heraufgesetzt, der Blutdruck steigt, alle Zuckerreserven werden ausgeschüttet und das Gehirn schaltet auf Wachsamkeit. Machen Sie einen Spaziergang durch den Wald, beobachten Sie Rehe und brechen Sie dann einen Zweig durch, sodass es knackt! Sofort werden die Rehe angespannt, wachsam, beobachten die Umgebung und unterbrechen das Äsen. In diesem Zustand sind wir reflexhaft in der Lage, zu flüchten oder anzugreifen. Dieses System liegt der Empfehlung zugrunde: »Hilf dir selbst!« Mit diesem System können wir flüchten, kämpfen oder aber nachdenken. Über die Furchtkonditionierung sind wir in der Lage, aus Lebenserfahrungen zu lernen, wir werden aus Schaden klug.

Beruhigt wird dieses System durch einen siegreichen Kampf. Samstagabends können Sie im Fernsehen häufiger mal einen mehr oder weniger sportlichen Austausch zwischen Männern oder inzwischen auch Frauen sehen, die miteinander kämpfen. Am Schluss hat der eine gewonnen, ist sichtlich glücklich und springt durch den Ring wie ein siegreicher Gorilla, klopft sich auf die Brust und reißt die Arme nach oben. Manchmal erinnert auch sein Siegesgeheul durchaus an Menschenaffen. Der andere wirkt im wahrsten Sinne des Wortes niedergeschlagen und überlegt sich vielleicht eine Umschulungsmaßnahme.

Wer sich intensiver mit diesem Stressbewältigungssystem auseinandersetzen möchte, kann dies in einer umfangreichen Lehrfilmreihe tun. Es gibt inzwischen über 20 DVDs oder Blu-rays mit der Märchengestalt »James Bond 007«. Dieser Übermensch kommt mit diesem System durch alle Schwierigkeiten. Die eine Hälfte der Filme ist er intelligent auf der Flucht, entkommt übermächtigen Verfolgern und rettet dabei nebenbei meistens noch schöne Frauen. Die andere Hälfte des Films kämpft James Bond. Er kann fechten, schießen, boxen, Karate, Mikado, Maschinengewehr, Harpune, Degen und auch vieles andere noch. Er fährt Auto, Motorrad, Fahrrad, Hubschrauber, U-Boot, Düsenflugzeug und Mondrakete. Er kann rennen, Ski fahren, klettern, tauchen und Fallschirm springen. Er kann einfach alles. Solche Menschen wurden in früheren Zeiten als Helden verehrt. Und meistens wurden Menschen erst dann zu Helden, wenn sie verstorben waren. Lebende Menschen eignen sich nicht gut als Helden, weil es in der Wirklichkeit keinen Menschen gibt, der alles kann und mit diesem System sicher durch alle Schwierigkeiten hindurchkommt. Wir sind eben nicht immer in der Lage, wie James Bond alle Probleme alleine heldenhaft zu lösen. Meistens brauchen wir Hilfe von Freunden oder Familienangehörigen oder Kolleginnen. Inzwischen gibt es übrigens auch weibliche Helden wie die »Drei Engel für Charlie« oder »Lara Croft«. Besonders überzeugend ist Colonel Ripley im Kampf gegen Aliens 1 bis 6. Mit Aliens kommen Frauen einfach besser zurecht.

Können wir uns nicht selbst helfen in einer Lebensgefahr, dann steht uns ein zweites Gefahrenbewältigungssystem zur Verfügung: das Bindungssystem. Das Bindungssystem arbeitet mit anderen Botenstoffen als das Furchtsystem, nicht mit Adrenalin, sondern mit Glutamat, Oxytocin oder Endorphinen. Es greift auf andere Kerne im Gehirn zurück, sowohl im Hirnstamm als auch auf der Ebene des limbischen Systems, das für unsere Gefühle zuständig ist. Dieses Bindungssystem ist bei uns von Geburt an aktiv, denn der Säugling kann nicht nur atmen, schlucken und bald auch verdauen, sondern er kann recht schnell auch Bindung und Beziehung herstellen. Wenn der Säugling Bindung sucht, dann macht er das sehr lautstark deutlich, und ein lautstarker Säugling ist ein Stressor.

Wir hatten schon darauf hingewiesen, dass manche Eltern mit dem »Stressor Säugling« wie mit anderen Stressoren auch überfordert sein können, was zu Problemen führt. In Video-Aufnahmen kann gezeigt werden, dass ein schreiender Säugling bei Eltern manchmal ein Abschalten auslöst, einen Tunnelblick, ein Vor-sich-hin-Starren ohne Reaktion. Manche Eltern nehmen dann Alkohol oder Medikamente, um den Stress, der durch den schreienden Säugling ausgelöst wird, nicht spüren zu müssen. Denn diesem intensiven Stress wären sie innerlich nicht gewachsen. Diese Eltern reagieren auf den »Stressor Säugling« mit Bindungsabbruch, Unterstimulierung, Vernachlässigung, Deprivation. Das Gegenteil wäre eine Überreaktion. Insbesondere Männer tendieren dazu, auf einen Stressor wie ein undifferenzierter Jugendlicher zu reagieren: »Machst du mir Stress, mache ich dich platt!« Immer wieder wird in Prozessen von Männern gesagt: »Ich hab' den Säugling nur geschlagen, damit er endlich Ruhe gibt. Ich wollte meine Ruhe haben. Ich hab' nichts gegen den, ich mochte den sogar ganz gerne.« Beides sind Primitivreaktionen, die Säuglinge schädigen und dazu führen, dass Stressverarbeitungsstörungen über die Generationen hinweg weitergegeben werden können. Das Bindungssystem bleibt bei der Herdentier-Spezies Mensch während des ganzen Lebens erhalten. Auch als alte Menschen können wir in der Not noch »Mama« rufen, und bis zu unserem Tode können wir um Hilfe rufen.

Beruhigt wird dieses System durch eine gute Mutter, einen guten Vater, eine gute Freundin oder einen guten Freund. Gute Beziehungen sind das beste Beruhigungsmittel der Welt. Jedenfalls fast das beste Beruhigungsmittel. In raffinierten Tierversuchen ist festgestellt worden, dass eine gute Beziehung bei Affen fast allen Beruhigungsmedikamenten überlegen ist. Besser als ein befreundeter Affe sind eigentlich nur die Opiate, insbesondere das Heroin. Wer Opium und Heroin hat, braucht keine Beziehungen mehr. Und eine gute Beziehung führt auch zur körpereigenen Opiatausschüttung, zur Endorphinausschüttung. Gute Beziehungen wirken über die Endorphine, aber auch über das Beziehungshormon Oxytocin, das eine große Rolle spielt bei der Geburt, beim Stillen und bei der Sexualität.

Kann ich mir selbst helfen oder wird mit erfolgreich geholfen, hinterlässt eine traumatische Situation keine posttraumatische Störung. Dann wird sie verarbeitet. Das Fachwort für die Verarbeitung eines Traumas lautet »Integration«. Mit diesem Wort ist nichts anderes gemeint, als dass ich an ein Trauma denken kann, ohne dass mir das Symptome macht, ohne dass ich hinterher davon Symptome bekomme.

Kann ich mir nicht selbst helfen, wird mir nicht geholfen, dann bin ich hilflos in Lebensgefahr. Genau diese Situation ist es, auf die wir biologisch schlecht vorbereitet sind. Hilflosigkeit ist etwas, das in der Natur möglichst wenig vorkommen sollte. Hilflosigkeit ist schlichtweg unfunktional fürs Überleben. In der Situation der Lebensgefahr, verbunden mit Hilflosigkeit, kann ich nur noch erstarren. Erstarren kann ich zum Beispiel in gespannter Erstarrung. Dann bin ich hochgradig sympathikoton, mein Herz rast, mein Blutdruck ist hoch und ich bin auf dem Sprung, um möglichst schnell flüchten zu können. Ich bin mucksmäuschenstill und bringe kein Wort heraus. Das passt sehr gut zur Symptomatik der Panikattacken.

Diesen Zustand gespannter Aufmerksamkeit, in dem ich hochgradig unter Stress bin und jederzeit flüchten kann, kann ich nur einen begrenzten Zeitraum aufrechterhalten. Dann kippt dieser Zustand irgendwann um in innere Kapitulation. Ich gebe auf, rolle mich auf den Boden in Embryonalhaltung, werde wahrscheinlich im Gehirn von Endorphinen überflutet und schalte ab. Dann ist es mir egal, ob ich von diesem wilden Tier gefunden und totgebissen werde oder ob die Feinde mich fangen. Ich habe kapituliert, ich habe aufgegeben. Dann kann ich nur noch abschalten, vielleicht meinen Körper verlassen und neben mir stehen, alles von außen wahrnehmen. Oder ich kann die Wirklichkeit verlassen, in eine andere Realität flüchten und mich dort aufhalten wie Alice im Wunderland oder Alice hinter den Spiegeln. Dieser Zustand wird als Dissoziation bezeichnet, entweder als Depersonalisation mit Verlassen des eigenen Körpers oder Derealisation als Verlassen der Wirklichkeit. Diesen Bewältigungsmechanismus kann ein Kind lernen, aber auch Erwachsene können ihn sich antrainieren, wenn sie etwa wiederholter Folter ausgesetzt sind oder immer wieder damit rechnen müssen, vergewaltigt zu werden.

Ein Trauma im engeren Sinne ist exakt diese Situation: Lebensgefahr oder ernsthafte Gesundheitsgefährdung mit ausgeprägter, totaler Hilflosigkeit. Eine solche Situation wird in unserem Gehirn abgespeichert. An die Lektüre einzelner Artikel dieses Buchs werden Sie sich hoffentlich morgen noch erinnern. Sie haben etwas gelesen und Ihr Arbeitsspeicher hat sich auf den Inhalt dessen, was Sie gelesen haben, fokussiert. Im Arbeitsspeicher bleiben Inhalte maximal zwei Minuten. Entweder waren diese Inhalte für Sie wichtig, dann waren sie für Sie emotional wichtig. Auch wenn Sie sich rational gesagt haben: »Das muss ich mir auf jeden Fall merken!«, dann war es die Begleitemotion, die dazu geführt hat, dass dieses Erinnerungselement über den Arbeitsspeicher hinausgelangt ist in eine Art Zwischenspeicher, den sogenannten Hippocampus. Dort lagern, wie vor 100 Jahren Sigmund Freud schon richtig feststellte, unsere Tagesreste, die für uns während des Tages emotional bedeutsam waren, aber nicht gleich verarbeitet werden konnten. Wenn Sie abends das Gefühl haben: »Ich hab' den Kopf so voll«, dann ist das falsch. In Ihrem Kortex, Ihrer Großhirnrinde, können Sie so unendlich viel speichern, dass Sie davon in einem ganzen Leben kaum 20 Prozent wirklich nutzen. Voll ist aber wahrscheinlich Ihr Hippocampus. Und den müssen Sie in der Nacht wieder leeren. Das tun Sie auch drei- oder viermal während des Traums. Dabei bewegen Sie die Augen von rechts nach links und die Informationen aus dem Hippocampus strömen in beide Hirnhälften in die Großhirnrinde. Dort wird durchgeprüft, wozu diese Informationen wohl passen können, und das gibt dann ganz lustige Kombinationen. Diese aktuellen Tagesreste mit den alten Inhalten im Gedächtnisspeicher ergeben ganz interessante, wirre, nicht immer logische Bildfolgen und Geschichten. Traumdeutung ist spannend und anregend. Wenn Sie am nächsten Morgen wach werden, dann ist Ihr Hippocampus wieder ein wenig entlastet und Sie haben den Eindruck: »Mein Kopf ist frei.« Wenn Ihnen mehrere Nächte hintereinander das Träumen unmöglich gemacht worden ist, dann werden Sie erst verrückt und dann können Sie sogar sterben. Das Träumen ist für uns überlebensnotwendig. In den Träumen werden wichtige Inhalte auch immer wieder wiederholt. Schließlich landen sie im Langzeitgedächtnis und sind dort in Form von Molekülen chemisch niedergelegt. Erst dann hat sich uns etwas eingeprägt, erst dann haben wir etwas behalten.

Die traumatische Situation prägt sich uns unmittelbar heftig ein. Diese Abspeicherung ist unpräzise, schemenhaft. Sie beinhaltet Wortfetzen, kurze Bildsequenzen, Geräusche, Körperempfindungen und insbesondere Gerüche. Diese Abspeicherungen sind aber sehr hartnäckig und dauerhaft. Wenn nun nach einer unverarbeiteten traumatischen Situation etwas geschieht, was auf irgendeinem Sinneskanal auch nur entfernt an das Trauma erinnert, dann springt unser Alarmsystem sofort an. Wir sind dann sofort mit allen unseren Stressbewältigungssystemen »online« und können in ganz kurzer Zeit reflexhaft reagieren. Das ist in der Savanne überlebensnotwendig. Wenn wir mit knapper Not einem Löwen entkommen sind, dann kann es gut sein, dass der Löwe erneut versucht, uns zu verspeisen. Wenn ein Vulkan ausgebrochen ist, dann ist es wahrscheinlich, dass er in nächster Zeit erneut ausbrechen wird. Einem Erdbeben folgen fast immer Nachbeben. Wenn der Nachbarstamm mich angegriffen hat, dann wird er das vielleicht erneut versuchen. Insofern ist in der Natur damit zu rechnen, dass eine Lebensgefahr dann, wenn das Einzelereignis vorbei ist, noch nicht generell vorbei ist. Genau darauf reagieren wir mit diesem posttraumatischen Zustand. Wir sind dann dünnhäutig, reizbar, gleich im Hochstress und betrachten jeden Reiz als Gefahrensignal. Diese Gestimmtheit ist ein wenig vergleichbar mit der Atmosphäre in einem Horrorfilm, in dem eine wehende Gardine, eine knarrende Treppe oder ein vorbeifahrendes Auto zum Gefahrensignal wird.

Wichtig ist es, dass dieser posttraumatische Zustand normal, sinnvoll und überlebensnotwendig ist. Die ICD-11 trägt dem Rechnung und betrachtet solche Reaktionsmuster vier Wochen nach einer Belastung als normal. Für die Umgebung wirkt ein solcher Mensch dünnhäutig, reizbar, schreckhaft.

Natürlicherweise würde unsere Familie, unsere Herde oder Horde uns in einer solchen Situation Schutz geben. Die anderen nehmen uns in den Arm, halten uns fest, lassen uns zittern, lassen uns vor Entsetzen schluchzen und weinen und sie sind zu

100 Prozent solidarisch, auf unserer Seite. Sie übernehmen unseren Schutz, nehmen uns in ihre Mitte, verteidigen uns nach außen und ermöglichen uns, dass wir die Situation durchträumen und sicher schlafen können. Dieses Sicherheitsgefühl direkt nach einem Trauma ist unentbehrlich und es ist der natürliche Bewältigungsmechanismus einer traumatischen Situation.

Sofern eine solche Situation gegeben ist, sofern ein soziales Netz besteht und gute Bindungen und Beziehungen, werden traumatische Ereignisse zu 80 bis 90 Prozent in drei bis sechs Monaten verarbeitet. Wir Menschen haben aber Schwierigkeiten mit der Verarbeitung von Vergewaltigung und Folter. Da bleibt auch bei einem guten Sozialnetz in über 50 Prozent der Fälle eine posttraumatische Störung zurück.

Was ist nun eine posttraumatische Störung (Schaefer et al. 2019)? Der deutsche Ausdruck Posttraumatische Belastungsstörung (PTBS) ist meines Erachtens schlechter als der englische Ausdruck Posttraumatic Stress Disorder (PTSD). Stress Disorder beinhaltet, dass es sich um eine Stressverarbeitungsstörung handelt. Dieser Ausdruck ist präzise. Wir haben anschließend Schwierigkeiten, mit Stressoren angemessen umzugehen, Stress so zu verarbeiten wie vorher.

Das äußert sich einmal darin, dass kleine Reize, aber auch Reizarmut wie abendliche Ruhe, dazu führen können, dass wir vom traumatischen Ereignis innerlich wieder vereinnahmt werden. Man spricht in diesem Fall von Intrusionen und Flashbacks. *Intrudere* bedeutet »sich aufdrängen«. Intrusionen sind Bilder, Gefühle und Gedanken, die sich mir aufdrängen, an die ich immer wieder denken muss, obwohl ich das gar nicht will. Flashbacks sind Körperempfindungen und Bilder, die mir plötzlich präsent sind, obwohl es dafür gar keinen Grund gibt, allenfalls einen harmlosen Auslöser wie einen vorbeifahrenden Krankenwagen mit Signalhorn und Blaulicht. Im Schlaf schrecke ich hoch von Albträumen, in denen das traumatische Ereignis wieder und wieder abläuft.

Eine solche intrusive Symptomatik ist extrem belastend, weil ich dadurch immer wieder in Stress gerate, im falschen Film bin und so reagiere, als sei ich gerade in Lebensgefahr. Also werde ich versuchen, diese Situation zu vermeiden. Vermeidungsverhalten ist ein sinnvoller Schutzmechanismus nach einem Trauma: Ich gehe nicht mehr beim Zebrastreifen über die Straße, weil ich auf einem Zebrastreifen angefahren wurde. Vielleicht sehe ich nicht mal mehr Tierserien aus Afrika, weil ich keine Zebras sehen kann. Und vielleicht weiß ich nicht mal, warum Zebras mich immer wieder so aufregen. Nicht jedes Vermeidungsverhalten, nicht jede Phobie ist traumatisch bedingt. Es kann aber durchaus ein Einzelereignis auslösend sein. Und das Vermeidungsverhalten kann dann sogar irgendwann so intensiv werden, sich so sehr generalisieren, sich so sehr ausbreiten, dass es schließlich die posttraumatische Symptomatik verdeckt. Dann hat ein Mensch eine Agoraphobie, eine Platzangst, eine generalisierte Angststörung oder eine Phobie, aber keine posttraumatische Symptomatik mehr.

Das Gleiche gilt für den nächsten Symptomkomplex, die Konstriktion, das innere Abschalten. Acht bis zwölf Wochen nach einem Trauma berichten viele Menschen davon, dass sie allmählich wieder ruhiger werden. Sie reagieren nicht mehr so heftig, schlafen besser, schrecken nicht mehr von Albträumen auf und wirken auch auf ihre Umgebung ruhiger. Dann wird der erfahrene Trauma-Therapeut hellwach. Ich werde nachfragen, wie es denn mit den schönen Dingen des Lebens ist, ob jemand wieder gerne Musik hört, wieder gerne Essen geht, wieder gerne Tennis spielt oder gerne im Garten ist. Und wenn mir ein Mensch dann sagt, dass das Trauma ihm zwar nicht mehr so nahegehen würde, alles andere aber auch nicht mehr so, dann bin ich alarmiert. Dann kann es sein, dass sich daraus eine Depression, eine Versteinerung, eine allgemeine Unfähigkeit entwickelt, glücklich zu sein, das Leben zu genießen. Der Fachausdruck dafür heißt Anhedonie. Depression, Anhedonie, inneres Abschalten und Versteinern sind häufig gefährlicher als die heftige, aufwühlende intrusive Symptomatik. Solch eine Entwicklung ist nicht selten still, aber sehr langwierig und schwer behandelbar.

Dieses Abschalten kann natürlich auch erfolgen durch Medikamente, Alkohol oder Drogen. Auch hierbei kann es sein, dass die Suchtentwicklung schließlich die posttraumatische Symptomatik völlig überlagert. Fast die Hälfte aller schwer drogenabhängigen Patienten bewältigt mit ihrer Drogensucht auch eine Posttraumatische Belastungsstörung.

Wenn erst mal Seele und Körper so abgespalten, so versteinert sind, dann wird der eigene Körper oft nur noch über Spannungen und Schmerzen wahrgenommen. Natürlich ist nicht jedes Schmerzsyndrom, ist nicht jede Somatisierungsstörung auf ein Trauma oder auf traumatische Erfahrungen zurückzuführen, aber zu einem Drittel ist das zumindest ein Faktor unter mehreren. Insofern ist das Trauma selten als Einzelereignis schädlich, kann aber eine Problematik extrem erschweren oder im Zusammenwirken mit anderen Problemen zu langfristigen Beeinträchtigungen führen.

Sofern ein Mensch unter allem gleichzeitig leidet, unter Intrusionen, Flashbacks, Realitätsverkennungen, Drogen- und Alkoholabusus, Depressionen, Depersonalisation, Derealisation, anderen Formen der Dissoziation, Beziehungsverzerrungen und Übererregbarkeit, dann kann neben der Diagnose Traumafolgestörung (Sack et al. 2022) auch die Diagnose einer Borderline-Persönlichkeitsstörung zutreffend sein (Dulz et al. 2011). Sicherlich gibt es unterschiedliche Formen der Borderline-Persönlichkeitsstörung. Diese Störung kann ausschließlich durch unglückliche Konstellationen in der Kindheit entwickelt werden, ohne dass ein Kind ein einziges Mal vergewaltigt oder körperlich misshandelt wurde. Aber zwei Drittel der Patientinnen mit einer Borderline-Persönlichkeitsstörung haben schwere Formen sexuellen Kindesmissbrauchs erfahren und zwei Drittel der männlichen Borderline-Patienten, die sich vielfach in Gefängnissen und Forensischen Psychiatrien wiederfinden, sind als Kinder lebensgefährlich körperlich misshandelt worden (Zanarini 1997). Insofern ist es schon sinnvoll, dass unsere Gesellschaft die Kindererziehung nicht mehr wie in der Vergangenheit komplett zur Privatsache der Familie erklärt, da sich eine fehlgelaufene Kindererziehung im Erwachsenenalter ganz erheblich schädigend auswirken kann auf den Betroffenen selbst, aber auch auf unsere Gesellschaft.

Wir haben schon darauf hingewiesen, dass wir Menschen Selbstheilungssysteme in unserer Sozialstruktur haben, mit denen wir Traumata verarbeiten. Wenn nach vier bis acht Wochen die intrusive Symptomatik mit wiederkehrenden Bildern, Albträumen und Schlafstörungen noch da ist oder wenn sich eine konstriktive Depression anbahnt, dann muss behandelt werden. Es gibt inzwischen gute Kriseninterventionsprogramme von zehn bis 15 Sitzungen, durch welche die Entwicklung einer Posttraumatischen Belastungsstörung zu einem sehr hohen Prozentsatz verhindert werden kann – wenn nicht Vortraumatisierungen und Vorschädigungen bestanden haben. Gab es zum Zeitpunkt der Traumatisierung bereits eine Borderline-Persönlichkeitsstörung, eine Suchtkrankheit, eine schwere Depression oder eine Angsterkrankung, dann kommt es zu ganz komplizierten Interaktionen, die natürlich eine längerfristige Behandlung benötigen als eine solche Krisenintervention (Sack et al. 2022).

In der Krisenintervention wird die Trauma-Therapeutin zunächst alle gesunden Seiten der Patientin stärken. Sie wird ihre Ressourcen suchen, ihre Fähigkeiten, ihre gesunden Anteile, ihre Lebenserfolge. Diese Seiten werden gezielt aufgesucht, intensiviert, bestätigt und die Patientin soll Dinge tun, die ihr vor dem Trauma gutgetan haben und die sie genossen hat. Zusätzlich werden ihr Skills, Fähigkeiten, vermittelt zum Umgang mit spezifisch posttraumatischen Symptomen (Bohus 2019).

Dann wird mit einigen wenigen Sitzungen Trauma-Exposition das traumatische Ereignis gezielt aufgesucht. Es gibt inzwischen in Deutschland über 30 Methoden, traumazentriert eine Posttraumatische Belastungsstörung zu behandeln (Rießbeck und Müller 2019; Sack et al. 2022). Alle diese Methoden arbeiten ähnlich, wenn auch nicht identisch (Schnyder et al. 2015). Sie beinhalten verhaltenstherapeutische Desensibilisierung sowie psychodynamisch-hypnotherapeutischen Umgang mit Regression (Inneres Kind) und destruktiver Selbstabwertung und Selbstanschuldigung (Täterloyale Anteile) zur Neustrukturierung. Traumatisierte werden dosiert von der Therapeutin getriggert, das traumatische Ereignis wird in der Therapie imaginativ aktualisiert und dann durch desensibilisierende Techniken wie beruhigendes Atmen, steuernde Imaginationen, bewusstes Aussprechen, In-Worte-Fassen, assoziierte Annäherung und dissoziierte Distanzwahrung, körperliche Klopftechniken und Augenbewegungen von der vegetativen Übererregung, dem Hyperarousal, befreit. Dabei kann es zu spontanen Umbewertungsprozessen kommen, zum Beispiel: »Ich hab getan, was ich konnte, ich bin nicht schuld.« Eine Trauma-Exposition war erfolgreich, wenn das Trauma erinnert werden kann, aber nicht mehr triggerbar ist, und wenn das Erinnern nicht zu vegetativer Überreaktion und zu Symptomen führt. Wir haben bereits darauf hingewiesen, dass unser Gedächtnis keine historischen Wahrheiten abbilden will, sondern die Welt danach absucht, was uns hilfreich ist und unser Überleben erleichtert oder ermöglicht. Ein Trauma wird von einem Menschen in seinen bisherigen Lebenserfahrungskontext eingebaut. Kleinigkeiten werden verändert, das Trauma wird erträglich gemacht, es verliert seinen überwältigenden Charakter und wird zu einer Erinnerung. Das genau ist auch das Ziel der Traumatherapie. Eine solche Verarbeitung traumatischer Inhalte, eine solche Integration geschieht natürlich in jedem sozialen Kontext. Darum wird auch in einer Gerichtsverhandlung häufig gefragt: »Haben Sie denn auch mit anderen über das Geschehen gesprochen? War das Gesprächsthema im Verwandtenkreis und mit Ihrem Ehepartner?« Denn jede erfahrene Richterin kennt den Vorgang, dass soziale Dissonanz ausgeglichen wird. Ein Verkehrsunfall, fünf miteinander bekannte Zeugen; anfangs fünf verschiedene Sichtweisen, dann nähern sich diese Sichtweisen einander immer mehr an. Dieser normale Vorgang geschieht auch in einer Psychotherapie, weil unser Gehirn einfach so funktioniert.

Die wissenschaftliche Aufarbeitung der Frage, wie weitgehend eine traumazentrierte Psychotherapie eine Aussage verändert, hat begonnen. Erste Forschungsarbeiten (Aleksic et al. 2024; Ganslmeier et al. 2023a, b) haben keinen Hinweis darauf ergeben, dass die einmalige Behandlung einer belastenden Situation mit EMDR (Eye Movement Desensitization and Reprocessing) oder Imagery Rescripting (Imagery Rescripting & Reprocessing Therapy, IRRT) Erinnerungen an die Situation verändert. Die Forschung bestätigt die klinische Erfahrung, dass es bei Akuttraumatisierungen nur um Nuancen der Verarbeitung geht, die sicher so auch schon bei einem guten Gespräch mit der besten Freundin oder nahen Angehörigen eintreten können. Es ist und bleibt aber sehr kompliziert bei Traumatisierungen, die lange zurückliegen oder gar in der Kindheit und Jugend geschehen sind und die in einer Psychotherapie erst entdeckt wurden.

Literatur

Aleksic M, Reineck A, et al. (2024). When does imagery rescripting become a double-edged sword? – Investigating the risk of memory distortion through imagery rescripting in an online Trauma film study. Behav Res Ther 174: 104495.

American Psychiatric Association (APA) (2015). Diagnostisches und Statistisches Manual Psychischer Störungen DSM-5®. Deutsche Ausgabe: Falkai P, Wittchen HU, Döpfner M, Gaebel W, Maier W, Rief W, Saß H, Zaudig M (Hrsg). Göttingen: Hogrefe.

Bohus M (2019). DBT-PTSD – Ein evidenzbasiertes Therapieprogramm für komplexe PTBS. Audio CD. Müllheim im Markgräflerland, BW: Auditorium Verlag.

Dulz B, Herpertz SC, Sachsse U, Kernberg OF (Hrsg) (2011). Handbuch der Borderline-Störungen. 2. Aufl. Stuttgart, New York, Schattauer.

Ganslmeier M, Ehring T, Wolkenstein L (2023a). Effects of imagery rescripting imaginal exposure on voluntary memory. Behav Res Ther 170: 104409.

Ganslmeier M, Kunze AE, Ehring T, Wolkenstein L (2023b). The dilemma of trauma-focussed therapy: effects of imaginary rescripting on voluntary memory. Psychol Res 87(5): 1616–1631.

Karl A, Schaefer M, Malta LS, Dörfel D, Rohleder N, Werner A (2006). A meta-analysis of structural brain abnormalities in PTSD. Neurosci Biobehav Rev 30: 1004–1031.

Panksepp J, Biven L (2012). The Archaeology of Mind. Neuroevolutionary Origins of Human Emotions. New York, London: W. W. Norton & Company.

Rießbeck H, Müller G (Hrsg) (2019). Traumakonfrontation – Traumintegration. Therapiemethoden im Vergleich. Stuttgart: Kohlhammer.

Sachsse U (Hrsg) (2004). Traumazentrierte Psychotherapie. Theorie, Klinik und Praxis. Studienausgabe. Stuttgart, New York: Schattauer.

Sack M, Sachsse U, Schellong J (Hrsg) (2022). Komplexe Traumafolgestörungen. Diagnostik und Behandlung von Folgen schwerer Gewalt und Vernachlässigung. 2. Aufl. Stuttgart: Schattauer.

Schäfer I, Gast U, Hofmann A, Knaevelsrud C, Lampe A, Liebermann P, Lotzin A, Maercker A, Rosner R, Wöller W (2019). S3-Leitlinie Posttraumatische Belastungsstörung. Berlin: Springer.

Schemmel J, Volbert R (2021). Therapie oder Glaubhaftigkeit? Psychotherapeutische Behandlung bei laufenden Strafverfahren. reportpsychologie 46(10): 14–24.
Schnyder U, Ehlers A, Elbert T, Foa EB, Gersons BPR, Resick PA, Shapiro F, Cloitre M (2015). Psychotherapien für PTBS: Was haben sie gemeinsam? Eur J Psychotraumatol 6(11): 1–11.
Weniger G, Lange C, Sachsse U, Irle E (2008). Amygdala and hippocampal volumes and cognition in adult survivors of childhood abuse with dissociative disorders. Acta Psychiatr Scand 118(4): 281–290.
Weniger G, Lange C, Sachsse U, Irle E (2009). Reduced amygdala and hippocampus size in trauma-exposed women with borderline personality disorder and without posttraumatic stress disorder. J Psychiatry Neurosci 34(5): 383–388.
Zanarini MC (ed) (1997). Role of Sexual Abuse in the Etiology of Borderline Personality Disorder. Washington, London: American Psychiatric Association.

14 Anzeigen? – Anzeigen!

Wir sind am Ende unserer Expedition durch zwei unterschiedliche, jeweils auch fremde Welten angekommen. Am Schluss steht die Frage: Kann einer Patientin, kann einer Klientin geraten werden, einen Täter anzuzeigen – oder besser nicht?

Die Antwort darauf sollte auf keinen Fall emotional erfolgen. Emotional wäre eine Antwort in Überidentifikation mit der Patientin, überengagiert oder gar naiv. Die Antwort sollte rational, nüchtern, ausgewogen und informiert erfolgen. Damit Therapeutinnen informiert und kompetent beraten können, wurde dieses Buch geschrieben.

Es ist uneingeschränkt zu empfehlen, alle möglichen sicherbaren Spuren unmittelbar nach einer Straftat so schnell wie möglich sichern zu lassen. Wenn der Weg nicht gleich über die Ermittlungsbehörden, über die Polizei gehen soll, dann ist in jedem Fall eine rasche Spurensicherung erforderlich, auf die jedes Opfer von Sexualstraftaten oder häuslicher Gewalt mittlerweile einen Anspruch hat.[212] Das Opfer kann auf die Spuren zurückgreifen, wenn es Anzeige erstatten will, andernfalls bleiben sie unter Verschluss und werden nach einigen Jahren vernichtet.

Sinnvoll sind Anzeigen meistens dann, wenn die Straftat kurze Zeit zurückliegt. Neue Forschungsergebnisse ermöglichen es, in einer Traumaambulanz oder bei einer Trauma fokussiert qualifizierten Psychologischen oder Ärztlichen Psychotherapeutin gleichzeitig abzuklären, ob eine akute Indikation zur traumafokussierten Behandlung besteht. Das ist, anders als vor wenigen Jahren noch, kein Entweder-oder. Es gilt nicht mehr: entweder Therapie oder Anzeige. Beides ist kompatibel, wenn informiert lege artis behandelt und differenziert dokumentiert wird. Natürlich kann dann eine Aussage der Therapeutin im Verfahren zur Wahrheitsfindung erforderlich sein. Das gilt übrigens für jeden medizinischen Befund und jede Behandlung. Es ist nicht zu erwarten, dass eine Aussage der Therapeutin zur Gerichtsroutine wird, aber es kann künftig schon öfter erforderlich sein. Liegen dann auch noch objektive Spuren vor, so ist es wahrscheinlich, dass das Geschehen nach einer gründlichen Ermittlung von der Staatsanwaltschaft angeklagt wird und eine Hauptverhandlung folgt.

Psychotherapeutinnen, die auf diesem Feld nicht spezifisch kompetent und ausgebildet sind, sollten sich nicht scheuen, ihre Patientin zur Traumaambulanz zu schicken, an eine Kollegin mit Qualifikation in traumazentrierter Psychotherapie zu überweisen oder die Unterstützung etwa von Frauenberatungsstellen oder Opferhilfebüros

---

212 Näheres → Kapitel 5.3.

in Anspruch zu nehmen. Und sie sollten ihrer Patientin so rasch wie möglich einen juristischen Beistand[213] empfehlen.

Je länger die Straftat zurückliegt, je psychisch kränker und gestörter die Patientin war oder ist, umso komplexer wird es. Dies gilt insbesondere dann, wenn das Geschehen in einer präverbalen Zeit vermutet wird, erst im Laufe von Therapie(n) deutlich geworden ist und das Resultat einer gemeinsamen, intensiven Suche war, nach dem Motto: »Die Symptomatik ist so typisch und so schwer: Da muss einfach was Traumatisches gewesen sein!« Hier werden die Kreationen von Scheinerinnerungen, von *false memories* nicht sicher ausschließbar sein. Übrigens gibt es ernsthafte Psychotherapie-Theoretiker, die generell anzweifeln, dass alles, was aus der Kindheit in Psychotherapien entdeckt wird, eine realitätsgetreue Rekonstruktion ist. Manche meinen, vieles davon sei eine sinnstiftende Neukonstruktion und heilsame Psychosynthese.

In solchen Fällen wird eine Verurteilung unwahrscheinlich. Dann können die Belastungen des Ermittlungsverfahrens, die mögliche Zerstörung der Familie und die Enttäuschung durch das Einstellen des Verfahrens oder den Freispruch sehr viel mehr schaden als nutzen. Therapeutinnen sollten sich auch bewusst sein, dass Fehlanschuldigungen in Familien sehr destruktiv wirksam werden können. Die Problematik von Falschanschuldigungen in Ehescheidungs- und Sorgerechts-Kriegen erwähnen wir hier nur, vertiefen das nicht. Es gibt einen Missbrauch des Missbrauchs.

Schwierig wird es, wenn ein Opfer Hinweise hat, dass ein Täter auch in der Gegenwart, etwa in der nächsten Generation, wieder sexuell übergriffig handelt. Dann kann es auch sinnvoll sein, eine Anzeige ohne Aussicht auf Anklage oder Verurteilung zu erstatten. Die Anzeige würde dann lediglich dazu dienen, dem Täter unmissverständlich zu verdeutlichen: Deine Taten bleiben nicht verborgen, sie werden der Polizei zur Kenntnis gebracht, du gehst ein Risiko ein!

Die kompetente Begleitung eines Opfers vom Ermittlungsverfahren bis zur Hauptverhandlung und dem Urteil ist im Grunde genommen ein Ablauf, an dem mehrere Professionen beteiligt sein sollten. Der Staatsanwalt sollte objektiv alles ermitteln, was den mutmaßlichen Täter entlastet und belastet. Die Polizei sollte vernehmen, Spuren sichern, inhaftieren. Der »Weiße Ring«, das Opferhilfebüro oder die Beratungsstelle sollten stützen, über die Abläufe im Prozess informieren, das juristische Denken nahebringen und dabei beraten, eine kompetente Rechtsanwältin oder einen kompetenten Rechtsanwalt als Nebenklagevertreter zu gewinnen. Der Nebenklagevertreter sollte alle juristischen Möglichkeiten nutzen, das Opfer zu schützen, ihm zu seinen Rechten zu verhelfen und bei der Wahrheitsfindung aus Opferperspektive mitzuwirken. Der Therapeut in freier Praxis oder in einer Traumaambulanz sollte über die juristischen Prozesse informiert genug sein, um die Realitätsprüfung aufrechtzuerhalten, Wissen zu vermitteln, Verteidiger zu entdämonisieren, Funktionen zu erklären und kompetent zu behandeln.

---

213 Zu den unterschiedlichen Arten des Rechtsbeistandes → Kapitel 9.2.5.

MERKE

Wenn jeder genau das tut, wofür er ausgebildet wurde, was seine Funktion ist und was er gut beherrscht, und wenn jeder dann noch den Kompetenzen und Funktionen der anderen informiert und mit Respekt begegnet, dann steht einem Erfolg der Veranstaltung »Juristischer Prozess« nichts mehr im Wege. Jeder tue das, was er am besten beherrscht und wofür er ausgebildet ist.

Oder noch einmal andersherum: Eine Staatsanwältin ist kein psychotherapeutisches Hilfspersonal zur Optimierung der psychotherapeutischen Effizienz. Ein Psychotherapeut ist kein juristisches Hilfspersonal zur Optimierung der Aussage eines Zeugen oder Opfers. Juristen sind nicht dazu da, Psychotherapie zu verbessern. Psychotherapeuten sind nicht dazu da, der Wahrheit im Prozess zum Sieg zu verhelfen.

Wir haben noch einmal einen Blick geworfen in die erste Auflage unseres Buches aus dem Jahr 2007. In den letzten Jahren hat sich der Umgang mit Opfern in der Bundesrepublik Deutschland und in den westlichen Demokratien völlig verändert. Es bleibt eine Herausforderung, Opferrechte und Verdächtigenrechte als Grundrechte, als Menschenrechte zu vereinbaren. Auf diesem Weg sind wir inzwischen erheblich weiter.

Die Zeiten sind vorbei, als Priesterkönige oder Priesterköniginnen alles waren: Ärzte, Psychotherapeuten, Priester, Richter und Herrscher der Stadt. Eigentlich schade, dass diese Funktionen heute alle auseinanderfallen.

Oder ist es nicht doch vielleicht so besser, wie es heute ist?

Sachverzeichnis

F

P

S

W

Z